熊木信太郎＝訳
ゲイリー・バートン＝著

ゲイリー・バートン自伝

GARY BURTON

論創社

LEARNING TO LISTEN: The Jazz Journey of Gary Burton–An Autobiography by Gary Burton

Berklee Press, a publishing activity of The Berklee College of Music, is a not-for-profit educational publisher.
Available proceeds from the sales of our products are contributed to the scholarship funds of the college.

Berklee Press
1140 Boyleston Street
Boston, MA 02215-3693
United States

Translation rights have been arranged through the Robert Lecker Agency, Inc.
Via Tuttle-Mori Agency,Inc.,Tokyo

献辞

僕がこのプロジェクトに取りかかったのは十年ほど前のことだ。しかし人生の最初の半分を記し終えたところで、壁に突き当たってしまった。いま振り返ると、それまでに経験した重大な出来事の多くから距離を置く必要があったのだと思う。その意味や影響を理解できるほど、じゅうぶん時が過ぎていなかったわけだ。そして数年前、ようやく霧が一気に晴れ、ロサンゼルスのホテルに一週間ほど閉じこもって本書の九十パーセントを書き上げた。それまでずっと、僕が言いたかったことはマグマのように地底で沸騰していて、そのときついに地表へ噴出したかのようだった。

僕はレコードを制作するなかで多数の人間が関わるプロジェクトに慣れ親しんでおり、その意味では本の執筆も同じである。最初の草稿は信頼できる友人や親類の何名かに見せ、いずれも価値あるフィードバックを返してくれた。特にプライベートのパートナーであるジョナサン・チョンと、ビジネス面でのパートナーにして長年僕のマネージャーをつとめたテッド・カーランドには深く感謝したい。二人とも絶えず僕を励ましてくれた。またジェニーン・ブレッシング、キャサリン・ゴールドウィン、エド・アンダーヒル、僕の母、パット・メセニー、スティーヴ・スワロー、そしてチック・コリアは、事実の詳細やものの見方を提供することで、僕が必要とする手助けをしてくれた。さらに、僕の担当編集者であり、ジャズのエキスパートにしてジャーナリストでもあるニール・テッサーには特別な感謝を送りたい。彼は過去十年間にわたり辛抱強くアドバイスしてくれたうえ、文章の事実関係を細かくチェックしてくれた。そして最後に、バークリー出版局のデビー・キャヴァリエ局長と、コンマやピリオドの欠落を残らず指摘してくれたジョナサン・フェイスト編集長の支援と献身に深く感謝する。

1933年から1975年まで

母と祖父。1933年、
インディアナ州オドンにて。

デラウエア・ストリート2207番地。1943年、インディアナ州アンダーソンにて。

父と。1943年、
インディアナ州アンダーソンにて。

父、そしてアンと。1944年、インディアナ州アンダーソンにて。

母方の祖父と。1944 年、インディアナ州オドンにて。

父方の祖父母、アン、
そしてフィルと。
1945 年。

バートン一家。1946 年、インディアナ州アンダーソンにて。

クレア・マッサーと。1951 年、イリノイ州ドゥーコインにて。

イヴリン・タッカー・リサイタル。左から 3 番目がイヴリン、5 番目が僕。1952 年、インディアナ州アンダーソンにて。

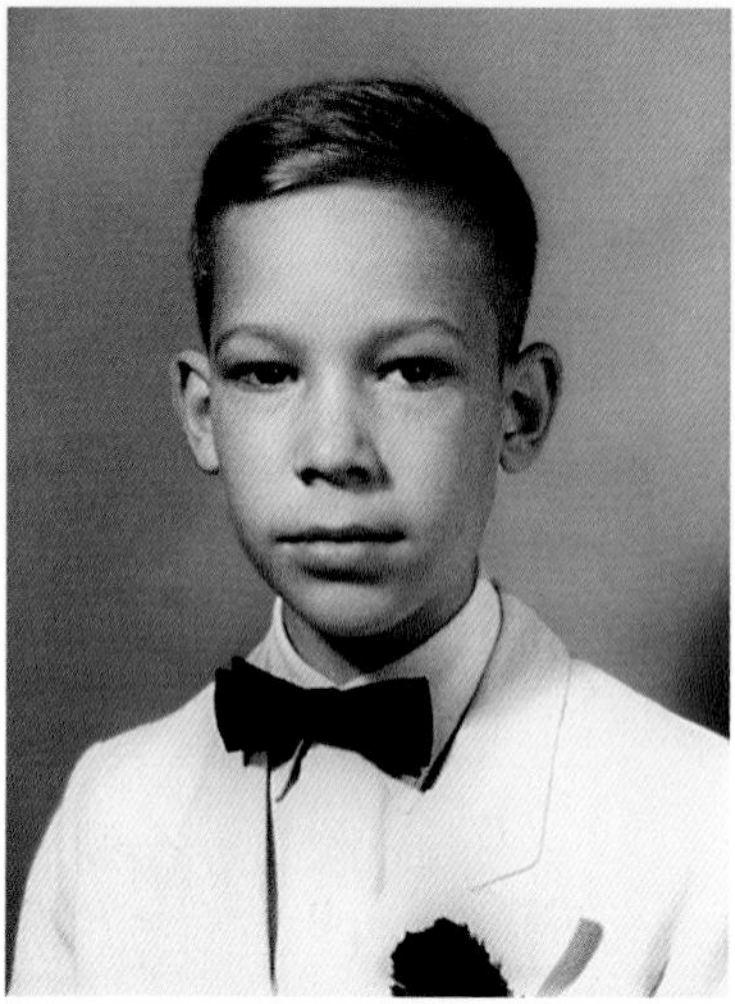
パブリシティ写真。
1952年、インディアナ州アンダーソンにて。

パブリシティ写真。
1952年、イリノイ州シカゴにて。

パブリシティ写真。
1952年、インディアナ州アンダーソンにて。

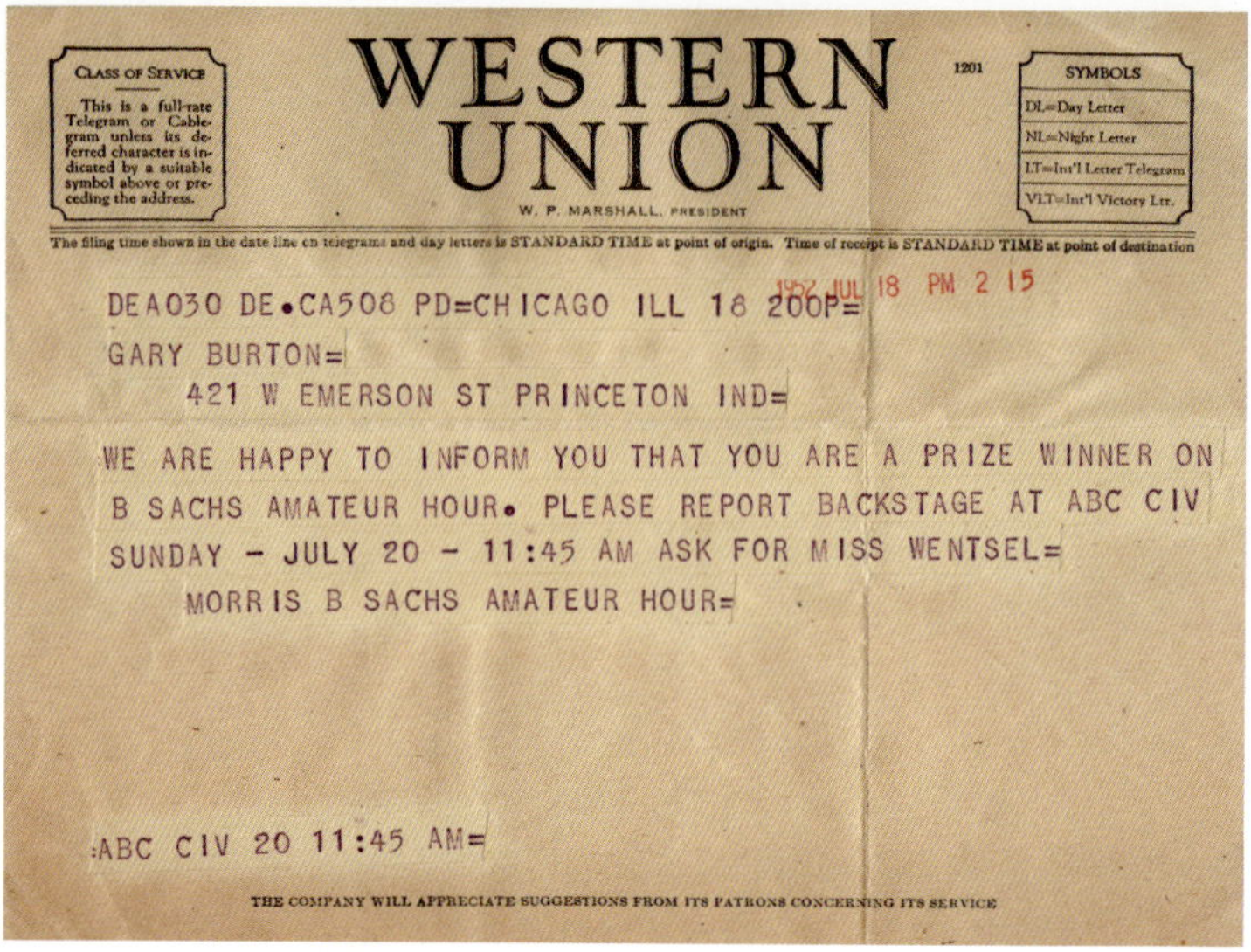

CLASS OF SERVICE

This is a full-rate Telegram or Cablegram unless its deferred character is indicated by a suitable symbol above or preceding the address.

WESTERN UNION

W. P. MARSHALL, PRESIDENT

1201

SYMBOLS

DL=Day Letter

NL=Night Letter

LT=Int'l Letter Telegram

VLT=Int'l Victory Ltr.

The filing time shown in the date line on telegrams and day letters is STANDARD TIME at point of origin. Time of receipt is STANDARD TIME at point of destination

DEA030 DE•CA508 PD=CHICAGO ILL 18 200P= 1952 JUL 18 PM 2 15

GARY BURTON=

421 W EMERSON ST PRINCETON IND=

WE ARE HAPPY TO INFORM YOU THAT YOU ARE A PRIZE WINNER ON B SACHS AMATEUR HOUR• PLEASE REPORT BACKSTAGE AT ABC CIV SUNDAY - JULY 20 - 11:45 AM ASK FOR MISS WENTSEL=

MORRIS B SACHS AMATEUR HOUR=

:ABC CIV 20 11:45 AM=

THE COMPANY WILL APPRECIATE SUGGESTIONS FROM ITS PATRONS CONCERNING ITS SERVICE

AVAILABLE FOR SPECIAL ENTERTAINMENT

GARY BURTON

Marimba and Vibraharp Artist

421 W. EMERSON ST.

PHONE 1322

PRINCETON, INDIANA

Piano Tuning and Repair

PROFESSIONALLY TRAINED

GARY BURTON

421 W. EMERSON ST.

PHONE
FU 5-5112

PRINCETON, IND.

上：1952 年の電報。
中：1952 年に作った名刺。
下：1958 年に作った名刺。

バートン一家。1955 年、イリノイ州シカゴにて。

ハンク・ガーランドと。1960 年、テネシー州ナッシュヴィルにて。

1960 年、テネシー州ナッシュヴィルにて。

（左から）僕、クリス・スワンセン、ダン・マーティン、ドン・ジョーンズ。バークリー学生バンド、1961 年。

ニューヨーク市 73 番街 34 ウエスト。1962 年。

（左から）僕、イヴリン・タッカー、ジョージ・シアリング、そしてリー。1963 年、インディアナ州インディアナポリスにて。

スタン・ゲッツと。1965 年、マサチューセッツ州ボストンにて。
（写真提供：リー・タナー）

（左から）スティーヴ・マルクス、スティーヴ・スワロー、ヘレン・スワロー、僕、ハンナ・スワロー。1966 年、テネシー州ナッシュヴィルにて。

（左から）ラリー・コリエル、僕、ボブ・モージズ、スティーヴ・スワロー。1967 年、ニューヨークにて。

1967年、マサチューセッツ州ボストンにて。
（写真提供：リー・タナー）

1968年、ニューポート・ジャズフェスティバルにて。

ニューヨークのクラブ、ザ・シーンの広告ポスター。1968年。

オリヴァーと。
1969年、ニューヨークにて。

（左から）僕、ミック・グッドリック、スティーヴ・スワロー、ボブ・モージズ、パット・メセニー。ゲイリー・バートン・クインテット、1973年。

1975年から2012年まで

テッド・カーランド、チック・コリアと。1982年、モスクワにて。

（左から）チック・コリア、作曲家ロディオン・シチェドリン、バレリーナのマーヤ・プレツカヤ、詩人兼作家のエフゲニー・エフトゥシェンコ、僕。1982年、モスクワにて。

小曽根真（左）、スティーヴ・スワロー（右）と。1984 年。

（左から）テリー・ギブス、ライオネル・ハンプトン、僕、レッド・ノーヴォ。1987 年、ノルウェー号船上にて。

バークリーでの教室風景。1975 年、マサチューセッツ州ボストンにて。

バークリーから名誉博士号を授与される。1985 年、マサチューセッツ州ボストンにて。

バークリー・イン・ジャパン。1989 年、浜松にて。

ライオネル・ハンプトンと。1986 年、ニューヨークにて。

グラミー賞授与式でロイ・ヘインズと。
1999 年、カリフォルニア州ロサンゼルスにて。

レッド・ノーヴォと。1988年、カリフォルニア州ロサンゼルスにて。

〈ゲイリー・バートン・チェア・イン・ジャズ・パフォーマンス〉をジョー・ロヴァノに授与。2001年、マサチューセッツ州ボストンにて。

『ヴァーチュオーシ』のレコーディング・セッションで小曽根真と。2002年、マサチューセッツ州ボストンにて。

バークリー音楽大学学位授与式。（左から）プロデューサーのアリフ・マーディン、僕、シンガーのダイアン・リーヴスおよびスティーヴン・タイラー、スーザン・バーク、リー・バーク。2003年、マサチューセッツ州ボストンにて。

チック・コリアと。2007 年。

（左から）ジュリアン・レイジ、僕、ジェイムズ・ウィリアムス、ルクス・カーチス、ワジム・ネセロフスキー。2008 年、マサチューセッツ州ボストンにて。
（写真提供：ビル・ガレリー）

パット・メセニーと。2009年、ニューヨークにて。

チック・コリアと。2012年、ウィーンにて。

（左から）僕、ジュリアン・レイジ、アントニオ・サンチェス、スコット・コリー。ニュー・ゲイリー・バートン・カルテット、2012年。

家族との写真：1975年から2012年まで

（左から）父、キャサリン・ゴールドウィン、僕、母、トニー・ゴールドウィン。1975年、カリフォルニア州ロサンゼルスで催された僕らの結婚式にて。

ステファニーとサム。1982 年、コネチカット州ストニントンにて。

サムと。1982 年、コネチカット州ストニントンにて。

ステファニーとサム。1984 年、インディアナ州プリンストンにて。

ファットキャット号でセーリング。1985 年、ボストン湾にて。

アール・ディマクランガンと。1988 年、マサチューセッツ州プロヴィンスタウンにて。

イタリアにてサムと。1997 年。

ステファニーの結婚式で。2010 年、カリフォルニア州ロサンゼルスにて。

キャサリン・ゴールドウィンとトミー・スコルディーノ：祖父母と孫。2012 年、カリフォルニア州ロサンゼルスにて。

ジョナサン・チョンとトミー。2012 年、カリフォルニア州ロサンゼルスにて。

ジョナサン・チョンと。2012年、マサチューセッツ州ボストンにて。

ゲイリー・バートン自伝

ゲイリー・バートン自伝　目次

まえがき

「で、先日カミングアウトなさったわけですが、それが演奏やキャリアに影響を及ぼしたということは？」――テリー・グロス。一九九四年、ナショナル・パブリック・ラジオ『フレッシュ・エア』にて。

〝カミングアウト〟という単語を聞いた瞬間、僕は考えた。「ああ、あのことを訊いてるのかな？」答えを口に出すまでの沈黙が、実際よりもはるかに長く感じられる。とにかく、頭を必死にフル回転させていたのだから。

当時、僕は自身にまつわる重要な発見――つまり、自分がゲイであるとようやく気づいたこと――について、友人や仲間のミュージシャン数名に話しはじめたばかりだった。だからそう遠くない将来、メディアの誰か――たぶんジャズ雑誌のライターか地元紙の記者――にインタビューで質問されるだろうと予想はしていた。それがまさか、ナショナル・パブリック・ラジオ（NPR）でテリー・グロスに訊かれるとは！

仕事柄、僕はインタビューの依頼を数多く受けている。たいていは発売直前のレコードや間近に迫ったコンサートのプロモーションが目的だ。そんなわけで、テリーが司会をつとめるNPRの番組『フレッシュ・エア』からインタビューのオファーが来たときも、まったく不思議に思わなかった。インタビューとなればテリーの腕は天下一品。だからこちらも、地方のラジオ局や新聞社なんかのオファーとは完全に区別した。それにこのインタビューを楽しみにしていたのは、テリーがジャズに詳しいことを知っていたからでもある。しかも、夫のフランシス・デイヴィスは当時『アトランティック・マンスリー』誌でジャズ記者をつとめ（現在は『ヴィレッジ・ボイス』誌のジャズ批評家）、ジャズに関する数多くの記事や書籍を執筆している人物だ。

テリーが番組を作っているのはフィラデルフィアで、僕の住まいはボストン。そこで僕は、自分のオフィスの近くにあって、高性能の電話通信システムを備えた放送スタジオに出向いた。そのようにして、二人が同じスタジオにいるかのごとく見せかけた（加えて、雑音混じりの電話音声が電波に乗るのを避けた）わけだ。番組が進むにつれ、会話はいつもの方向に進んでいった。長年インタビューを受けていると、同じ質問が何度も繰り返されることに気づく。演奏を始めたきっかけは？　なぜヴィブラフォンを選んだのです？　新作についてお聞かせください……にもかかわらず、その日の会話はハイレベルだった。より明確な答えを引き出す質問の仕方を、テリーは心得ているのだ。つまり、並のインタビュアーが「スタン・ゲッツと演奏する感覚は？」と訊くところを、彼女はこう尋ねてくる。「スタン・ゲッツはとても気難しい人物とお聞きしました。そんな人と一緒にツアーするのはどういう感じなんです？」そう訊かれれば、スタンの飲酒癖や強烈な個性――そしてサックス演者としての天分――なんかを、こちらから話題にせずとも思いつくまま語れるのだ。

『フレッシュ・エア』のインタビューコーナーはたいてい三十分なので、今回もそれで終わるだろうと考えていた。ところが始まってから三十分過ぎたとき、いったん休憩にしましょうとテリーが言った。編集に備えて追加の素材を録っておきたいのかな？　だけど、テリーは意外なことを口にした。「これからお訊きすることがお気に障るようでしたら、遠慮なくおっしゃってください。そこでテープを止めますから」なんのことだか見当もつかないけど、答えはすぐにわかった。

インタビュー再開後、テリーの最初の質問はこうだった。「で、先日カミングアウトなさったわけですが、それが演奏やキャリアに影響を及ぼしたことは？」

カミングアウトしだしたころ、僕は歌手k．d．ラングのアルバム『アンジャニュウ』制作のため、バンクーバーに数日滞在した。そのあいだ、彼女は自分の性認識について人前で口にすることを避けていて、僕らはそれにまつわる数々の問題を話しあった。僕もそれまで、あくまでこの件を避けたほうがいいのか、あるいは完全にオープンにしたほうがいいのか悩んでいた。だけどk．d．との会話を通じ、問題が〝公に〟持ち上がったのなら、ゲイであることを公表しようと決心した。そしていま、僕は水中に飛び込もうとしている。あとは深呼吸を一つするだけだ。

続く三十分間、他のジャズミュージシャン、音楽業界、そしてジャズファンが同性愛を受け入れるかどうか（またそうした人たちのなかに同性愛者がいないこと）について、テリーと僕は話しあった。そのとき僕が言ったのは、自分はまずジャズミュージシャンで、それがたまたまゲイだったと自分では考えている、ということだった。

最近になって、それは逆じゃないかとしきりに考える。音楽のことなら数時間、ときには数日だって、深く考えなくても過ごすことはできる。だけど自分がゲイであるという自覚からは、一瞬たりとも逃れられない。

僕は毎朝目覚めるたびに歌ったり、いつも音楽に耳を傾けていたり、あるいは毎日練習に精を出したりするミュージシャンでは決してない。他のミュージシャンと一緒につるんで、昨夜のギグや誰かの新作を語りあったりすることもない。それどころか、レコードなんてほぼまったく聴かないし、聴くとしてもクラシックやタンゴ、もしくはジャズの古典といったところだ。練習についても、僕のアプローチはいつもみんなを戸惑わせる。僕は高校時代を最後にヴィブラフォンの練習をしていない。コンサートのとき、または新作を憶えるとき以外、ヴァイオリンをケースから取り出すことはないとイツァーク・パールマンは言ったけれど、それと同じかもしれない。新曲を一通りさらっておくとか、アルバムプロジェクトの準備をするとか、僕が練習するのはそんなときくらいのものだ。

確かに、習いたてのころはいつも練習していた。それにしても、別に決まったアプローチがあったわけじゃない。両親だって僕をミュージシャンにさせようと無理強いしたり、毎日決まった量を練習させたりしなかったし、最初の二、三年を除けば先生に毎週の課題を指示されることもなかった。やがて僕は〝十分間の練習セッション〟なるものを始める。ピアノとヴィブラフォンが置かれたリビングを通るたび、立ち止まって一曲か二曲演奏するだけで、あとはバスケットボールとかに向かうわけだ。たぶん一日に五、六回こういうことを繰り返し、自分なりに一日一時間は練習していたのだろう。それでも、夏休みに祖父の農場やYMCAのキャンプに出かけたときなど、何ヵ月ものあいだ音楽のことがまったく頭に浮かばなかったことだってある（クラシックギターの第一人者、アンドレス・セゴビアが語ったとされる次の言葉は、僕のお気に入りだ。「一日八時間練習しているとのたまう奴など、嘘つきかまったくのヘボかのどちらかだよ」）。

僕が音楽に対して愛憎入り混じった感情を持っていることは、ここではっきり認める。健全かどうかわからないけれど、ある種の本能が僕に対し、音楽に近づきすぎるな――付かず離れずの距離を保って、大波のごとく飲み込まれるのを避けるんだ――と告げている。ときに音楽浸りの状態から離れることで経験がより新鮮なものになり、演奏するときにその密度が増してゆく。それが音楽と暮らす最良の方法だと言うつもりはないけれど、僕のやり方はそうなのだ。アーティストというのは自分に有益なものを見つけられる存在なのだから。

人生とは自分を知るプロセスであり、それは数多くの問題に答えを見出そうとあがくアーティストにとりわけよく当てはまる。ミュージシャンの場合は創造のプロセスを通じ、そうした答えを曲に反映させたいと望んでいる。そのためには、自分が何者であるかを知り、無意識の自己——僕流に言えば〝内なるプレイヤー〟——と対話する方法を見つけねばならない。これはすべてのミュージシャン、特にジャズミュージシャン（即興のプロセスを通じて、解釈だけでなく創造もしている）に当てはまることだ。

自分の外見を知りたければ、鏡の前に立てばいい。だけど、真の内なる自己を映し出す鏡は存在しない。その代わり、僕たちは自分の像の様々な断片をつなぎ合わせる。つまり、他人の言葉に注意深く耳を傾け、真実らしきことを選り分ける。あるいは作り上げたものに目を凝らし、そこに自身を見出そうとする。僕らアーティストは他の人たちが想像だにしないやり方で、内なる自己、無意識の自己を知るようになる。数十年にわたる自己観察と内省とによって、無意識の自己とのこうしたやりとりが自分の創造力を形作り、自身に関する数多くのことを教えてくれたのだと、僕は信じている。だけど知るべきことが消えることはなく、さらなる内省の積み重ねや、物事の作用に対するより一層の洞察が常に必要とされるのだ。

一九九四年のインタビューでテリー・グロスが訊かなかったことの一つに、自分自身の性的指向に気づくまでなぜこれほど時間がかかったのか、という問いがある。ゲイであることを初めから公言していれば人生は違う道をたどっていただろうかと、僕はときおり不思議に思う。だけど僕が生まれ育ったのは一九四〇年代から五〇年代にかけてのインディアナの田舎町であって、いま暮らしている世界とは大きく違う。結婚して家庭を築くことが当然だと考えられていたし、僕も人生の半分は自分の本質を押し殺しながら、そうするように努めてきた――四十代にさしかかるまで、真実の自己を見出せないほどに。僕らの世代にとって、成長するとはこういうことだった。

振り返ると、インディアナの農家に生まれ育ったゲイの白人少年が、ジャズという男性的かつ国際的な世界で格闘してきたことが信じられない。本書は僕の旅を綴った物語である。主人公がゲイのジャズミュージシャンか、それともジャズを演奏するゲイであるかは、読者の判断にお任せしよう。

第一部　青年時代

第一章　ヴィブラフォンってなんだ?

書斎に並ぶトロフィーで一番古いのは、一九五一年の全国マリンバコンテストで一等になったときにもらった、小さな真鍮のカップである（取っ手はずっと前にとれてしまった）。そのとき僕は八歳だったけれど、すでに二年の演奏歴があった。ドゥ・コイン（イリノイ州南部の町。ハンブルトニアン競馬の開催地として有名）で催された州立屋外市に祖父と両親が僕を連れてゆき、当時最大規模を誇っていたマレット奏者の大会に出場させたのだ。参加者は五十人ほどだったと思う。

群れをなす人々の前に立ち、彼らにできないことをしている自分を見せつけ、そのうえ喝采を浴びるのは、僕の胸を高鳴らせる出来事だった。あのトロフィーを勝ち取ったことは、なんらかの秘めたる能力が自分をどこかに連れてゆくかもしれないという最初の兆しだった。

さらに、インディアナの田舎が自分にふさわしい場所ではないことを、僕の本能はわずか八歳にして告げていた。

僕の両親、ウェイン・バートンとバーニス・アイシュは十代の若さで一九三四年に結婚し、父が世を去るまでの六十四年間をともに過ごした。父は苦労して大学で学び卒業後は化学関係のエンジニアを目指したけれど、最初の仕事は週給九ドルの砂利掘りだった。雇い主は妻の父である。両親は経済的な理由から、大恐慌が過ぎ去るまで家庭を築けなかった。それでも一九四三年一月二十三日、僕ジェームズ・ゲイリー・バートンは三人きょうだいの真ん中としてこの世に生を受けた。

家族にまつわる最初の記憶は、インディアナ州アンダーソン、デラウェア・ストリート二二〇七の生家である。僕は九歳までその場所で暮らした。五人家族の住まいとしてはいささか狭かったけれど、月十一ドルという家賃が魅力だったらしい。愛車は十三年落ちのフォードで、床に穴があいている代物。足元からは流れ去る路面が丸見えだ。貧乏一家というほどではなかったにせよ、生活は質素そのものだった。父はアンダーソンにあるゼネラルモーターズの工場で十年ほど働き、僕たちきょうだいが生まれたころには、自宅から数ブロック離れた貸しビルでプラスチックの会社を始めていた。こうした慎ましい暮らしにもかかわらず、この時代の人々——とりわけ大恐慌の時代に生まれ育った親たち——は、自分たちが若いころに持てなかった物事を子どもに与えようとする。音楽のレッスンなんかもその一つだ。

僕の両親には音楽の素養があったらしく、音楽を勉強したかったという父の言葉を何度も聞いた。妙なことに、両親の音楽歴を僕が知ったのは大人になってずいぶん経ったころである。いまでもわからないなんらかの理由で、二人とも自分たちの音楽経験を秘密にしていたのだ。一九九〇年代後半のあるとき、両親を訪ねた僕はいつものように家のなかを連れまわされたのだが、楽器を持つ十代の少年たちが写った古い写真に気づいた。目を凝らして見ていると、母がさりげなくこう口にした。「ああ、これ？　父さんが高校生のときのバンドの写真よ」本当だ。最前列に立つ父はトランペットを手にしている！　しかも、写真だけじゃ不満かとでもいうように、別の部屋の片隅に銀色の古いトロンボーンが転がっていた。これは誰のと訊いてみると、今度は父が答えた。「母さんのだよ。高校のバンドで演奏していたんだ」それをいままでも持っているとは！

それまで誰も気づかなかったなんて、母はトロンボーンをどこに隠していたんだろう？　両親が自分たちの音楽経験を僕らきょうだいに話したことは一度もなかった。母のトロンボーンや父のトランペットについて何か知っているかと弟に尋ねてみたら、何かの冗談かと思ったそうだ。

だからと言って、両親が常軌を逸していると言うつもりはない。事実はその正反対だ。二人とも典型的な中西部の人間で、親というものがそうであるように堅実そのものの生活を送り、自分たちの暮らしを僕らきょうだいの幸せのために組み立てていた。だからこそ、子どもたちが音楽と関わるにあたり親として何かを期待していると、僕らに悟られたくなかったのだろうか（そのことを母に訊いてみたところ、そんなに大事なこととは思わなかった、という答えが返ってきた）。

あなたの才能は遺伝かと訊かれることがあるけれど、若き両親がトランペットやトロンボーンと出会った以外に、僕の知るかぎり両親の家系にミュージシャンだった人物はいない。母方の祖父セシル・アイシュは、住民のほとんどがアーミッシュの小さな町、インディアナ州オドンから生涯離れなかった。両親が十代のころに出会ったのもこの町である。僕が最初のアルバムを世に出した一九六一年、祖父はそのレコードを聴くためだけに、人生で初めてレコードプレイヤーを買った。それまで音楽を聴いたことがないのは確かだ。それ以降、祖父の家を訪れるたび、ダイニングの食卓の上、僕のレコードのすぐそばにその小さなプレイヤーが置かれているのを見て、僕は思わず笑みを浮かべた。

まだ小さかったころ、僕は弟フィルと一緒に、夏休みを祖父の農場で過ごした。そこにはトウモロコシ畑と大豆畑が広がるだけでなく、酪農場もあった。母屋のそばには馬やポニーが暮らす祖父自慢のかなり大きな飼育小屋があって、祖父はそれを生きがいにしていた。フィルと僕が地元の馬術大会や郡主催のレースに出て、青リボンやトロフィーのコレクションをさらに増やすことを楽しみにしていたのだ。馬に乗るのは僕よりフィルのほうが上手かったけれど、二人とも農場での暮らし――動物にえさをやったり、ニワトリ小屋から卵を集めたり、庭いじりを手伝ったりする暮らし――に親しんでいった。またあるときには、祖父が僕らを古いピックアップトラックに乗せてそこらへんを走り回ったり、あるいは納屋に二人を残して、ポニーと自由に遊ばせたりすることもあった。

これに比べると、父方の祖父母と会う機会は少なかった。ハミルトン・バートンは農夫として人生の第一歩を踏み出したのだが、ある日のこと農場から戻るや否や、福音を広めよと神から告げられたと口にした。そうしてメソジスト派の聖職者となり、のちにおじ二人といとこ一人も加わった。事実、僕の父は一族で唯一、聖職についていない男性だったのである。したがって、僕がジャズの世界へ飛び込んだことに、祖父が否定的な反応をしたのも無理はない。高校生になってナイトクラブで演奏を始めたときも、このことはお祖父ちゃんには秘密にしておくようにと、両親から言われたものだ。祖父が僕のキャリアを知ったのも、僕が成長してからのことだと思われる。引退生活に入ったあと、テレビの『マイク・ダグラス・ショー』で僕の演奏を目にし、髪を切り口髭を剃れという辛辣な言葉遣いの手紙を、僕に送ったことだってある。

これらすべてを考え合わせれば、音楽に関する我が家系の遺伝子は両親に端を発すると言えるだろう。母によれば、僕が四、五歳のころに『くるみ割り人形』組曲の七十八回転レコードを買ってきたところ、僕はその場に座って何度も何度も耳を傾けていたという。また二歳離れた姉アンがピアノのレッスンを始めると、僕はその様子をそばで見ていて、すぐに旋律を聞き分けたそうだ。姉が音符を間違ったとき、「違うよ、そこはEじゃなくてEフラットだよ!」と、キッチンで大声を上げるというように。それを聞いた父は、僕にもレッスンを受けさせようと決心したのだった。

両親は早速、僕に合う楽器を探し始めた。僕はまだ幼いとあって、どんな選択肢があるかさえ知らない。そこで、地元の演奏会に足を運んで選択の幅を見極めるのが第一歩だった。

そうした演奏会の一つに、マリンバとヴィブラフォンを教えるイヴリン・タッカーのリサイタルがあった。実を言うと、このときの体験を僕は覚えていない。それどころか、これこそが探し求めていた楽器だと両親に確信させるほど、僕が強い関心を示したことすら記憶にないのだ。最初のレッスンの日、僕は恐怖のあまりただ椅子に座っているだけで、演奏させようとどんなに頑張っても、身動きはおろか一言も口をきかなかったと、母は言う。ところが帰宅した瞬間、僕はもう一度連れていけと母にうるさくせがみ、そんなことを二、三週間ほど続けた結果、二度目のレッスンが組まれたらしい。今度は僕も心の準備はできていた（僕の人生になんとふさわしいエピソードだろう！　多くの物事でそうしたように、飛び込む前にまず確かめ、じっくり考えたいと思ったのだ）。

二度目のレッスンははっきり覚えている。場所はイヴリン宅のリビング、僕は〈キラキラ星〉を教わった。曲自体がどんなに簡単でも、最初のレッスンで一曲全体を習得できたのは本当に大きかった。多くの楽器では、まともな音を出すだけでもかなりの練習を要する。ところがマレットという楽器には、すぐに達成感を得られる可能性が秘められているのだ。

かくして一九四九年、六歳の僕はイヴリンを案内役として音楽人生の第一歩を踏み出した。彼女は主にマリンバとヴィブラフォンの生徒を五十人ほど抱える、進取の気性に富む女性だったが、他にもピアノとか、あるいは〝ドラマチック・リーディング〟なるものを教えていた（とは言っても、ヘイニー姉妹という盲目の少女三人のためだけに作り上げたようなものだが）。

年に一度、イヴリンは一大リサイタルを催してみんなを熱狂へと追い立てる。それには広い空間が必要だった。すべてのマリンバとヴィブラフォンを一堂に集めるのは容易なことでなく、三十ないし四十もの楽器が高校の体育館を埋め尽くす光景は、いまも鮮明に覚えている。最初のリサイタルの日、僕は小さなマリンバで〈おもちゃの兵隊の行進曲〉を演奏した。そのマリンバは六歳児でも扱える初心者用のモデルだった。そしてフィナーレでは生徒全員が一緒に演奏する。僕が最初に参加した年は、かのアコーディオンの名曲〈レディ・オブ・スペイン〉でリサイタルの幕は下りた。

根っからのヴォードヴィリアンだったイヴリンは、田舎者丸出しの衣装や台詞を使って、いつもショーを盛り上げようとしていた。僕も子ども心に、そんなギャグを恥ずかしいと思ったものだ。〈アンクル・トムを讃えて〉では、果物の乗った帽子をかぶりながらカルメン・ミランダ風の曲を歌う。そのうえ、イヴリンは僕たち全員にメイクをさせた。口紅を塗るなんて、男の子にとっては気持ち悪いことこのうえない。だけどイヴリンの魅力とエネルギーに圧倒されていたみんなは、彼女のために我慢したのだった。

ここで大事なことに触れておくと、イヴリンのレッスンは優れた基本的音楽センスに根ざしていた。おそらく彼女は気づいていないけれど、そこには後年僕が即興を始めるにあたって必要とした色々なことも含まれていた。僕はイヴリンから音楽の読み取り方とともに、二本でなく四本のマレットを使うというアイデアを教わった。確かに、彼女は音楽理論に詳しかったわけじゃない。それでも基本的な和音構造は知っていたし、いま演奏している曲の基礎も必ず説明してくれた。

これと同じく大事なことに、イヴリンは曲をアレンジするよう僕にうながした。マレット系の楽器に関する本は少なかったから、僕はピアノ向けの楽譜集から多くの曲を学んでいたけれど、イヴリンはそこに新しいイントロ、エンディング、そしてコード進行などを加えさせたわけだ。これこそが僕にとって即興演奏《インプロヴィゼーション》の第一歩だった。何年かあと、初めてジャズレコードのソロパートを聴いた僕は、それがイヴリンの指導で以前からしていたことの延長線上にあるものだと、すぐに気づくことができた。やがてジャズに惹きつけられたのも、これが理由の一つだと思う。

マリンバを学び始めてから一年後、ヴィブラフォンのレッスンを加えたらどうとイヴリンに提案された。その結果、新品のヴィブラフォンと僕にふさわしいマリンバを買うお金を祖父からもらった。子ども向けのモデルでなく、本物のマリンバだ。だけど鍵盤に手の届く身長ではなかったから、楽器と同じ幅のお立ち台を父に作ってもらわなければならなかった。

あとで知ったのだけど、一九五〇年代当時、イヴリンはマレット系楽器について世界最大の販売業者の一人だった。そのころ抱えていた多数の生徒が彼女経由で楽器を買っていたのである。まあ、それだけ小さな市場だったわけだ。マレット系楽器の最大手メーカー、マッサー社も、一九五〇年代は年に百五十台のヴィブラフォンを売るのが関の山だった。アメリカのどの町にもイヴリンのような音楽教師がいるものと僕は思っていたけれど、そうした点で彼女は唯一無二の存在だとやがて知るようになる。僕は地の利にもタイミングにも恵まれていたのだ。

同じくそのころ、僕が絶対音感を持っていることに父が気づいた。特定の音階《スケール》にあるすべての音は、僕の耳に違って聞こえる。事実まだ六歳のころから、耳にした音の高さを当てるのは簡単なことだった。このような〝音高記憶〟を持つ人間はミュージシャンのなかでも五パーセントしかいないと、何かの本で読んだことがある。これはレッスンで得られたものじゃなく、生まれつき備わっていたものだ。

父はこの才能を訪問客に喜んで見せびらかした。まず僕をピアノに背を向けて立たせ、ランダムに選んだいくつかの音を同時に鳴らす。すると僕が、それぞれの音をぴたりと当てるわけだ。僕はいままでこの〝贈りもの〟に助けられてきた。だけど絶対音感を持たない偉大な音楽家は何千といるし、絶対音感を持ちながらプレイヤーとしては凡庸な人間を、僕は何人も知っている。結局、絶対音感の有無はそう大きなことではないようだ。

イヴリンはまわりをやる気にさせる教師で、何事にも心から反応した。僕がとりわけ豊かな和声《ハーモニー》を奏でたり、難しい曲をミス一つなく演奏しきったりしたときなど、ため息をつきつつ鳥肌が立ったなどと言ってくれる。僕はそれを聞いて、自分は奇跡に近いことをしたんだという気分になるのだった。

イヴリンのレッスンを受けた二年間、僕はずいぶん上達しただけでなく、彼女の尽力のおかげで、引っ越したあとも一人で学んでいけるだけの経験を得ることができた。インディアナ州南西部のプリンストンという町で父が高給の仕事を見つけ、中心部にほど近い快適な家に一家揃って移り住んだのである。プリンストンはアンダーソンよりもずっと規模が小さく、しかも両者は数百マイルも離れていたので、ヴィブラフォンを教える人間はもはやいない。それでも僕は演奏を続けた。編曲したクラシックをマリンバで奏でたり、ポピュラーのスタンダードをヴィブラフォンで弾いたりするといった具合である。ちなみに父は僕のために、パーカッションの聖地として古くから知られるシカゴの名店、フランク・ドラム・ショップから楽譜を取り寄せてくれた。

プリンストンには名物名所と言えるものがいくつかあった。僕が子どものころ、世界最大のポップコーン農家はこの町に所在していた。オーヴィル・レデンバッカー（世界規模のポップコーン製造会社の創設者。一九〇七〜一九九五）がキャリアの第一歩を踏み出したのもその農場である。ポンティアック販売店の娘はピアニスト兼コメディアンのヴィクター・ボーグと結婚した（ただし住民の知るかぎり、かの偉人が当地を訪れたことはないという）。ファストフードの帝国ウェンディーズを築いたデイヴ・トーマスはプリンストンに住むある夫妻の養子であり、幼年期の数年をここで過ごした。そしてゲイリー・バートンが音楽業界に針路を定めたのも、ここプリンストンにいるときだった。

わずか八歳で全国マリンバコンテストに優勝した僕は、シカゴで収録されていたタレント発掘番組『モリス・B・サックス・アマチュア・アワー』に出演する。この番組は全国的知名度を誇る『テッド・マック・オリジナル・アマチュア・アワー』をモデルとし、タップダンスや珍奇なパフォーマンスによるありふれた構成が売りだった。僕はこの番組で、一般視聴者にもよく知られた一九一四年作曲のポピュラー・スタンダード〈十二番街のラグ〉を演奏した。

大都市を訪れてホテルに泊まるのは、このときが初めてだった。収録場所はABCの地元スタジオ。マイクの前でポーズをとっているプロモーション用の写真が、いまも手元にある。僕は予選ラウンドで一等をとった。賞品はグリュエンの腕時計と七十五ドル。そして一等をとったということは、決勝ラウンドの収録で再びシカゴを訪れることを意味する。僕にとっては願ったり叶ったりだ。決勝は二位に終わったけれど、緊張で脚が震えるといったことはこれっぽっちもなかった。そのときにはもう、定期的に人前で演奏していたのだ。

教会の催し、あるいはライオンズクラブやロータリークラブに招待されたことがその第一歩だった。そこでは両親が雇ってくれたピアニストの伴奏つきで、クラシックの抜粋曲からポピュラーミュージックに至るまで、様々な曲を三十分ほど演奏することができた。マリンバとヴィブラフォンを車に積み、招待された町々に車を走らせるのは父の仕事だ。だけど、そのことで父が愚痴をこぼすことはただの一度もなかった。僕の噂は瞬く間に広がり、一年で百回ほどの演奏会をこなすようになった（それからというもの、いまに至るまでだいたいこのペースで仕事を続けている。音楽は変わってもスケジュールはそのままだ）。

十歳のとき、僕らはインディアナ州立慈善市に出かけた。僕の演奏（曲はまたしても〈十二番街のラグ〉）は一日中続くバラエティーショーの一部で、他の出演者は地元のエンターテイナーが大半だったけれど、目玉はなんとナット・キング・コールだった。僕はステージ下に設けられたほら穴のようなロッカー室に座り、その横では父とナット・キング・コールが僕の演奏について話している。ミスター・コールは気さくな様子で僕の演奏を褒め、それが父を大いに感動させた。のちにコールは僕のアイドルの一人になる。彼のレコードを何度も繰り返し聴いたこと、そしてその美しいフレージングは、僕の音楽に大きな影響を与えた。

それから間もなく、ピアノ伴奏は姉のアンが取って代わることになった。アンは楽譜に書かれたクラシックなら優れていたものの、こちらとしてはスタンダードナンバーも伴奏できる人が必要だ。ジャズ用語でいう〝カンプ〟、つまり楽譜なしの不規則なリズムでも伴奏できる人間のことである。

ピアノの鍵盤とヴィブラフォンのそれは似ているので、僕はピアノの独学も徐々に進めていった。運転手役の父にピアノを教え、伴奏もこなしてもらうというのがわかりやすい解決策だ（事実、父はやる気のある生徒だった）。そうすれば姉も、得意のトロンボーン（高校のバンドで担当していた）で二、三曲伴奏できる。かくして〝バートン・ファミリー・バンド〟が形をなし始めた。次に僕は、弟も参加させようと考える。一歳年下のフィルはベース楽器とクラリネットを始めていた。こうして僕がピアノ、フィルがベースという組み合わせで、僕ら兄弟はカブ・スカウト（ボーイスカウトのなかで小学校二年生の九月から五年生までを対象とした部門）の夜の催しに出演し、アル・ジョルソンが一九二〇年代に歌って有名になった〈ウェイ・ダウン・ヨンダー・イン・ニューオーリンズ〉を演奏した。これが評判となり、我がファミリー・バンドにもう一人のメンバーが加わることとなった。

僕が十四歳になるまで、〝バートン・ファミリー・バンド〟はほぼ毎週末ステージに立った。そのうえ十二月には、それこそ毎日のようにクリスマスパーティーで演奏する。大半がインディアナ、イリノイ、ケンタッキーの各州だったものの、北はシカゴで演奏したこともあるし、マイアミで一週間にわたって演奏したこともある。父は本業のコンサルタント技師を続けていたけれど、両親とも余暇の時間は僕らを演奏場所へと連れて行くことに費やされた。

時間が経つにつれ、僕らバンドはコメディーの要素を加えたり、楽器を増やしたり——僕はトランペットとドラムを学んだ——、さらにはタップダンスをするようになった。僕も数年にわたってタップのレッスンを受け、まあまあ上達したと思う。ショーではダンスナンバーを数曲やり、タップを踏みながらマリンバで〈バイ・バイ・ブルース〉を弾くということもした。家が停電に見舞われたとき、僕はちょっと気まぐれで、暗闇のなかでもマリンバを演奏できるだろうかと試してみた。すると、当時練習していた曲の一つ、リムスキー・コルサコフの名品〈熊蜂の飛行〉が目を閉じても簡単に演奏できることがわかった。この曲は大半が半音階で構成され、離れた鍵盤を叩く箇所がほとんどないからである。これがショーの一部となるのは自然な流れだった。それから毎晩のように、母に目隠しされたあと、一音も間違うことなくこの曲を演奏するようになる。また、蛍光塗料を塗ったマレットと衣装を用意して、ブラックライトで何曲か演奏するということもした。これは使えそうだというものがテレビに映るたび、僕らはそれを取り入れた。クリスマスやハロウィン、あるいは七月四日の独立記念日といった時期には、それにふさわしい季節のメドレーを演奏する。母が衣装を作るかたわらで、父はそれらをあちこちへと運ぶべく、大型トレーラーの準備に余念がないのだった。

僕たちは地方のタレントショーや演奏会といった形で、ヴォードヴィルの火を絶やすまい——少なくとも延命を続けよう――と力を尽くした人々の一部である。あのころの数年間、僕ら一家はあらゆる種類のエンターテイナーと共演した。古びた芸をいまなお繰り返す、ショービジネス界の年老いたベテランもいれば、僕と同年代の子どももいた。そのなかでも、剣を飲み込む芸人、ローラースケートのパフォーマー、骨やスプーンを打ち鳴らす芸人、割れたガラスやカミソリの刃を嚙み砕く老芸人、そして理髪師のカルテットなんかと共演する機会が多かった。さらに、子どもを出演させている他の家族とも知り合いになった。そうした子どもの大半は踊るか歌うかのどちらかだったけど、なかにはアクロバットをこなす子もいた。

僕がジャズと出会ったのを期に、バートン・ファミリー・バンドの活動に終止符が打たれた。いや、いつかは終わりを迎える運命だったのだ。姉はもう高校生だったし、アンゴラのセーターやら男子生徒やらに関心は移っていた。それでも、バンド活動は僕らに素晴らしい経験をもたらした。何度も旅をするなかで、僕ら一家はとても親密に、かつ互いを思いやるようになったのである。僕は音楽の作り方やアレンジの仕方、それにリハーサルの方法を学んだ。そして観客とのコミュニケーションについて会得したことの数々は、音楽について学んだ物事と同じくらい僕の血となり肉となっている。

両親は僕に大きな期待を寄せ、かつ家族として数々の演奏をこなしたけれど、決して〝ステージパパ（ママ）〟なんかではなかった。音楽家というものはみな貧しく、幸福かつ順調な人生などあり得ないと考えていたから、子どもたちの誰かにプロのキャリアを歩ませるつもりなどこれっぽっちもなかったのである。この点、子どもがスターになることを夢想し、練習やオーディションに容赦なく駆り立てる親たちと我が両親とは、まったく異質の存在と言えるだろう。バートン一家にとって、音楽は家族の楽しみに過ぎなかったのだ。

第二章　〈アフター・ユーヴ・ゴーン〉

最初に聴いたジャズのレコードはなんだったろう？　僕が十三歳のとき、僕らきょうだいはお小遣いを寄せあってレコードプレイヤーを買い、ポピュラー音楽のレコードを集めだした。やがて、どんないきさつかは忘れたけれど、ベニー・グッドマンのレコードと出会う。それは十インチ盤で、一曲目はスウィング全盛期の名曲〈アフター・ユーヴ・ゴーン〉。それから三十五年後、僕はグッドマン、そしてバンドのヴィブラフォン奏者ライオネル・ハンプトンに捧げる意味でこの曲を録音する。なんとアツく、胸躍るレコードだったろう！　僕はすっかり虜になった。それからジャズレコードを漁る日々が始まり、西海岸のクールジャズ・ピアニスト、デイヴ・ブルーベックから東海岸の異能派チャールズ・ミンガスまでを網羅したコレクションがすぐにできあがった。アート・ブレイキー率いるバンドとピアニストのホレス・シルヴァーが共演したレコードは特にお気に入りだった。こうして僕は時間が空くたび、ジャズ楽曲の習得と即興演奏に打ち込むようになる。

同じころ、近くのエヴァンスヴィルという町で催されるダンスパーティーに、ライオネル・ハンプトン率いるバンドが出演するという記事を、父が新聞で見つけた。父は僕を連れて行きたかったけど、まだ年少ゆえ夜の立ち入りは無理だった。なので、僕たちはその日の午後に出かけ、サウンドチェックが終わろうとするころに到着した。僕の演奏となると目の色が変わる父はステージに上がってまず自己紹介し、息子もヴィブラフォンを演奏するんですとハンプトンに言った。ハンプはステージからこちらに手を振って自分のマレットを渡し、仲間のミュージシャンと一緒に二、三曲演奏させてくれた。その好意はもちろん嬉しかったけど、いま考えれば、子どもの演奏に付き合わされ、ディナーが先延ばしになってしまったバンドメンバーとしては、いい迷惑だったに違いない（後年ハンプトンと再会したとき、一九五六年に共演したことを言ってみたが、向こうはまったく憶えていなかった）。

もう一つ、その日の午後のエピソードとして、彼が使っていたヴィブラフォンの状態が記憶に残っている。一夜限りの興行を何ヵ月も続けた結果、それはすっかりくたびれていた――これからのジャズ人生が華々しいばかりでないことを予兆する手がかりではあった。

《コラム》ヴィブラフォンの父、ライオネル・ハンプトン

「ヴィブラフォンってなんです?」とけげんな顔で訊かれるたび、僕はこう答えてきた。「ライオネル・ハンプトンが演奏している楽器ですよ」ハンプトンこそヴィブラフォンの名を広く知らしめたミュージシャンである。黎明期のころからこの楽器をプレイし、ベニー・グッドマンが国内最高のジャズバンドを率いていた一九三〇年代、彼と共演することで全国的に名を知られるようになった人物だ。

思うに、ハンプは複雑きわまりない人生を送った単純きわまりない人物である。成功を約束された生まれながらのエンターテイナー。特に後年、ミュージシャンとしてよりエンターテイナーとして優れている、と言う人もいたくらいだ（言うまでもないが、ヴォードヴィルから演出法を借用した初期のジャズプレイヤーは数多い。ルイ・アームストロングはハンカチやら大げさな表情やらで批判を浴びたし、デューク・

エリントンの初期の映像を見れば、ど派手なピアノ演奏に驚くだろう)。一九〇八年生まれのハンプトンはドラムを叩きながらシカゴで育ち、十代になるとサックスのレッスンも受けている。その後一九二〇年代に入って独立、ロサンゼルスに居を構える。発明間もないヴィブラフォンの習得を始めたのはこのころだった。一九三〇年にロサンゼルスで共演したルイ・アームストロングはこう語っている。「ハンプはときどきドラムの横でベルのような楽器を演奏するんだ。それがスウィング感に溢れているのさ」アームストロングはレコーディングの計画を立て、そのうち何曲かでヴィブラフォンを演奏するようハンプに依頼した。かくして〈メモリーズ・オブ・ユー〉と〈シャイン〉の二曲がヴィブラフォンで録音された最初の楽曲となる。

一九三六年から四〇年にかけてグッドマンと活動したことで、ハンプの名は全国に広まった。七〇年代のなかごろ、ハンプは僕との会話のなかで、グッドマン・バンドと活動したのはたった五年間なのに、何十年も共演したかのように語られるので困る、と愚痴をこぼしたことがある。バンドリーダーとしての努力が認められていないのでは、と考えたのだ――むろん、彼のリーダーとしての活動は不朽の業績である。ステージ上では原動力であり、ときに躁病の域に達する。ヴィブラフォン、ドラム、果てはスモールピアノまで演奏するのが普通だったし、そのうえ歌もうたうなど、ショービジネスの要素をステージ活動に加え続けたのである。テーマ曲〈フライング・ホーム〉の演奏中、パラシュートをつけて劇場のバルコニーから地面に飛び降りるようメンバーの一人に賄賂を贈って説得するなど、ハンプはいつも奇抜なスタントをメンバーに押しつけていたと、ともにツアーしたトランペット奏者ハーブ・ポメロイは語っている。それどころか、ロング・アイランドのリゾート地でルイ・アームストロングのグループと演奏会を分けあったという話もある。前半はアームストロングがステージを独占したのだが、そのとき、休憩後にショーを乗っ取ってやろうとハンプは決心する。そして後半の最後にさしかかったとき、彼はバンドの金管セクションに、プールに飛び込むよう命じたのだった。

いつまで経ってもショーが終わらないので、ハンプをステージから引きずり下ろそうとしたプロデューサーの話は数多く伝わっている。それでもアンコールの声に抗えなかったのだ。ジャズライターのゲイリー・ギディンスはこう記す。「ハンプがおとなしく引き下がることはなかった」

ハンプはいつだってまわりの出来事に執着しなかった。そうした無関心こそ、マネージャーでもあった妻グレイディースとの関係を物語っているのではないかと思う。彼女はハンプの人生を事実上すべてマネージしていた――金の管理、ミュージシャンとの契約、そしてツアーのアレンジ。さらに、ハンプを含む誰に対しても暴君だった。金の大半を自分のために使っているのは有名な話で、高価な宝石を多数持ち、毛皮のコートも巨大なコレクションができるほど。その一方で、ハンプには週二十五ドルの小遣いしか与えなかったのだ！　グレイディースはほぼ毎回バンドのツアーに同行したのだが、自分専用のスタイリストだけでなく四匹のプードルも連れてゆくことがあった。ハーブ・ポメロイによると、カナダツアーの際、犬が国境を越えられるよう彼女が検問所にカナダ人獣医を呼んだため、バンドメンバーはバスのなかで何時間も待たされたという。

ステージでは掛け値なしのスターだったハンプトンが、結婚生活では奴隷同然だった事実は奇異な感じがする。だが本人は心底妻に惚れていた。事実、彼は自伝のなかで、グレイディースが一九七一年にこの世を去って以降、クローゼットに並ぶ毛皮のコートを見ることが日課になったと記している。そうすればいまも存在を感じられるから、ということらしい。グレイディースの死後、ハンプトンは三十年余りを生き延びたが、結局再婚することはなかった。

ハンプトンはそのスウィング・スタイルを堅持する一方、多彩なジャンルのミュージシャンと共演することを厭わなかった。やがて有名になる若きプレイヤーを雇ったこともあれば、普通なら共演など考えにくい新世代のスターたちとコラボしたこともある。一九七八年のカンヌ公演で行なうジャムセッションを打ち合わせるため、ハンプのアパートに招かれたときのことを、チック・コリアはいまも憶えている。ハンプはチックの代表曲の一つ〈ラ・フィエスタ〉を望んだというが、その曲が公演で演奏されることはなかった（ただし、その年のうちにスタジオ録音がリリースされている）。

ハンプのプライベートで僕の目にもっとも奇異に映ったのは、終生続いた共和党への支持である。たいていのミュージシャンは政治とまったく無関係でいるか、少なくともよりリベラルな見方をするものだ。ハンプは違った。国と州いずれの政治にも深くかかわり、ネルソン・ロックフェラー、リチャード・ニクソン、ジョージ・H・W・ブッシュ（ブッシュ・シニア）といった共和党の大物と親しい関係を続けたのである。一九七三年にテレビ放送されたウォーターゲート事件の公聴会において、ニクソン政権が大衆に知られたくない支出のために確保していた秘密資金の出費内容が、宣誓証言によって明らかにされた。贈賄リストが延々と読み上げられるなか、「ライオネル・ハンプトン・オーケストラに一万五千ドル」という言葉が僕の耳に飛び込んだ。つまり何かのキャンペーンで演奏し、秘密資金からギャラが支払われたのだ！　しかし数々のスキャンダルにもかかわらず、ハンプトンは死ぬまで忠実な共和党員だった。

世界的名声と大衆の人気を何十年にもわたって享受したハンプだが、グレイディースが世を去った時点で事実上破産状態だったのは皮肉としか言いようがない。新しいマネージャーはハンプトンのキャリアと経済状況を立て直すことを自分の使命とし、殺人的スケジュールを彼に押しつけたが、ハンプにとっては好都合だった。ニューヨークのアパートメントで一日中ぼんやりしているなど、ハンプがもっとも望まぬことなのだ。吝嗇ぶりが知られるようになったのもそのころである。それ以前、バンドメンバーの薄給はグレイディースによる出し渋りのせいだと、誰もが納得していた。ハンプさえも安い金でこき使われていたのだから。しかし八〇年代に入り、バンドの新メンバーたちは自分たちの薄給を世間に訴えようと決断し、短期間ながらストライキにまで打って出た。かの伝説的アーティストが実はしみったれであると暴露され、屈辱のあまり怒りに震えたはずだと読者はお考えだろうが、僕の知る限り何も変わることはなかった。ハンプは別のミュージシャンを見つけ、ひたすら演奏し続けたのである。

自身のキャリアがジャズから離れるにつれ、ハンプはさらなる名声を勝ちとってゆく。フランスではジェリー・ルイスが映画界の巨人として認識されているが、それ同様ハンプも神のように崇められた。ニース市街の公園を散歩すれば、ハンプの実物大の銅像に出くわすだろう。もちろん、アメリカ国内でも数多くの栄誉に輝いている。一九八六年にニューヨークで開催されたイベントにおいては、ブロードキャスト・ミュージック社（BMI）から「ユニーク賞（One of a Kind Award）」を授与された。僕もその場でハンプと共演し、ヴィブラフォンの将来といったことを話し込んだものである（僕のことを〝秘蔵っ子〟と呼びだしたのもこのころだ。こっちはもう四十代なかばなのに！）。ハンプが得た偉大な栄誉の一つに、一九九二年に授与されたケネディー・センター名誉賞がある。その年の受賞者は俳優のポール・ニューマン、ジョアン・ウッドワード、ジンジャー・ロジャース、そしてチェリストのムスティスラフ・ロストロポーヴィチだった。僕はハンプのリクエストを受け、授賞式の全国放送でミルト・ジャクソンと一緒にヴィブラフォンを演奏した。ハンプは受賞者なので会場でこそ演奏しなかったけれど、式後のパーティーでその機会に恵まれた。そして例のごとく、深夜になるまで誰も彼の演奏を止められなかった。

僕が最後にハンプの姿を見たのは、一九九〇年代中盤に北日本で開催されたジャズフェスティバルにおいてである。当時はもう最初の心臓発作に襲われたあとだったのに、それでもツアーを続けていたのだ。楽屋にいるとき、彼の動作が硬くぎこちないのを見て、僕はショックを受けた。まるで別の世界へ行ってしまったようでもあり、ステージに上がって自分のヴィブラフォンへよろよろ歩くその様子は、僕を心から不安にさせた。ところが何曲か演奏するうち、二十歳は若返ったように見えてくるから不思議なものだ。腕に関節炎を患っているので、ヴィブラフォンの上を舞うようにとはいかない。鍵盤を叩く回数も少なく、バンドを指揮するかのようにマレットを振るばかりである。それでも、観客に及ぼす効果は素晴らしかった。フェスティバルが始まって数時間、観客はずっと聴きどおしだったわけだが、誰もがハンプに熱狂し、彼の出番が終わるころには全員立ち上がり、手を叩いたり声をあげたりしながら、音楽に合わせて身体を揺らしていたのである。

ハンプトンは同時代の人間――アームストロング、エリントン、グッドマン――の誰よりも長生きし、二〇〇二年に九十四歳でこの世を去った。ヴィブラフォン奏者で彼より長寿を保った者は現在のところいない。

プリンストン高校は二つの進路を生徒に選ばせていた。一つはいわゆる〝工芸コース〟（女子は〝家計学〟を選べたようだ。なにしろ一九五〇年代の田舎町なのだから）。もう一つはラテン語やスペイン語の授業を含む、大学進学に向けたコースである。「外国語しか通じない場所なんか行くものか」と、当時の僕は内心考えていたし、何より工芸コースの実践的な面が好きだった。それで製図と建築の授業を受け、電気配線やコンクリートの成形（僕が作った小鳥の水盤は何度かの引越しにも耐え、三十年にわたって庭を飾った）、そして木工の基本を会得した（一年生のときに作った踏み台はいまもある。室内で使うのに便利だ）。だから、自分が音楽の道に進むなど思いもよらなかった。

子どものころから同性愛を自覚していたというゲイの男性は数多い。僕が性のことで最初に混乱を感じたのも高校生のころだった。思春期の誰もがそうなるように、僕も性の目覚めを認識したけれど、自分がなぜか他の少年と違っているとはっきり信じていた。ただ、それについてどうすればいいのか、そもそもできることが何かあるのかまではわからなかった。その方面で何が起きているのか見当もつかず、相談できる人間もいない。当時はまだ五〇年代、しかもそこはインディアナの片田舎だったけれど、ぼくはできる限りこの混乱と向かい合った。

音楽についても僕は混乱していた。ジャズにますますのめり込むなか、レコードで聞いた色鮮やかな不協和音を突き止めようとするのだけど、ここでも自分が何をやっているのかわからないでいた。そこに幸運が転がり込む。プリンストンから南に車を走らせること一時間、エヴァンスヴィルという町を訪れた父が、音楽店のショーウインドウに貼られた〝現代和声《モダンハーモニー》レッスン〟という広告を目にしたのである。土曜日の午後、僕らはそれを確かめるべくエヴァンスヴィルに向かった。広告の主はローレン・ブレイクという地元のピアニストで、コード理論に重点を置いたジャズピアノを教えているという。僕はピアノを弾いたことはあまりなく――それも独りで学んだ――、もっぱらヴィブラフォンを演奏していると説明した。にもかかわらず、彼は僕をピアノの生徒として受け入れ、曲やジャズスタイルを重点的に教えてくれることになった。

ローレンはピアノの正しい運指やジャズハーモニーの基礎を教えるのみならず、聴いておくべきレコードを紹介してくれる（ジャズのレコードがほとんどなかったので、探すのに苦労していた）など、とても素晴らしい先生だった。ローレンのおすすめはまずエロール・ガーナー、次いでジョージ・シアリング。シアリングが発表した多数のピアノアレンジを聴いてそれらのハーモニーを分析したことは、いまも記憶に鮮やかである。事実、それは優れた学習体験だった。後年、僕はシアリングその人と仕事するようになるけれど、ピアノアレンジの分解を通じて学んだ彼の和声づけはしっかり頭に残っていた。

またローレンを通じて、僕は近辺に住む他の十代のジャズミュージシャンと連絡をとり始めた。エヴァンスヴィルは才能こそ突出していないものの熱心な若きプレイヤーを何名か擁しており、コンボを組むには十分だった。日曜日の午後になると、誰かの家に集まってジャムセッションをする。ようやく、僕は仲間のミュージシャンを得られたわけだ！

三年生のとき、プリンストン高校にデューク・エリントン・バンドがやって来た。彼らがインディアナ南部の片田舎で演奏したなんて、いまだに信じられない（一九五〇年代のプリンストンの世帯数は千七百二十六）。僕にとっては一大事、有名なジャズバンドの生演奏を聴くのはこれが初めてである。さらにスクールバンドの一員（フットボール部の遠征旅行について行けるという理由でスネアドラムを担当した）だったおかげで、ステージ裏での世話を手伝う幸運に恵まれた。バスから降りるバンドメンバーの第一印象は、普通の人とはまったく違う、というものだった。全員スーツに身を包み、ジャズミュージシャンはこうあるべきと僕が考えていたのとまったく同じ、クールそのものの外見をしている。デュークは付き人を同行させ、様々なスーツやスポーツコート、シャツ、そしていくつもの靴がつまった衣装棚を運ばせていた。この時期にエリントン・バンドを目にした人なら憶えているだろうが、デュークはコンサート中に何度もステージを離れ、そのたびに衣装を変えていた。しかも、着替えるごとにますます奇抜なものになってゆく。デュークはその日もロッカールームに颯爽と入り、あまたある衣装のなかからジャケットやシャツを選び出したかと思うと、色鮮やかなアンサンブルを即興で創りあげた。それを目にできた僕は幸せである。また自分の目の前で動き、バンドの演奏に耳を傾ける姿は、僕に大きな影響を与えた。そして信じられないほど素晴らしい音楽――見事なまでのステージ構成、ため息の出るソロ演奏、バンド全体のスウィング感。その夜を境にジャズ人生への思いは一気に強くなり、その後何週間もそれを口にするほどだった。

同じころ、僕はエヴァンスヴィルのステージで演奏し始めていた。家族で演奏していたときと違い、頼まれればクラブやダンスパーティーにも足を運ぶ。シンガーを同行させたり、タップダンスのレヴューを披露したり、教会で演奏したりすることもあった。まだ十六歳なので父の運転で会場に向かい、演奏が終わるのはたいてい深夜かそれよりあと、迎えの車が来るまでテーブルでコーラを飲んでいる、という具合だ。僕がようやく運転免許を手にしたとき、父は心底ほっとしたに違いない。

またジョー・オニールのためにピアノを弾く機会にも恵まれた。かつてヴォードヴィルのタップダンサーだったジョーは、引退後どういうわけかプリンストンに移り住んでいて、インディアナ州南部やイリノイ州の小さな町に生徒を抱えていたのである。彼は土曜日になるとおんぼろフォードに僕を乗せ、スケジュールが入っている町に向かう。生徒がいつものタップダンスを練習するあいだ、僕はピアノを弾く。ジョーがショービジネス界のことをあれこれ話してくれるので、僕にとっては楽しかった。一日が終わるころには彼のポケット瓶も空に近く、朝来たときの半分くらいのスピードでプリンストンに戻るのが常だった。

一九五九年夏、僕の人生は大きく変わる。雑誌『ダウンビート』を読んでいたところ、スタン・ケントン・ステージ・バンド・キャンプなるものの広告が目に入った。そのときからいまに至るまで、ジャズキャンプという事業は繁栄を続けており、全国の生徒に密度の濃い演奏機会を与えている。だが当時、そうしたイベントはまだ黎明期にあった。僕にとって幸運だったのは、会場のインディアナ大学が家からわずか数時間の場所にあったことである。

そこで初めて、僕はジャズを愛するミュージシャンたちに囲まれた。全国から集まった少年少女に講師役のプロミュージシャン。僕らは夜明けから夜遅くまで演奏し、語り合い、そして互いの音楽に耳を傾けた。天国とはこういうことを言うのだろう。しかも、ウッディ・ハーマンやチャールズ・ミンガスと共演した経験を持つカリスマ講師のサックス奏者、ジョン・ラポルタ率いるバンドでピアノ演奏を割り当てられた。ラポルタとは後年親交を結び、ともにバークリー音楽院で教鞭をとることになる。ドラムの講師は僕のお気に入りだったシェリー・マン。シェリーとは四年後にレコーディングするだけでなく、彼が経営するロサンゼルスのジャズクラブでその後も定期的に共演している（シェリーは僕の人生で最高のアドバイスをしてくれた。「ドラマーに耳を傾けろ。テンポはドラマーに任せるんだ。ソロで演奏するときも、自分がバンドをリードしようと思うな」）。

ハイライトは週末にやって来た。近隣のフレンチ・リックで催されるジャズフェスティバルに出演するよう、僕ら学生バンドにお呼びがかかったのだ。フレンチ・リックには有名リゾートホテルの本店があり、当時は廃業しかかっていたものの、その夏の週末にそこで大規模なジャズフェスティバルが開催されることになった。そのためインディアナポリス、シカゴ、ルイスヴィルなど中西部の各都市から大勢の人がやって来たのだが、皮肉なことに、黒人がそのホテルへ宿泊を許されたのはこのときが初めてだった（公民権法の施行は数年後のことだが、時代はすでに変わり始めていた）。

学生バンドが音楽キャリアの第一歩とはぱっとしないスタートに思えるが、フレンチ・リック・ジャズフェスティバルは、ジョージ・ウェインがプロデュースして僕も参加した数多いフェスティバルの記念すべき一回目となった。十六歳の新人にとって、舞台裏は魔法の世界だった。その夜を飾るのはマイルス・デイヴィス・セクステット――あの時代の中心的ジャズバンドで、他のどのグループにも増して革新的だった。同じ年、マイルスら六人は不朽の名作『カインド・オブ・ブルー』をレコーディングする。僕はまだジャズに触れたばかりとあって、マイルスの音楽にさほど馴染めなかった。だけどその圧倒的な存在感は一目瞭然だった。彼がステージ裏の芝生を歩くたび、僕はブローニー（イーストマン・コダック社製の簡易カメラ）のシャッターを押す。フラッシュをまともに浴びたマイルスは、ぶっきらぼうに「ありがとうよ、坊や」と嫌みを言うのだった。

だが当夜はジョージ・ウェインその人ほど、僕の心にいつまでも残る印象を残した人間はいない。コンサートのあいだ、彼はステージに出入りする出演者と話に興じつつ、飛び入りで演奏に加わることもあった。シンガーのダコタ・ステイトンが出演中、彼女のバックバンドがバラードのイントロを始めたところ、ジョージに「だめだ、ちゃんとした曲を演奏するんだ」と大声で叫ばれたので、突如ミディアム・ブルースに切り替えるという一幕もあった。僕はその大胆さだけでなく、ステージの進行をしっかり把握していることに驚いた。当時は夢だに思わなかったけれど、ジョージは僕のその後のキャリアで重要な役割を演じることになる。

僕は翌日もフェスティバルに残り、ディジー・ガレスピー、ジェリー・マリガン、そしてライターのレオナルド・フェザーによるジャズ関係のパネルディスカッションを見学した。そこには『ダウンビート』誌に名を連ねる人物が何人もいた。フェスティバルのフィナーレを飾ったのはピアニストのエロール・ガーナーとエリントン・バンド――生演奏を見たのはこれで二度目だけど、どの瞬間も愛おしくてたまらなかった。

キャンプに戻る道すがら、僕は今後の進路を考え直した。高校で全教科Aの成績をとり、全国優等生協会への加入を認められていたこともあって、それまでは（父と同じ）エンジニアもしくは医者といった昔ながらのキャリアに向かおうとしていた。すでにインディアナ大学医療大学院から資料を取り寄せ、病理学のキャリアも面白そうだと考えている。しかしジャズキャンプの一週間は、僕の心を完全に捉えてしまった。夢のような七日間が終わりを迎えるころには、ジャズミュージシャンになりたいとはっきり自覚していたのである。

そして当時はまだ気づいていなかったけれど、インディアナを離れてジャズの世界に加わるという、一九五九年に僕が下した決断は、自身の性的混乱にどう向き合っていくかも決めることになった――ジャズ界で身を立てるなら異性愛者でなくてはならない。

ジャズの世界に入ったばかりの僕も、『ダウンビート』誌でミュージシャンの記事を読んだり彼らのレコードを集めたりすることで、砂だらけの薄汚いジャズ界がひどく男権的な厳しい世界であることを薄々知っていた。ジャズにおける成功とは、まず何より仲間のプレイヤーとして受け入れられることであり、僕も十六歳にして、そうならなくては成功もおぼつかないと認識していた。

最初のジャズキャンプでは同年代のミュージシャンとの出会いもあった。僕はトレドから来たという少年と友人になり、その後週末にジャムセッションをするため、オハイオ州北部まで八時間も車を走らせたりした。ベルマンズ・アンド・ウェイターズ・クラブという、黒人居住地域にある一種の社交クラブが会場だったときのこと、招待も受けずに押しかけるなんてと、僕はいささか不安だったけど、他のメンバーはきっと歓迎されるさと言い切った。店内に入り、飛び込みで演奏に加わってもいいかと、何人かのミュージシャンに打診する。白人の高校生が四人、疑わしげな目で見られたものの、結局オーケーの返事をもらうことができた——とは言え、ヴィブラフォンが出てくるとは思わなかっただろう。部品を運び込むのに店と車を何度か往復し、組み立てにはさらに時間がかかったので、ステージ上ではすでに他のグループが演奏を始めていた。ようやく準備を整え最初の音を鳴らした瞬間、僕の演奏を聴くより早く観客が一斉に喝采を送った。組み立てただけでも大したものだ、と思ったに違いない。

新たなプランを僕が熱心に話すのを聞いて、両親はおそらく驚き、かつ不安を感じたはずだ。だけど二人の名誉のために言っておけば、それを顔に出すことは一度もなかった。すでにいくらか実績があったので、受け入れたほうがかえって気が楽だと考えたのかもしれない。僕はますます演奏の機会に恵まれ、何がしかの蓄えを残せるだけの金を稼いでいた。事実、父は海軍向けの専用潤滑油の製造契約に入札するため、十六歳の僕から二千ドルを借りた。その金は僕が大学進学で実家を離れる直前に返し、さらに利益を上げるために二、三年海軍の仕事を続けたそうだ。

今日の仕事に集中すれば未来は自ずから拓ける、というのが僕の信念であり、最終学年に進級したときには未来の計画を精密に組み立てていた。まずは音楽大学に進み、次いでニューヨークに移る——そして運に恵まれれば、いつの日かレコードに自らの名を冠するようになるだろう。

第三章　地方の音楽シーン

まずミュージシャン文化を探ろうとしたところ、それはなんとエヴァンスヴィルで見つかった。大都市でもないのにそれなりの水準の音楽家が何人もいて、小さいながらも熱気あふれるジャズシーンを繰り広げていたのである（これはインディアナ全体に当てはまる。主要なジャズセンターが存在しないにもかかわらず、インディアナは重要なジャズミュージシャンを人口の割に数多く輩出している。革新的トランペット奏者のフレディ・ハバード、偉大なるビバップ・トロンボーン奏者J・J・ジョンソン、そしてウェス・モンゴメリー――歴史上もっとも影響力のあるギタリストの一人――がその一例だ）。

同じころ、僕は運転免許を手に入れ、その後すぐ、演奏で稼いだ金で新車の白いフォルクスワーゲン・コンバーチブルを買った。おかげで他の人との付き合いや、歓楽街の探索により時間を割けるようになった。僕の典型的な土曜日のスケジュールは、まず午後六時、開店直後のF'sステーキハウスに出かけることから始まる（僕はそれまでステーキを食べたことがなかった。別に家が貧しかったからではなく、たまたま食卓にのぼらなかったのだ）。店での演奏が終わると、行きつけのマカーディ・ホテルの喫茶店に向かう。そこには土曜夜の演奏を終えた地元のミュージシャンがたむろしていて、笑いとともに小話を交換しながら、午前四時に朝食をとっていた。

演奏するのは高級な場所ばかりではない。ニワトリ小屋のごとくフェンスに囲まれた屋外ステージで演奏したこともある。観衆にものを投げられるのを防ぐためだ。ヴィンセンズという町に行ったときは、〝リヴァー・クラブ〟なる場所が会場だった。ウォバシュ川のほとりにあることからその名がつけられ、一帯には貧民層に酒食を提供する安酒場が並んでいる。その日は週末だったので、僕はステージに一晩ヴィブラフォンを置きっぱなしにした。すると翌朝、酒類法違反の容疑で警察がクラブを閉鎖したと、バンドのリーダーから電話で知らされた。週末の残りの予定は当然キャンセルだ。

置きっぱなしの楽器をどうすればよいか、僕は途方に暮れた。しかし季節は春で幸い晴れだったこともあって、車で三十分のヴィンセンズに自ら赴き、この目で確かめることにした。予想どおり現場には人っ子ひとりおらず、扉も巨大な鉄棒で閉鎖されている。ヴィブラフォンが手元に戻るまで数週間、あるいはもっとかかるだろうか。いや、法律執行のせいでヴィブラフォンを失うことになるのか。僕は他に扉がないかと建物のまわりを歩いてみた。結局見つからなかったけれど、代わりに窓がある。それをこじあけてなかに入る。店内は暗く陰気だったものの、ステージの上に鎮座するヴィブラフォンがすぐ目に飛び込んだ。急いで分解して窓から慎重に外へ落とす。それからなんとか車に積み込み、誰にも気づかれることなくハイウェイで帰路についた。華やかに見える音楽家人生にも、ときには危険がつきものだ。

その後僕は、住宅街のとあるあばら家を拠点とするエヴァンスヴィル・ミュージシャン組合に加入した。その場の空気を支配していたのは年長のミュージシャンたちで、いつもトランプやおしゃべりに興じていた。また土曜日の午後には、地元のサックス奏者が持ち込んだポルノ映画の上映会が始まる。僕は他のメンバーとトリオを組み、パル・ステーキハウスという店でギグを始めた。午後九時から翌朝一時までヴィブラフォンとピアノを演奏し、終了後はすぐに車で帰宅、翌日の授業に備え数時間の睡眠をとるという具合だ。

それと並行して、日中はピアノの調律の仕事をすることにした（もうすでに、あまりやることがなくなっていたようだ）。絶対音感のおかげで調律は簡単であり、通信教育を終えただけでピアノの調律と修理の仕事を軌道に乗せることができた。また幸いなことに、僕が通っていた高校の校長は理解のある人だった。卒業に必要な授業があと二つということで、一日二時間出席すればよいと認めてくれたのである。その結果、午後にする調律の仕事を週に三日か四日、ステーキハウスでの夜の演奏を週に五日こなすことができた。他にまわす時間はなかったけれど、僕は充実した日々を過ごした。独り立ちできるだけの稼ぎもあったので、不満はまったくなかった。

とは言え、僕がとろうとしている進路にみなが賛成したわけではない。学校の歴史教師だった隣家のダウニー氏からは飲酒や悪徳の危険を厳しく言われ、深夜に及ぶスケジュールを改めるよう忠告された。だけど、それは手遅れだった。僕はもうジャズで生きる道に踏み出していたのだ。しかも、悪徳のほうはなんとも言えないけれど、アルコールに関してはダウニー氏が心配する必要などなかった。初めて酒を口にしたのは三十歳を過ぎてからだし、それまで飲まなかったのは氏の忠告とは無関係である。原因はむしろ、会社のパーティーやなんかで僕ら一家の演奏が終わったあと、酔っ払った客が子どもの僕に話しかけようと近づいてきて、僕を死ぬほど怖がらせたことにあるのだ。

昼夜を分かたず働くことで、高校生らしい生活はできなくなった。それでもなんとか時間を割いて、友だちとバスケットボールに興じることはあった。やはりインディアナ、地球上でもっともバスケットボールが盛んな場所である。さらに、（大半のゲイと同じく）思春期のころから自分が他の男子と違うことに気づいていた一方で、ガールフレンドは常にいた。それどころか、他人と違ってはいけないと僕は必死だった。他と〝違っている〟ことを許されず、人々に愛され尊敬されるちびっ子ミュージシャン、ゲイリー・バートンでいなくてはならなかったのだ。

もちろん、自分の感情を完全に捨て去ったわけじゃない。同級生の一人に性を教わり、卒業するまで二人でときどき外泊して、いろんなことを試してみた。だけどそれも、二人ともストレートであることを確信させたに過ぎない。僕の知る限り彼は本物のストレートであり、僕も別の方向へ引き寄せられてはいたものの、ストレートでいようと心に決めた。

卒業間近の一九六〇年春、僕は自ら定めたゴールへと集中し始めた。つまり音楽院への進学、学位の取得、そしてニューヨークでの腕試しである。それがうまくいかなければ、どこかで音楽講師になるという手もある。人生とは自分をどこか他の場所へと連れてゆくものだけど、僕には曲がりなりにも計画があった。

シカゴの有名なバス・トランペット奏者サイ・トゥーフが、イリノイ州とケンタッキー州で催すコンサートのバックバンドを探していると聞いて、僕はチャンスが来たと感じた。彼はコメディアンのシェリー・バーマン――当時の大スターで、ツアーには専用の付き人を同行させていた――をフィーチャーしたショーをひらくところであり、バンドに加わるよう僕にお声がかかったのである。他のメンバーはエヴァンスヴィルでも一流のミュージシャンであり、ショーは成功のうちに終わった。そのあいだ、僕はまわりの出来事から目を離さなかった。どのように移動するのか、毎日違うホテルに泊まるのはどういうものか、楽屋のしきたりはどうなっているのか……僕の初ツアーはたった五日間で、そのあとはすぐプリンストンの自宅に戻ったけれど、ミュージシャンの生活がどのようなものかを体験できた。そんなに悪いものじゃなさそうだ。

エヴァンスヴィル周辺で演奏した最後の一年間は、僕を〝大ブレイク〟と言っていい状態に置いた。はっきり言って、そうしたものを僕は信じていない。生きていれば小ブレイクが何度もあるのが当たり前なのだ。それでも、巨大な何かへつながるブレイクが僕にあったとすれば、それはこの時期のことかもしれない。

きっかけは当時ポピュラーの世界で有名になりつつあったサックス奏者、ブーツ・ランドルフである（一九六三年にブーツがヒットさせた〈ヤケティ・サックス〉は、数年後に放送が始まったイギリス人コメディアン、ベニー・ヒルの番組に欠かせない一曲となる）。ブーツはケンタッキー州パデューカの生まれだが、妻がエヴァンスヴィルの出身だったこともあって、一時期そこを拠点に活動していた。僕がブーツと知り合ったのは、彼が定期的に出演していたブルー・バーでのことである。本当なら店に入るにはまだ若すぎたけど、土曜日の午後にジャムセッションがあるので出入りしていたのだ。奇抜な曲を一通り聴き終われば、ブーツは素晴らしいサックス奏者に変身する。彼のアイドルはクラシック・テナーのコールマン・ホーキンスであり、飾り気のないバラードの音を見事に捉えていた。そして一九六〇年、ブーツは僕に大きな、実に大きな貸しを作る。

彼は当時ナッシュヴィル（エヴァンスヴィルから車で数時間）でスタジオ活動を始め、エルヴィス・プレスリーやコニー・フランシスといったポピュラー界のスターたちとレコードを録音していた。そのナッシュヴィルで、ギタリストのハンク・ガーランドとたまたま出会う。当地のスタジオミュージシャンでもっとも尊敬されていたであろうガーランドはカントリー音楽をルーツとし、天才的ギタリストの評判を得ていた。十六歳の若さでミリオンセラー〈シュガーフット・ラグ〉を世に出し、一九五〇年代を迎えるころにはナッシュヴィルのほとんどの大物と共同で、文字どおり数百ものカントリー・アルバムを制作していた人物である。その過程で、ガーランドはジャズと出会う。やがてタル・ファーロウ、バーニー・ケッセル、バリー・ガルブレイスといった当時最高のジャズギタリストに敬意を抱きつつ、他の何にも増してジャズナンバーの演奏に力を入れ、レコード制作を企画するまでになった。大変な苦労を伴いながらも、彼は所属するコロンビア・レコードを説得し、カントリーからジャズへの転向を認めさせる。そしていま、ガーランドはヴィブラフォン奏者を探していた。

ところがナッシュヴィルにはヴィブラフォン奏者が一人もおらず、ハンクはラインナップの変更を迫られる。その話をブーツが聞きつけ、僕に白羽の矢を立てたわけだ。当時、僕は卒業を一ヵ月後に控えていた。

ブーツのキャデラックに僕のヴィブラフォンを積んで、一緒にナッシュヴィルへ向かった日のことはいまも憶えている。ナッシュヴィルの伝説的プロデューサー、オーウェン・ブラッドリーのスタジオに着くと、楽器を組み立ててハンクの到着を待つ。彼はベース・プレイヤーとドラマーを連れてスタジオに現われた。それから数曲セッションする。手ごたえを感じた僕はハンクと少し話をして、高校卒業後の秋にボストンの音楽院へ進む計画を打ち明けた。するとハンクは、自分はこの夏ジャズアルバムの録音を予定しているが、君もここに来て、地元のクラブで私と共演しながらその準備を手伝ってくれないか、と言って僕を仰天させた。

《コラム》ヴィブラフォン？　それともヴィブラハープ？

大半の人が名前すら聞いたことのない楽器について、演奏するだけでは満足できないのか、それをなんと呼ぶか意見を異にする人たちがいる。この楽器が初めて世に出たときも、各メーカーはそれぞれ異なる名称を使っていた。J・C・ディーガン社は〝ヴィブラハープ〟と名付け、のちに参入したマッサー社もそれを真似た（マッサーの創業者クレア・マッサーはディーガン社の元工場長である。同社を去ったのは、社長夫人との不倫がばれたのが原因だと聞いたことがある）。

リーディー・マニュファクチャという会社は、いまだ洗練されていない初期のバージョンに〝ヴィブラフォン〟という名称をつけた。それがどういうわけかこの楽器の通称となる。一九五〇年代の映画『The Benny Goodman Story（邦題・ベニイ・グッドマン物語）』のなかで、ライオネル・ハンプトンは自分の楽器をヴィブラハープと呼んでおり、僕も子どものころはそうだった。それがプロになる前の時点で、〝ヴィブラフォン〟あるいは単に〝ヴァイブ〟と呼ばれることのほうが多くなっていたのである。僕がヴィブラハープと言うのを聞いた人は、マレット楽器でなくエレキハープらしきものを連想したようだ。だからヴィブラフォンでいいのだ。

もちろん、僕を「素晴らしいシロフォン奏者ですね」と褒めてくれる人はいまも数多い（シロフォンは木琴の一種）。

マリンバ

マレット楽器のコンセプトは極めて古く、人類が初めて使った楽器の一つもその亜種である。硬い木片を棒で叩くとなんらかの音色がするのは読者もご存じのはず。違うサイズの木片をいくつか並べれば、原始的なマレット楽器の完成だ。やがて空のひょうたんや鉢なんかがそれぞれの木片の下に置かれるようになる。つまり音量を増す共鳴管としたわけだ。

現代のマリンバは共鳴管として金属のチューブを用いており、またそれぞれの音板はサンドペーパーで底を削ることで、正確な音階になるようチューニングしてある。しかし原始的な木琴楽器は数千年前から存在し、多くの文化に根づいている。マリンバはメキシコで人気がある一方、グアテマラでは五人編成のアンサンブル（一台を二、三人が共有する）が至るところで見られるなど、国民的楽器としての扱いを受けている。音板が木でできたマレット楽器はアフリカやアジアの多くの文化で生み出された。僕は初めて行ったタイで「ラナート」という現地版のマリンバに触れた。その一方で、過去五十ないし六十年にわたってクラシックのレパートリーが徐々にマリンバ向けにアレンジされ、国際的に名を知られた数々のソリストによって演奏されている。

シロフォンとマリンバはいずれも木製の音板でできており、シロフォンでは硬めのマレットを、マリンバでは柔らかめのマレットを使う。シロフォンの音板はどこをとっても同じ厚さだが、マリンバの音板は厚さおよそ四分の一インチになるよう中心部がサンドペーパーで削られている。その結果、シロフォンの甲高い音色に比べてマリンバのそれはより柔らかで、木の音色を感じさせる。今日の聴き手は、シロフォンがアニメの効果音——トムとジェリーが階段を駆け下りる音など——に欠かせないことを知っている。だが一九二〇年代にさかのぼれば、ラグタイム（シンコペーションをきかせたリズムを持つ、ジャズの先駆けとなった音楽）、または〝ノヴェルティー音楽〟という喜劇要素の強いミュージカルで愛用されていたのである。

これら楽器で使う典型的なマレットは、スティックの端にゴムボールを接着したものであり、スティック部分はふつう籐で作られていて、若干の柔軟性がある。合わせ釘のロッドやプラスチックの棒を好むプレイヤーもなかにはいるけれど、やはり籐が一番多く用いられている。またゴムボールには様々な硬さがあり、衝撃を和らげるため糸で包まれていることも多い。

ヴィブラフォン

いまある楽器の大半はなんらかの形で数百年前から存在しているが、ヴィブラフォンが生まれたのはこれより遅く、一九二〇年代後半のことである。当時、楽器メーカーは新たなマレット楽器の試作を始めていた。金属製のシロフォンを作る、というのが発想の源である。

一九二九年、ヴィブラフォンと称し得る金属音板の楽器が売り出される。この楽器のもっともユニークな点は、モーターで回転する羽根を共鳴管のなかに組み入れたことだ。管を連続して開閉することにより、これらの羽根はトレモロ効果を生み出す。この効果はヴィブラートと誤解されることも多い。詳しく言うと、〝ヴィブラート〟は音程の上下動を指すものであり、〝トレモロ〟は音量の変動を伴うものである。共鳴管内部の羽根が回転することで生じる現象もこれだ（本当なら〝トレモロフォン〟という名称がふさわしいのだが、それだと舌を噛みそうだ）。演奏時にモーターをオンにするかオフにするかによって、ヴィブラフォンの世界は二つに分かれている。僕はオフにしておく派だけど、最初のころはほとんど入れっぱなしにしていた。ついているからには使わなきゃ損、と考えたのである。

初期のヴィブラフォンは鉄の音板で構成されていたが、その後すぐにフェルト製の緩衝パッド（ダンパーパッド）が加えられ、足元のペダルを踏むことで音板の余韻をコントロールできるようになった。数年後、各メーカーはアルミニウムとニッケルの合金（通常はアルミ九十五パーセントにニッケル五パーセント）が鉄より優れていると判断する。この合金は鉄より安価で軽く、そのうえ戦時中でも容易に調達可能だった。

驚くには当たらないが、ヴィブラフォンを最初に試したジャズミュージシャンは、ライオネル・ハンプトンやレッド・ノーヴォといったシロフォン奏者たちである。僕がヴィブラフォンを始めた一九四九年の時点でこの楽器の歴史はまだ二十年ほどとごく浅く、演奏技法や音楽的可能性といったものもようやく見え始めたころだった。つまり、僕はこの楽器とともに成長するという稀な機会に恵まれたのである。そのことは、僕が技術面・音楽面でいくつかの革新（四本マレット奏法もその一つ）を成し遂げることを可能にした。結果としてヴィブラフォンの可能性が広がるとともに、僕への評価も高まることになった。これらはすべて、僕に恵まれた幸運だと思う。僕がいなくてもいつか誰かがこうした可能性を開拓していたことだろう。

僕はヴィブラフォンを学ぶ生徒に話しかけるとき、あらゆる楽器のなかでヴィブラフォンが一番習得しやすい理由から始める。これは冗談なんかじゃなく、吹奏楽器や弦楽器でちゃんとした音を出そうと思ったら数年はかかるし、正しい音程で演奏するにも同じくらいかかる。ところがヴィブラフォンなら、初めて音板を叩いた瞬間からプロと同じ音を出せるし、音程だって常に正確だ。またほとんどの楽器の場合、なんらかの運指を学ぶ必要がある。サックスのキーやトランペットのバルブなんかがそうだ。ピアニストは十本の指の動きを調和させ、もつれることなく様々な音階やアルペジオを弾けるようにならなければならない。これに比べ、ヴィブラフォンは単純さの点で他の追随を許さない。ピアノの鍵盤と同じく、すべての音程は目の前にある。二本あるいは四本の棒を使って、あとは基本的なスキルさえあれば楽節を奏でられるわけだ。ほとんどの人は簡単な曲ならすぐ演奏できるようになるので、初心者にとって大いに励みになる。他の楽器からヴィブラフォンに転向したプレイヤーが多いのは、すぐにマスターできる特性があるからだ。

ここまでは単純な部分。もう一方の複雑な部分こそ、この楽器の音を色豊かなものにしている要素である。それは、金管楽器や木管楽器、さらには弦楽器と違い、ヴィブラフォンでは自然なフレージングができないことだ。つまりヴィブラフォンは、これらの楽器よりも人間の声を真似ることが難しい。いまも昔も、音楽のフレージングで手本となるのは人間の声である。ヴィブラフォンやピアノといった機械式の楽器を使って、管楽器ではごく当たり前の〝ヴォーカル・フレージング〟を実現させるのは、極めて高いハードルなのだ。

敷居が低い割に、ヴィブラフォンを演奏する人間が少ないのはなぜだろうと疑問に思うかもしれない。まず入門用のギターやトランペットに比べ、一台数千ドルと極めて高価なことが挙げられる。第二に、サイズが大きく扱いにくいという点がある。移動にはバンが必要になるし、重いケースをいくつも持ち運ぶ覚悟をしなくてはならない。そして最後に、この楽器を目のあたりにできるのはジャズだけなので、テレビで見ることが滅多にない。ロックバンドやポピュラーグループがヴィブラフォンを使うことはないし、若いミュージシャンというのはギターやキーボード、ドラムにサックスなど、自分が目にした楽器に惹きつけられるものなのだ。

それでもヴィブラフォンは正統な楽器として認められているし、いずれジャズ以外の世界でもより人気を得るだろう。僕もポピュラーやカントリーのアーティストと様々な機会にレコーディングすることで、自分の役割を果たそうとしている。だけどいまのところ、読者が期待しているに違いないヴィブラフォン人気の大きなうねりはまだのようだ。

かくして卒業式の翌日、僕は愛車のフォルクスワーゲンにヴィブラフォンを積んで南へ向かった。まずしなければならなかったのは、住む場所の確保である。まだ未成年ということもあり、ハンクが家探しを手伝ってくれた。ナッシュヴィルでもっとも忙しいスタジオミュージシャンとされるこのスターは、僕に何日も付き合って、アパートメントの広告に問い合わせるのを助けてくれたのだ。僕の予算に合うアパートメントはどれもうす汚い部屋ばかりだったけど、物件を見にあちこち車を走らせるなかで、ハンクがカントリーミュージック界に精通していることを知り、自分をはじめとする有名アーティストがかつて住んでいたり活動したりしていた場所を教わった（家探しの結果、ストリップモール近くのアパートメントに決めた。隣に住むのはジョニー・リヴァース。新進気鋭のシンガーで、数年後にテレビのテーマ曲〈シークレット・エージェント・マン〉をヒットさせている）。

その日から、ハンクがスタジオセッションに参加したり、グランド・オール・オプリ（ナッシュヴィルのラジオ局WSMが放送するカントリーミュージックの公開ライブ番組。一九二五年の放送開始以来、現在も続いている）に出演したりするたび、それについて行くのが僕の日課になった。ハンクに連れがあっても誰も気にしていないようであり、それどころか僕を歓迎しているような雰囲気さえあった。ハンク・スノウやカウボーイ・コーパスといった正統派カントリーミュージシャンの録音風景も目にすることができたし、ハンクに同行したグランド・オール・オプリの楽屋で、〝ヒルビリー界のアイドル〟ことファロン・ヤングと、スティールギターとバイオリンどちらが難しいかをめぐって、日が暮れるまで何時間も論じあったこともある（僕はバイオリンのほうが、ファロンはスティールギターのほうが難しいという意見だった）。またオーウェン・ブラッドリーのスタジオで、エヴァリー・ブラザーズのフィル・エヴァリー（弟のほう）と、彼がニューヨークで聴いたジャズミュージシャンについて話したこともある。そしてハンクと僕は、毎週末にカルーセル・クラブへの出演を始めた。

カルーセル・クラブはナッシュヴィルの有名なナイトスポットで、ジミー・ハイドというユニークな男がオーナーだった。クラブが立ち並ぶナッシュヴィルの夜の中心地、プリンターズ・アレイのど真ん中に、愛車のキャデラック・エルドラド・コンバーチブルを駐めるのが彼の習慣である。ハンクに引き寄せられ、多くの有名カントリーミュージシャンが僕らのささやかなジャズトリオを見学に来た。その一人、シンガーのジム・リーヴスはカルーセル・クラブの常連であり、音楽業界に関するアドバイスを嬉しそうにしてくれた。所属するRCAでレコードを一枚録音するたび、別にもう一つのアルバムを録り、そのテープを家に持ち帰るという。それが自分の死後に家族を支える〝死亡保険〟なのだそうだ。結果的にリーヴスは自ら操縦する飛行機が悪天候で墜落、四十歳の若さでこの世を去ったが、それからもしばらく、ジム・リーヴスの新盤が毎年のように発売されていた。つまり、彼の計画がちゃんと実行されたのだろう。

カントリー界の伝説的存在、チェット・アトキンスもカルーセルの常連だった。彼はユニークなギター奏法で知られるのみならず、RCAのプロデューサーを長年務めたことでも有名である。僕が一九六〇年にナッシュヴィルへやって来た当時、チェットはRCAのナッシュヴィル部門を率いており、多数の有名タレントを自社に引き抜いていた。その一人、ピアニストのフロイド・クラマーは自身初のアルバムを録音するにあたって僕に声をかけた。そのレコードに収録されたヒット曲〈ラスト・デイト〉はフロイドのソロとしてのキャリアを切り拓き、僕にとってもゴールド盤に自分の名がクレジットされた初めての作品となった。と言っても、バックで簡単なコードをいくつか奏でただけだが、嬉しいことに変わりはない（僕は自身のキャリアのなかで、大ヒットアルバムにおいて小さな役割を果たしたことが何度かある。これは奇妙な感覚だ。必死に努力して自身の音楽でいくばくかの成功を収めたあと、誰かのレコードでひっそり演奏してみたら、それがミリオンセラーになるのだから。頭が少々おかしくなるのも仕方あるまい）。

夏が過ぎるなか、ハンクのグループは注目を集め続けた。そして次なるブレイクがやって来る。ナッシュヴィルを訪れたジャズ界の大物プロモーター、ジョージ・ウェインに僕らの演奏を聴かせようと、誰かがカルーセルに連れてきたのだ。演奏はお気に召したらしく、数週間後にロード・アイランドで催されるニューポート・ジャズフェスティバルで演奏するよう、他のミュージシャンとともに僕も招待された――たかが世界最高峰のジャズフェスティバルに過ぎないけれど。

かくして週末の七月四日、ハンク・ガーランド、チェット・アトキンス、フロイド・クラマー、そしてこの僕を含むナッシュヴィルのミュージシャン八名は北へと飛んだ。しかしニューポートに着いた瞬間、何かがおかしいことに気づく。通りには暴動の跡が残り、トラブルの噂も耳に入った。僕らは狭い簡易宿泊所に荷物を残し、その夜の公演のラストに間に合うよう徒歩で会場へと向かった。しかし数ブロックも進まないうちに、酔っ払った暴徒の群れと、前進を続ける警察の包囲網とに行く手を阻まれる。どう見ても田舎者に過ぎない僕らはあまりに場違いに映ったらしく、警察も僕らを暴徒の群れへと追い立てる代わりに、宿泊所まで送り届けてくれた。そして部屋に戻ってからも、暴徒の叫び声やガラスの割れる音は一晩中止まなかった。

それからあとの出来事はいまやジャズ史の一部となっている。あまりに多くの人間がフェスティバル目当てに押しかけ、会場に入れなかった人々が怒りを爆発させたのが暴動の原因だった。最終的に州警察が現場へ到着、これら暴徒と夜を徹して乱闘を繰り広げたのである。結局、暴動のせいで会場が大きな被害を受け、フェスティバルの残りの日程は中止を余儀なくされた。僕らも帰りの交通手段が復旧するまでの数日間、ニューポートに閉じ込められる結果となった。

ところで、ニューポートにはＲＣＡの関係者も多数訪れていた。別の場所にある録音設備をＲＣＡが担当していたためである。有り余る暇を潰すため、ＲＣＡ関係者が滞在するとある大邸宅に録音機材を移し、ジャムセッションを録ろうじゃないかと誰かが言い出した。したがって、僕の人生初となるレコードは、カントリーミュージシャンによる予定外のジャズパーティーのものなのだ——タイトルもそれにふさわしく『アフター・ザ・ライアット（暴動のあとで）』。僕がデビュー作としてこのアルバムを挙げることは滅多にない。何しろ奇妙なレコードで、カントリー界の大物たちが必死になって専門外のジャズを演奏しているという代物だからだ。まったく、いま聴き直しても顔が赤くなる。とは言え、忘れがたい週末になったことは間違いない。

ようやくニューポートを脱出する段になって、これから二、三日ニューヨークに寄ってみないかとハンクが僕に言った。友人のバリー・ガルブレイスに会うのと、何軒かのジャズクラブを訪れるのが目的のようだ。その夏、ニューヨークの天候は例年どおりだったのに、ハンクはダークスーツを着てネクタイを締めるよう僕に強く勧めた。ニューヨークにいると、ダークスーツを着ていない人間などこの場所にふさわしくないという気がするらしい。それで二人とも、スーツ姿で汗だくの二日間を過ごすことになった。僕がニューヨークを訪れるのはこれが初めてだ。もっとも有名なクラブの一つ、バードランドにも行ったし、ガルブレイスの自宅で午後のひとときを過ごすため、クイーンズまで地下鉄に乗ったりもした。混雑する車内で他の人の邪魔にならないよう、乗客が新聞紙を四つに折って読む様子をハンクは僕に見せてくれた。どれもこれも、僕にとっては心惹かれる光景だった。

ナッシュヴィルに戻ってからは週末のカルーセル・クラブでの演奏を再開するとともに、ハンクの新作の準備を始めた。彼はデイヴ・ブルーベック・カルテットのドラマーを務めるジョー・モレロの起用を望んでいた。二人は若いころからの知り合いで、ニューイングランドを旅してカントリーミュージックのショーをしたこともあるそうだ。ハンクによれば、連絡先さえわかればきっと参加してくれるはずだというが、僕はまさかと思った。ジョー・モレロといえば大物ドラマーだし、ブルーベックのグループだって多忙なスケジュールをこなしているのだから。

結局ジョーに連絡がつき、ハンクはレコーディングの件を話した。十年以上も会っていないカントリー・ギタリストとレコーディングするためにナッシュヴィルくんだりまで行って、そのうえ名も知られていない十七歳のヴィブラフォン奏者も加わるだなんて狂気の沙汰もいいところだと、ジョーは考えたに違いない（その会話を立ち聞きできていたらと、僕はいまでも思う）。ところがジョーの返事はイエスだった。さらに、以前ブルーベックのカルテットに加わっていたベース奏者、ジョー・ベンジャミンも連れてゆくという。だが人種差別のために、ベンジャミンはアフリカ系アメリカ人が所有する別のホテルに泊まることを余儀なくされた。

ハンクと僕はクラブで演奏しているレパートリーから収録曲を選び出した――ジャズのスタンダードナンバーもあれば、オリジナルも二曲ある。かくしてレコード業界の伝説的存在であるドン・ローをプロデューサーに迎え、オーウェン・ブラッドリーのスタジオで二夜にわたる録音が行なわれた。すべてはごく順調に進んだ。このころには僕もカントリーのセッションを何度か経験していたし、ハンクが夏のあいだ他の場所で演奏する様子も見ていた。なのでスタジオ録音がどう進行するかはなんとなく摑んでいたのである。同時に、経験がなさすぎると思われないよう気を遣ってもいた。ともあれ、僕の演奏はモレロに感銘を与えたらしく、その後僕が東海岸に移ったときは、何かあったら連絡してほしいとまで言ってくれた。事実、僕は続く数年間で彼に大きく助けられることになる。

新作のタイトルは『ジャズ・ウインズ・フロム・ア・ニュー・ディレクション』と名づけられ、所有するギターコレクションをそばに置いて愛車のMGスポーツカーに座る姿がジャケットを飾っている。それからいまに至るまで、このアルバムに関する多くの評価が僕の耳にも入ってきた。僕が知るほとんどのギタープレイヤーもこのレコードのファンだという。ジョージ・ベンソンがギターを手にしたきっかけもこのレコードだそうだ。

僕は小さいころからカントリーにはさして関心を持たなかったし、いったんジャズに触れたあとは、他のすべてを軽蔑する〝ジャズ・スノッブ〟になっていた。ところがナッシュヴィルで過ごしたひと夏は、真に才能豊かな人々の世界に僕の目をひらかせた。実際、カントリーとジャズには共通点が多い。いずれも力強いリズムを持ち、即興のソロが売り物で、またどちらのミュージシャンも楽器のスキルや創造性に心から敬意を払っている。当然、両者には異なる点が多数あるけれど、カントリーにも幅広いスタイル――トラディショナルあるいは純粋なものから、極めて商業的なものまで――が存在している点で、ジャズと共通しているのだ。

ナッシュヴィル滞在中の一番嬉しい驚きは一番最後にやって来た。チェット・アトキンスがRCAを説得して、僕とのレコーディング契約を結ばせてくれたのである。ナッシュヴィルにジャズミュージシャンがいようとはRCAも予想していないはずだから、たとえチェットでも簡単だったわけがない。それに何より、僕はまだ十七歳だ。

そして思いがけず、僕はレコード会社と付き合ううえで最初の教訓を学んだ。つまり〝標準的な〟契約など存在しない、ということである。

プリンストンに戻って進学のため荷造りをしていると、法律用語がぎっしり書かれたRCAの契約書が届いた。正直言って、父も僕もどうしてよいか途方にくれた。助言なしにサインする勇気もないけれど、さりとて誰にアドバイスを求めたらよいのか見当もつかない。やがて、もう一通の契約書が突然郵送されてきた。こちらはより多くの金額を提示しており、そのうえ僕の進学プランを念頭に入れた特別条項までもが記されていた。こちらは別に駆け引きするつもりなどなかったのに、最初の契約書に返事をしなかったことで、会社としてはオファーの金額を増やそうと判断したわけだ。

僕はこれ以上事態を引き延ばすのをやめにした——もっと待っていれば条件がさらによくなったかどうかはわからない。だけど、いまのオファーでも十分魅力的だった。まず僕が大学に在籍するあいだは、生活費をまかなうために毎週小切手を送ってくれる。そのあいだ、僕は一年につきレコードを一枚制作——ギャラは毎回現金で前払い——し、卒業後はそれが年二枚に増える。僕にとっては文句のつけようがない条件であり、現われたときと同じく魔法のように消えてしまったらどうしようと思いながらサインした。今日の音楽業界でここまでいい条件はお目にかかれない。在学中の生活費までレコード会社が面倒を見てくれるなど、いまでは夢のような話だ。昔に比べ現在ははるかに速いペースで物事が進んでおり、アーティスト、それも新人がレーベルに残ろうとするなら、即座に結果を出さなければならなくなっている（続く八年間で僕はRCAから十二枚のレコードをリリースした）。

一九六〇年九月の時点で、僕はまだ投票権を得る年齢にすら達していないにもかかわらず、一年前に定めた三つの目標のうち三つ目を達成していた。レコーディングに参加したのがそれだ。それも一度だけでなく何度も——そのうえ、いまやメジャー・レーベルとの契約まで果たしている！　もちろんあとの二つ、つまり音楽院への進学と学位の取得にはまだ取り組んでもいない。学ぶべきことがたくさんあるのは知っていたし、信じられないほど多くの幸運に恵まれたこともわかっていた。僕は音楽や他の方面で様々な問題に解答を出さねばならず、それと並行してさらに経験を積む必要があった。かくして、ナッシュヴィルでの最終週に買ったトライアンフTR‐3に荷物を積み込み、ヴィブラフォンを載せた小型トレーラーを連ねて、僕はボストンへと旅立ったのである。

第四章　大学にて

金曜夕方のラッシュアワー、僕はボストンへと入った。バークリー音楽院があるニューベリー・ストリートはどっちの方向か、まったく見当もつかない。そのうえ、大都市を車で走るのはこれが初めてだ。しかしビギナーズラックだろうか、いつの間にか目的地にたどり着いていた。

バークリー音楽院の第一印象はそういいものでなく、眺めているうちになお悪くなった。思ったよりもはるかに狭く、ブラウンストーン積みの建物一棟が大学のすべてである。それまでに見たことのある二つの大学は、いずれも広大なキャンパスを擁していた。ジャズキャンプで行ったブルーミントンのインディアナ大学と、デントンのノース・テキサス州立大学である。国内でジャズの課程がある大学はバークリーの他にここしかないというので父と見学に訪れたのだが、回転草の類が通りを転がるデントンは、ブルーミントン以上に寂れた町だった。なので僕は、大都市にこそチャンスがあるはずだと確信して、まだ見ぬバークリーを選んだのである。そしてジャズキャンプで知り合ったトレド出身の友人と落ち合い、大学と同じ並びにあるアパートメントを借りた。家賃は一人あたり週九ドルだった。

一九六〇年当時のボストンには古い光景がいくらか残っていた。バックベイ地域はまだ住宅街だったし、いまや街一番の高級ショッピングエリアとなったニューベリー・ストリートには下宿屋が立ち並んでいた。バークリーの学生も百名ほどがそうした下宿に住み、練習やジャムセッションに明け暮れていたのである。僕は天国に舞い戻ったような心地がした。なにせジャズキャンプが一年中続いているのだから。

バークリーは見た目こそみすぼらしかったけれど、それを補って余りあるほど中身は充実していた。いまも昔も第一級の講師を雇い、少数精鋭の学生のなかには素晴らしいミュージシャンがいて、その多くは演奏家あるいは教育家として輝かしいキャリアを歩んでいる。そして、すべてのことが音楽中心に回っている――毎日、時間がある限り音楽漬けなのだ。ほぼ独学で音楽を習得した僕は、すぐに知識不足を痛感する。ヴァイブさえあればたいていの曲は演奏できるけれど、自分が何をしているのかを説明できないのだ。しかしバークリーの課程のおかげで、対位法、作曲法、ハーモニー、編曲、そして他の楽器のイロハといったことを短期間で習得できた。また三つのリハーサル・バンドに所属していたので、演奏の機会に困ることもなかった。

僕は最初、バークリーにヴァイブの講師がいないことにがっかりした（アラン・ドーソンというドラム講師が最近ヴァイブを買っただけだという）。いろいろなアンサンブルでヴァイブを演奏する機会はあったけれど、第一楽器としてピアノかドラムを選ぶ必要があったわけだ。そこで一年ほどピアノとドラム両方のレッスンを受けたものの、ドラムのほうにはほとんど興味が湧かなかった。そこでピアノに専念することにし、結果としてヴィブラフォンの演奏に大きく役立つこととなった。

僕はジャズピアノを学習する一方で、クラシックピアノ講師のアルフレッド・リーからも多くのことを学んだ。以前カントリー音楽に耳を傾けたときと同じく、クラシック音楽も新たな創造の源であることに気づいたのである。またアルフレッドは音感トレーニングや初見視奏といったことも教えてくれた。僕は絶対音感の持ち主だから、聴いたものを自分で演奏したり楽譜に書き記したりは簡単にできるけれど、彼のトレーニングはそうしたスキルを別次元のレベルに引き上げたのである。アルフレッドのおかげで僕の初見視奏はより一層素晴らしいものとなり、その後のキャリアで僕を大いに助けてくれた。

僕のお気に入りの講師は、ボストンの伝説的存在であり、四十年以上にわたってバークリーの主のような存在でもあった、トランペット奏者のハーブ・ポメロイである。僕はハーブのもとで即興を学び、彼が指揮するアンサンブルで演奏した。しかしそれらと同じく重要なこととして、ハーブが他の地元ミュージシャンと経営するクラブ、〝ザ・ステイブルス〟へ定期的に出演するようになったことが挙げられる（実際の店名はジャズ・ワークショップだったけれど、ザ・ステイブルスというバーの地下室にあったので、誰ともなくそう呼ぶようになった）。ハーブはそこで週に六回演奏していた。客のほとんどは音楽学生か熱心なジャズファンで、ハーブがビッグ・バンドを率いて出演する週二日の夜は特にその傾向が強かった。多くの革新的な楽曲や演奏がここから生まれ、それをあるときはリスナーとして、またあるときはプレイヤーとして、何度も体験できたのはまさに幸運である。

経営者がミュージシャンということもあって、ステイブルスには常にリラックスした空気が流れ、コミカルと言っていい雰囲気だった。クラブの経営者とミュージシャンとのあいだにつきものの緊張といったものも、ここには存在しない。上のバーからときおり闖入する酔っ払いですら、こうした雰囲気作りに一役買っていた。地下のジャズクラブに行くにはまずバーを通り抜けてから急勾配の通路を下り、クラブに通じるスウィング・ドアにたどり着かねばならない。そして間の悪いことに、男子用トイレはその通路の途中にある。週に一度ほど、通路を下る酔っ払いがトイレのところで曲がり損ね、スウィング・ドアにぶつかって一番前の席に飛び込んでくる。そうしたことは日常茶飯事なので、ミュージシャンもしばらく経つまで気づかないほどだった。

バークリーの最初の数ヵ月は他のすべてを忘れさせるほど刺激に満ち、実家に電話したり手紙を出したりすることすら忘れさせた。両親も両親で干渉を嫌っていたから、数ヵ月経ってようやく大学に電話したほどである――僕がまだ在学しているかどうかを確かめるために！　僕は事務室に呼び出され、ときどきでいいから家に電話すべきだと諭された。確かにそのとおりで、それからは週に一度ほど電話するようになった。

バークリーで初めて迎えた冬のある夜、ジョージ・ウェインがボストンで経営するジャズクラブ、ストーリーヴィルから電話があり、急いで来るよう告げられた。その夜のオープニングは歌手のアニタ・オデイなのだが、バンドメンバーが飛行機に乗り遅れたので、急遽バックを務めるトリオが必要になったという。僕はクラブで他の学生二人と会い、二、三時間ほどかけて彼女のレパートリーをリハーサルした。アニタのロード・マネージャーは僕らにそれぞれ五十ドル払うと約束したうえで、ファーストセットの前に夕食をとるよう言った。だが戻ってみると、彼女のバンドメンバーがどうにかたどり着いていて、僕らはお払い箱になったのである。

僕ら三人はファーストセットのあいだずっと椅子に座り、金が支払われるのを待った。全額なのか一部なのかはわからないけれど、午後ずっとリハーサルしていつでも演奏できるようにしてあったのだから、何がしかの支払いはあるだろうと思っていた。ところが、ようやくやって来たマネージャーから手渡されたのは、アニタの最新アルバムではないか――五十ドルどころか五十セントさえ払わないとは！　僕は怒りに震えたけれど、抗議する勇気はなかった。結局僕らはクラブを出て、最初に目にしたゴミ箱にレコードを投げ捨てた。

何年かのち、アニタの自伝を読んだ僕は、あのころ彼女が重度のヘロイン中毒だったことを知る。それで支払いをケチった謎が解けた（麻薬を続けるためにも、中毒患者は一ドルたりとも無駄遣いできなくなる）。また彼女の歌に心惹かれなかった理由も、自伝を読んでわかった気がした。

音楽の知識がなくとも直感だけで演奏できる〝楽器〟がこの世に二つある。ドラムとヴォーカルだ。他の楽器では、音楽の基礎――コード、音階、あるいは和声進行――に関する知識と、ほとんどの場合楽譜を読めることが必要となる。しかしこれらの基礎を知らぬまま、〝聴き憶え〟でのプレイを武器にジャズの世界で（もちろんポップやロックの世界でも）成功を収めたドラマーやシンガーは数多い。

アニタも〝聴き憶え〟で歌うヴォーカリストの一人であり、僕が彼女のスタイルに興味を持てなかったのもそれで理解できた。優れた即興（〝スキャット・シンギング〟とも）で知られるアニタだが、その根底で何が進んでいるかはわかっておらず、それゆえ音程やフレージングに関する彼女の選択は、僕にとって当てずっぽうと思えたのである。表裏にわたって音楽の構造を知っていたエラ・フィッツジェラルドやサラ・ヴォーンといった偉大なスキャット・シンガーとは、この点で対照的なのだ。

同じ冬、僕はニューヨークのRCAで自身初めてのレコード・セッションを組んだ。しかしミュージシャンの選択に苦しみ、僕が知る唯一のニューヨーク在住ミュージシャン、ジョー・モレロとジョー・ベンジャミン（ハンク・ガーランドのレコードでそれぞれドラムとベースを担当した人物）に声をかけることから始めた。またハーブ・ポメロイにボストンから来てもらい、彼の助けを得てもう二人のニューヨーカー、ピアニストのスティーヴ・キューンとギタリストのジム・ホールも加わることになった。いま振り返るとそれぞれスタイルが異なる奇妙な取り合わせだが、いずれも素晴らしいミュージシャンだった。

十八歳の誕生日を一週間後に控えた一九六一年一月、僕らはRCAの二十三番街スタジオに集まり、十二曲ほどレコーディングした。しかし、最初から何もかもうまくいかなかった。まず初日に吹き荒れたブリザードのため、ニュージャージーから車でやって来るモレロの到着が四時間遅れた。ようやく着いたのはいいけれどドラムを持参していなかったので、一日目は何もできずに終わった。翌日はベンジャミンが問題を引き起こす。僕はおなじみのスタンダードを何曲かレコーディングするつもりだったので、各パートの楽譜を用意していなかった。メロディーを知らなければ一般的なリードシート（旋律とコードが記された楽譜）を使えばいいと考えたのである。しかしベンジャミンは、ベースの楽譜がなければ演奏しないと言いだし、そのため各曲のベースパートを急いで書き記すことに貴重な時間がとられてしまった。そんなこんなでようやくレコーディングが始まり、僕らは最善を尽くしたけれど、努力が実ることはなかった。僕は失望のあまり、レコーディングをお蔵入りにするよう会社に頼み、それ以来ずっと、このレコードが自分名義の処女作にならなくてよかったと思っている。

続く数ヵ月、ますます大学に入り浸るようになった僕は、市内外のクラブに出演している様々な学生グループと演奏するようになった。定期的に出演していたクラブの一つ、コネリーズ――ロクスベリーという黒人居住区にあった薄汚いバー――で、僕は初めてドラマーのロイ・ヘインズ率いるニューヨーク・バンドの演奏を聴いた。ロイは黄色のコンバーチブルでクラブの正面に乗りつけるなど、クールを絵に描いたような男だった。当時はまさに人気絶頂であり、数年後に彼と共演するとそのとき言われても、そんな馬鹿なと言い返していただろう。

コネリーズではソロ演奏が行なわれることもあり、そのときは地元のリズムセクションがステージに立った。そしてある週末、僕はトロンボーン奏者マシュー・ジーとの共演を持ちかけられる。ジーはジャズ界でこそ大スターではなかったものの、一時期エリントン・バンドで演奏したことがあり、それでコネリーズからオファーが来たのだった。

僕ら地元グループ（ヴァイブ、ベース、そしてドラム）は先に来て準備を始めていたが、ジーが店にやって来た瞬間、大変な一夜になるのが目に見えた。なにしろ、演奏前からしこたま飲んでいたのである。ジーはどの曲を選ぶのだろうか。彼の曲なんて知ってたっけ？　スタンダード？　それともオリジナル？　だが結局、僕の心配はどれも的外れだった。

ファーストセットの一曲目として、ジーは〈ブルース・イン・F〉を選んだ——簡単な基本曲だ。次に彼の口から出たのは〈プア・バタフライ〉。僕はその曲をほとんど知らなかったけれど、簡単すぎて難なく演奏できた。だがここでおかしくなる。ジーはまたも〈ブルース・イン・F〉にしたかと思うと、一息入れて〈プア・バタフライ〉に舞い戻ったのである。少し変だと思ったが、まだ始まったばかりだ。しかしその夜、ジーは結局〈ブルース・イン・F〉と〈プア・バタフライ〉の二曲を行ったり来たりするだけだった。

通常、一回のセットが四十五ないし五十分以上かかることはない。ところがそのときは一時間半が過ぎ、このままではジーがいつまでも演奏を繰り返しそうなので、ようやくオーナーが僕たちにストップをかけた。セカンド・セットでジーが別の曲をやろうとしたのは憶えているけれど、結局〈ブルース・イン・F〉と〈プア・バタフライ〉の繰り返しだった。夜が更けるにつれ彼はますます体力を消耗し、ついには立つことさえままならなくなった。僕はといえば、観客の反応に興味を惹かれていた。特に、僕たちが同じ二曲をずっと繰り返していることに、誰も気づいていないのが驚きだった。こんなこと、どう説明すればいいのだろう。

幸いにも、セカンドセットの終わりを迎えてジーが前後不覚になるころには、観客の姿もまばらになっていた。彼は腕を伸ばしたまま、トロンボーンのスライドを握る手から力が抜けている。持ち主の手を離れたトロンボーンは観客のほうへ転がっていった。いまや半分となった自分のトロンボーンを、ジーは虚ろな目でじっと見つめ、左右にふらふらと手を振り始める。そしてヴィブラフォンに手を伸ばして体を支えようとしたものの、楽器全体を最前列の座席めがけて引き倒すようにして、そのままステージに倒れてしまった。

共鳴管、トロンボーンの部品、木の折りたたみ椅子、そして下敷きになった二人の観客を、僕は呆然と見下ろした。けが人はなくヴァイブにも大きなダメージはなかったけれど、トロンボーンはめちゃくちゃに壊れていた。しかしそれにも増して痛かったのは、その後すぐクラブのオーナーが姿を見せ、今夜はもちろん今週末ずっと、君らの演奏は中止だと言い渡したことである。

こうしたつまらない出来事がいくつかあったものの、ボストンにおける最初の一年は信じられないほど充実したものになった。バークリー音楽院とボストンの音楽シーンのおかげで、吸収できる限界の早さで音楽を学べたのがまず一つ。それにボストンに腰を落ち着けてからは、セッション一回につき十ドルのギャラで、地元にいくつかあるスタジオでのレコーディングにも招かれるようになった。たいていの場合、これらレコーディングは地元企業のCMで使うジングルの収録か、地元歌手のバック演奏のいずれかだった。ラジオの天気予報で様々な気象現象を再現したいというので、その音響効果を録音するために雇われたこともある。そんななかに、ジャズ経済学の教材として際立つものが一つあった。

ある日曜日の早朝のこと、セッションがあるのでスタジオに「直行せよ」との電話が家にかかってきた。日曜朝にセッションするなど妙な話だし、事前の猶予がほとんどないのはもっと奇妙である。加えて、そのスタジオも悩みの種だった。建物の三階にあり、ヴィブラフォンを運ぶのに階段を何往復もしなければならない。しかし十ドルといえば一週間分の家賃にあたるし、僕は引き受けた。

スタジオに着くとセッションはもう始まっていた。いつものジングル収録ではなく何かのジャズプロジェクトのようだ。調整室のほうを見ると、見知らぬミュージシャン数名に混じって、僕の講師であり街一番のドラマーでもあるアラン・ドーソンの姿が目に入った。階段を往復して息も絶え絶えだった僕はしばらく呼吸を整えていたが、演奏の水準の高さをすぐに感じた。いずれも当時のジャズグループにしては珍しい、あまり聞き覚えのないキーで演奏しており、流れるようなテナーサックスが特に印象的だ。一曲が終わり、僕はスタジオに入ってヴィブラフォンの組み立てを始めた。ところがテナーサックスを吹いていた人物こそ、かのデューク・エリントン・バンドでソリストとして名を馳せたスター・プレイヤー、ポール・ゴンザルヴェスではないか！

僕は仰天した。日曜日の朝、普段はジングルの録音に使うここボストンの狭いスタジオで、ジャズ界の生ける伝説が地元ミュージシャンに混じって演奏しているなんて！　その朝、僕らは五曲ほど演奏した。けれどその録音は手元にない。なにせ、リリースされたかどうかもわからないのだ。

メジャーなミュージシャンがギャラの低いマイナーな仕事をこなすのを目にしたのは、これが初めてだった（その後何度も目撃することになる）。そんな仕事をどのくらいしているのか――あるいはしなければならないのか――を考えると、僕はいつだって悲しくなる。この場合、エリントン・バンドは前夜にこの街で公演を行ない、そこで誰かが翌朝のレコーディングをゴンザルヴェスに依頼したのだろう。ギャラもささやかな額だったはずだ。他にどんなミュージシャンが参加するのか、あるいは録音された音楽がどう扱われるのか、ゴンザルヴェスは知らなかったに違いない。これも金を使う一つの方便に過ぎないわけだ。

僕らはただ演奏したいから演奏することもあれば、他のミュージシャンを助けるために演奏することもある。またときには、金が必要だという理由で演奏することだってある。計り知れない時間を練習に費やし、自分の技術をより高めることに集中しているにもかかわらず、状況のせいでそれらを脇にのけねばならないことも往々にしてあるのだ。

ジャズは常に、高尚な芸術——クラシック音楽、美術、あるいは演劇——と、大衆受けするポピュラー文化とのあいだの興味深い位置を占めてきた。クラシック音楽を例にとると、どの時代にも高い意識を持った好事家がいてかなりの資金援助を行なっている。一方、ポピュラー音楽が芸術面で高い評価を受けることは難しいけれど、それを補って余りある商業面の可能性が存在する。ジャズミュージシャンはそのあいだのどこかで暮らしているわけだ。僕らが受け取る資金援助はクラシック音楽のそれに比べて低く、商業面での成功といってもポップ・スターのそれに比べればたかが知れている。特にジャズの黎明期、もっとも名の知れたジャズスターでさえその暮らしぶりは慎ましいものだった。こうした状況は一九七〇年代から八〇年代にかけて大きく改善する。しかし数多くのジャズミュージシャンはいまも、自分が信じていることと、生き延びるために自分がしなければならないこととのあいだで、日々葛藤を繰り返しているのだ。

《コラム》スティーヴ・マルクス

バークリー時代の僕の親友に、やがてスタン・ケントン、ウッディ・ハーマン、そしてバディ・リッチなどの面々と共演することになるテナーサックス奏者、スティーヴ・マルクスがいる。ニュージャージー出身のスティーヴはバークリーへ進むべくボストンに移ったが、入学はできなかった。楽譜を読めるなどの入学条件をパスできなかったのである。僕をはじめとする友人がなんとかしようと骨を折ったものの、彼は頑固にも聴き憶えで演奏することにこだわった。しかしそれがスティーヴの行く手を妨げることはなかった。学校の近くに住まいを見つけてより才能ある学生を友人に持ち、毎日のように彼らとジャムセッションを繰り返すことで、学生たちがバークリーで得た体験を自然に吸収していったのである。

スティーヴは多くの点でエキセントリックな男だった。いつも顔に笑みを浮かべ、ボロボロの古着とくたびれたブーツに身を包んだその姿は、野暮以外の何物でもない。しかし彼のアパートメントで一緒にレコードを聴いていたあるとき、僕らは服装をめぐって議論になった。するとスティーヴは衣装棚の引き出しをあけ、一度も腕を通していないシャツ、ネクタイ、それにセーターを僕に見せたのである。いずれも仕立屋に作らせた高級品だ。さらにクローゼットをあけると、そこにはスーツ、格子柄のスポーツコート、そして洒落たデザインの革靴がぎっしり並んでいるではないか。こちらも腕を通しておらず、埃除けのビニールシートが被せられたままだ。僕は口をあんぐりさせた。これはいったいなんなんだ？

するとスティーヴは、いつの日か名声を勝ち取り、自身のバンドで本物のジャズコンサートをひらけるようになるまで、これら素晴らしい服を着る資格はないのだと説明した。その一方で、そうした瞬間がいつやって来てもいいよう力を蓄えているのだ、と。

事実、その機会は一年ほどあとにやって来た。グループを率いてザ・ステイプルスに出演するよう、ハーブ・ポメロイに依頼されたのである。僕をはじめ、虫食いだらけのセーター姿しか見ていない人間は、生まれ変わったマルクスの姿を見て驚いた。夢を実現させた彼は開店一時間前からクラブの前に立ち、タバコを吹かしながらできるだけさりげなくクラブがひらくのを待った——演奏開始を待つジャズミュージシャンの典型である。その夜僕らが進呈した〝マルクス伯《カウント・マルクス》〟というニックネームを気に入ったのか、彼は以降もそれを使い続け、六〇年代後半にロックバンドを結成したときも〝カウンツ・ロック・バンド〟と命名するほどだった。

一九六二年にスティーヴと僕がニューヨークに移り住んでからも、二人の友情が変わることはなかった。毎週末、彼はユダヤ人が経営するブルックリンのカントリー・クラブで演奏するようになったが、新年祭が近づくころ、大みそかに共演してくれるピアノ奏者を探しているんだがと、僕にアドバイスを求めた。これは難問である。それなりの腕を持つミュージシャンはいずれも、早いうちから新年祭のブッキングが入っているからだ。僕はいくつか名前を挙げてみたものの、いずれも多忙を理由に断られた。すると、僕が参加してピアノを弾けば面白いのではないかというアイデアが出た（当時僕はスタン・ゲッツとツアーをしていたけれど、新年前後に予定は入っていなかった）。スティーヴによると、リーダーはゲイリー・バートンのファンだという。しかし僕は、地元クラブの新年パーティーで共演したことを、その男に後々まで言いふらされるのは嫌だと言った。そこで僕らは話をでっち上げることにした。つまり僕は、たまたま休暇でニューヨークにいたボストン在住の友人、「エディー・グレイソン」になるのである。

その夜のギグはまるで別世界だった（新年のギグは結構そういうものになりがちだけど）。まずは室内プールそばのカクテル・アワーから始まり、次いでメインルームに移動、僕らのバック演奏とともにディナーを楽しむ。いまのところは順調だ。だけど参加者はディナーだけでなく馬鹿騒ぎやフロアショーにも期待しているのであり、危なくなるのはこのあたりからである。フロアショーはダンスグループの担当だったが、到着が遅れに遅れた。そのあいだ、僕らは次から次へと演奏を余儀なくされる。参加者も次第に落ち着かなくなり、そのうち喧嘩腰になっていった。日付が変わり——僕らは〈オールド・ラング・サイン〉を演奏していた——、一時が過ぎてもダンサーはまだ来ない。そのころには数百ドルものチケット代を払った参加者数名が完全に怒り狂い、金を返さなければ室内の家具をぶっ壊すなどとわめいていた。

一時半を回ったころ、ようやくダンサーが到着したとのアナウンスが流れた——〝ママ・ルー・パーカーズ・セピア・フラリック〟というふざけた名前のハーレムのダンス集団だ。一行はよろめくようにバスを降りてきた。なにしろこれがその夜三度目（そして幸いなことに最後）のショーであり、特に女の子たちは明らかに疲労困憊していた。彼らは〈ナイト・トレイン〉の演奏を僕たちに頼んだ。五〇年代にヒットした、ダンサーが腰をくねらせて踊る類のブルースである。僕らは文句も言わずその曲を一時間ほど演奏し、露出の多い服を着た汗まみれのダンサーがそれに合わせてキックやシミー（第一次世界大戦後に流行した上半身を揺すって踊るジャズダンス）を披露した。パーティーがおひらきになったのは午前三時ごろ、女の子たちがバスに乗る横で僕らはギャラを受け取り、マンハッタンへとトンネル経由で帰ったのだった。

数日後、僕はスティーヴと会った。彼によると、バンドのリーダーが僕の演奏を気に入り、あと何回か週末に出演してもらえないだろうかと言っているらしい。僕は次のように返事するようスティーヴに告げた。残念ながらエディー・グレイソンはボストンに戻ってしまった、と。その後すぐ、スティーヴはスタン・ケントンから共演の誘いを受けた。有名バンドで演奏するという、長いこと待ち望んだ夢が叶ったのである。衣装からトランペットに至るまで、彼はすでにあらゆるものを準備しており、それに何より第一級のソロ奏者なのは間違いない。それでもなお、楽譜を読むことにいまだ慣れていなかったのだ。結局どうしたのかと、僕は後年尋ねてみた。その返事がふるっていて、サックスとのアンサンブルでは演奏する振りをし、自分がフィーチャーされるときだけ実際に演奏することで、最初のステージを乗り切ったという。どうやらケントンは、サックスの一部が演奏していないことに気づかなかったようだ。それから数週間かけて、スティーヴは自分のパートを聴き憶えで徐々に習得し、ついにはセット全体をこなせるまでになったのである。

マルクス伯について僕が気に入っているエピソードの一つに、ケントン・バンドとのツアー初日の一件がある。その日の出発は早く、朝の六時だった。シカゴのホテル前には荷物室のドアをあけたバスが駐まり、寝ぼけ眼のミュージシャンたちがロビーへふらふら降りてくるのを待っていた。ところがスティーヴは、興奮のあまり三十分も前からロビーにいたという。洗面用品を詰め込んだいつもの小さな革バッグを振り回し、かの有名なケントン・バンドに加われた興奮で頭を一杯にしながら、バスの前を嬉しげに行ったり来たりしていたのだ。そのとき突然、ドサッと何かにぶつかった衝撃を感じる。見ると、ケントンが地面に倒れているではないか。バスの荷物室にスーツケースを詰め込んだケントンが立ち上がろうとしたところ、スティーヴのバッグがもろに直撃したのだ（いつものように二日酔いだったことが事態を悪化させたのは間違いない。演奏前に酒を口にすることは絶対になかったけれど、ステージを下りると即座に飲みだすのである）。スティーヴは途方に暮れた。よりによってツアーの初日に、この名高いバンドリーダーを叩きのめしてしまうとは。しかし意を決して素早くバスに乗り込み、ずっとそこにいたという顔をして後ろのほうに座る。そして、ケントンが呆然とした表情でゆっくり起き上がり、周囲を見回す様を、バスの窓から眺めていたという。スティーヴいわく、ケントンは荷物室のドアに頭をぶつけたと勘違いし、まさか新入りにぶん殴られたとは思っていなかったようだ、ということらしい。

その後スティーヴはバディ・リッチ率いるバンドを安住の地とする。そうしてテナーサックスのソリストのみならず、バディがもっとも信頼する右腕、いわば国王に仕える道化師となった。後年スティーヴと再会したとき、七十歳を間近に控えるバディが引退したら、あるいは突然この世を去ったらどうするつもりか訊いてみた。すると彼は、バディが引退するなどあり得ないし、それに永遠に生き続けると即答した。しかしそれから一年も経たず、バディは心臓発作で帰らぬ人となる。ペンシルヴェニア州ニューホープの自宅に引き込んだスティーヴはその後新バンドを結成しようと何度か試み、バディのバンドを復活させてツアーを行なう案まで企画したが、以前の活発なキャリアに戻ることはできなかった。二〇〇五年に六十六歳の誕生日を迎えた一週間後、マルクス伯は心臓発作でこの世を去った。僕は彼の死を嘆くと同時に、バディと過ごした栄光の年月のあと、彼が充実した演奏の機会に恵まれなかったことを悔やんだものである。

第五章　新たな冒険

一九六一年の夏季休暇中、僕はニューヨークで二枚のレコードを収録した。一枚は自分のもの、もう一枚はジョー・モレロのもので、ジョーはRCAと契約してアルバム『イッツ・アバウト・タイム』を制作するにあたり、僕にも声をかけたのである。他にもジョーの子どものころからの友人で、僕のアイドルでもあったサックス奏者のフィル・ウッズがソリストとしてフィーチャーされている。フィルは収録曲の半数を五重奏《クインテット》にアレンジし、広く尊敬されている作曲家兼アレンジャーのマニー・アルバムがビッグバンド用の楽譜《チャート》を書き上げた。

僕は最初のリハーサルのときから、無名のティーンエイジャーがプロジェクトに参加しているせいで、フィルの熱意が冷めているとすぐに感じた。彼が書いた極めて難しいいくつかの曲を、最初のリハーサルまで見せてもらえなかったくらいだ。僕がついていけずジョーからクビにされることを、彼はなかば期待していたのだろう。しかし幸いなことに、初日はジョーのドラムパートがリハーサルのメインだった。クインテット全体のリハーサルが始まってすぐ終了時刻になったので、僕は数曲演奏するだけで難を逃れたのである。

ホテルに戻るや否や、ヴァイブに見立てたベッドにマレットを叩きつけ、五、六時間ほど自分のパートを必死に練習する。翌日、僕はすべての曲を、初回であるにもかかわらずほぼ完璧に演奏することができた。フィルは満面の笑みを僕に向け、それから数年間、僕のレコードに何度か参加するようになる。のみならず、翌年僕がニューヨークへ移ったときも、他のミュージシャン数名（ボブ・ブルックマイヤーやジム・ホールなど）とともにそれを後押ししてくれた。

当のジョー自身も、僕がミュージシャンとしてデビューを飾ったとき、重要人物を紹介してくれたり、僕の初レコーディングに参加してくれたりするなど、信じられないほど力になってくれた。それとは別に、一緒に遊んだことも数え切れない。当時はまだ、デイヴ・ブルーベックとのコンサートツアーという、ジャズ界でもっとも注目を集める仕事に携わっていたのに、だ。しかし数年後、ブルーベックが自らのバンドを解散したため、今度はアドバイスやサポートを通じて、僕がジョーの恩に報いることになる。

ジョーは自分自身のグループを結成しようと考えており、すでにグループ結成に成功していた僕の経験を何度か尋ねてきた。それに対して僕は、ブルーベックのバンドにいた経歴がきっと大きくものを言うはずだと、彼を励ました。ただそれと同時に、一、二年は安いギャラで活動することを覚悟し、グループの評判が確立されるまで来た仕事はなんでも受けるべきだとも言った（バンドを始めた人間は必ずそういう道を通るようだ）。ところが、ジョーはバンド活動で赤字の出ることが気に食わず、ニューヨーク周辺で地元のミュージシャンたちと何度かステージに立ってみたものの、結局フルタイムのバンドを結成するには至らなかった。要するに清水の舞台から飛び降りることができなかったわけだ。自身のバンドを結成していれば、最終的には成功していたに違いない。つまりこの場合も、誰もがリーダーになるよう運命づけられてはいないのである。

前年冬のレコーディングが散々な結果に終わったこともあり、今回は危険を冒すつもりはなかった。

そこでモレロをドラマーに、ジーン・チェリコをベーシストに迎えたトリオでのアルバム制作を企画、シンプルなプロジェクトにする。レコーディングの場所はウェブスター・ホール。十一番街に古くからあるそのダンスホールは音響効果が素晴らしく、RCAが定期的にスタジオとして用いていたのである（現在も人気のダンスホールとして生き残っているが、レコーディングの聖地だった事実ははるか以前に忘れられたようだ）。アルバム『ニュー・ヴァイブ・マン・イン・タウン』が世に出たのはその数ヵ月後、一九六一年秋のことだった。

当時はレコード制作にアーティストが口出しすることはほとんどなかったので、僕もタイトル選びや、あのあか抜けないカバー写真選びに加わることはなかった。それはヴィブラフォンの音板を肩からぶら下げた傭われモデルがニューヨークの通りを歩いているというもので、顔はカメラの反対を向いている（写真の男が僕自身であると、購入者に思わせるためだ）。そんなカバーだったけれど、僕は自分の音楽が日の目を見る過程に喜びを覚え、リーダーとして行なった初めてのレコーディングがリリースされたことに興奮を感じた。

一九六一年に予定しながら結局実現に至らなかったもう一つのレコーディングは、ナッシュヴィル時代の恩師ハンク・ガーランドと僕を再び結びつけるはずだった。

僕は音楽院入学後もハンクと連絡をとり続け、その年の中盤にワシントンDCで催されたレコード業界の集会において共演したこともある。ハンクは夏に二回目のスタジオセッションを企画したものの、残念ながら流れてしまった。そして、次に起きた出来事はまるでメロドラマ――いや、もっと正確に言えばカントリー音楽の歌詞を地で行くようなものである。僕はその詳細を、年末近くにブーツ・ランドルフから聞かされた。

ハンクには十歳年上の妻がいたが、あるとき、彼女が他の男と逢瀬を繰り返していることを突き止める。そこで探偵を雇って調べさせたところ、彼女が以前に結婚していたことまで判明する——そのうえ、妻はなんとその男と離婚していなかったのだ！　こうした騒動が持ち上がったある日のこと、ハンクが帰宅すると妻は愛人とモーテルへ駆け落ちしたというではないか。ハンクはすぐさまおんぼろのステーションワゴンに飛び乗り、彼女の行方を探しに出た。

ハンクは普段から運転が乱暴なことで知られ、ナッシュヴィル警察の世話になることも多かった（カントリー音楽のスターだとわかると、すぐに釈放されたそうだが）。そんな興奮状態にあっては、運転がいつもに増して荒っぽくなることは目に見えている。結局、スピードの出し過ぎで車輪の一つが外れ、車は橋に激突する。ハンクは大怪我を負い、二週間ほど昏睡状態に陥った。

その後、部分的にはゆっくりと回復に向かったものの、脳に負った損傷のせいで以前のキャリアを続けることはついにできなかった。そこで事故後最初の一年間は仲間のミュージシャンが協力して、彼の医療費を賄う計画を立てた（他の多くのミュージシャンと同じく、ハンクは保険に入っていなかった）。通常、スタジオミュージシャンは毎回のレコーディングを終えるとW‐4様式に記入し、数週間後に小切手を受け取る。そこでナッシュヴィルの仲間は週に一度ほど、W‐4にハンクの名前を記した。そうすればハンクの家族に小切手が行くというわけだ。やがてハンクは妻の家族の近くで暮らすため、娘二人とともにウィスコンシン州へ移住する。それからしばらくして、今度は妻が深夜の自動車事故でこの世を去る。それ以降、ハンクは両親などの親族と一緒にフロリダで静かな余生を送り、多くのギタリストやファンにとって伝説的存在のまま、二〇〇四年に亡くなった。

ハンクこそが最初の真の恩人だったと、僕は考えている。彼は自分の時間を惜しみなく割き、音楽あるいは音楽業界について訊かれたことはなんでも答え、僕のために数々の扉をひらいてくれた。そうしたことがあったから、僕は事故後のハンクと連絡を取りづらくなった。つまり、まだ存命である一方、このように強く結びついていたころと人間がまったく変わってしまった事実に、極限まで心をかき乱されたのだ。

事故から約十年後、僕は家族に頼まれてハンクと電話で会話した——それは信じられないほどつらい体験となった。ハンクは一緒に作ったレコードについて、あたかも先週のことであるかのように話していたが、そのうち感情が高ぶり興奮してきた。そしてこう言った。「おれは昨日ハンク・ウィリアムスと会話したんだ。多くのことを話したよ——しかも、あいつは二十年前に死んだんだってな！」ハンクは自覚こそしていたものの、時間の経過をはっきりたどれないでいたのだ。それから現在に至っても、僕はずっと以前の夏、ナッシュヴィルで出会ったときのハンク・ガーランドを懐かしく思い出す。どういうわけか、キャリアの最初期に経験したことが一番鮮やかな記憶として残るものらしい。

こうした記憶は、ハンクの生涯を描いた映画『クレイジー』とはまったく対照的なものである。僕は二〇〇八年に試写会へ招かれたけれど、事実誤認の多さにがっかりした。僕がハンクと知り合ったころに目撃したほぼすべてのことが歪められていた（あるいは単にねじ曲げられていた）のである。製作した人間がなぜここまで事実を変えなければならなかったのか、僕にはわからない。真実を描くだけで十分素晴らしい出来になったはずだ。ともあれ、ハンクの伝記映画が高い評価を得ることはなく、映画館で上映されることもなかった（DVDのレンタルで見られるけれど）。

それでも、僕がハンクと行なった歴史的レコーディングが映画に含まれていたのは嬉しかった。事実、僕の役を演じさせるために、わざわざロサンゼルスからヴァイブ奏者を呼び寄せたという（それに、役者が演じる自分自身を映画で見られる人間なんてどれくらいいるだろう?)。

バークリーに戻り二年生に進級した僕は、イースト・ボストンのサフォーク・ダウンズ競馬場近くでトリオの定期ギグを始めた(そこでヴァイブを演奏することはあまりなく、たいていピアノを弾いていた。ニューヨークに移るまではむしろピアニストとしての活動のほうが多かった)。1233ラウンジというそのクラブはロッキーを名乗る裏世界の人間が経営しており、営業にも謎の点が多かった。ロッキーの友人が数名いるほか、客が大入りになることは決してない。やがて、通りを隔てた競馬場での稼ぎをロンダリングするフロント企業であることがわかった。

しかしロッキーは僕らの音楽を気に入り、客の入りが少ないにもかかわらず、その年はずっと僕らに演奏させてくれた。また週末になるとニューヨークのシンガーを雇うだけでなく、毎週新曲を披露するよう僕らに求めた。個性的な節回しで知られるイタリア系シンガー、ルー・モンティや、インク・スポッツのような盛りを過ぎたポップスターのバックを務めたこともある。ときには雑誌プレイボーイのバニーガールを思わせる、セクシーな女性シンガーのバックで演奏することもあったけれど、そういう人物に限って歌のほうは大したことがなかった。そこでの演奏は、僕が必要とする経験を毎週のように提供した。リハーサルをし、新曲の楽譜を読み、新しいスタイルに慣れ、バラエティーに富んだ数多くの人間とともに汗を流す。そのうえギャラまで支払われるのだ。

同じ年、僕は雑誌の人気投票にも名を連ねた。『ダウンビート』誌の〝もっと評価されていいタレント〟部門において、ヴァイブ奏者で二番目に多い票を得たのである。またプレイボーイ誌のジャズ人気投票にも僕の名が登場している。ロッキーはこれに感銘を受けたらしく、僕の写真にサインさせて店のウインドウに飾るほどだった。

その一方、僕はボストンでバークリーの学生たちと、トロンボーン、ヴァイブ、ベース、ドラムのカルテットでときおりジャズライブをするようになっていた。すると驚くべきことに、冬休み中にウルグアイで行なわれるジャズフェスティバルに僕らも招待されたというではないか。ウルグアイ・ジャズ・ソサエティーはアメリカ合衆国のバンドを招くことにしたのだが、学生グループを呼ぶだけの予算しかない。そこで有名なバークリー音楽院にコンタクトし、そこから僕に話が来たわけだ。僕はすでにレコードを世に出していた——しかも『ダウンビート』誌のレビュー欄で取り上げられていた——ので、ウルグアイの関係者は僕らの参加に大喜びしたそうである。

興奮したのはこちらも同じだ。メンバーの誰も海外に行ったことはなく、南米大陸の最南端となればなおさらだ。そのうえ滞在期間は一ヵ月。一月のボストンは雪と寒さに包まれるが、南半球は夏である。僕らは本物の冒険を期待し、それは現実となった。

まずはマイアミに飛び、そこでアルゼンチンの航空会社イニ・エアラインズに乗り換える。機種はおんぼろのDC-6。ジェット時代以前のプロペラ機で、機内は満席だった。また荷物の重量制限のため、ベースとヴァイブは数日後の便で運ばざるを得ない。他の乗客に北アメリカの人間はおらず、フライトアテンダントさえも英語を話せなかった。

DC-6は途中で何度か給油し、二十四時間かけてブエノスアイレスに到着することになっていた。離陸して最初の数時間、乗客たちは程度の差こそあれ大いに飲み騒いだ。しばらくして、僕はストレッチしようと通路に立ち上がった。そのとき、優雅な身なりの酔っ払いがその前を通り過ぎようとして僕の足につまづいてしまい、顔から床に倒れ込んでしまう。転倒の衝撃をやわらげるために、自分の手を伸ばそうとさえしなかったのである。男は身動き一つせず、床に横たわっている。だが驚いたことに、誰もそれに気づいていない。近くの乗客はみな新聞を読んだり居眠りしたりしているが、床に倒れたのを見た人間は一人としていないようだ。僕も男がすぐに立ち上がるだろうと思ったけれど、その気配はなかった。

そこで誰かに声をかけようとしたものの、誰も英語を話せないのだと思い出した。そのうえ、話しかけた結果何が起きるか見当もつかない。ラテンアメリカでは法律がらみのトラブルに気をつけろと、ガイドブックにも書いてある。この先どうなるかと恐ろしくなった僕は、再び腰を下ろすよりほかなかった。時間の経つのが遅く感じられる。男がまだそこにいるかと、ときおりそちらに目を向けてみる。すると、この男を過失とはいえ殺してしまった経緯について、地元警察に説明している自分の姿が頭をよぎった。そしてようやく、床の人影に気づいた乗客の一人がスチュワーデスに声をかけた。彼女は酸素ボンベを持ってきて意識を回復させようとしたが、身体はぴくりともしない。今度はアルゼンチンの監獄で暮らす数ヵ月間の光景が頭に浮かんだ。

しかし男は意識を取り戻し、頭に冷湿布を巻き酸素ボンベに繋がれながら、残りの行程を過ごした。ようやくブエノスアイレスに着陸したとき、僕は身体が震えているような気がした――これから何が待ち受けているのか、いまだ闇のなかだった。

翌日の夜、僕らはブエノスアイレスでボートに乗り、幅三十マイルのラプラタ川を渡ってウルグアイの首都モンテビデオに入った。ボートは時代遅れの外輪船で、波立つ川の水を一晩中かき分け、十二時間かけて渡りきった。船全体が揺れるなか、デッキ下の大桟敷で横になるなど考えるだに恐ろしかったので、僕らはデッキ上で乗務員とともに夜を過ごしつつ、地元のマテ茶をご馳走になった。

モンテビデオ入りした僕らは、夏のラテンアメリカらしい陽気さを感じた。小さなホテルに滞在し、食事は地元の商工会議所から提供を受ける。午後になると自転車を借り、浜辺へと走らせる。ウルグアイ・ジャズ・ソサエティーが立てたスケジュールによると、僕らは週に一度ほどモンテビデオ、あるいはそこから東に行ったリゾート地、プンタ・デル・エステで演奏することになっていた。またギグの合間にソサエティーの本部でジャムセッションをすることもあった。マイアミで預けた楽器がまだ届いていないので、ベースは借り物である。また主催者が大昔のヴィブラフォンを苦労の末に見つけるまで、僕はほとんどピアノを弾いていた。

コンサートにはラテンアメリカのジャズグループがいくつか出演し、そのなかには若きピアニスト、セルジオ・メンデス率いるブラジルのバンドもあった。当時、メンジスのバンドはブラジルの新しい音楽、ボサノヴァを広め始めたばかりだった。数年後、バンドはブラジル'66と名乗り、ボサノヴァがアメリカのジャズアーティストやリスナーに注目されるなか、メンジスはスターへの道を駆け上がってゆく（その時点で、ボサノヴァは僕のキャリアにおいても重要な役割を演じていた）。

コンサートは僕らにとっては成功だったけれど、主催者にとってはそうでもなかったようだ。以前のフェスティバルは多くの観客を呼び寄せたが、一九六一年は政情不安などの理由で数を減らしたのである。滞在が終わりに近づくなか、僕は金銭面の不安を感じだした。滞在費用は相手持ちにもかかわらず、すでに千ドル近く自腹を切っており、帰りの航空券もいまだ手元にない。そのうえ責任者は何日かのらりくらりと逃げたあと、僕らになんの説明もすることなく街を離れたというではないか。

モンテビデオのフェスティバル関係者は、少なくとも僕らをブエノスアイレスまで送り届けなければならないと結論づけた。たとえそれが、僕らの待遇に対する無限責任を避けるためだとしても。そこで彼らは金を出し合い、僕らにブエノスアイレス行きのチケットを渡した。ブエノスアイレスに到着後、僕らはまず最初に飛ぶイニ・エアラインズのアメリカ便を確保する。現金が尽きかけていたので、宿泊は売春宿が本業の安宿だ。その日、荷物を持った客は他にいなかった。本物の旅行者がそんなに珍しいのか、ホテルは特別に割引してくれた。本来なら一泊二ドルのダブルルームを一ドル五十セントで提供してくれたのである。そして残りの金で、僕らは帰国するまでの日々を乗り切ることにした。

ではいつまで滞在することになるのか？　毎日のように航空会社へ電話しても、返事は決まって「飛行機が修理中」。あとで知ったのだが、イニ・エアラインズはたった二機しか所有していなかった。すでに乗ったDC-6と、それより小型のDC-4である。それがいずれも修理中だったわけだ。

待ちぼうけが一週間近くも続いたので、僕らはさらに予算を切り詰めた。地元のクラブに入って現地のミュージシャンと会う。彼らは素晴らしく好意的で、ディナーに招待したり日中ブエノスアイレスを案内したりしてくれた。帰国できるかどうか不安な一方で、一生の思い出になる経験をさせてもらったのである。しかし同時に、行方不明のヴァイブとベース探しに時間を割く必要もあった。

ようやく航空会社から連絡があり、二日後にアメリカ行きの便が飛ぶという――ヴァイブの行方がわかったのもそのときだ。楽器探しを手伝ってくれた地元ミュージシャンから電話があって、ダウンタウンにある税関庁舎にケースが保管されているそうだ。しかしそこに行くと、返還までおよそ一ヵ月かかることがわかった（帰国した僕は、いま考えると無謀なことをした。楽器を税関から引き取ってボストンに送ってもらうため、ほとんど見ず知らずのこの男に三百ドルも送金したのである。だが彼は親切にも、そのあとあったに違いない数々の面倒事をすべて代わりにやってくれ、結局六週間ほどして楽器はボストンに戻ってきた）。

空港に着き人混みをかき分けカウンターに近づくと、そばの隅っこにベースが立っているではないか！　一ヵ月ものあいだずっとそこにあったのだ！　スタッフいわく、いったい誰のものだろうと不思議だったという。何回も電話で問い合わせたはずなのに、誰一人そこにあるとは言わなかった――毎日その前を歩いていたにもかかわらず、だ。

今度の飛行機は小型のＤＣ‐４だったものの、僕らはベースを持ち込む必要があった。最初の区間はアンデス上空を通るので、乗客は全員酸素マスクをかぶらなければならない（機能していたのは半分ほどだったが、それでも失神した乗客はいなかった）。飛行速度も往路に比べ遅いので、時間はさらにかかる――途中四度も給油し、マイアミ到着は三十時間後。また機内食はチキンとインゲン豆のボックスランチしかなく、そのうえ温める装置もなかったから、冷たいままで四時間ごとに供されたのだった。

ようやくマイアミに着陸したものの、次のボストン行きまであと七時間。手元には数ドルしか残っていないうえ、ボストン到着後のタクシー代をとっておく必要がある。そのため空港のレストランでパイを一つ注文し、みんなで分け合うのが精一杯だった。翌朝、タクシーでニューベリー・ストリートに到着した僕の財布には、わずか二十五セントしか入っていなかった――素晴らしきラテンアメリカ大冒険にふさわしい結末だ。

帰国から数ヵ月後、ラプラタ川を渡るときに乗った外輪船が嵐で沈み、乗員乗客全員が溺死したという記事を目にした。僕らも危ないところだったわけだ。

その後は、毎夜のように１２３３ラウンジで演奏しつつ、可能なときにはザ・ステイブルスでハーブ・ポメロイと共演するという日常に戻った。僕の即興演奏に新たな要素が加わり始めたのはこのころである。一晩に一度くらいだろうか、馴染みの曲でソロ演奏していると、予想もしていない短いフレーズを奏でているのだ。ハイウェイで氷を踏んだときのような、方向感覚の狂う感じが一瞬した。背中に戦慄が走り、心臓が早鐘を打つ。僕は以前に一度も演奏したことのない何かを演奏している——それどころか、それが意識に上るより早く両手が勝手に動いているのだ。その現象が初めて現われたとき、単なる思い過ごしじゃないかと考えもした。しかし同じことが何度も起きるので、僕はそれを分析しようと試みた。その結果突き止めたことは、僕の——ミュージシャンとしてだけでなく、とりわけ即興プレイヤーとしての——画期的進化のなかで、いまなお一番大きいものの一つであり続けている。

この現象を考えるなかで、僕は二つのことを理解した。そうした無意識の状態での演奏は、普段の演奏と大きく異なっていること、そして演奏時におけるこれらの瞬間は、その夜の演奏全体で最高の瞬間だということ、である。僕はこの新たな体験を信頼し、すぐにコントロールを取り戻そうと考えるのでなく、それが続くかどうか確かめることを今後の目標にした。つまり、演奏における無意識の役割を理解し始めていたのだ。

それ以降、僕は〝内なるプレイヤー〟が持つ可能性をますます重視するようになる。自分の直感、本能、そして無意識との信頼関係を構築するという、生涯にわたる努力を始めたのもこのときだ。見たり、読んだり、あるいは耳を傾けたりすることで——それらに加え、数十年にわたって積み重ねた経験を通じて——僕は無数のことを学んできた。その一方で、自身の内側から聞こえる物事こそが、僕の学んだ一番大切なものではないかと考えている。

第二部　修行時代

第六章　「オータム・イン・ニューヨーク」

一九六二年度の第一学期が始まったとき、僕は十九歳を過ぎたばかりだった。しかし学習はまだこれからだというのに、学校に対して物足りなさを感じだしていた。いや、いまだって日々多くのことを学んでいるじゃないか――そう、そのとおり。さらに、１２３３ラウンジで定期的に演奏したり、素晴らしいジャズギグを数多く行なったりするなど、ボストンの慌ただしい音楽シーンで居心地のよい場所を見つけてもいる。それでもジャズのメッカ、ニューヨークで自分の腕を試してみたいという思いは募る一方だった。そこで、夏になったら行動に移ろうと決意した。秋までに仕事が見つからなければ、そのときは学校に戻ればいい。

一学期が終わりを迎えるころ、僕は故郷インディアナに戻って色々な準備をするとともに、車を買い替えることにした――今度はイギリスのスポーツカーなどよりずっと実用的な車だ。ニューヨークに着いて最初の数週間は、トランペット奏者ダニー・スタイルズが住むアッパー・ウエストサイドのアパートメントに泊めてもらった。エヴァンスヴィル出身のダニーとは、彼の里帰り中に出会ったのである。

偶然にも、ダニーの部屋は僕のアイドル、ビル・エヴァンスと同じ建物にあった。当時、ビルの叙情的なピアノ演奏と、トリオ編成に対する斬新なアプローチが、モダンジャズに大きな影響を与え始めていた。エレベーターやウエストエンド・アヴェニューでときおり見かけることはあったけれど、僕は一度も声をかけなかった。そのころはビルの人生における一種の暗黒時代であり、ヘロイン中毒が一番ひどい時期だったこともあって、容貌は悲惨そのもの。僕が引っ越してきたとき、ヴィブラフォンのケースを見たアパートの管理人は僕が音楽家であることを知り、ビルの転落する一方の状況を心配しているとこっそり打ち明けてくれた。ビルの評判に深く感銘を受けていたものの、やはり不安も感じていたのである。電気が何ヵ月も前から止まっているので、ランタンを貸してやったこともあるという。ビルはほどなくこのアパートメントを出て行き、僕が初めてきちんとした形で彼と顔を合わせたのは、それから数年後のことだった。それ以降、僕らは何度か共演する機会に恵まれている。

やがてダニーから、近所のアパートメントで近く空室が出そうだと知らされた。予算的にも条件的にも問題なく、僕は七十三番街三十四番地#3Aへ移ることにした。家主は小柄ながら強烈な個性のジェスというレバノン人女性で、兄と共同でそのブロックの建物を多数所有していた。隣の建物の狭い地下室をオフィスとして使い、日中はそこにこもって管理会社や塗装業者などと格闘を繰り返す。僕は彼女に恐れをなした。家賃は毎月彼女のところへ持参することになっていたけれど、あの地下室でおしゃべり相手にされるのがどうしても嫌だった。彼女はいつも僕をおしゃべりに引きずり込もうとする。その内容といえば、この世のおかしいことに対する自分の不満ばかり。なので僕は彼女を避けるため、ほどなく小切手を郵送することにした。

マンハッタンは今日でも大都会だが、一九六〇年代にはいまよりも自由と狂気が溢れていた。他の何にも増して全身からエネルギーを発散させている、創造性豊かな人間がここに集まっていたのだ。活気に満ちた場所とはこういうところなんだ、と僕は感じた。地下鉄駅への行き帰り、あるいは近くの銀行や市場に行くだけで、俳優やショービジネス界の関係者を見ることができる。映画でシャーロック・ホームズを演じたベイジル・ラスボーンなど、夜になるとそのキャラクターどおりトレンチコートに身を包んで、僕が住むブロックを散歩していたものだ。俳優ロバート・ライアンは角に建つアイリッシュバーの常連であり、トニー・ランドールやモーリン・ステイプルトンを目にすることも多かった。ブロックの端にはいまや伝説となったダコタ・アパートメントが建っていて、当時はローレン・バコールが住んでいた（のちにジョン・レノンとオノ・ヨーコがここに移る）。またダコタ・アパートメントのテニスコートがあった空き地には、現代的な高層ビルが聳えつつあった。セントラルパークそばの地下鉄七十二番街駅を出てダコタ・アパートメントの前を通り過ぎ、七十三番街に入って僕のアパートメントへ歩いていると、飛行機のファーストクラスを通り過ぎてエコノミークラスに向かう気分になった。それでも、ニューヨーク最初の拠点としてこの場所を見つけられたのは、運のいいことだと思っていた。僕はジャズシーンにつながる前からショービジネス界の真っただなかに飛び込んだわけであり、しかもそこは刺激に満ち溢れる世界だった。

初めて自分の部屋を借りた僕は、できるだけ洒落た室内にしようとがんばった――まずは三歳のときから使っていたベッドだ（それは教会の慈善くじで手に入れた。両親が僕の名前で申し込んだところ、ペアのベッドとタンスが当たったのである）。それに加えて室内をより賑やかにするため、近くの店で当時流行の品々を買った。それから四年後、さらに広い部屋へ移る余裕ができたので、いい物件がないかとジエスに訊いてみた。すると三十六番地のワンルームを勧められ、塗装業者が作業中だからその目で見てこいという返事だ。

前の住人は同じくミュージシャンだそうだが、控えめに言ってもエキセントリックな人間だったらしく、天井を紫に、床を黒一色に塗るのみならず、リビングに公衆電話を置いていた。塗装業者は以前の色を覆い隠してまともな外見に戻そうと、白いペンキを何度も何度も塗りたくっていた。キッチンを見ているとジェスが建物に入ってくる音に続き、塗装業者に文句をがなり立てる声が聞こえた。天井を何度塗れば気がすむの、いったいいくらかかるの、みんなして私を騙そうとしているんじゃないの、云々。言い合いに巻き込まれるのはごめんだし、早くもジェスの勢いに恐れをなしていた僕は、どんどん心配になっていった。そこで仕方なくそばのクローゼットに身を隠し、彼女がくたびれて部屋を立ち去るまで、暗闇のなかで隠れることにした。

それから五分あるいは十分経ったころだろうか、クローゼットのドアが突然ひらいてジェスの姿が目に飛び込んだ。びっくりした僕は、次に自分が怒鳴られるのではないかと覚悟した。しかしジェスはクローゼットに隠れていた僕を見て驚く風もなく、ただ笑みを浮かべてこう言った。「どう、この部屋気に入った？」実際そうだったのでここへ移り、数年暮らしたあとは姉に引き継いでやった。

それまでは彼女の存在が疎ましかったこともあって、世話好きな一面もあることは意外だった。若き入居人のなかから才能豊かな人間を見抜くことに長けており、お気に入りの入居人がヒットを飛ばしたときには、より高級な物件を見つける手助けまでしてくれる。彼女にそんな親切心や気づかいがあろうとは、まったく想像もしなかった。

そうした好意を受けた人物の一人にダスティン・ホフマンがいたという。また上の階に住んでいた新聞コラムニストのレックス・リードも当時頭角を現わしつつあったのだが、僕はどんな人物か知らないでいた。けれどそのうち、ニューヨーク・タイムズ紙や様々な雑誌編集部からの荷物が階下へ届けられているのに気づき、そのうえタイピングの音が一日何時間も聞こえていたので、何かの物書きだろうと見当をつけるようになった。その数年後、僕のアルバムに対するとても好意的な記事を目にした瞬間、執筆者の名前が階下の郵便受けに書かれた名前と同じであることに気づく。僕らは四年間にわたってすぐそばの階に住んでいたにもかかわらず、一度も顔を合わせたことはなかった。ようやく面識ができたのは、一九六八年に行なわれた『マイク・ダグラス・ショー』の収録においてである。四年間も同じ建物に住んでいながら一度も顔を合わせないとは奇妙に聞こえるけれど、それがニューヨークなのだ。

（その収録で一番難しかったのは、カメラの前で演奏することより、むしろマイク・ダグラスその人と会話することのほうにあった。これは典型的な現象である。僕はその後、マーヴ・グリフィン、ジョニー・カーソン、デイヴィッド・レターマンなどがホストを務めるテレビ番組に出演したけれど、そうした人たちには一つの共通点があった。つまり、彼らのする質問に普通の答えはできないということだ。彼らがぶつける質問はたいていくだらないものばかりで、こちらにはジョークを返したりウィットに富んだ回答をしたりすることが求められる。一九六〇年代後半に出演した『ディック・カベット・ショー』では、演奏を終えた僕のもとにカベットがやって来て、こう尋ねた。「ヴァイブを演奏するのはどんな感じです？」僕はどう答えていいやら言葉に詰まり――誰だってそうなるだろう――、意味をなさない言葉をつぶやくだけだった）

ニューヨークに居を構えたあとは仕事を見つけなければならない。しかしその直後、クイーンズ地区で執り行なわれる結婚式で演奏してもらいたいと、電話で依頼される。幸先のいいスタートだと思った僕は、結婚式で演奏したことなど一度もないのに喜んで引き受けた。バンドには優れたミュージシャンが複数おり――素晴らしきギタリスト、ジーン・バートンチーニもその一人――、ウェディングの一般的なレパートリーすら知らなかった僕でも、いったん曲さえ始まればすぐについて行けた。最初のギグがかくも早くに実現したので、このあとも依頼が次々とやって来て、すぐに忙しくなると信じ切っていた。だけどそれは勘違いもいいところで、ニューヨークに移り住んで最初の半年間、僕がこなした仕事は結婚式での演奏と、自身のアルバム収録が唯一だった（これから述べるように、スタートすることなく終わりを迎えたギグもある）。

さらに仕事が続くことを予想した僕は、所属する組合をニューヨーク支部八〇二に切り替えた――とは言え、それとてすんなり行ったわけじゃない。当時、支部への加入を希望するミュージシャンはニューヨークに六ヵ月以上暮らしている必要があり、それまでは定期的な仕事を禁じられていた。そうした規則を設けることで、流れ者が次々と所属する支部を変え、地元のプレイヤーからフルタイムの仕事（ブロードウェイのギグなど）を奪うことを防いでいたのである。しかし若いミュージシャンにとっては大きな障害であり、どこかに雇われることなくニューヨークで六ヵ月も暮らすのは至難の技だった。この窮地を救ったのは、デイヴ・ブルーベック・カルテットのドラマーだった僕の恩人、ジョー・モレロである。彼は組合関係者と知り合いで、待機期間を回避する方法を聞き出してくれた。つまりニューヨークには一年前に引っ越しており、いまになって所属を移すことにした、と主張すればよいというのだ。

そのころ、組合のオフィスはローズランド・ボールルームにあった。マンハッタンの中心部にあるその寂れたダンスホールでは、毎週水曜日の午後になると数百人ものミュージシャンがダンスフロアに集まり、地元で行なわれるギグの契約を交わしていた。僕は関係者と会うためにやって来たこの場所で、〝雇用フロア〟と呼ばれる熱狂的なシーンを目の当たりにしたわけだ。そして組合関係者と顔を合わせ、偽造した家賃の領収書を手に、あらかじめ用意したストーリーを語っていると、これから組合書記のところに連れて行くからそこで同じ話を繰り返すよう告げられた。その書記とやらに嘘がばれて永久に出入りを禁止されるのではと、僕は死ぬほど不安になったのだが、結局話はとんとん拍子に進み、正組合員として会場をあとにすることができた。それから数年間、僕は何度かこの男を呼び出して、ニューヨークへやって来たバークリーの後輩たちのために同じことを繰り返してやった。しかし僕が世話になった関係者を含む組合支部の幹部連中はその後の選挙で一掃され、この儀式も終わりを迎えるのだった。

それと同時に、僕はバーへの出入りも始め、なかでも二つの店をターゲットとした。ジム・アンド・アンディーズとチャーリーズ・タヴァーンである。いずれもミッドタウンにあるジャズミュージシャンに人気の店で、夕方近くから深夜遅くまで様々なミュージシャンがたむろしていた。これから仕事に向かう者もいれば、セッションを終えてビール片手におしゃべりを楽しんでいる者もいる、という具合だ。またジム・アンド・アンディーズには、隣の建物に入居するA&Rレコーディングとの直通電話があり、何かのプレイヤーが必要になったときは、店に電話すれば誰かしら見つかるようになっていた。

その当時、ミュージシャンの生活ペースはいまよりずっと不規則だったらしく、社交の時間が一日の重要な一部を占めていた。だけど僕は基本的に人見知りする性格であり、バーにたむろするより本を読んでいるほうが好きだった。チャーリーズ・タヴァーンに行ったときも、誰かに自己紹介する勇気すらなかったくらいだ。なお悪いことに僕は酒を飲めず、さりとてコーラ片手に何時間もバーで大人しくしているのも馬鹿らしい。きっといい出会いがあってギグの機会を得られるだろうと思っていたけれど、結局その場にふさわしくなかったのだ。

それから今日に至るまで、僕はおしゃべりというものが嫌いである。この業界で成功を収めるには、いくらか社交的にならなければならないのは事実だ。それでも僕には時間の無駄としか思えない。個人的な交友関係がかくも重きをなすこの世界で、僕が成功できたのはなぜだろうと不思議に思うこともある。仕事を得る一番の方法は他のミュージシャンたちとつるむことであり、新しいミュージシャンと出会うにもそれが最良のやり方だ。内向的な人間がミュージシャンになった例は何も僕が最初じゃないだろうけど、〝おしゃべり〟は僕にとって常に難しい行為だった。

ニューヨークにおける最初の夏、僕は結婚式での演奏に加えもう一つの心躍るギグを経験した――いや、惜しくも実現はしなかったのだが。きっかけは、ジョー・モレロが古くからの友人であるギタリスト、サル・サルバドールに僕を推薦してくれたことである。その夏、サルはロングアイランドの外縁にあるビーチ・クラブで週末に演奏すべく、バンドを結成しようとしていた。ギャラはたいした金額じゃなかったけれど、僕は本当に仕事を必要としていたし、メジャーな存在でないとは言えサルの名前は聞いたことがあった。ドラマーが誰かはもう忘れたものの、ベーシストがエディー・ゴメスだったことは記憶にある。エディーは当時まだ十七歳、音楽業界では新入りながらすでに才能の片鱗を見せており、やがてジャズに永久不滅の影響を与えることになる。サル率いるカルテットは期待どおりの結果にこそならなかったが、少なくとも僕はエディーと知り合うことができ、その後何度もともに仕事をする栄誉に浴せたのである。

住宅地区にあるスタジオで午後に数回リハーサルしたあと、サルは僕に、自分は他のメンバーをステーションワゴンに乗せて会場へ向かうから、君はヴィブラフォンを車に積んで来るようにと言った。僕は道に不慣れだったし、それに何よりニューヨークに移って最初のギグということで張り切っていたので、早くに出発して夕方前には会場へ着いていた。他のメンバーを待つあいだ、ヴァイブを組み立てクラブのオーナーに挨拶を済ませる。太陽が大西洋へと沈むなか、やがて客が来て飲み物を注文し始めた。しかしサルが現われる気配はない（僕らは最後にリハーサルするため、早めに落ち合う約束をしていた。だからこそ、これはよからぬ予兆と言える）。ディナーの時間はとうに過ぎ、演奏開始の八時が迫る。僕は心から不安になった。

オーナーも段々と不機嫌になってゆく――どうやら僕に責任の一端があるとでも思っているようだ。そのときサルから電話があって、いま向かっているからすぐに着くはずだという。しかしオーナーの機嫌がそれで治ることはなく、八時半になり伴奏なしでヴァイブを演奏するよう僕に命じた。ショーが始まらないので客も不満を言い始めている。こうした状況でソロ演奏する度胸なんて、そのときの僕にはまだなかったけれど、それでもなんとか三十分ほど演奏し、不機嫌そのものの客からまばらな拍手を受けた。バンドは結局来ないのだろうと、みな思っていたのだ。

僕は休憩をとりつつ、サルの到着に望みをかけた。この時点で唯一ドラマーだけが自分の車で来ていたものの、サルとエディーに何があったかはわからないという。僕らは客が立ち去る（もちろん返金を受けて）のを眺めながら、少なくとももう一時間待った。このときまで、オーナーは僕らに口をきこうとすらしなかった。十時半、サルのステーションワゴンがようやく店の前に停まる。彼とエディーが荷物を降ろそうとするより早く、オーナーとのあいだで激しい口論が始まった。やがて事務室からサルが現われ、残った客はみな気が立っているだろうが、それでもワンセット演奏すると言った。

しかし準備が終わる前にまたしてもサルとオーナーとのあいだで口喧嘩となり、今度はサルも演奏中止を決断した。そのうえで、ギャラはきっちり払ってもらうと宣言する。さもなければ音楽家組合に訴えるというのだ。それから数ヵ月のあいだ、僕はギャラを一部でも払ってもらうべく、何度かサルに電話して伝言を残した。僕にはサルの責任としか思えなかったからだ。それから四、五年経っても、何がしかの支払いをするという言葉がときおりサルから伝えられたけれど、結局それが果たされることはなかった。もしクラブのオーナーが僕らに一セントでも金を払わなければならないことになれば、それこそ茶番というものだろう。

しかしこのことはいい教訓になった。バンドリーダーとサイドマンとのビジネスがらみの関係について、僕の考えをはっきりさせてくれたからである。僕が考えるに、リーダーには仕事を成功に導く責任があり、そのためにサイドマンよりも高いギャラを支払われている。一方、ミュージシャンには事前の取り決めに従って支払いを受ける権利があって、仕事が不首尾に終わってもそれが変わることはない。大半のリーダーはそのように考えているが、不幸にしてそうでない者もいるのだ。

次なるレコーディングのプロジェクトが近づくなか、僕はメジャーなプレイヤーを参加させようと考えた。そこでジョー・モレロとフィル・ウッズに連絡したところ、いずれも参加を承諾したので、他のミュージシャンにコンタクトする際の信用が高まった。

続いて、『トゥナイト・ショー』に出演していたトランペット奏者、クラーク・テリーを収録後に捕まえるべく、僕は一週間ほど毎晩ロックフェラセンターの前で待ち続けた（当時、『トゥナイト・ショー』はラジオシティーから放送されていた）。そしてようやくコンタクトに成功したのだが、十九歳の子どもからレコーディングへ参加してほしいといきなり言われたものだから、相手は当然ながらむすっとしていた。しかし僕はフィル・ウッズの名前を出し、そのうえで話を少し誇張して――いや、正直に言おう。はっきり嘘をついて――、ジャズ界でもっとも尊敬されているピアニストの一人、トミー・フラナガンもすでに雇ってあると言った。これら懐かしい名前を聞いたクラークは急に顔をほころばせ、セッションにはきっと参加すると答えた。ついで僕はトミー・フラナガンの電話番号を調べ、電話に出たトミーに自己紹介すると、クラークとフィルが僕のレコードに参加すると告げた――それでトミーからもイエスの返事を引き出せた。さらに僕はボストン在住のベーシスト、ジョン・ネヴェスと、一緒にウルグアイを旅した学生バンドのトロンボーン奏者、クリス・スワンセンをグループに加えた。またクリスにはチャートを何枚か書くよう依頼した。

一九六二年九月に行なわれたレコーディングはスムーズに進んだ。特にフィルの演奏とクリスのアレンジには心から満足した。ＲＣＡはこのレコードを『フー・イズ・ゲイリー・バートン』と銘打ち、暗いシルエットの写真をカバーに使った。僕はアルバムのカバーを飾るのにまだ若すぎると判断されたらしく、以降も同じパターンが繰り返される（僕は自分の写真がカバーに使われるのを常に望んだけれど、そうならないことがほとんどだった。なぜそんなに難しいのか、僕には理解できない。僕はリーダーとしていままで六十枚以上のレコードを世に送り出したものの、自分の写真がカバーを飾ったのはわずか十枚ほどである）。

その一方、金銭は変わらぬ問題だった。レコーディングは数日間の仕事にしかならなかったし、バークリーを中退した時点でＲＣＡからの小切手も打ち切られていた（ＲＣＡ幹部の一人からは、本当に中退するつもりなのかと問い詰められた。会社としては負担増になるにもかかわらず、あと二年くらい辛抱すべきじゃないかというのだ。まったく現在とは隔世の感がする）。しかしピアニストのマリアン・マクパートランドが僕を窮地から救ってくれる。そこには僕の守護天使、ジョー・モレロによるささやかな手助けもあった。

ジョーはマリアンの友人であり、五〇年代には彼女のトリオに加わっていたこともある。そこで僕を、マリアンが定期的にギグを行なっているヒッコリー・ハウスへ連れてゆき、彼女に引き合わせたのだ。マリアンは僕にピアノを演奏してみるよう告げる。ライオネル・ハンプトンのごとく二本指で演奏すると思っていたようだ。しかし僕が正しくピアノを弾くのを目の当たりにし、そのうえ演奏もそこそこの出来だったから、彼女は僕に感銘を受けた。そしてまだヴィブラフォンの演奏を聴いていないにもかかわらず、ジョーが熱心に勧めてくれたこともあって、友人のイギリス人ピアニスト、ジョージ・シアリングにその場で電話をかけ、こちらが赤面するほど僕を褒めたのである。シアリングが当時率いていたグループは、常にヴァイブをフィーチャーしていた数少ないバンドの一つであり、予想に違わずその後すぐ、シアリングのマネージャーを務めるジョン・レヴィのオフィスから、労働者の日（アメリカでは九月の第一月曜日）にオーディションを行なうと連絡があった。

第七章　オン・ザ・ジョブ・トレーニング　その一

一九六二年の労働者の日、僕はシアリングのオフィスの前に立った。しかし休日だからか、建物のドアは固く閉ざされている（五十七番街にある他の建物もみな同じだった）。その日のニューヨークはうだるほどの暑さで、一時間以上も建物の前で待ち続けた僕は、そろそろ諦めかけていた。そのとき、ようやく人影が現われロビーへ通じるドアをあけた。すると一台の車が建物の前に停まり、なかからジョージ・シアリングと彼のロード・マネージャーが姿を見せた。

上階のオフィスに入ったジョージと僕は、二人きりで数曲演奏した。極めて難易度の高いパートを初見演奏するよう求められたが、僕は容易にそれをこなした。生まれながらに視力を失ったためだろう、ジョージは初見演奏に優れた人間をいつも高く評価していたのである。ともあれジョージは僕の演奏に感銘を受けたようであり、バンドに加わるようその場で申し入れた。しかし一つだけ問題があるという。当時、ジョージは盲導犬学校に出席するため、ツアーを一時中断していた。盲導犬とともに暮らしたことがないので、それがミュージシャンの生活にマッチするか確かめようとしていたのだ。そのため、ツアー再開は一月になるらしい。それを聞いた僕は、より早くスタートを切るため何か探さなければと、内心考えていた。

その日から、地下鉄で街のあらゆるところに足を運ぶなど、金をかけずにニューヨークじゅうを回ることが日課となる。またハーフ・ノート、バードランド、ヴィレッジ・ヴァンガードといったニューヨークのクラブに通い、現在活動中のバンドをすべて知っておいた。さらに、アパートメントの前の住人が一時的にピアノを残していたので、そこにも仕事を持ち込むことにした。僕はバークリー在籍中から、スケジュールが許す以上の時間を練習に割きたいと常々望んでいた。そしていまなら、すべての時間を自己満足のための練習に注ぐことができる。ただし無職の状態で実際そうすることは、恐ろしくてできそうになかった。

また、フルート奏者のハービー・マンと仕事ができる一歩手前まで行ったこともある。ハービーはヴァイブをフィーチャーする数少ないバンド（シアリングのバンドもそう）の一つを率いており、君の評判はいろいろ聞いているから、四十八番街にあるベイスン・ストリート・イーストというクラブに一度来てみたらどうかと、電話で僕を誘ってくれた。自分のバンドの演奏を聴いてもらい、現在のヴァイブ担当デイヴ・パイクの代わりを務められるかどうか話し合いたいという。

クラブに入った僕は隅の席に腰を下ろし、バンドのファーストセットに耳を傾けた。その結果、なんの問題もなく馴染めるだろうと確信する。事実、シアリングのギグが始まるまで半年間もじっとしているより、こちらに参加したほうがずっといいように思えた。ところが休憩に入り、僕のなかでアラームが鳴る。デイヴ・パイクが僕の席へつかつかとやって来て、隣に座ったのだ。どうやら僕に見覚えがあると思い込んでいるらしく、もしかしてトミー・ギグ（僕と同年代の西海岸のヴァイブ奏者）じゃないかと訊いてきた。僕は違うと答えたけれど、確かに見覚えがあると言い張るので自分の名前を明かしたところ、相手は急に怒りだした。そしてバンドに参加するよう頼まれたかと問い詰めるのでそうだと認めたところ、パイクは店内の反対側へと向かいハービーと激しい口論を始めた。その瞬間、僕がこのバンドに加わることはないなと確信したものの、驚いたことにその数分後、ハービーがこちらに近づいてきて、数週間後から参加できるかと尋ねたではないか！　僕が「もちろん」と答えると、詳細はあとで電話するとのことだった。

こうした気まずい状況にもかかわらず、僕は興奮した。早くも仕事のオファーを受け、しかもシアリングのそれより好条件ときている。しかしそれから二週間経っても連絡がないので、僕は何か起きたのかと不安になり始めた。それを表に出したくはなかったけれど、結局ハービーのマネージャー、モンテ・ケイに電話をかける。ところが、相手は仕事のオファーのことなど何も知らない様子だった（それで僕の不安は本物になった）。そして数日後、ハービーから電話があり、デイヴをクビにしないことについてあれこれ言い訳を並べ立てた。面倒だったのか、それを本人に伝えなかったのである。僕にオファーしたときは真剣だったのだろうが、そのことがかえって僕を失望させた――いや、怒り狂わせた。その怒りは二十年くらいしてようやく消えるのだが、本当に許したとはいまだに思えない。

その後もシアリングとの活動が始まるのを待ちながら仕事を探し続けたものの、まったくの無駄骨に終わった。家賃（月百十五ドル）を払うため父親から金を借りたほどである。それでも一九六三年一月七日――二十歳の誕生日の数週間前――僕はジョージ・シアリング・クインテットに参加すべく、ようやくカリフォルニア行きの飛行機に乗り込んだ。

ジョージはロサンゼルスに居を構えており、オープニング・ギグが始まるまでの数日間、サンタ・モニカ市民センターでリハーサルを行なうスケジュールを組んでいた。カリフォルニアを訪れたのはこれが最初であり、初めてジャズに触れてからずっとレコードや『ダウンビート』誌で追い続けてきた、西海岸のジャズシーンへとついに足を踏み入れる現実に、胸の高鳴りが止まらなかった。冬のニューヨークを離れてうららかな午後のカリフォルニアに立った瞬間、素晴らしくエキゾチックな感じを覚えた。同じ便にはジョージのグループでギタリストを務めるロン・アンソニーも乗っており、二人して空港からハリウッドへ直行、完成したばかりのキャピトル・レコード・タワーのすぐ隣に建つヴァイン・ロッジ・モーテルにチェックインした。

ハリウッドはいまも昔も妖しい魅力といかがわしさが入り混じった街である。当時はまだブラウン・ダービーやシュワブス・ドラッグストアといった名高い場所が残っていたものの、いずれもほどなく姿を消す。ヴァイン・ロッジはそうしたハリウッドの名所とは一線を画すモーテルだった。旅するミュージシャンのあいだでもっともよく知られ、かつ人気も一番だが、それは単に一泊およそ十ドルという宿泊料のためである。

一九六〇年代当時、大半のジャズバンドは大都市で一週間にわたって演奏をこなすのが普通であり、そのなかでいくつかのホテルが〝エンターテイナー向け〟という評判を得ることになった。ヴァイン・ロッジの他にもシカゴのクロイドンやキャス、デトロイトのウォルヴェリン、そしてニューヨークのブライアントといったホテルがそれにあたる。バンドリーダーはたいていより高級なホテルに宿泊するけれど、サイドマンはホテル代を自ら負担しなければならないので、安宿を探す傾向が強かった（バンドリーダーがサイドマンのホテル代を負担するのが当たり前になったのは、一九七〇年代に入ってからのことである）。複数のバンドが一つの町に滞在していれば、それら〝ミュージシャン向けホテル〟は活気に満ちた社交の場となるのだった。

ロサンゼルスに到着してすぐ、僕はバンドの他のメンバーに引き合わされた。シカゴ出身のベーシスト、ビル・ヤンシーは僕と同じくバンドに加わったばかりである。ドラマーは伝説的存在のヴァーネル・フォーニアであり、アーマッド・ジャマルと昔行なった仕事に僕は以前から憧れていた。彼の軽快なスウィングと、ジャズ・ドラミングに対する簡明なアプローチは、僕の心に不滅の印象を与えた。またこのグループにはラテン・パーカッションの大御所、アルマンド・ペラーサも加わっていた。アルマンドはシアリングに勝るとも劣らないスターでありながら、五〇年代初頭から彼とツアーしていたのである。結果として、かの有名な〝ジョージ・シアリング・クインテット〟は、実際には六人組という奇妙な編成になった。加えてツアー・マネージャーのエド・ファーストと運転手兼楽器マネージャーのチャック・ノールが同行する。僕らはトルーカ湖のほとりに建つジョージの邸宅でリハーサルを行なった。快適なシアリング邸は、彼のビジネス・マネージャーも務める妻トリクシーが管理していた。

《コラム》ジョージ・シアリング

シアリングは八人きょうだいの末っ子としてイギリスに生まれた。生まれながらに目の見えない多くの子どもたちと同じく、彼も音楽へと傾倒しピアノとアコーディオンで頭角を現わした。ほどなくイギリスのジャズシーンで名を知られる存在となり、本人が望めば母国でキャリアを積むこともできたはずだ。しかし一九四七年、当代最高のプレイヤーが集うアメリカへ渡り、そこに自らの人生を賭ける。それは一から評判を築くことを意味しており、最初はその歩みも遅々たるものだった。ジョージが結成したバンドは、のちに〝シアリング・サウンド〟として有名になる一つの特徴を有しており、大多数のバンドにおいてトランペット奏者がその音楽を支配していた当時、ヴァイブ、ギター、そしてピアノによる生き生きとしたコンビネーションは異質のものだった。さらに異例なのは、初代のヴァイブ担当がマージョリー・ハイアムズという女性だった事実である。

当初、ジョージはグループの活動を続けるべく必死だった。ベーシストのジョン・レヴィ（のちにジョージのマネージャーとなる）が僕に語ったところによると、シアリング・サウンドが一定の評価を得るまでメンバー間の衝突が絶えなかったという。しかし一九四九年、『セプテンバー・イン・ザ・レイン』が当時のジャズレコードで最大のヒットとなる九十万枚以上の売り上げを記録する。

ジョージにはエキセントリックな面がいくつかあった。一例を挙げると、彼はスチューベン社製のガラスオブジェをコレクションしており、客に自慢すべく照明つきのショーケースを購入するほどだった。もちろん彼の目にこれらオブジェは見えないが、照明のスイッチを入れ、買ったばかりのコレクションをどう思うかと、見る者に訊くのが好きだったのである。また機会があれば女性を口説く癖もあった。セットの合間に女性ファンと話したあと、バンドのメンバーに「いまの女、イケてたか？　どう思う？」とよく尋ねたものである。本人から聞いた話だが、ギグを終えた彼は「レコードでも聴きに来ないか」と、ホテルの部屋に獲物を誘った。しかし部屋に入った瞬間ジョージが言い寄ってくるので、そのご婦人はショックを受けたそうだ。そんなことを考えるなんて思いもしなかった、ということらしい。それに対してジョージいわく「ほう、盲目の男に色気があるなんて予想外だった、というわけかね？」

魅力ありげな女性と出会った際に彼が好んで用いたテクニックの一つに、握手するふりをして相手の胸に〝さり気なく〟手を伸ばし、その感触を確かめるというものがあった。ロサンゼルスで行なわれたあるギグのとき、美しいスタイルの映画女優、ジェーン・ラッセルが観客席にいたので、手を引かれて彼女と会ったジョージは予想に違わず身体を近づけた——このようにして、かの有名なラッセルの胸の谷間を確かめたのである。それから数日間、彼はその話を面白そうに繰り返した。

またジョージには放屁を楽しむ奇癖があった。長時間のドライブとなれば誰かが屁をするのは時間の問題だが、ジョージはそれを放屁コンテストにしてしまい、誰がしたのか真面目な顔で当てようとするのだった。

ジョージのトレードマークとも言える音楽スタイルは三十年間変わることはなかったけれど、彼と新曲のリハーサルをしていた僕は、その歌声も同じく素晴らしいことに気づいた。とりわけ、胸を打つ物語的なバラードに秀でていたのである。そこで僕は人前で歌ったらどうかとジョージに提案し、その後制作されたアルバムのいくつかで彼の歌声が披露されることになった。

僕がジョージと最後に会ったのは一九九七年の終わり近くだが、それは完全に偶然の賜物だった。ニューヨークのアバター・スタジオでアルバム『ライク・マインズ』を制作していたところ、ジョージが偶然にも隣のスタジオにいて、マリアン・マクパートランドとレコーディングしていると誰かから聞かされたのである。そこで僕は休憩中に挨拶しに行った。彼もそのとき休憩をとっており、僕がいましているレコーディングを聴かせてもらえれば嬉しいと言った。そして彼が次にとった行動こそ、僕の胸を打った。ジョージはためらうことなく手を伸ばして僕の腕をとり、隣の部屋へと導かれたのである。通常、目の見えない人間は相手が誰でも信頼するわけではない。しかし僕がステージへ導く練習をしていたことを、彼はしっかり憶えていたのだ。だからこそ、三十五年という時間のひらきがあるにもかかわらず、彼はなんのためらいもなく僕の腕を掴み、その案内を頼りに隣のスタジオへと軽やかな足取りで向かったのだった。

グループ揃ってのリハーサルはつつがなく終わり、一九六三年二月十六日に最初のコンサートが行なわれた（ジョージの所属するキャピトル・レコードがその模様を録音し、『ジャズ・コンサート』のタイトルで同年後半に発売している）。僕らは次にソルトレイク・シティーへ飛び、ブリガム・ヤング大学――ソルトレイクにはモルモン教の本部がある――で公演した。契約によれば、キャンパスでは酒もタバコも禁じられていたので、喫煙者はみな敷地へ入る前に最後の一本を急いで吸ったものである。またその晩、ジョージと一緒にこっそり酒を飲んだ記憶もあるが、それについてはあとで罪の意識を感じた。

最初のオーディション以来、ジョージはどんな難しい曲も初見で演奏できる僕の能力を高く買っていた。どうやら以前のヴァイブ奏者はそれが苦手だったらしい。と言っても、これは驚くに当たらない。ヴィブラフォンのレパートリーは非常に限られているから、ヴァイブ奏者は楽譜を読む能力を高める代わりにしばしば耳で曲を覚え、記憶を頼りに演奏しがちだからだ。ともあれ、僕の初見演奏に対する評価はその夜のソルトレイク・シティーで一気に高まることになる。

ジョージは僕らがリハーサルしていない曲をコールした。彼のオリジナルナンバー〈コンセプション〉である。楽譜に記されたメロディーにしても、またハーモニーの構成にしても、その曲は複雑でしかもさほど有名ではなかった（マイルス・デイヴィスや、先駆的ビバップ・ピアニストのバド・パウエルが一九五〇年代に録音してはいるのだが）。僕がこの曲を知らないと思い込んでいたジョージは、とにかくついて来ることだけを考えろと言った。ところがなんと、僕はこの曲をよく知っていたのだ。ハーブ・ポメロイの指導のおかげで、バークリー時代に習得していたのである。しかし、それをあえて隠しておく誘惑に勝てなかった。演奏が始まるや否や、僕は音符一つ間違えずにそれをプレイし、ジョージを死ぬほど仰天させた。それから何ヵ月も、ジョージはそのことを褒め続けた。それがあまりに大げさなものだから、以前からその曲を知っており、初めてじゃなかったとはとても言えなかった。

ジョージは黒い大きなフォルダーのなかに、百曲はくだらないであろう膨大な数のレパートリーを入れて持ち歩いていた。普段はいつも演奏している二十曲ほどに的を絞るのだが、ときには初期の楽曲を選ぶこともあった——リハーサルなどしていないのに。重要なギグに限ってリハーサルしていない曲をコールするというひねくれた傾向が、ジョージにはあったのだ。結局グループ全員が初見で演奏することになり、演奏もぎこちないものになるのがオチだった（そんなことをして演奏がバラバラになってしまったこともある。そのときジョージはすぐさま〈バーニーズ・チューン〉——誰もが知るジャムセッションの定番曲——に切り替えて窮地を救った）。それは単調さを打破するための、あるいは大舞台を前に感じていたであろうプレッシャーを取り除くための、ジョージなりのやり方だったかもしれない。つまり、そうすることで自分を崖っぷちに追い込むわけだ。

とは言えリハーサル済みの曲であっても、ジョージの音楽を演奏するのは一種の挑戦だった。彼が施したアレンジの多くには、独特かつ予想もしないリズム・フレージングがふんだんに盛り込まれており、それこそが〝シアリング・サウンド〟の一部なのだ。しかし時間の経過とともに、ジョージは無数の演奏を通じて徐々にフレージングを変えており、僕らの演奏はもはや楽譜に書かれたそれと一致しなくなっていた。僕らは初見演奏するあいだ、楽譜と異なるジョージのフレージングに気をつけなければならない。そして彼の演奏をしっかり記憶し、次はそれと同じく演奏するのである。こんなことになっているとはジョージ本人も知らなかっただろうが、僕はそれを一度も口に出さなかった。僕らはみな、彼のバリエーションに合わせようと全力を尽くすだけなのだ。

僕はいつも本に没頭していたから、アルマンド・ペラーサから〝教授《プロフェッサー》〟というニックネームを進呈された。しかし異種の人間について僕に教えてくれた——人種差別問題を学ぶ最初の機会を与えてくれた——のはヴァーネル・フォーニアである。数時間にわたるツアーの道中、彼は僕にリチャード・ライトやW・E・B・デュボワといった作家の名前を教え、アメリカにおける人種差別の歴史を話した。ニューオーリンズ生まれのヴァーネルはいろいろなことを語ったが、その証拠は至るところに存在していた。公民権法が成立するのは数年後のことであり、僕らが南部を旅したとき、黒人のミュージシャンは有色人種専用のホテルにしか泊まれなかった。そうしたホテルに空きがなければ、コンサートの主催者は黒人ミュージシャンが滞在できる個人宅を用意する必要がある。また一部のレストランでは異なる人種のグループであっても一緒に食事できたけれど、なかには僕らの注文を受け入れたにもかかわらず、黒人の食事はテイクアウト用の容器で持ってきて、自分たちが歓迎されざる存在であると無言で知らしめるところもあった。

僕が生まれ育った一九五〇年代のインディアナ南部では人種差別が当たり前の光景だったが、差別の残酷な真実に触れることはほとんどなかった。地元の映画館のバルコニーには黒人客専用のスペースが設けられ、町の裁判所には別々の水飲み場があったものの、それらが物語る意味に考えを及ぼす機会はなかったのである。市が市民プールを作ると決定したときのことはいまも憶えている。〝白人専用〟にするかすべての市民に解放するかで意見が真っ二つに割れたのだが、〝全員に解放〟派が議論に勝った。僕が学校に進んだときも、すでに差別は撤廃されていた。バークリー音楽院でもこうした問題に直面することは滅多になく、アメリカにおける人種差別の歴史についてはそれまで無知なままだった。

ゆえに、このトピックに関する僕の学習はシアリング・バンド時代に始まったわけだ。遅いと言えば遅かったけれど、闘争の末一年後に公民権法が成立したときは、その重要性を高く評価できるまでになっていた。一九六〇年代初頭から急成長を始めていたホリデー・インを贔屓にしたのもその結果である。

メンフィスを本拠とするこの企業は、サービスにおける完全な差別撤廃をうたった初めてのホテルチェーンなのだ。僕は機会が許す限りホリデー・インを宿とした。揉め事の起こる可能性がなく、法律に命じられるより早く正しいことを実行した最初のホテルチェーンだからである。

アフリカ系アメリカ人の文化として認識されているジャズという音楽において、自分が白人であることを意識させられるのはいともたやすい。僕のキャリアでも最初の十年間は特にそうだった。ギグの大半は大都市のクラブで行なわれるが、観客の多くは黒人で占められている。加えてジャズ界の一部には人種面でのステレオタイプ的な見方が根強く残っていて、黒人ミュージシャンだけが〝正統派の〟ジャズを演奏できるというのがその一例である。一九六〇年代にインパルス・レコードという有力レーベルを率い、ジョン・コルトレーンの初期のレコーディングでプロデューサーを務めたボブ・シールは、どの楽器であれもっとも重要なジャズプレイヤーは常に黒人であるという自分の昔からの信念を、君は完全に崩してしまった、と僕に言ったことがある。彼ほど経験豊かな人物がそんな時代遅れの見方をしているなんてと、僕は心底驚いたものだ。

ここで強調しておくが、僕が黒人のジャズミュージシャンに拒否されたことは一度もない。それに七〇年代を迎えるころには、平等の概念自体が変化していた。演奏の主な舞台はクラブからコンサートに移っており、大学のキャンパスで演奏することも稀ではなくなった。その一方で高校や大学におけるジャズ教育の推進運動のおかげで、この音楽はより幅広い様々な人たちに親しまれるようになったのである。

奇妙なことに、白人ということで屈辱的な思いをしたただ一つの例は、大学当局によるものだった。一九九八年、グラミー賞を主催するレコーディング・アカデミーは一日ワークショップを通じて大学におけるジャズ教育の拡充を図るべく、有名ミュージシャンを複数の大学に無料で派遣する取り組みを行なった。僕が赴くよう要請されたのは、ハワード大学というワシントンDCの由緒正しい黒人大学である。しかし数日後、僕のもとに電話があり、大学が僕の派遣を断ってきたという。白人ミュージシャンがジャズに関する講義を学生に行なうのは「適切でない」というのが理由らしい。ジャズ界はこうした偏見をとうの昔に乗り越えたはずなのに、どうもそうではないようだ。

　僕はジョージとともに活動しながら、目の見えない人たちについても多くのことを学んだ。まずは盲目であることを補う彼のスキル。大半のミュージシャンは幼児期に楽譜の読み方を習得するが、ジョージは記憶力という天分を花ひらかせ、桁外れな早さで新しい曲を会得できた。さらに、ツアー中はほぼ毎日違うホテルに泊まり様々な場所で食事をとるが、そうしたときも身の回りのレイアウトを瞬時に記憶するという、超人的な才能を発揮していた。

　もちろん当時も、ピアノに向かうたび、あるいはピアノから離れるたび、ジョージは他人の手を必要とした。ステージへ連れて行くのはいつもヴァイブ奏者の役目である。最初は簡単に思えたけれど、床を這いまわるマイクのコードに足をとられてしまったり、あるいは楽器に行く手を阻まれたりするものだから、違うルートを探さねばならないこともしばしばあった。バンドのメンバーが話してくれたところによると、ある日のステージのこと、僕の前任者だったウォーレン・チアソンがジョージの腕をとりつつピアノに向かっていたところ、ジョージのコートのボタンが飛んだので、彼はそれを拾うべく腕から手を離した。案内役を失ったジョージは手を伸ばしてピアノの上にあるブーム式のマイク（アナウンス用のものである）を見つけ、それがウォーレンの頭上に来るよう回転させた。立ち上がったウォーレンは再び床に倒れ、見事『三ばか大将（ヴォードヴィル出身のコメディーグループ、および彼らが主演した短編映画並びにテレビドラマ。日本では一九六三年から翌年にかけて放映され、また六六年にも『トリオ・ザ・３バカ』のタイトルで放映された）』の再現と相なったそうである。

僕が在籍中、ジョージは新しい盲導犬リーを連れて旅をした。彼は簡単な用件でも人の手を煩わせることを嫌っていたが、これからはゴールデンリトリバーのリーが一緒とあって、そういうことも自分一人でできるようになったのである。またそれまでのクリスマスは、妻と娘へのプレゼントを買うにも二人について来てもらわねばならなかった。しかし今年はその必要がないのでワクワクしたとも言っていた。ジョージはリーを連れて自宅近くの店に入り、陶製の小立像を買ってきれいに包装してもらい、クリスマスの朝のサプライズプレゼントとした。またその店ではガラス製品が多数販売されているのをジョージは知っていたから、店内に足を踏み入れた彼はオーナーがやって来るのを待った。勝手に歩き回って商品を割ったりしたくなかったのである。だがそうするうち、店を去ろうとする客が、盲導犬とともに立つ目の見えないこの人物に気づき、二十五セント硬貨を握らせたのだ。これにはジョージも思わず笑ってしまったという。

ジョージはジョーク好きだったが、とりわけ盲目に関するジョークがお気に入りだった。たとえばギグのとき、元メンバーが飛び入りでステージに上がり、現メンバーに代わって演奏することがあった。ジョージはプレイヤーの変わったことにすぐ気づき、それが誰かを当てようとする。あるときなど、以前のベース・プレイヤー、アル・マッキボンがジョージの後ろに立ち、手で目隠しして「誰だ？」と言ったこともある。もちろんジョージは大喜びだった。

ジョージとの付き合いから、僕は目の見えない人たちに関してもう一つのことも学んだ。会話のとき、彼らは他の人に比べてより率直に話す傾向がある。率直どころか口が悪いと言っていいほどだ。ショックを受けたり傷ついたりした表情が見えないので、目の見える人がするような遠慮をしないのである。一例を挙げると、ある家族がジョージのアポイントメントをとりつけ、目の見えない娘に会ってもらうことになった。その少女はピアノを勉強しており、ジョージから励ましの言葉をかけてもらいたかったのだ。あるいは愛娘の将来についてアドバイスも期待していたかもしれない。自己紹介を終えたのち、少女は簡単なクラシックの小曲を弾いた。彼女の年齢にふさわしいレベルである。そして曲が終わり、両親は待ちかねるようにジョージを見る。しかし彼はこう吐き捨てた。「あきらめるんだね。音楽を続けても見込みはないよ」二人ともぎょっとした表情を浮かべ、少女は声をあげて泣きだした。そんななか、ジョージは一家が立ち去るのをじっと待ち続ける。その場にいた僕はショックを受けた。妻トリクシーがその表情に気づいていたようなので、僕はそちらに顔を向けた。するとトリクシーは間も置かず、昔のジョージはもっとひどかったのよ、と言った。僕は信じられない思いだった。

パブリシティ、メンバーへのギャラ支払い、レコード会社との交渉など、ビジネス面の諸事をこなしていたのはトリクシーである。金銭感覚がおかしいのはトリクシーのほうか、あるいはジョージのほうか、それとも二人ともなのか、僕は結局判断できなかった。僕がバンドに加入した時点でジョージはすでに一財産築いていたものの、吝嗇は昔と変わらぬままだった。イングランドの貧しい一家に生まれ、キャリアの最初期に金銭面で苦労したことが、変えることのできない生存本能を彼に植え付けたのだろうか。僕らは細かいことで激しい口論になることがよくあった。タクシー代三ドルの立て替えを巡って揉めたときなど、本気でバンドを辞めようかと思った。ところがその数日後、ジョージは謝罪の印として、ギフト箱に入ったカシミアのセーターを僕にプレゼントしたのである。

加入から数ヵ月経ったある日のこと、自分のギャラが週二百七十五ドルである一方、他のメンバーは三百ドルもらっていることがわかった（これは見た目以上に大きな差である。一九六三年の二十五ドルは二〇一二年の百八十五ドルに相当するのだ)。もちろん、僕は新入りに過ぎない。それに、まだ十七歳だし他のメンバーと同じにすることはない、という判断もあっただろう。しかし僕はこれを知った時点で、自分はもう一人前だと自負していた。それにグループの花形ソリストという自信もある――もちろんジョージを除いて、だが。そこで僕は勇気を振り絞り、二十五ドルの値上げを要求した。するとジョージは、こちらが驚くほど不機嫌な表情になった。しばらく空咳をしたり口ごもったりした挙句、トリクシーに相談しなければならない、という。しかしその日のステージが始まる直前、彼はギャラの値上げを僕に伝えた。

それからギグが始まったものの、ジョージはヴァイブのソロが入った曲を一度もコールしなかった。ただの偶然だろうか、それとも僕がフィーチャーされる曲を削るほど怒り狂ったのか。その答えは翌日の夜にわかった。結果的に、僕のソロ演奏が復活するのはさらに三、四日後のことだった。

ジョージは片方の足をジャズの世界に、もう片方の足をビジネス界に突っ込んでいた。彼のパフォーマンスが独特だったのはそのためである。一連の即興演奏を長々と続けるというより、各ソリストには一曲につき一回のソロ――おそらく二十ないし三十秒――しか与えず、それで観衆に受け入れやすい音楽としたのである(さらにバラードでは、ジョージだけがソロ演奏をした)。これは学生時代の経験と大きく異なっていた。僕はどんなに長く続こうとも、一種のピークに達するほどソロ演奏に慣れきっていたので、最初はどうしたものかと途方に暮れた。そこで、可能な限りあらゆるものを一つのコーラスに入れようと試みた。だがほどなく、それではうまくいかないことがわかる。どうしても必死の演奏に聞こえてしまうのだ。なんでもかんでも放り込んでキッチンが沈んでしまうように。

僕は一歩後ろに下がり、状況を客観的に見ることにした。以前のバンドではワンセットあたり六、七曲を演奏していた。それがジョージのバンドの場合、一曲一曲が比較的短いのでワンセットの曲数は十を超える。どちらにせよ、僕は一回のセットで数時間ステージに立ち、割り当てられるソロ演奏の時間も以前とほぼ同じだ。ジョージとの場合はそれが細切れになるだけである（余談だが、この事実はインディアナで子ども時代に行なった〝十分間の練習セッション〟を思い出させた）。ゆえに、明瞭で説得力があり、しかも完成された音楽を、より短い見せ場で表現することが目標になった。そして一回あたりの時間が短くなったことは、最初のソロコーラスを〝ウォーミングアップ〟にあてるという僕の癖を直し、観客に訴える興味深い演奏を始めからさせる結果となった。

（ステージ上で長々とソロ演奏するジャズミュージシャンは数多いが、レコーディングスタジオではそうもいかない。初期のころ、ミュージシャンに選択の余地はなかった。七十八回転のレコードは片面あたり三分程度しか録音できないので、初期のジャズレコード――その多くはいまや古典である――はみなそのような短さだった。二十一世紀のリスナーには〝ビニール盤〟の名でお馴染みの三十三回転LP盤が登場したあとも、長い曲の入ったアルバムはラジオ局に好まれず、よって売り上げにも響くと、レコード会社は恐れていた。したがって七〇年代に至るまで、各トラックは五分以内に抑えるというのが一般的だった）

ジョージのバンドでは一回あたりのソロ演奏が短くなるという事実は、一つの大きな指針を僕に与えた。それ以来、レコーディングやゲスト出演などで短いソロ演奏が求められても、喜んでそれを行なうようになったのである。さらにジョージからは、他にもいくつか価値あることを学んだ。

まずは、どのキーでも演奏できるスキルが向上したことだ。そのチューニングと構造のために、それぞれの楽器には演奏しやすいキーがある。ジャズにおいては、リード楽器が得意とするキーに他の楽器も引っ張られる傾向がある。五〇年代から六〇年代にかけては、トランペットがもっとも得意とするキー（FもしくはB♭など）で演奏することが大半だった。それが今日では、ギタリストの一番好むキー（おそらくGまたはA）を用いる傾向が強い。シアリングのバンドに加入した当時、僕はトランペット向けのキーで演奏することに慣れていた。しかしジョージはそのような偏見に毒されていない。目が見えず楽譜を読めないので、馴染みの薄いキーにおけるシャープやフラットなど、彼にとってはどうでもいいのだ。結果として彼のレパートリーでは、十二の調号がほぼ均等に用いられている。僕は最初の数ヵ月こそ、いくつかのキーに慣れるため必死だったけれど、一年ほどジョージのレパートリーを演奏するうちに問題はなくなっていった。

第二に、ヴィブラフォンという名前の由来でもあるヴィブラート（第三章を参照のこと）を使わないよう、ジョージに説得されたこと。彼はそうした効果を好まず、僕も最初は惜しいと思ったけれど、そのうち同じ考えをするようになった。それからというものヴィブラートを使うことはなく、ときには伴奏なしでソロ演奏することもある――これもジョージから学んだテクニックの一つだ。伴奏のないジョージ作のソロ楽曲がステージのハイライトを飾ることもしばしばあり、それを気に入った僕もバンド脱退後、ソロ楽曲を演奏するようになる。それが数十年にわたり、僕のコンサートのトレードマークとなったのだ。

そして最後に、これが一番重要なのだが、ジョージは〝リ・ハーモナイゼーション〟の名手だった。リ・ハーモナイゼーションとはつまり、たとえ馴染み深い楽曲であってもそこにバラエティーを加えるため、多種多様な新しいコードを見つけるプロセスのことである。ジョージの音楽を学ぶことは、偉大なる理論家と真正面からぶつかるようなものであり、僕は少なくともその点で、卒業はまだまだだと感じていた。

僕らは車での移動に多くの時間を費やした——文字どおり〝地方巡業《オン・ザ・ロード》〟の日々である。ジョージはキャデラック・ドゥヴィル（キャデラック社の大型高級セダン）とともにバンを一台リースしており、荷台に〝George Shearing and his Quintet（ジョージ・シアリング・クインテット）〟とペイントしていた。ときには徹夜で車を走らせたこともある。たとえば翌週行なわれる公演のため、夜中にシカゴからデンヴァーへ向かうといった具合だ。そうすれば僕らとしても一泊分のホテル代が浮く。それに夜中心のスケジュールとも合っていた。各メンバーが交代でハンドルを握り、その時間に応じて手当てを受け取ることになっていたものの、僕は二十歳を過ぎていたにもかかわらず、年齢のせいで自動車保険に入れないでいた。小遣い稼ぎができないのは残念だったけど、若さで得をしたこともある。メンバーが車を走らせるあいだ、ジョージは空路移動するというスケジュールが組まれたとしよう。しかし彼は飛行機嫌い（悪天候のときはさらにひどくなる）なので、僕にチケットを譲り自分は車で移動することが多々あった。つまり〝ジョージ・シアリング〟の名で搭乗することが何度もあったのである——当時は搭乗の際に身分証明書を提示する必要はなかったのだ。

　ジョージはロサンゼルスを拠点とし、メンバーも多くの時間をそこで過ごしていたので、僕は自分の足としてホンダの中古スクーターを百五十ドルで買った。ジョージはそれを喜び、自分をリヤシートに乗せて近所を走ってくれ、と言う始末。実に嬉しそうな顔で僕の後ろに座っていた。いつか自分も車を運転してみたい、というのが口癖だったほどである。バンド専用車のハンドルを握るジョージが、ハイウェイを走りながら「どこで降りたらいい？」と必死な形相で僕に尋ねる——そういう夢をよく見たのもそのころだった。

　以来、自動車での移動は僕の人生の一部となっている——とは言え、最近では長距離ドライブの機会もめっきり減ってしまった。それにこれは言わねばなるまいが、僕は自分の名前を車にペイントしたことはない。ペンシルヴェニア・ターンパイクを走っているとき、側面に〝世界中でお馴染みのインク・スポッツ〟と記されたステーションワゴンを追い抜いたことがある。車内にはメンバー四人全員が大人しく座っている――みなスーツを着てネクタイを締めて。毎日そのように移動するのがどういう感じなのか、僕には想像もできない。行き交う車や人々の見世物になりつつ、周囲の目を気にすることになるのだから。

第八章　西海岸の音楽シーン

ジョージ・シアリングには熱心なファンが多数いたので、どこに行っても観衆はかなりの数にのぼった。また大都市ともなれば、ナイトクラブへの出演契約はふつう一週間から四週間にもわたる。僕が加入して最初のころ、サンフランシスコで一ヵ月にわたる公演を行なうことになった。場所は街随一のクラブ、ナイトホーク。マイルス・デイヴィスやシェリー・マンがそこでレコーディングしており、そのレコードを持っていた僕はとても楽しみにしていた。しかしステージに立つ時間を除き、二人の足跡をたどれる機会は驚くほど少なかった。

公演の直前、サンフランシスコのクラブは未成年の入店をめぐって警察と揉めていた。そこで、各クラブが二十一歳未満の専用席を設けるという解決案が出される（これはニューヨークの有名ジャズクラブ、バードランドが数年前から行なっていることとほぼ同様だった）。しかしブラックホークは未成年席を区切るためにフェンスを張るのみならず、専用の入り口まで作ることを余儀なくされたのである！　僕は二十一歳の誕生日を迎えたばかりなので、休憩中は他の未成年客（本当にいるかはわからないが）と一緒に檻のなかにいてくれと、クラブのオーナーから言われる始末。平日の夜に未成年客が来ることはほとんどなく、僕はそこで一人読書にふけった。

初めてのサンフランシスコでは数多くの忘れがたき人たちと出会った。僕らの演奏を聴きに来た地元ミュージシャンのなかには、ヴァイブ奏者として名の通ったカル・ジェイダーもいた（以前ジョージのバンドに所属したこともある）。しかしそのなかでも、昔からの因習を打破した作曲家兼発明家のハリー・パーチほど、僕に強い印象を残した人物はいない。

僕がハリーと知り合うきっかけは、これも以前ジョージのバンドに所属していたヴァイブ奏者、エミル・リチャードから強く勧められたことである。エミルはロサンゼルスにいた僕に電話をかけ、サンフランシスコに着いたらまず、このパーカッション界のパイオニアを訪ねるべきだと告げた。僕はまったく知らない人に電話するつもりはなかった。ところがサンフランシスコ入りしておよそ一週間後、エミルから再び連絡があり、いまハリーと話したばかりで向こうは君の電話を待っている、と言うではないか。

僕は仕方なく車を借りて、サンフランシスコから北に一時間ほどのペタルーマという街にあるハリーの自宅へ向かった。玄関口にはハリー自ら現われた。一見か細い白髪の人物で、瞳がキラキラと光っている。いまは使われていない養鶏場の事務室が住まいであり、周囲は巨大な納屋に囲まれていた。彼によると楽器を収納するのに多くの部屋が必要とのことで、家賃はほぼ無料だそうだ。室内に入ると、素晴らしい楽器の数々が目に飛び込んだ。マリンバも様々なサイズのものが並んでいる。そのなかで最大のものは、一番低いキーの音板が長さ八フィートほどもあり、ピアノよりも低い音を出すことができた。また見たこともない弦楽器、独特のチューニングが施されたオルガン、それに風変わりな形の打楽器も置かれていた。

アリスのように姿見をくぐったところ、その先にあるのは不思議の世界の楽器店だったわけだ。実のところ、手製の楽器を目の当たりにしたのはこれが初めてじゃない。しかし、そのほとんどはがっかりする出来栄えだった。コンセプトがどんなに独創的であっても、いざ音楽を奏でようとすると、とても使い物にならないのである。しかしハリーは何年もかけて自分の楽器を改善し続け、素晴らしい可能性を秘めたものにした。若きハリーは、従来の楽器、およびそれが出す音色は自分の感性に合わないと結論づける。それから十年がかりで自らの理論を『ジェネシス・オブ・ア・ミュージック(ある音楽の創世記)』という書籍にまとめ、楽器の発明、自論に沿った作曲、そして演奏の手配に残りの人生を捧げたのである。僕と出会った時点で彼はそうしたことを三十年続け、八枚のレコードを発表するとともに数度のコンサートを催していた。コンセプトとしてはオペラに近い大掛かりなセッティングに固執したため、数年おきにしかプロジェクトを完成させられなかったわけだ。またジャズとクラシックの両方において最先端を行くミュージシャンから尊敬され、彼の初演を聴こうと遠くから駆けつける人も多かった。しかし自分より知名度が高い前衛作曲家のジョン・ケイジとはそりが合わなかった。ハリーはケイジを知っていたものの、自分の音楽に忠実でないと感じていたのである。そして過激なほど実験的なケイジを〝売り尽くしセール〟と批判し、僕を笑わせるのだった。

音楽における独創的かつ困難な道への献身は、僕にとりわけ強い印象を残した。ジャズミュージシャンとは我が道を行く存在だと前から思っていたけれど、ハリーはまったくレベルが違っていた。例を挙げると、〝パーチ音楽〟を演奏するにはまず彼が作った唯一無二の楽器だけでなく、独自の記譜法を習得しなくてはならない。その音楽は妙技や花形ソリストを中心に回っているのでなく、作品の中身そのものとアンサンブルを中心としているのだ(これはジャズと正反対である。僕らジャズミュージシャンはプレイヤー個人とその演奏技術に重点を置きがちであり、聴く側も単なる〝トランペット奏者〟でなく、自分が好きな特定のトランペット奏者を聴きにやって来る)。ハリーの〝ノン・スター〟アプローチは僕にとって新鮮な選択肢であり、それ以来ずっと彼の音楽を楽しんでいる。独創的な楽器とその奇妙な音色に慣れてしまえば、シンプルなメロディーや素晴らしいユーモアのセンスをそこに感じられるはずだ。

僕らは意気投合し、それから何年も続く交友が始まった。西海岸に来た僕がハリーを訪れるたび、彼は大恐慌の時代に国内を放浪したこと、そして音楽作りをいかに組織しているかについて、顔を輝かせて語ってくれる。また僕が訪れる前夜に強盗が入ったこともある。洞穴のような空の納屋から足音が聞こえ、彼は十代のチンピラに違いないと考えた。見つかったら襲われるだろう――それならまだしも、見慣れない楽器を壊されるかもしれない。警察を呼ぶべきか、あるいは隅に隠れるべきか。そのとき、ポンプ式のオルガンを弾いてみるというアイデアが浮かぶ。〝クロームの化け物〟と彼が呼ぶ馬鹿でかい代物だ。ハリー独自の四分音程にチューニングされたそのオルガンは、B級ホラー映画で聴くよりはるかに不気味な音が出る。暗闇のなか、身の毛もよだつような音色を奏でていると、侵入者がコウモリのごとく敷地から飛び出ていった――地獄に迷い込んだとでも思ったのだろう。

ハリーが六〇年代後半にサンディエゴへ移住――そこで一九七四年に生涯を閉じる――して以降、顔を合わす機会は徐々に減っていった。しかしキャリアの形成期に彼と出会い、その作品に触れたことを、僕はずっと誇りに思う。芸術にまつわる彼の哲学は、音楽を生み出すという創造的プロセスにおいて、優れたバランス感覚を僕の視点にいまなお与えているのだ。

ツアーの合間、シアリング・バンドは大半の時間をロサンゼルスで過ごしていたため、僕は地元ミュージシャンの数名と深い親交を結ぶことができた。なかでも特筆すべきはラリー・バンカーと妻リーである。ドラマーにしてヴァイブ奏者のラリーはある夜、地元のクラブで僕に声をかけてきた。それ以来、僕はロサンゼルスを訪れるたびホテルでなく彼の自宅に泊めてもらい、ドライブするなら好きに使っていいとアストンマーチンのキーを渡されたほどである。彼がその車を買ったのは、近くのショールームでセールをやっているとレッド・ノーヴォから聞いた直後であり、二人して同じ日に新車を購入したのだった。僕はバンカーの車を運転しながら、レッドもアストンマーチンのハンドルを握りこの街のどこかをドライブしているのか、と考えたものである——数世代も離れた二人のヴァイブ奏者が同じ時間に同じ場所で、イギリスの有名なオープンカーを乗り回しているのか、と。

ラリーはロサンゼルスでもっとも忙しいスタジオミュージシャンの一人で、自分のスケジュールが一杯のときには僕をレコード会社に推薦してくれることもあった。ピアニストのマーチン・デニーと演奏することになったのもそうしたセッションにおいてである。デニーはバックに鳥笛やジャングルの音を使うなど、ハワイアンスタイルのエキゾチックな演奏で人気を博していた。

しかし〝リーダー〟は結局セッションに参加できなかった。他のミュージシャンが語ったところによると、デニーは仕事の足並みを乱すなど一緒に活動するのが難しい人物であり、そこでプロデューサーは彼が街にいないときを狙ってレコーディングのスケジュールを組んだという。そして別のピアニストを雇ってデニーの〝ゴースト〟としたわけだ。要はミリ・ヴァニリ（二人組のダンスユニット。グラミー賞を受賞したものの別人が歌っていたことが発覚し賞を剝奪された）と同じことをしていたのである。僕がダニー本人と初めて顔を合わせたのはその年の後半、シアリングと出演していたシカゴのロンドン・ハウスでのことだった。なんと彼は、共演できて嬉しかったなどと、あたかも一緒にレコーディングしたかのように言うではないか！（僕は少なくとも演奏はしたが、向こうはスタジオに赴きすらしていない）

ラリーとのスタジオ活動はその後もときどき続けたけれど、伝説的シンガーのジュディー・ガーランドと会うきっかけもそれだった。彼女が一九六三年夏に出演したテレビシリーズでラリーはドラムを担当しており、メル・トーメがアレンジャー兼音楽ディレクターを務めた。その週の最終リハーサルは、ビバリーヒルズとハリウッドの中間に位置するCBSのテレビジョン・シティーで行なわれ、僕もその場に立ち会った。まだ若く歌手というもの――あるいは〝ショービズ界〟そのもの――をよく知らなかった僕は、その時間が持つ真価を十分に理解していなかった。いま思えば、もっとも偉大なアメリカ人シンガーの一人であるガーランドのことを、事前にもっとよく知っておけばよかったと思う。またメル・トーメ――こちらも才能豊かなヴォーカルにしてミュージシャン――についても同じことが言える。とは言え、彼はその後何度か僕の人生に現われるのだが（カリブ海のジャズクルージングに出演した際、メルは優れたドラムテクニックを見せつけた。コメディアンのチコ・マルクス率いるバンドとときおり共演していた十代のころから、ドラマーとしてステージに上がっていたという）。

シアリングと活動した一年間に出会った人たちや訪れた場所のなかには、続く十年間にわたり僕のキャリアで大きな位置を占めたものもある。サンフランシスコで行なったあるコンサートでは、ビル・グラハムという名の地元プロモーターがプロデュースを担当した。それから数年後、ビルはフィルモア・ボールルームでロックコンサートを開催するという画期的かつ重要な事業に乗りだすが、僕も六〇年代後半に自分のバンドを率いて出演したことがある。また日本との関わりが生まれたのもこの時期だ。当時は第二次世界大戦が終結してから二十年も経っておらず、僕らは東京で演奏し、多くの観衆から歓迎を受けた最初のアメリカ人ジャズグループの一つだった。空港には何百人ものファンが、ただ僕らの乗った飛行機を見るためだけに集まるほどであり、それ以来、僕は日本で根強く支持されている。

これらの観衆はもちろん〝シアリング・サウンド〟を聴きに来たのである。しかし当時（一九六三年）、ジョージ特有のスタイルはすでに影を潜めており、スタンダード・ナンバーの現代的解釈や新たなジャズスタイルへと軸足を移し始めていた。僕に駆け寄ってジョージの天才ぶりを褒め称えた観客が、一息置いたあと、自分のお気に入りを演奏してくれなかったと文句を言うことも何度かあった。そんなとき、ジョージの天分をそこまで認めているのなら、曲目の選択をどうして受け入れられないのだろうと、僕はいつも不思議に感じたものである。そのことは、アーティストがどのように考えようとも、大部分の人たちは自分が知っている曲を聴きたいだけなのだ、という教訓を僕に残した。

僕はシアリングと三枚のレコードを作った。うち二つはライブレコーディングで、もう一つは僕の書いた十二曲を収録した異例のものである。バンドに加入して半年が経ったころ、対位法を使って作曲してみてはどうかと、僕はジョージに提案された。つまりバッハ風の曲である。僕がその作品を『J・S・バップ』と名付けたところジョージは大いに気に入り、次のレコード向けにもう何曲か書いてくれとまで言った。キャピトル・レコードはオリジナル曲のレコーディングをジョージに禁じていた――ゆえに、アルバムはおなじみのスタンダードばかりだった。したがって、僕の曲を入れるのは大きな前進と言えるだろう。最初、僕らはロサンゼルスのリズムセクション（主役はドラマーのシェリー・マン）と四人組の木管セクションを使い、キャピトルタワーで六曲だけレコーディングする計画だった。しかし数ヵ月後に十二曲を収録するフルアルバムの制作がレーベルから許可されたので、僕は急いで対位法を用いた六曲を書き上げた。

『アウト・オブ・ザ・ウッズ』と銘打たれたこのアルバムは、作曲とアレンジの両面において僕のキャリアでもっとも野心的な作品となっている。高い評価を受けたことはもちろん、以前にキャピトルから何十枚ものレコードを世に出したジョージにとって、これがオリジナル曲を集めた初のアルバムとなったことに、僕は大きな誇りを感じた。僕が自ら書いた曲はさほど多くないので、オリジナル曲だけで一つのプロジェクトを完成させるのは決してたやすいことではなかった。さらに、そこには思いがけない困難もあった。アルトフルートのパートをどう作曲すればいいか、まったくわからなかったのがその一例である。最初はアルトサックスと同じようにすればいいと考えていた。しかしレコーディングを始めてすぐ、そうでないことがわかる。時間がないので、アルトフルート担当のポール・ホーンにより大きな音が出るアルトサックスへと切り替えてもらい、他の木管セクションと調和させるべく柔らかに演奏するよう頼んだ。

一九六三年は八月中旬にもレコーディングを行なった。場所はニューヨークにあるスタジオA、アルバムのタイトルは『サムシングス・カミング』である。僕はギタリストとして再びジム・ホール——未発表に終わった最初のアルバム収録にも参加してくれた——を起用することにし、ドラムには西海岸からラリー・バンカーを呼び寄せた（ベースはニューヨーク在住のチャック・イスラエルス）。数ヵ月後に編集作業が完了したとき、僕はジムに声をかけて、完成した各トラックを聞いてもらおうと自宅に招いた。いま考えると、彼が実際来てくれたのには驚くよりほかない。ジムは外出嫌いだし、何より彼のキャリアのなかで僕が重要な位置を占めているはずがないからだ。

けれど今日に至るまで、僕はジムの好意に深く感謝している。彼は貴重なアドバイスをいくつかしてくれた。僕はそのころ、リスナーに馴染みの薄いヴィブラフォンという楽器を演奏することに疑問を感じていた。つまり、ときどき起きる内省の時期にいたのである。それまでに築き上げた成果にもかかわらず、ピアノとか他の楽器を選んだほうがよかったんじゃないか、などと葛藤していたわけだ。そこで、そうした不安をジムにぶつけてみた。「もしヴィブラフォンが、そう、アコーディオンと同じくらい人気がなければどうしますか？」するとジムは賢明にもこう答えた。楽器そのものは重要じゃなくて、肝心なのは自分がそれで何をするかだ、と。そしてアストル・ピアソラという、僕がそれまで名前すら聞いたことのないミュージシャンについて話しだした。ジムによると、彼は〝アコーディオンらしき楽器のプレイヤー〟にして〝超人的ミュージシャン〟らしい。最近、僕はこの会話のことをジムに話してみたが、向こうはまったく憶えていなかった――それどころか、そんな昔からピアソラを知っていたなんてと自分で驚いたくらいである。しかし、ジムの言葉は僕にとてつもない衝撃を与えた。ヴィブラフォンへの疑いを捨ててひたすら音楽に集中しようと決心したのはこのときである。

（数年後、僕は偶然の機会からブエノスアイレスでピアソラと出会う。そのときわかったのだが、彼が演奏していたのはバンドネオンという、ボタン式の複雑な〝アコーディオンらしき楽器〟であり、それでタンゴ音楽に革命を起こしたのだった。僕はそのときから終生にわたるピアソラのファンとなり、のちにコンサートとレコーディングで共演を果たす。またジム・ホールのアドバイスもあり、僕はピアソラの音楽を自分のヴィブラフォンへの愛着に匹敵するものと考えている）

十一月下旬のある朝、ロサンゼルスに戻った僕は、ローレル・キャニオンにあるバンカー宅の書斎に置かれたソファの上で寝ていた。するとリーが飛び込んできてテレビのスイッチを入れた。隣人から電話があって、ケネディー大統領がダラスで狙撃されたという。その日の出来事が明らかになるなか、僕らは呆然とブラウン管を見つめていた。シアリングはその日の午後にリハーサルのスケジュールを組んでおり、公演も迫っていることだしなんとか乗り切ろうと言い張った。しかし誰もがショックを受けていた。アメリカ全体が停止状態に陥り、僕らのギグは――エンターテイメント系のほぼすべてのイベントと同じく――当面のあいだキャンセルされた。政治に無関心な二十歳の僕は、ケネディー暗殺の意味がほとんど理解できず、現在進行中のプランを邪魔するものとしか見ていなかった。しかし数年経ってベトナム関連のニュースがメディアを独占するようになると、世界的規模の出来事が僕個人の小さな人生に及ぼす影響に気づき、より政治に関心を持つようになる——そしてその傾向は歳とともにますます強まっていった。

事件直後の月曜日と火曜日、ラリー・バンカーと僕はシェリーズ・マンホールという街一番の人気クラブでライブレコーディングを予定していた。しかし当然のことながら、喪が明けたと判断するまで僕らは数週間延期した。予定を組み直して迎えたレコーディング当日、僕らは楽器を早めに組み立て、裏道に駐めたバンのなかで録音機材をテストし、すべての準備を整えた——あとは観客を迎えるだけだが、みな大統領の死をいまだ乗り切れていなかった。一日目の夜、客は一人だけだった。ショッピングバッグを手にした高齢男性で、店内から聞こえる音楽に誘われ好奇心から入ってみたらしい。しばらくすると、僕らがレコーディングを行なうところで、しかも観客が自分一人であることに気づいた男性は、僕らの想像どおりのことをしだした——ソロが終わるたびに熱狂的な歓声を送ったのである。僕らはやめてくれと言いたかった。ソロ演奏ごとにたった一人の観客が拍手する——そんなのリリースできるわけがない。だけど止めるなんてとても無理だったし、とにかく気合が入らなかった。次の夜はロサンゼルスに住む知り合い全員に声をかけ、このセッションをプライベートのジャズパーティーにしてもらった。二日目の出来は素晴らしく、レコードはフレッド・アステアが所有する無名のレーベルから発売されることになった。そのレーベルは女優エヴァ・ガードナーにちなんでエヴァという名前だったが、彼女はその後僕のキャリアにほんの一瞬登場する。

同じころ、僕は自身の性的混乱についてなんらかの答えを得ようとセラピストに通い始めていたが、生活全般に関する相談も目的だった。僕は自分でも完全には理解できていないめまぐるしい世界に飛び込んだ田舎者であって、油断していると大きな過ちを犯しかねないという観念に取り憑かれていたのである。

僕はすぐにセラピストのビル・フェイと親しくなった。ビルはニューヨークを拠点とする細身の男で、しかもクラシックピアノを趣味にしていたため、音楽関係の話をしやすかったのである。いま振り返ると、当時の僕を襲ったいろいろなことへ対処するにあたり、彼の手助けがなければ乗り切れたかどうか自信がない。言ってみれば、たいていの人間が十五もしくは十六歳のときに通過する青春の悩みというものを、やっと経験していたのだ——とは言え、ギグを行ない、ピアノを調律するなど、十五歳ですでに大人の世界で暮らしていたわけだが。そしていま、遅れに遅れた思春期にやっと立ち向かいつつ、一方ではフルタイムのキャリアをこなしていたのである。僕のセラピーはまず、自分は異性愛者《ヘテロセクシャル》であるとこのまま思い続けるべきか否かの問題に重点が置かれた。しかし時間が経ち、サイドマンから自身のバンドを率いるリーダーへと立場が変わるにつれ、キャリアに関する問題がセラピーの大半を占めるようになる。

続く五年間、僕はツアーでニューヨークへ来るたびにビルのもとを訪れた。週に五回顔を合わせることもたびたびだったし、移動中に長距離電話でセラピーを受けたこともある。この期間は僕の人生でもっとも有益な時期の一つだけど、それが可能になったのはビルのおかげだ。

また一九六三年は大人の関係を初めて体験した年ともなった。カリフォルニアでの待機期間中、僕はヴィブラフォン奏者のリン・ブレッシングと知り合う。リンもインディアナの出身なので、僕らはすぐに打ち解けた。リンはロサンゼルスのシルバーレイク地区に妻ジェニーンそして一歳になる息子と住んでいる。夫妻は僕を自宅に招き、休暇中はここに泊まるよう言ってくれた。かくしてバンカー宅に加え、僕はブレッシング家からもてなされる身になったのである。

リンがギグで外出中、僕はより多くの時間をジェニーンとともに過ごすようになり、二人が友達以上の関係になるのは時間の問題だった。しかし事態がややこしくなるより早く、リンはジェニーンに対し、別に恋人ができたから離婚してもらいたいと告げる。こうして僕とジェニーンはときどき会う関係になり、それは数年続いた。ジェニーンはカレッジ卒業までカリフォルニアにとどまることを望んだので、僕らは昔ながらの文通や夜間通話で連絡を取り合ったが、すぐさま目玉が飛び出るほど高額の請求書が届いた。だけど二人とも楽しかった。僕は時間を見つけてはロサンゼルスのジェニーンを訪れ、また休暇中の彼女がニューヨークに来ることもあった。そのうち二人の関係は途絶えていったが、淡い友情はいまも続いている。

シアリング・バンドはシカゴのロンドン・ハウスで一九六三年の活動を終えた。かつてステーキで有名だったこのサパークラブは、皮肉にも八〇年代にバーガーキングとなってしまった（現在は銀行が入居中）。ジョージがバンド解散を言い渡したのはそのときである。彼はしばらくロサンゼルスに戻ることを望んでおり、自身のラジオ番組を始める計画だという。その知らせに僕はがっかりした。矢のように過ぎた一年だったけど、まだまだ終わりにしたくはなかった。けれどもクリスマスを迎えるより早く、僕はニューヨークのアパートメントに戻っていた。

当時の日記帳によると、僕はその年三百十二日も外出していたらしい。その過程で多くの魅力的な人物と会い、重要な約束をいくつもとりつけ、様々なミュージシャン仲間（特にジョージ）から貴重このうえない教訓を得た。またジョージのロードマネージャーを務めたエド・ファーストからも多くのことを学んでいる。ミュージシャンの群れと機材の山を、誰一人不機嫌にさせることなく時間どおりに目的地へ運ぶといったバンドツアーの奥義に関し、これ以上の教師はいないはずだ。

ニューヨークに戻った最初の日、僕は失業手続きを済ませるべくダウンタウンに向かったが、その後小切手を二枚も受け取るほど長きにわたって職を失うことになるとは思わなかった。その一方で、テナーサックス奏者ズート・シムスの有名な言葉を借りれば、スタン・ゲッツという〝野郎の群れ〟が僕の人生に入り込もうとしていたのである。

第九章　オン・ザ・ジョブ・トレーニング　その二

年が明けて一九六四年、僕はカリフォルニアへの移住を考えていた。昨年の大半をそこで過ごし、ニューヨークよりもロサンゼルスのほうにミュージシャンの知り合いが多くいるようになったからである。その一方、バークリー時代の友人が数名、マンハッタンに引っ越していた。なかでもクリス・スワンセンとスティーヴ・マルクスは同じブロックに住んでおり、そういうわけでニューヨークにも友人がいる状態だった。当時はいくらか蓄えもあって、数ヵ月後には新譜『サムシングス・カミング』がリリース予定である。それまでにはなんらかの仕事にありついているだろう、僕はそう考えていた。

思ったとおり、年が明けて二週間後、『サムシングス・カミング』でベースを担当したチャック・イスラエルスから電話があった。チャックはビル・エヴァンス・トリオと定期的にギグをしていたが、エヴァンスはヘロイン中毒から立ち直るため周期的に長期休養をとることがあった。そのためしばらくのあいだ、チャックはテナーサックス奏者スタン・ゲッツ率いるカルテットに参加していたのである。

チャックによると、ギタリストのジミー・ラニーがバンドを離れることになり、スタンは別のギタリスト、あるいはピアニストを探す必要に迫られた。そこでかなり多くのプレイヤーに声をかけたのだが、目前に迫った次のツアーに参加できる人間を見つけられず、最後にロサンゼルス在住の旧友、ルー・レヴィを頼ったという。ピアニストのレヴィはシンガーのペギー・リーと定期的にギグをする一方で、僕が一ヵ月ほど前にシェリーズ・マンホールで行なった、ラリー・バンカーとのライブレコーディングを聴いていた。レヴィが言うには、僕は四本マレットで演奏している、ゆえにコードを弾けるということで、代役として適任だそうだ。チャックも僕を勧めるので、スタンは一晩試しに僕を参加させ、それをオーディションとすることにしたわけだ。

当時スタンが出演していたのはベイスン・ストリート・イースト、一年半ほど前に僕がハービー・マンとの不幸な出会いを経験した場所である。そして今回も、結果は失望に終わった。

まずもって、僕はスタンの音楽を知らなかった。なかにはよく知っているスタンダードナンバーもあったけれど、スタンたちは独自のアレンジを施しており、僕はいつ何を奏でるべきかいまいち理解できなかった。スタンは僕がバンドとどれだけ調和できるか自分の耳で確かめたかったようだが、そちらのほうも僕はチャンスに恵まれなかった。スタンがソロ演奏に入るたび、ラニーがその後ろで忙しくギターを弾くので、割り込むのがためらわれたのだ。したがって、僕はギターソロのバックでしか演奏できず、それに何より、僕のソロ演奏自体も不出来だった。曲を知らないうえ、各プレイヤーのスタイルにも無知なので、当然と言えば当然だ。

セットが進むにつれ、僕は悪い印象しか残していないことを自覚した。さらに、ラニーのあとを追うだけじゃないかと言わんばかりに、スタンが不快な顔をしたことで、事態は決定的に悪化した。ソロ演奏に入る八小節ほど前でスタンはいきなり演奏を止め、怒りで真っ赤になった顔をこちらに向けると、こう怒鳴った。「どうして奴のためにしか弾けないんだ？　俺の演奏に文句でもあるのか？」僕はショックのあまり、それからほとんど演奏できなかった。当時、僕はスタンのことをまったく知らなかった。彼にパラノイアの傾向があり、不意に自制心を失うことがあると知ったのは、ずっとあとのことである。

終了後の楽屋、スタンはあからさまに不機嫌な表情を浮かべ、なかば冗談めかしてはいたものの、「電話はしないでくれ。こちらから連絡する」と、最後に一言そう言い残した。僕は泣きそうになりながらヴァイブを片付け、アパートメントへと戻った。このときほど失業手当の小切手がありがたく見えたことはない。

しかしそれから二週間後、チャック・イスラエルスから電話があり、三週間にわたるカナダ公演が数日後に迫っているにもかかわらず、スタンはまだ後任を見つけられないでいると沈んだ声で告げられた。そこでオーディションの結果とは関係なく、僕を採用したいという。ところが自分で電話するのは恥ずかしいので、チャックに頼んだそうだ。僕はためらったけれど、チャックは友人だ。それに、レコードで聴いて尊敬していたドラマー、ジョー・ハントがグループに加わることもあって、僕はスタン・ゲッツの世界へと足を踏み入れる決心をした。

翌日、チャックと僕はマンハッタンから北に車を走らせ、四十五分ほどかけてニューヨーク州アーヴィントンにあるスタンの自宅へ向かった。モントリオールへ旅立つ前にリハーサルするのが目的である。僕はシアリングの自宅――ロサンゼルスの高級住宅地に建つ美しい装飾の大邸宅――を何度も訪れていたから、成功したジャズミュージシャンがどのような暮らしをしているか、わかっているつもりでいた。しかしゲッツの自宅は僕の予想を超え、昔で言う〝城館〟という言葉がふさわしい建物だった。数エーカーもの敷地の中央に建つその邸宅は町を一望のもとに見下ろし、曲がりくねる私道も四分の一マイルはあるに違いない。スタンは妻モニカとのあいだに五人の子ども――男の子が三人、女の子が二人で、一番上は十五歳、一番下は四歳――がいたので、実際大きな家が必要だったわけだ。とは言え、印象的な光景なのは確かだ。ベーシストのスティーヴ・スワローなど、この大邸宅を童話『たのしい川べ』にでてくる宮殿のような地所にちなみ、〝トード・ホール〟と呼んだほどである。

しかし邸宅は壮大なれど、室内にはほとんど何もなかった。ゲッツ夫妻がここに引っ越したのはわずか一、二年前のことであり、家具のほうもゆっくりと整えているようだ。階下の部屋にカーペットは敷かれておらず、むき出しの床を踏むと足音が響き渡るように思われる。いったい何が始まるんだろうとでも言いたげに、あけっぴろげになったリビングのドアから子どもたちが覗き込む横で、僕らは楽器の準備をした。

出だしはなんともぎこちなかった。ジョー・ハントは陸軍を除隊したばかりであり、ギグに加わるのは数年ぶり。それに、バンドのために何百ものアレンジを生み出したシアリングと違って、スタンはなんら楽譜を用意していない。そこで僕らは様々な曲（大半はスタンダードナンバー）を試しながら、一日がかりでアレンジをこしらえた。スタンはレコーディングしたばかりの曲をいくつか憶えるよう僕に求めたものの、その楽譜も存在しない。したがって僕はレコードを聴いてどんな曲かを知り、即座に記憶するしかなかった。

当時、僕はスタンの音楽をそれほど知らず、四〇年代から五〇年代にかけて有名になり、ここ十年はほとんどの期間をヨーロッパで過ごしたあと帰国、ボサノヴァのアルバムをヒットさせたサックス奏者、程度の認識だった。ジャズ史において彼が果たした役割や、その並外れた才能については、申し訳程度にしか知らなかったのである。しかしすぐに、僕の知らなかったことが明らかになる。

翌日、僕らは旅立った。まずはモントリオールで一週間演奏し、続いてトロントに二週間滞在する。一月後半のカナダは身を切るような寒さ、そこに近々発売予定のアルバムでスタンと共演したブラジル人歌手、ジョアン・ジルベルトがゲストアーティストとして加わった。最初の数日間はうまくいかなかった。スタンは大量に酒を飲み、ファーストセットに出演するだけで、セカンドセットは残りのメンバーに任せる始末（これは僕の有利に働いた。スタンの反応を気にすることなく、覚えたての曲を演奏できたからだ）。しかしジョアンはひどく機嫌を損ねた。孤独好きのジョアンは、ニューヨークでさえも滅多にアパートメントから外に出ない。氷点下の気温で毎晩演奏するなど、ブラジル人の彼にはあり得ないことだ。加えてポルトガル語しか話せないとあって、僕らはコミュニケーションの問題も抱え込むことになった。だが幸いなことにチャックがすぐに言葉を覚え、一週間も経たないうちに基本的な単語を習得してくれた。

僕らは最初の一週をなんとか切り抜け、トロントに移動した。観客が少なかったモントリオールに比べてトロントはどこも満員御礼で、スタンもやっと素晴らしいパフォーマンスを見せる気になったようだ。僕はようやく曲に慣れつつあったけど、ソロの伴奏でどうやってピアノの代わりを務めるか、いまだよく摑めていなかった。ヴァイブでそのようなことをする機会は少ないので、音楽界が生んだもっとも気難しいソリストに伴奏する準備ができていなかったのだ。スタンはどうすべきか僕に告げようとするのだが、途中でイライラが募り、しまいには「ぶらついてろ！」と怒鳴るだけ。つまり弾くのをやめてベースとドラムだけの伴奏にしろ、ということだ（スタンが怒ると「さっさと帰れ！」と聞こえたものだ）。

しかしトロントでの二週間が過ぎるうち、万事順調に進むようになり、ツアーが終わるころにはグループのなかに一体感が生まれていた。そして僕が驚いたことに、いや、スタン本人も同じだったかもしれないが、あと数回コンサートに付き合ってくれるよう僕に頼んできた。この〝数回〟は結局三年間に引き延ばされるのだが。そのあいだ、スタンは機嫌がいいときいつも、僕を〝若いの〟と呼んだ――スタンとの活動を始めたとき、僕は二十一歳。機嫌が斜めのときの呼び方は様々だったけれど。
スタンは今日なら躁鬱病と診断されていただろう。〝躁〟の状態と、極端なパラノイア状態とのあいだを絶えず揺れ動いていたのだ。サックスのリードへの執着でわかるように、彼は強迫観念にとらわれている。数週間に一度、楽屋に引きこもって何時間もかけてリードを選び、一つまた一つと試してから、テーブルに隙間がなくなるまでそれらを並べてゆく。いいリードはもう存在しない、どれも役立たずだ、などと文句を言いながら、一度に十箱ものリードを確かめるのだ。

そうした〝リードの夜〟になると、スタンはショーのあいだもずっとそれらをテストする。ときには僕のヴィブラフォンの端に何十個ものリードを並べ、僕らのソロ演奏中に何度か試し吹きすることもあった。こちらは気が散るし、何より僕らへの敬意が感じられない。しかしいったんリードに熱中してしまうと、他のすべてを忘れてしまうのだ。

僕らがクラブで演奏する日、スタンはデュワーズのウイスキーを一クォート（約〇・九四リットル）ほど空けてからスコッチを八ないし十杯飲み、その後ようやくクラブに現われる。たいていの朝、僕にウイスキーのボトルを買いに行かせ、部屋まで持って来させる。バンドに入って二年目を迎えるころ、スタンは泥酔と素面のあいだを絶えず行き来し、スケジュールが入っていないときにはアルコールを抜こうと、ノースカロライナやミネソタの療養所へ行くこともあった。ジャガーの上級モデルを所有していたものの、飲酒のためハンドルを握ることはほとんどない。運転はもっぱら僕の役目だった（しかしその車はいつも調子が悪く、しばらくするとリムジンを雇ってアーヴィントンの自宅とニューヨークとのあいだを行き来するようになった）。

またスタンは、不穏当なコメントを会話に昇華させる術を身につけていた。なかでも多かったのが、反ユダヤ主義や反同性愛に関するものである（彼はユダヤ人であることを恥じる一方、自分の男らしさを証明しようと必死なように思われた）。さらに相手が誰であっても、性についてあけすけな言葉をぶつけるのが常だった。ハンサムな男性を見かけるといやらしい声色で「食べたくなるほどいい男」などと言うのはまだしも、相手が女性だとなお一層ひどくなる。ヨーロッパで行なわれたコンサートの打ち上げで、スタン、妻モニカ、そして僕はある著名人夫妻と会話していた。するとスタンは、その女性の胸の谷間を意味ありげに見つめるではないか。そして数分後、低い声でうめくようにこう言った。「その乳首、舐めてもいいですか？」そんなことを言えば警察沙汰になると思うだろう――少なくとも鼻にパンチくらいはくらうはずだ。しかしこの場合は違った。モニカは「まあ、スタンったら」と言うだけで、他の人間も呆然とそこに立つより他なかったのである。

パンチと言えばスタン自身、シートベルトを締め直そうと手を伸ばしてきたスチュワーデスを殴ったことがある。そのときはさすがに飛行機を降ろされたそうだ。

《コラム》スタン・ゲッツ

スタン・ゲッツは生き延びるために戦いながら成長した。戦うことで、生きていることを自分に納得させていたのではないかと、僕は思う（だとすれば、なんという生き方だろう）。友人や家族との関係は、相手を傷つけようとする一種のチャレンジだった。スタンにとってはそれに我慢できた人間こそが、自分を心から大切にしてくれる人なのである（だとすれば、なんという愛し方だろう）。

しかし性格面の欠陥がどうあれ、スタン・ゲッツは音楽の天才だった。彼はブロンクスの貧しい一家に生まれ、中学のときに木管楽器を始めた。スクールバンドで最初に担当した楽器の一つが、並外れて強い力でマウスピースをくわえなければならないなど、難しいことで悪名高いバスーンである。スタンによれば、そのおかげでサックス——最初はアルト、ついでテナー——の素晴らしい音色が出せるようになったという。彼の上達ぶりは極めて速く、ベテラン・バンドリーダーのジャック・ティーガーデンは当時十五歳だったスタンの演奏を聴き、すぐさまバンドメンバーとして雇ったほどである。しかしこれは一つの問題を生んだ。スタンは学校や家を合法的に離れられる年齢に達していなかったのだ。結果としてティーガーデンが彼の保護者になる書類を作成し、スタンは二年生への進級を前に学校を離れ、プロの人生を歩み始めた。

ツアー中にスタンが語ってくれたところによると、ティーガーデンは牧歌的な人物だったという。夫妻ともに穏やかで思いやりがあり、スタンを息子のように扱ってくれたらしい。バンドの他のメンバーが別々に移動する一方、ティーガーデン夫妻はクライスラーのステーションワゴンにスタンを乗せた。またジャックは大の釣り好きで、素晴らしい湖を見つけるたびに釣り道具を引っ張り出し、束の間の休息を楽しんでいたという。

スタンはウッディ・ハーマンやスタン・ケントンのバンドに所属していた十代のころから、期待の新星として頭角を現わしていた。また深刻なヘロイン中毒になったのもこの時期である。十年間にわたる彼の薬物中毒は、シアトルのドラッグストアへの強盗未遂により逮捕されたことで幕を下ろす。短期間の懲役を経て、彼は国外に去ることが一番の方法と判断する。また内国歳入庁にも追われていた。無責任な麻薬中毒ミュージシャンだったスタンは、人生で一度も所得申告をしたことがなかったのだ。

スタンの最初の結婚は離婚という結果に終わったが、驚くべきことに子ども三人の親権を得たのは彼だった（妻ビヴァリーのほうがよりひどい状態だったため）。二番目の妻モニカはスウェーデンのさる良家の出身で、ゲッツ夫妻は十年近くにわたってデンマークに居住した。そのあいだ、スタンはヨーロッパじゅうで演奏し、人生を立て直す。またスタンとモニカは二人の子どもをもうけ、アメリカへの帰国を決断するころには前妻との子どもを含め大家族となっていた。しかし内国歳入庁は彼を待ち続けていた。以前に納税すべき金額を算出したうえで、今後のギグで得られる収入の大半を支払うよう求めたのである。そうなればミュージシャンへの報酬も払えないのは明らかだった。

スタンが僕に語ったところによると、帰国から六ヵ月、預金が底をついたため再度のヨーロッパ行きも考えたという。しかしそのころ、所属していたレコード会社ヴァーヴから連絡があり、チャーリー・バードというギタリストが、ジャズとサンバを混ぜ合わせた南米産の新しい音楽、〝ボサノヴァ〟をフィーチャーしたレコードの制作に入るところだと知らされる。チャーリーは活動拠点のワシントンDC以外ではほとんど知られておらず、そこにスタンを加えれば販売上のインパクトだけでなく音楽面での信用度も増すとヴァーヴは判断したのである。スタンはどうしても金を必要としていたので、レコーディングへの参加を承諾した。

『ジャズ・サンバ』は大ヒットとなり、ビルボード誌のポップチャート第一位を記録した。バードは国民的アーティストとなり、それに伴いスタンの地位も向上する。そしてこれをきっかけに、アメリカにおけるボサノヴァブームが始まった。

レコーディング以前、スタンはブラジル音楽について何一つ知らず、そのうえバード率いるトリオの音楽的技量が低いことに気づいた――その事実は僕も何度となく聞かされている。しかしこの幸運はいくつもの利益を同時にもたらした。スタンは新しい音楽に取り組みだし、やがて大成功をおさめる。また当座の経済状況も改善した。皮肉なことに、スタンはそのレコードの印税を一度も手にしていない。税金の督促状を片付けるのに必要な額とほぼ等しかったのだ。しかし印税が政府の懐に入る一方、コンサートやクラブの出演料も相当上がり、最終的には有名ジャズスターと同水準の生活を手にするのだった。

　スタンは矛盾に満ちた人物だが、自分の演奏に対する自信のなさもその一つである。彼は成功したミュージシャンであるにもかかわらず、正式な音楽教育を受けたことがない。そのため、いつ偽者扱いされるかわからないと常に恐れていた。それなのに、高度な教育を受けたミュージシャンを好んでバンドメンバーに雇うのである。彼らの存在はスタンにとって脅威だが、同時にスマートかつ教養豊かなプレイヤーたちに囲まれることによって、自分も彼らの一員だと自身を安心させていたのではないかと思う。スタンは初見演奏もできなかったし、音楽理論の知識——一曲のなかで和音がどういった理由でどのように続いてゆくかの知識——も限られていた。そのことは即興演奏者《インプロヴァイザー》、あるいは作曲家としての能力をも制限することとなる。スタンは〝聴き憶えのプレイヤー〟だったのだ（アニタ・オデイなど〝聴き憶えのシンガー〟と同じである）。楽譜を読み、それぞれのコードにどの音符が含まれているかを知る代わりに、スタンはひたすら音楽に耳を傾け、それに合う音程を見つけようと努力した。〝聴き憶えのプレイヤー〟がみなそうであるように、スタンもそのことへの優れた才能を見せ、楽譜を読めないことに気づいた者はほとんどいなかった——それは他のミュージシャンも同様である。しかし毎晩のように彼と演奏していた僕は、すぐさまそれに気づいた。

　スタンもこの欠点を自覚していたらしく、難しい新曲にひたすら取り組み続けることで対処した。僕がバンドを去ってからずっとあとにピアニストとして加入したジム・マクニーリーも、自分がバンドにいるときはずっとそうだったと語っている。検討すべき曲がいくつか持ち込まれれば、すぐに憶えられる簡単なものでなく、たいてい難しい曲を選んでいた。そして曲の構成に慣れるまで、同じ曲を何度も何度も演奏したのである。

スタンお気に入りのアルバムの一つに、作曲家エディー・ソーターと一九六一年に制作した『フォーカス』がある。その際、ソーターはスタンと弦楽器パートのためだけに一連の音楽を書き上げた――スタンが楽譜を読めず、またソーターの音楽が非常に洗練されたものであることを考えれば、これは大胆な試みだ。しかし、運命はスタンに味方した。レコーディング・セッションの前日、母親がこの世を去ったのである。このためまず弦楽器パートが録音され、数週間後、スタンが自分のパートを加えるためスタジオにやって来た。おかげで彼は弦楽器パートを繰り返し聴くことができ、自分のソロパートを収録する前にあれやこれやと試せたのである。ある曲では、リズムがエネルギーに満ち溢れているのでテナーサックスだけでは十分でないと感じ、スネアドラムをブラシで叩かせるためだけに、ドラマーのロイ・ヘインズを呼び寄せたほどだ（もちろんロイはこれを見事にこなした）。

このアルバムはいまに至るまで名作であり、ロイも常々自慢していた。注意して聴いてみると、スタンが〝聴き憶えで〟演奏していることがわかる。つまり弦楽器が次にどうするかを予測しつつ音楽をリードしているのでなく、弦楽器の音を待ってそれに反応しているのだ。だけどそんなことは重要じゃない。スタンの出す音色は素晴らしく、またソーターの作曲が優れていることもあって、ともかくもいい音楽になっている。

スタンはもっとも暖かく豊かな音色の一つを生み出し、かつ叙情的なメロディーに対する天与の感性を持っていた。この僕も、自分はジョージ・シアリングからハーモニーを、スタン・ゲッツからメロディーを学んだとたびたび言っている。さらに、スタンは音楽ビジネスについても数多くのことを教えてくれた――たいていは反面教師としてだが。彼は良くも悪くも桁外れの人間で、自分や周囲の人々にトラブルをもたらしたけれど、その一方で優れたサバイバーでもあった。若いころはヘロイン中毒でも最悪の部類に入り、やがて同じ程度にひどいアルコール中毒になる。スタンは五十歳を迎えるまで、素面の状態が二、三日以上続くことはなかったように思う。それが彼の健康と最愛の人を傷つける結果となる。しかし彼はそのすべてを乗り切り、途絶えることなくキャリアを続けた。五十九歳でガンの宣告を受けたときもツアーを続け、五年後に力尽きるまで演奏し続けたのだ。

友人のトランペット奏者、ハーブ・アルパート（伝説的レコードプロデューサーにしてレーベルのオーナーでもある）からバークリーに連絡があり、なんらかの追悼を行なえないかと相談されたとき、僕は何をすべきか即座に確信した。当時バークリーは図書館を拡張しており、現在はスタン・ゲッツ図書館およびメディア・センターと呼ばれている。スタンは自分が憧れていた教育を受けられず、そのことにいつもコンプレックスを抱いていた。だからこそ、自分の名が図書館に冠せられたことは、彼を大いに喜ばせたはずだ。

僕らがカナダからニューヨークに戻った時点で、ジョアンのグループ脱退は既定路線になっていた。何しろモントリオールにいたときと同じく、トロントでもまったく不機嫌さを隠さない。ほとんどホテルの部屋に閉じこもりきりで、二週間ものあいだメイドは掃除を一度もできなかった。食事は角の雑貨店で買って室内でとり、僕らの前に姿を見せるのはギグのときだけ――それすら二度もさぼったのだ。（ジョアンはデビュー以来ずっと、人前での演奏に苦痛を感じていた。数年前のこと、カーネギーホールでの演奏を終えた僕のもとに舞台係がやって来て、ジョアンが前夜ここに出演したと教えてくれた。彼が宿泊していたのはメリディアン・ホテル、マンハッタン五十六丁目ウエストにあるホールの裏口からわずか百フィートという好立地である。しかしジョアンをホテルの部屋から引きずり出すのがまず一苦労だったという。廊下に立つプロモーターが必死に説得するも、部屋にこもるジョアンは、自分はまだ準備ができていないと言い張る。チケットは事前に売り切れていたけれど、開演の遅れを聞かされた観客はロビーのバーに殺到し、あっという間に酒の在庫を飲み尽くした。開演予定から一時間ほどたったころ、ホールの入り口がいつまでたっても開放されず、ショーそのものが中止になるのではという疑いが観客のあいだに生じる。ようやくジョアンが部屋から出て、ホテルの入り口に急いで案内されたものの、今度は徒歩三十秒のホール裏口まで歩くことを拒否した。なんとリムジンを用意しろというのだ！　五十六丁目は裏口とは反対方向への一方通行だったので、たどり着くにはマンハッタンの中心部に位置する一ブロックを丸々迂回せねばならず、長時間かかる恐れがあった。しかし運転手がそこでひらめく。ジョアンが乗り込むや否や、彼は五十六丁目をバックで走り裏口の前につけたのだ。かくしてジョアンは望みどおりリムジンで到着した——わずか百フィートの距離なのに！　だがそこでサングラスをかけっぱなしだったことに気づき、いつもの眼鏡を取りに行くと言い張る。もちろんプロモーターは別の人間を取りにやらせた。ジョアンが部屋に戻れば、また閉じこもってしまうのは間違いない。最終的にコンサートは七十五分遅れで始まり、キャンセルという事態は免れた。観客がジョアンの音楽に酔いしれた一方で、プロモーターはあとで休暇を必要としたはずだと、その舞台係は言った）

スタンとジョアンによるボサノヴァの新譜『ゲッツ／ジルベルト』は数ヵ月後のリリース予定だった。にもかかわらず、僕らはジョアン不在のまま、アルバムの何曲かをジャズのスタンダードとともにギグで演奏した。そしてこの時期——特にボサノヴァ・ナンバーをプレイ中——僕はスタンの演奏に関する何かに気づき始めた。やがてそれは、自分のソロを見直すきっかけとなる。

僕はソロのたび、それまでとは違う新しい何かを演奏しようと常に心がけてきた。同じアイデアを繰り返さないこと、陳腐に聴こえかねないフレーズを使わないことに誇りを感じていたほどだ。しかしスタンは、いくつかの曲に限って毎晩ほぼ同じソロ演奏を続けた。ときにはまったく即興をせず、ひたすらメロディーをなぞるだけなのに、センスや表現がいつも優れているのだ。かくも躍動感と表現力に満ち溢れた演奏を、僕は聴いたことがなかった。初めはスタンのアプローチに対して、無視するか、冒険心がないと批判するかの反応をとっていた。けれどそのうち、スタン流の観客とのコミュニケーション法がわかってくる。彼はシンプルながらパワフルなメロディーで観客を虜にしていたのだ。つまり即興演奏における詩人と言えるだろう。

僕は目から鱗が落ちる思いで、ジャズ・ソロの概念を否応なく再考させられた。それと同時に、バンド唯一のコード楽器プレイヤーとして、そのころ追求し始めたばかりの四本マレット奏法をさらに発展させるチャンスを見出した。かくして、即興について得た新たな洞察と、進化しつつあったテクニックが一体となって、僕の演奏方法をその後ずっと変えることになった。

僕の心の準備が整うより早く、スタンの決断によって、ニューヨークのカフェ・オ・ゴーゴーで行なわれるカルテットのライブ演奏がレコーディングされることになった。そしてレコード会社はスタン夫人の協力を得て、アルバムの数曲にジョアンの妻アストラッド・ジルベルトを加えるようスタンを説得する。カナダツアー以来、ジョアンがこのバンドで歌うことを望んでいなかったので、このようにしてスタンとブラジル人歌手との共演を続けさせようとしたのである。しかし、バンドのレパートリーにアストラッドの知っているものはなかった。そこで彼女はカフェ・オ・ゴーゴーに出演していた一週間のあいだに二つの曲を覚えた(一つはスタンダードナンバーの〈イット・マイト・アズ・ウェル・ビー・スプリング〉をボサノヴァ風にアレンジしたもの、もう一つは新曲〈ザ・テレフォン・ソング〉である)。事実、彼女はようやく発売された『ゲッツ/ジルベルト』の一曲でコーラスを担当したことがあるだけで、プロとして歌った経験はまったくなかったのである。

しかしその一曲こそ、大ヒットを記録した〈イパネマの娘〉だった。ラジオ放送向けに編集された際、ジョアンのヴォーカル(ポルトガル語)が除かれアストラッドの声(英語)だけが残った。それが彼女のキャリアを切り拓くことになる。広く伝わっているように、アストラッドが『ゲッツ/ジルベルト』に参加したきっかけはレコーディング中の思いつきだが、それを提案したのは誰か——スタンの妻、プロデューサー、エンジニア、あるいはスタン本人なのか——定かでない。何しろ関係者全員が自分だと主張しているのだから。アストラッドによればそのアイデアは夫のものだというが、英語を話せないジョアンがそんなことを言ったとは思えない。

アストラッド・ジルベルトは絶世の美女と言われているけれど、僕にはそうは思えず、いささか地味に見えた。しかし彼女自身は、他人が抗えない魅力を持っていると思い込んでいたらしい。彼女は男とあれば言い寄り(僕もその一人)、毎回のように何かを求めた。自分ほどの美女であればそうした扱いを受けるのは当然だ、とでも言うように。一度など、雑誌を買ってくるようベース奏者に頼んだが、彼が驚いたことに、代金は当然相手持ちと考えていたほどだ。

僕は彼女の誘いに乗らなかった。魅力的には見えなかったし、個人的に親しくなれるとすら思えなかった。あとで知ったけれど、彼女は僕のことでスタンに文句をつけ、あいつはゲイに違いないとまで言ったそうだ。私に関心を寄せなかったのはあいつだけ、ということらしい。スタンにそれを言われたとき、僕らは二人して大笑いした。とは言え、僕の性的指向についてスタンが何かを感じ取ったんじゃないかと、僕はあとで考えた。また、スタン自身も男性に魅力を感じていたと思う。彼はハンサムな男を見るたび必ず何かを言い、僕が出会った人間についても〝同性愛者的な〟ことを言いがちだった。これは自分自身の混乱した感情に対する一種の抵抗、あるいは防御ではなかったか。その一方で性に貪欲であり、少しでも自分に気のある素振りを見せた女性のあとを追っていたけれど。

しかし僕がアストラッドを嫌いな本当の理由は、歌が下手なことにあった。彼女は音楽の訓練を一度も受けておらず、僕らとツアーする前は人前で歌った経験もない。そんな人間をグループに加えたことが、僕のプライドを傷つけたのだ。

スタンはカフェ・オ・ゴーゴーでのライブを二夜にわたってレコーディングする計画を立てていた。率直に言って、グループの全員が〝ライブ録音〟の経験に乏しく、スタン自身もプロジェクトの成否にナーバスになっていた。さらに、未知のシンガーを加えたことでストレスは一層大きくなり、メンバーの誰も自信を持てないまま本番に突入する有様だ。そのうえ場所に助けられることもなかった。カフェ・オ・ゴーゴーは純粋なジャズクラブでなく、コメディアンや演劇役者が出演することもあるなど、〝ジャズの楽園〟などではなかったのである。さらに僕らが出演するわずか二ヵ月前、コメディアンのレニー・ブルースがそこで逮捕されてかの有名な猥褻裁判に至ったことで、クラブは新たな悪名を得ていた。しかしカフェ・オ・ゴーゴーの客はとりわけ熱心かつ反応がいいことで知られ、スタンが〝新しいブラジル音楽〟を引っさげて出演するという噂は、会場の雰囲気をより一層沸かせていた。

初日の夜は不出来に終わった。本番が始まる三十分ほど前、スタンが履いていたテイラーメイドの高価なズボンの尻が破れてしまい、安全ピンを使ってその場をしのぐより他なかった。ズボンが破れたまま演奏するなんて、聴いているほうがハラハラする。そしてこの出来事がスタンの精神状態を文字どおり変えてしまった。だが幸運なことに、二日目は調子を盛り返した。レコードに収められた曲の大半もこの夜に演奏されたものである。しかし〈ザ・テレフォン・ソング〉は、曲自体にまだなじんでいないこともあって、いずれの夜も良くない出来だった。なので数日後、僕らはルディー・ヴァン・ゲルダーが所有するレコーディングスタジオでこの曲をもう一度録音することになった。

ヴァン・ゲルダーはブルーノート、プレステージ、サヴォイといった伝説的ジャズレーベルのレコーディングで個性的な音を生み出したことで知られ、五〇年代にはすでにジャズ界の巨人と呼べる存在になっていた。五九年にはニュージャージー州イングルウッドクリフにスタジオを新築、数多くのジャズミュージシャンがそこでレコーディングすべく巡礼を行なうようになる。ゲルダーはスタジオと設備にとりわけ気を遣い、ノブに指紋を残さないようコンソールの前に座るときはいつも白い手袋をはめていた。また厳格な嫌煙主義者としても有名だった。当時、大半とは言わぬまでも多くのミュージシャンがスモーカーだったけれど、ゲルダーのスタジオでレコーディングできるならと、喜んで禁煙に取り組んでいたものだ。しかしスタンは違った。プロデューサーのクリード・テイラーがゲルダーに対し、スタンは例外とするよう圧力をかけたのである。僕らがスタジオに来てみると、室内の中央に一脚の椅子とマイクが並び、横のスタンドには灰皿が置かれていた。ゲルダーはスタンに対し、ここでならタバコを吸ってもいいと告げる。かくして出来上がったのが、一九六四年後半にリリースされたアルバム『ゲッツ・オ・ゴーゴー』である。

しかしカフェ・オ・ゴーゴーでのレコーディングを終える前後から、『ゲッツ/ジルベルト』がすでに注目されつつあった。このアルバムは二ヵ月ほど前にリリースされ、アストラッドをフィーチャーした〈イパネマの娘〉が至るところで放送された。このころ、マンハッタン西七十三丁目にある僕のアパートメントでは、目を覚まして窓をあけると、行き交う車の音や人の声が部屋に飛び込んでくる有様だった。僕はもうすっかり慣れっこで、通りの物音――オペラを歌いながら歩く物売りまでいたほどだ――が聞こえるなかでも普段と変わらず寝られるようになっていた。しかしあの朝の六時半ごろ、〈イパネマの娘〉のブリッジ部分の鼻歌が聞こえて僕は思わず飛び起きた。シングル盤は数週間前に発売されたばかり、とてつもない何かが起きようとしているのは間違いない。夏を迎えた時点でスタン＝アストラッド・バージョンの〈イパネマの娘〉は、ビルボード誌のポップチャート第二位を記録していた。ちなみに一位はビートルズである。

誰もがレコードのあの曲を演奏しろとやかましく求めるとあって、アストラッドが加入してツアーに同行すれば商業的にプラスなのは間違いない。だが残念なことに、ジャズカルテット向けに編曲するのは難しかった。レコードで起用されていたのはまったく違う楽器編成のブラジル人ミュージシャンであり、なかでもジョアンのギターがセンターを占めている。しかし僕らのバンドにギタリストはおらず、僕がジョアンのギターを忠実に真似るより他なかった。さらにスタン自身、ボサノヴァに飽き始めていた。内心、こればかり演奏する羽目になるのではと恐れていたようだ。なので僕らはジャズを中心に据えつつ、ステージの終わりにブラジルの曲をいくつか演奏することにした。

一九六四年五月、アストラッドを迎えたグループはワシントンDCで一週間演奏し、その後年末までツアーを行なった。また、僕はそのギグでツアーマネージャーに昇格することになった。ツアーの手配やビジネス上の契約履行となると、スタンはまるで役に立たない。ワシントンDCに来たときも、ホテルの予約をせず、運送業者の手配すらしていないので、みんなで苦労する羽目になった。そこで僕が手を挙げ、それ以来、こうしたことをスタンから任されるようになったのである。

アストラッドが加入したことは、ワシントンでのギグを不安定にしたに過ぎなかった。パフォーマーとして経験の浅い彼女のレパートリーはわずか数曲。そのうえ、ベテランミュージシャンほど気を遣う自動車旅行のエチケットも知らないときている。確かに彼女にとってはきつかっただろう。突然スポットライトを浴びたうえ、行く先々であらゆることを学ばなくてはならず、レコードがいきなり売れたことで様々なストレスに晒されたはずだから。僕らは毎週月曜日から日曜日まで働き、オフの日には追加のコンサートを入れた——時間が許せば一日二回行なうこともあった。チケットは毎回売り切れで、スタンとアストラッドは行く先々でインタビューを求められる有様だ。

アストラッドがバンドに加入して数週間後、スタンとのあいだで情事が起きたことをきっかけに、ストレスはより一層激しさを増した（事態がややこしくなったのは言うまでもない）。二人とも最初は人目をはばかるようにしていたけれど、やがてそんなこともしなくなった。契約書にサインしてもらおうと僕がスタンの部屋を訪れたところ、室内に誰もいない。しかし立ち去ろうとして振り向くと、バスルームのドアの裏に全裸で立つアストラッドの姿がちらりと見える。のちにベーシストとしてバンドに加わったジーン・チェリコによると、コンサートを終えてレンタカーを運転していたところ、スタンとアストラッドは後席で性交にふけっていたという。ツアーに数日間同行すべくスタンの妻モニカがやって来たことで、事態はますます緊迫する。結局、二人とも何事もなかったかのように振る舞うことを余儀なくされた。

レコードをPRするため、僕らはその夏二本の映画に出演した。最初の一本は『The Hanged Man』というテレビ映画の焼き直しで、当時は割といい評価を得ていた。出演するのはエドモンド・オブライエン、ヴェラ・マイルス、ジーン・レイモンド、ロバート・カルプ、エドガー・ベルゲン、ノーマン・フェルといった映画やテレビでおなじみの面々。そのうえ多数のエキストラを雇っていた。劇中、告解火曜日《マルディ・グラ》におけるニューオーリンズのクラブというワンシーンがあり、主役たちがギャング同士の殺し合いを演じるなか、僕らは楽器を演奏する。そのときはいまや定番となった〈イパネマの娘〉に加え、映画向けに依頼された新曲〈オンリー・トラスト・ユア・ハート〉（作曲ベニー・カーター、作詞サミー・カーン）を披露した（後年、スクリーンのなかの僕を憶えていると二人から聞かされ、僕はすっかり舞い上がった――その時点ではスタンのバンドの一メンバーに過ぎなかったのだから）。

　二本目の『Get Yourself a College Girl』はMGM製作の映画で、まさに〝B級〟の呼び名がふさわしかった。主演はチャド・エバレットとメアリー・アン・モブリー。またMGM所属のミュージシャンが十人ほどカメオ出演していたが、ストーリーがないのを埋め合わせるために違いない。僕らの出演シーンは、以前エルヴィス・プレスリーが出演した映画用に作られたスキーロッジのセットで撮影され、バックに人工雪を飛ばす機械まで備えていた。ここでも演奏したのは〈イパネマの娘〉、それにオリジナル曲の〈スイート・レイン〉（作曲はバークリー時代の僕の友人、マイケル・ギブス）が加わった。その夏はポピュラー音楽のテレビショーにも二度出演している（『Hootenanny』と『Shindig』）。いずれの番組もジャズミュージシャンが出るのは異例のことだが、スタンのヒット作が彼の知名度を別次元のレベルに引き上げたことの証明に過ぎない。

　とは言うものの、ジャズクラブが僕らの主たる収入源であることに変わりはなく、閉店直前だったオリジナルのバードランドで一週間ほど演奏し、史上最高の観客動員を記録したこともある（アストラッドは水疱瘡のために出演できなかったけれど、それすらも客の入りに影響を与えることはなかった）。バードランドでのギグは、テナーサックスの王者ジョン・コルトレーンを巻き込む奇妙な出来事を引き起こした。ある日の夜、大入りの観客の前で僕らがセカンドセットの準備をしていると、スタンの目の前の席に座るコルトレーンの姿が目に入った。最初の一曲を演奏し終えたところでスタンがコルトレーンに気づき、彼をテナーサックスの巨人と呼ぶなどとても丁重に紹介した。しかし次の曲が始まるや否や、コルトレーンはいささか不機嫌そうに立ち上がり、そのまま店を出てしまったではないか。彼を知る人にこの話をするたび、みな一様に信じらないという顔をする。あれほど上品で愛想のいい人がなぜ、というわけだ（数年後、僕はこれとまったく異なりながらも、同じくらい驚きに満ちた形でコルトレーンと再び出会う）。

スタンのバンドに在籍中、僕はジャズ界におけるもう一人の偉人とついにレコーディングを果たす。僕のアイドル、ビル・エヴァンスその人だ。ビルとスタンはいずれもヴァーヴ・レコードと契約しており、レコード会社としては二人の共演を考えるのが当然である。しかし素晴らしい瞬間が幾度か生まれたにもかかわらず、セッションの出来はよくなかった。ビルはヘロイン中毒から立ち直る時期だったこともあってまったく集中力を欠き、一曲通して演奏するのも難しい状態である。僕らは苛立ちを抑えながら数日間にわたってレコーディングしたけれど、一曲たりとも満足なものはできなかった。ビルは決まって曲の途中で迷い、コードを間違ったり別の部分を演奏したりする有様。かくして、憧れのピアニストとの初共演は失望という結果に終わった（このときのトラックはリリースされなかったものの、数ヵ月後、スタンは違うメンバーを伴ってビルとともにスタジオに赴いた。こちらのレコーディングは数年後にリリースされている）。

スタンが旧友と録音したもう一枚のレコードにも、僕は駆り出されている。新たに得た名声を使うことで、彼はトロンボーン奏者のボブ・ブルックマイヤーに貸しを作ったのである（ブルックマイヤーはのちに作曲家兼アレンジャーとして知られるようになる）。このとき参加したミュージシャンには、マイルス・デイヴィスのバンドでピアニストを務めたハービー・ハンコック、ベーシストのロン・カーター、そしてコルトレーン率いるバンドのドラマー、エルヴィン・ジョーンズといったジャズシーンの名脇役も含まれている。しかしレコーディング初日、プロデューサーのテオ・マセロとブルックマイヤーとのあいだで深刻な緊張が生じ、スタンを不快にさせた。マセロいわく、こんな音楽では売り上げがおぼつかないというのである。コロンビア・レコードからリリースされたマイルス・デイヴィスのレコードはすべてこの人物がプロデュースしているので、マセロがミュージシャンに〝自分たちの仕事〟をさせなかったことは、みんなにとって一種の驚きだった。

その夜、僕のもとにスタンから電話があり、明日スタジオにヴァイブを持って来いときつい口調で指示された。僕はためらった——そして予想どおり、スタジオの誰も僕が来ることを知らされていなかった。とは言うものの、ブルックマイヤーは特に僕を歓迎してくれた。もともと知り合いだったのが幸いしたのだ。初めて会ったのは僕がニューヨークに移った直後で、フィル・ウッズやジョー・モレロとともに、僕の今後の進路を決める手助けをしてくれた。だから少なくとも、まったくのよそ者がレコーディングセッションに乱入したわけではない。もちろんいずれの曲にもヴァイブのパートはなかったので、ボブが大急ぎで楽譜を書き直し、僕が演奏する余地を作ることになった。

しかしボブとテオの緊張状態はこの日も続き、休憩中の口論と怒鳴り合いも一層激しさを増した。昼食休憩のあいだ、テオは近所の音楽店に赴き、大量のシートミュージックを買ってきた。そしてこのなかからスタンダードナンバーをいくつか選び、ブルックマイヤーの曲に加えるべきだと主張する。結果としてセッションは最初の予定を大幅に過ぎ、緊張に耐えられなくなった僕はスタジオの隅に引きこもる始末。隣にはエルヴィン・ジョーンズがいて、ミルク片手にサンドイッチを頬張る僕を見て笑っていた。ミルクを飲むミュージシャンなど、初めて見る光景だったらしい（何しろインディアナ出身の少年だから……）

このレコードは『ボブ・ブルックマイヤー・アンド・フレンズ』というタイトルでリリースされたが、スタジオの雰囲気を考えればとてもふさわしいとは言えない。僕もハービー・ハンコックと顔を会わせるたびに笑い合ったものである。

僕はスタンの新しいツアーマネージャーとして、バンドメンバーの移動、宿の手配、クラブのオーナーやコンサートのプロモーターとの交渉、そして演奏後のギャラ回収といった責任を負った。そのうえ、スタンが飲みすぎて無事に帰宅できなさそうなときはその面倒をみて、司会者とのあいだで口論になったときはそのなだめ役にもなった。スタンはそれら司会者が自分を騙そうとしていると疑い、彼らを敵に回すだけでは物足りず、ギグを取り止めると脅すこともあったくらいである。スタンが揉め事を作り、僕が火消しに回る光景は、もはや日常のものとなっていた。

シアトルに滞在中、スタンはヘロイン中毒のころドラッグストアを強盗しようとして逮捕されたときのことを、くよくよ悩むようになった。いったん話しだすとどうしても止まらず、ギグが始まって数日後、彼はダウンタウンをさまよい歩いてついにそのドラッグストアを見つけた。カウンターの後ろには、あのときと同じ女性が立っている。スタンは近づいて声をかけ、自分を憶えているかと訊いた。答えはイエス。その後短い会話に続き、スタンは彼女をクラブに招待した。そしてギグの最中、その女性を旧友として紹介し、何かリクエストはないかと尋ねる。彼女は、ウェイン・キングの曲を知っているかしらと答えた。キングは広く知られたサックス奏者で、昔からのリスナーに人気があった（僕らはそれを笑い飛ばしたものである）。スタンにとっては若き日の過ちを償うことが大事だったのであり、僕もそれを大いに喜んだ。

しかし一九六四年の終わりを迎える時点で、去就を考えてしまうほど日常のトラブルは激しいものになっていた。その一方で、スタンとの活動はキャリアを積み重ねるうえでまたとないチャンスだし、かくも偉大なミュージシャンたちと演奏できる機会などそうあるものではない。そしてアストラッドとスタンが主に金銭のことで仲違いするようになり、雰囲気は一変した。

アストラッドがヒットレコードに名を連ねたのは予定外のことだったので、ギャラの分配にまで誰も気が回らないでいた。加えて、スタンはツアーのギャラとして少額しか払っていなかった——バンドメンバーよりも少なかったほどである（かと言って僕らの懐に入ったわけではない。最初の一年間、各メンバーはクラブで一週間演奏するごとに二百五十ドル、単発のコンサートで七十五ドル支払われていた。いずれもシアリングのバンドにいたときより少ない額である。そしてもちろん、宿泊費は自腹だった）。

アストラッドは自分のマネージャーを雇ってギャラの大幅な増額を求めた。またレコード印税の支払いをめぐってスタンとヴァーヴ・レコードを訴える。スタンはこれをアストラッドの裏切りとみなし、心の底から激怒した。そして二人の関係も終わりを迎えた——少なくともしばらくは。関係がもつれにもつれたことはプロとしてのパートナーシップに幕を降ろすはずだったが、最終的にそれを実行したのは金だった。僕らはクリスマスを控えて一週間にわたるメキシコツアーを予定しており、これがアストラッドにとって僕らとの最後のツアーになることは間違いなかった。しかし今回も、準備不足が完全に露呈してしまう。

会場の一つに、メキシコシティーから二百マイルほど離れたプエブラという町があった。僕らはベース、ドラム、ヴィブラフォンとともにメキシコシティーのエル・プレジデンテ・ホテルの前に立ち、プロモーターの車が来るのを待っていた。ところが三十分遅れでやって来たのはフォルクスワーゲンのビートル。僕ら全員を楽器と一緒に乗せるのが無理なことは、そのプロモーターにもわかったようだ。すると驚くべきことに、彼は通りを走る車に片っ端から手を振り、十分後には会場までの二百マイルを乗せてくれるドライバーを三人も見つけたではないか。しかし会場に向かう途中、うち一台が故障してしまう。どうするのかと見ていると、なんとドライバーはハイウェイのうえで別の車を停めてしまった! いまだかつて、このような光景に出くわしたことはない。

公演後はメキシコシティーに戻るスケジュールだが、そちらはプロモーターにバスをチャーターさせた。

この年の休暇期間は僕自身のレコーディングにおいても分水嶺となった。すなわち、より大規模なプロジェクトに乗り出したいと考え始めたのである。同じころ、ブロードウェイではミュージカル『サウンド・オブ・ミュージック』が大ヒットを記録していたが、レコーディングの権利を持つRCAはこれのジャズバージョンを作り出せる人物を探していた。当時はミュージカルのジャズバージョンが流行しており、僕はより大規模な楽器編成を実験できるチャンスと捉えた。そこでアレンジャーのゲイリー・マクファーランドを雇い、弦楽器パートの楽譜を書かせてみる。そのうえで、ソロパートはギタリストのジム・ホールと一緒に行なうつもりだった。

(マクファーランドの起用にはちょっとした皮肉が含まれている。ファーストネームが同じうえ、二人ともバークリーに在籍したことがあるヴァイブ奏者なので、よく間違えられたのだ。一九七一年、薬物の過剰摂取によってマクファーランドがニューヨークのクラブで息を引き取った際、亡くなったのは実は僕だという噂が数週間にわたって流れた)

このプロジェクトは最初からいくつかの困難に見舞われた。まずゲッツ・バンドがメキシコに滞在中、ホテルの僕の部屋から飛行機のチケットが盗まれてしまう。別の便を確保するため丸一日必要としてしまい、レコーディングセッションは延期を余儀なくされた。続いてジム・ホールが参加をキャンセルしてしまう。妻が手術を受けることになり、ギリギリになって(僕に知らせず)代わりをよこしてきたのだ。僕はジムの独特な演奏スタイルを前提として音楽の大部分を組み立てていたので、レコーディングの計画も大幅に修正しなければならない。結局、同じくセッションに加わっていたフィル・ウッズとボブ・ブルックマイヤーにソロパートを割り振ることにした。

しかし一番の問題はアレンジだった。僕はマクファーランドの書いた楽譜に含まれる新鮮かつ独創的なアイデアを以前から高く評価していた。しかしこのときは、レコーディングの数日前に慌てて書き上げたかのような出来で、どの部分も個性のないありふれた音楽になってしまっていた。いずれの曲も僕をがっかりさせたのである。

そんななかでも、一つだけいいことがあった。ベーシストのスティーヴ・スワローと初めて演奏できたことである。

この年のはじめごろ、ジム・ホールが僕を脇に呼んでこう言った。「スティーヴ・スワローは君にふさわしいベーシストだ」それは正しかった。『サウンド・オブ・ミュージック』をジャズに仕上げる試みが不調に終わったにもかかわらず、スティーヴと僕は続く二十年、大半の期間をともに活動した――僕自身のバンドでの活動がメインだったけど、ときには他のプロジェクトに参加することもあった。ジム・ホールが推薦してくれた人たちのことは、僕の記憶にいつまでも残っている。最初にアストル・ピアソラ、次いでスティーヴ・スワロー。二人とも僕の人生のなかでもっとも大切なミュージシャンだ。ありがとう、ジム。

このレコーディングは僕とRCAとの関係のターニングポイントにもなった。会社はまたしても僕に相談することなくカバーデザインを選び、タイトルを決めた。その名も『ザ・グルーヴィー・サウンド・オブ・ミュージック』で、ヴィブラフォンとマレットの下手くそな写真がカバーを飾っている。あとで知ったけれど、デザイン部門が締め切りを忘れていたためわずか一日でこしらえたそうだ(実際そのように見える)。しかし問題はタイトルのほうである。〝グルーヴィー〟なんてまったくクールに聞こえないし、評判を高めようと必死になっている新進ミュージシャンにとって屈辱的な単語だ。音楽に満足できず、そのうえ体裁もお粗末そのものだったから、人目に触れないようレコードを全部買い上げたかった。そこで僕は、契約を打ち切ると会社に脅しをかけた。今後リリースされるレコードはすべて、僕と相談のうえでデザインとタイトルを決めるよう求めたのである。RCAはそれに同意した。そしてのちに発売された『葬送』のカバー――友人の画家に書いてもらった絵をモチーフにしている――がグラミー賞のアルバムデザイン部門にノミネートされたことで、僕の正しさは証明された。

第十章　真のスタン・ゲッツ・カルテット

一九六五年の初めにアストラッドがバンドを去ったあと、僕らは本来のジャズ・アンサンブルに戻った。しかしその直後、今度はベーシストのジーン・チェリコから、バンドを脱退してしばらくメキシコに行くつもりだと告げられる。僕は信じられなかった。ジャズ界最高峰のギグよりも休暇のほうを優先するなんて。しかしもう少し問い詰めてみると、自分はヘロイン中毒でこれ以上コントロールできないのだと告白された。メキシコ行きはヘロインを断ち切るためだという。僕はこれも信じられなかった。ジーンはいつだって時間に正確で、仕事のことをいつも気にかけ、服装だって常にまともだったのに。スタンにこのことを話すと、彼はこう言った。「まさか」自分自身かつては重度のヘロイン中毒だけあって、ジーンも使っているかどうかは絶対にわかるというのだ。

ところが、ジーンが次に語った話で僕は確信した。その年の前半、僕らはバンクーバーで一週間にわたるギグを行なったが、彼の振る舞いは確かにおかしかった。演奏中ずっと自分の立場を忘れるなど、心ここに在らずという感じなのだ。ジーンによれば、カナダでヘロインを打つことに不安を覚え、コデインの代わりに咳止めシロップを数本も空けてしまったという。不幸なことにこれが眠気を誘発してしまい、ステージ上でまともに演奏できなかったのである（ジーンはその後メキシコに半年間滞在し、復帰後は年末までフランク・シナトラとともに活動した）。

ジーンの脱退後、僕は後任としてスティーヴ・スワローを推薦、スタンはそれにゴーサインを出す。しかしスティーヴの反応は妙なものだった。この機会に飛びつくどころか、ゲッツとの活動を〝ビジネスのギク〟と言い切ったのである。だけど彼は仕事を必要としており、ゆえにぴったりのタイミングだったわけだ。僕らの最初のコンサートはニューヨーク中心部にあるコーネル大学で催され、スワローと僕はレンタルしたドッジのステーションワゴンで一緒に会場へ赴いた。車中で会話が途切れることはなく、音楽のことから麻薬中毒のこと、さらには数年前に事故でこの世を去ったベーシスト、スコット・ラファロのことまであれこれ話した。ラファロはゲッツ率いるバンドとのギグに向かう途中、いま僕らが走っているハイウェイで命を落としたのだった。

今回、スタンはドラマーも変えようと決心していた。街角でロイ・ヘインズとばったり出会い、バンドへの参加を依頼していたのである。ロイは自分のバンドでの活動をもっぱら好んでいたけれど、スタンが声をかけたタイミングもよく、説得の末ジョー・ハントの後任として加入することになった（気の毒なのはジョーのほうで、まさにその日、ギャラ値上げを求めてスタンの自宅に出向いたところ、クビを宣告されたのだ）。ロイはチャーリー・パーカーからレスター・ヤング、あるいはマイルスやコルトレーンに至るまで、事実上すべてのジャズスターと共演したことがあり、シンガーのサラ・ヴォーンとも十年間ほどツアーした経験の持ち主である。ロイ・ヘインズが加わり、〝真の〟ゲッツ・カルテットが——少なくとも僕にとって——ようやく形をなした。

ロイの加入にともない、グループの性格も一新された。最初のリハーサルは天からの啓示と言っていいだろう。スタジオを出たスワローと僕は、ドラマーの名人を得たということで意見が一致する。ロイはすぐさま音楽の全権を握り、何もかもがスムーズに感じられるようになった。スワロー自身も優れたベーシストなので、ロイとの組み合わせで本当に優れたリズムセクションを得られたわけだ。何年間も新しいミュージシャンの組み合わせを試していると、素晴らしいラインナップに恵まれることがときどきある。僕にもそうした機会が何度かあったけれど、これが一番最初のものだった。

二十代のスティーブと僕はカルテットにおける若獅子、一方スタンとロイはすでに四十代で、名声を確立したベテランである。ステージの上でも外でも、僕らはそれぞれ自分の役割を持っていた。長いキャリアを誇るスタンとロイはグループの権威の象徴。僕はバンドの音楽ディレクターとなり、曲の選択やアレンジに力を尽くした（しばしばスティーヴのアイデアを借りて）。またスティーブと僕はバンドの運転手役もこなした。僕がスタンを乗せて先を走り、ロイを乗せたスティーブの車があとに続く。GPSやグーグルマップなど存在しないこのころ、僕はギグの会場を探し当てるだけでなく、むしろ手がかりがなくても行き先を知っているかのように振る舞えた。これがロイのお気に召したらしく、ホテルやコンサートホールを見つけようと間違った場所で曲がったときは必ず、それをジョークに仕立てるのだった。

ある日、スタンの旧友である作曲家のジョニー・マンデルが、音楽ディレクターの僕に一枚のリードシートを渡した。ジョニーがこの楽曲を僕に送ったのは、スタンに渡せば試奏前にきっとなくしてしまうと考えたからだろう（ジョニーがそう考えたとしたなら、それは正しい）。僕はすぐにこの曲を気に入り、スタンにぴったりだと感じた。ここまで優れたメロディーなら、スタンが奇跡を起こすに違いない。スワローの前で演奏してみると彼も僕と同じ意見だったので、次のリハーサルに持っていくことにした。しかし目の前で何度か演奏し、僕自身も熱心に勧めてみたけれど、結局スタンは乗り気にならなかった。

数ヵ月後、この曲をフィーチャーした映画『いそしぎ』が封切られ、〈シャドウ・オブ・ユア・スマイル〉は大ヒットを記録、誰もがカバーする曲となる。スタンもようやく重い腰をあげたけれど、すでに手遅れだった。持ち込まれたときにレコーディングしていれば、もう一枚のヒットアルバムができていたはずだ。

同じ一九六五年、僕はゲッツ一家と非常に親しくなった。彼らは僕を家族の一員として受け入れ、惜しみない応援を送るだけでなく、暖かなもてなしをしてくれたのである。ツアー中にスタンの面倒を見たこと、そして長男と言ってもおかしくない年齢だったことがその理由だろう。さらに、スタンはほんの些細なきっかけで激怒する人間だったものの、不思議なことに僕の前で我を失うことはなかった。ある日のこと、ギグに出演するためスタンの自宅へ迎えに行くと、彼は居眠りをしていた。するとモニカから、起こしてもらえないかしらと頼まれた。考えてみれば妙な話だ。しかしモニカが説明するには、私が起こせば必ずかんしゃくを起こすけど、あなたならきっと大丈夫、だそうだ。

スタンは奇癖の宝庫とも呼べる人間だった。あるとき、彼はベニー・グッドマンから連絡を受け、ニューヨーク州ウエストチェスターのベニー宅にほど近い場所で催される、ユダヤ系のチャリティーで演奏するよう頼まれた。バンドが最初の曲を演奏し終えると、スタンはマイクに近づいて〈トゥデイ・アイ・アム・ア・マン〉の伴奏とともに、若いころに聞いたバルミツヴァ（ユダヤ教の成人の儀式）のスピーチを語りだした。しかし二、三行思い出したところで言葉が止まってしまう。観客にとってはまさに『スプリングタイム・フォー・ヒトラー（一九六八年の映画『ザ・プロデューサーズ』のなかで演じられた架空のミュージカル）』の瞬間であり、次の言葉を固唾を飲んで待った。しかし驚きに満ちた沈黙のあと、スタンは振り返ってさっさと次の曲を始めてしまったのである。ああ！　偉大なるスタン・ゲッツのギグが、その夜も繰り返されたのだ。

一方、気分の振り子がポジティブなほうに振れたときのスタンは実に楽しい人物だった。ある年、僕らはトニー・ベネットと何度か共演してみなごく親しくなった。離婚したばかりのトニーは寂しい生活を送っており、そこで僕らはときおりディナーをともにした。ある夜のこと、トニーと僕は美味しい手作り料理をいただくべくゲッツ邸に赴いた。席につくとモニカがアーティチョークをテーブルに並べ、キッチンに戻って次の料理の準備にとりかかる。その場の誰もアーティチョークなんて見たこともない。どうやって食べたらいいいかと、まずはフォークを突き立ててみる。そうして五分ほどつついてみたけどどうにもならない。するとモニカが笑いながら姿を見せ、葉の取り方を教えてくれる。スタンも興味深げにそれを眺めていた。

同じ夜、僕はトニー・ベネットにハシシを教えるという名誉を味わった。トニーはこのころマリファナにはまっていて、ロードマネージャーがほぼ完璧に巻き上げたマリファナタバコを、小さな箱に入れて持ち歩いていた。ハシシも吸ったことがあるだろうと、僕がディナー後に一つ勧めてみたところ、彼はひどく興奮して、どんなものか試してみたいと思っていたんだ、と言った。大部分の人間は歳をとるに従ってマリファナへの関心が薄れてゆくようなので(僕がそうだ)、トニーがいまも吸っているかどうかは知らない。ともあれ、マリファナの吸引が彼の才能をだめにしたりキャリアを縮めたりすることはなかった。

僕自身はニューヨークに移った直後からマリファナに目覚め、十年ほど習慣的に吸っていた。とは言え、ハイになった状態でレコーディングセッションに行くまいと決めてはいたが(しかしマリファナの影響が残った状態でギグをしたことは何度かある)。ヘロインやコカインを使っている知り合いが何人かいたので、僕は中毒になるのが怖かった。例えば、ビル・エヴァンスほどの知性の持ち主が深刻な中毒に陥るのはどういうわけか、僕には理解できなかった。四〇年代から五〇年代にかけては、ジャズミュージシャンがヘロインを使うのは当たり前という認識であり、この時代に活躍した有名プレイヤーの多くも中毒患者だった。しかし僕がデビューするころには、ヘロインが生活だけでなくキャリアをも破壊することは、誰もが知るようになっていたのである。とすると、彼ほどのまともな人間が手を出すのはどういうわけだろう？　僕は不思議で仕方なかった。

二十代のころはアルコールもやらなかったので、マリファナが唯一の悪徳だった――ただしマジックマッシュルームなら何度かやったことがあるし、ある日の午後にゲイリー・バートン・カルテットの全員でLSDを試したこともある。面白かったけれど繰り返し使おうとは思わなかった（まあ、六〇年代のサンフランシスコでのことだから……）。僕がマリファナと手を切ったのは、もうじき父親になることを知ったときである。赤ん坊の近くで喫煙するなんて想像もできなかった。それから三十年以上、再びマリファナを吸いたいと思ったことはない。

プレイにおける一大危機を乗り切れたのも、たぶんマリファナのおかげだろう。心に浮かんだものはなんでも演奏しようとする若いミュージシャンと、より分別があって焦点を絞り込んでいるインプロヴァイザーとのあいだには確固たる一線があるけれど、僕はその線をすでに越えていた。とは言え、これはストレスの溜まることである。自分が望む演奏をできたかと思うと、次の夜は音楽にまとまりが欠けている、という具合だ。ときには自分自身に怒りを覚え、演奏が気に入らず文字どおり涙にくれることもあった。どんな風に聞こえているのか、自分でも想像できるだけに余計つらい。だけど理想の水準にずっととどまるのは決してたやすいことじゃない。これはすべての即興ミュージシャンが一度は体験することだろうし、僕の場合も音楽的な成長過程に過ぎなかったのだと思う。しかしそのときは、自分の望むレベルに達することはできないんじゃないかと真剣に悩んだものだ。

コンブレン・ラ・トゥールというベルギーの小さな町で催されるジャズフェスティバルにスタンが出演することになり、これが僕にとって初めてのヨーロッパ行きとなった。コンブレン・ラ・トゥール・ジャズフェスティバルの主催者はアメリカ陸軍の退役軍人で、第二次世界大戦中、敵の前線後方に一人取り残されたとき、当地の村人にかくまわれた経験を持っている。その感謝の念から彼は毎年この町を訪れ、ジャズフェスティバルを開催していたのだ（最近五十周年を迎えたという）。ブリュッセル空港に降り立った僕らはフェスティバルのスタッフによる出迎えを受けたけれど、車は一台しかなかった。僕らが乗るだけでも十分狭いのに、アニタ・オデイも会場に向かうためこの車に乗るという。仕方ないので僕らカルテットは車を借り、フェスティバルの車に続く形で出発した。会場までの道のりは二時間ほど、ハンドルを握るのはもちろん僕だ。

一時間くらい走ったところで先行車が突然ハイウェイの路肩へ停まってしまった。その日は雨が降りしきり、他の車も猛スピードで横を通り過ぎてゆく。いったい何があったのか見当もつかないけれど、僕も車を停めた。しばらく見ていると、運転手とアニタが口論している。するとアニタが車を降り、雨のなか、路肩にしゃがんで用を足し始めたではないか。見られていることもまったく気にならない様子だ。僕らはみんな我が目を疑った。

一九六五年の終わりごろ、スタンとモニカは二度のコンサートを行なうにあたり、プロモーターを通さず自ら主催することを着想した。開催日はホリデーウイークとし、十二月二十二日のボストン・シンフォニーホール、十二月二十四日のニューヨーク・カーネギーホールを押さえる。スタンは人気絶頂なのでチケット売り切れは間違いない、二人はそう読んでいた。何十年も他人のギグで演奏してきたスタンにとって、自身でコンサートを主催するのはどれほど難しいだろう？

かくして僕がゲッツ夫妻と繰り広げた一大叙事詩の一つが幕をあけた。

計画によれば、ゲッツ・カルテットはまずボストンで単独公演を行ない、カーネギーホールではシンガーのディオンヌ・ワーウィックを加えることになっていた。ディオンヌは当時弱冠二十五歳ながら、すでにポピュラー界のスターの座にあった。しかしカーネギーホール公演に向けた準備は、スタンの旧友ジョー・ムーニーが割り込んできたことで歯車が大きく狂いだす。ムーニーは盲目のジャズ・オルガニスト兼ピアニストで、数年前に表舞台から姿を消していた――人気が一番あったときでも、ニューヨーク以外ではさほど知られていなかったが。しかし彼のマネージャーがカーネギーホール公演のことを聞きつけ、ジョーの参加をスタンに打診する。スタンは最初抵抗したけれど、ムーニーは友情に訴え短くてもいいから出演させて欲しいと懇願する。僕はあくまで断るだろうと思ったけれど、意外なことにスタンは折れ、幕間にムーニーが演奏するのを認めた。

詳しい進行予定は徐々に形をなしており、スタンがいつもの振る舞いをしなければ何もかも成功していたことだろう。ところがボストン公演の前日、何かのきっかけでかんしゃくを起こし、ガラスのドアを蹴破ってしまう。結果、右脚の大動脈を切断するという重傷を負った。

バンドのメンバーは翌日早朝にボストンへ出発することになっていたので、このことをまったく知らず、スタンがシンフォニーホールで出迎えるものと思っていた。会場に到着した僕らは、モニカに連絡せよとのメッセージを受け取る。彼女によると、スタンはボストンまで旅することはできないけれど、代わりにトランペット奏者のディジー・ガレスピーが参加することになり、現在ボストンに向かっているという。

ディジーと演奏したことのあるメンバーは一人もいなかった。僕は何度か会ったことがあるけれど、それは会計士が同じだったからに過ぎない。それにディジーがどんな曲を演奏したがっているのか、誰一人わからなかった。そこでコンサートの準備をしながらプログラムについてざっと話し合う。ディジーは僕らが知らない曲をいくつも望んだし、もちろん、僕らがスタンと演奏している曲はまったく知らない。それにディジーは始終ふざけていたので、真剣なのか単にからかっているだけなのか判断に迷った。そんなこんなでおかしな夜になったけれど、僕らはなんとか乗り切った。そして続くカーネギーホールでは、これとは比べ物にならないほど馬鹿げた出来事がいくつも起きたのである。

スタンは、カーネギーホール公演だけは参加しようと決意していた。いままでの苦労を考えれば当然だ。チケットはすでに完売、しかもスタンほどの大物がディオンヌのような若いスターと共演するのは異例のこととあって、期待も否応なく高まっていた。そこでスタンは医者と相談し、怪我した脚を固定したうえで、車椅子に乗って出演することに決める。そうなると不自然な姿勢で演奏せざるを得ず、スタンは昼を過ぎてからずっと練習に集中した。

こうした問題があったため、僕は念のため早めに会場へ着いた。ジョー・ムーニーのオルガンはステージ裏にあっていつでも移動できるようになっている。ディオンヌのバンドはすでに準備を始めていた。トラブルの最初の兆候が見られたのは午後七時ごろ。ディオンヌは出演一時間前にニュージャージーから会場に到着したが、銀のラメ入りの靴を自宅に忘れてしまったという。銀のガウンはあったけれど、それに合う靴がないわけだ。いまからニュージャージーに戻る時間はなく、関係者がどうしたものかと右往左往するなか、パニックが広がっていった。ディオンヌとしては、カーネギーホールに出演するのはこれが初めてなのだから、ふさわしい靴がなければステージには絶対立てないと言う。

この時点で観客はすでに会場入りしており、銀のラメ入りの靴を履いた観客を見つけよとの指示が案内係に飛ぶ。果たせるかな十五分後、銀のラメ入りハイヒールを履いた客が見つかった。事情を聞いた持ち主は、コンサートのあいだ裸足になることに快く同意する。僕らは胸を撫で下ろした。

しかし問題が一つ。その靴は二まわりほど大きすぎた。仕方ないのでティッシュペーパーを靴に詰め込むことにしたけれど、おかげで彼女は靴が脱げたり転んだりしないよう、すり足で歩かざるを得なかった。カーネギーホールのステージはかなり広く、司会者から「それではミス・ディオンヌ・ワーウィック」の呼び声がかかると、ステージ中央にたどり着くまで何百歩も必要とするかに見えた。しかしステージに立てばやはりプロ、ディオンヌは素晴らしい歌声を聞かせてくれた。

しかし観客のほうは素晴らしくなかった。ジャズとポップを同じステージで聴かせるという点で、スタンとモニカは時代の先を行き過ぎていた。神聖なるカーネギーホールではそれが特に仇となり、観客は二つのグループに分かれてしまった。半分は大好きなディオンヌ・ワーウィックを聴きに来た連中で、スタン・ゲッツのことなんてどうでもいい。あとの半分はスタンが目的だから、ディオンヌにはまったく興味がない。僕は彼女が歌う様子を見てそのことに気づいた。もちろん僕らの番になれば状況は変わるけれど、それよりもジョー・ムーニーをなんとかしなければいけない。

ムーニーは一種の引き立て役として出演することに同意していた。つまり二十分くらいの短いセットを、主役たちの出番の合間にこなすというものである。舞台スタッフがステージ中央にオルガンを移し、ムーニーの紹介が始まる。僕は盲目のミュージシャンを誘導した経験がある（ジョージ・シアリングとツアーしたときのことだ）ので、このときも誘導係の役を押しつけられた。そうしてオルガンに座らせているとと、カーネギーホールで演奏することの興奮がこちらにも伝わってきた——ようやく大舞台に立てたのだ。

それから四十五分後、どうしたらムーニーをステージから下ろせるか、僕らは途方に暮れていた。人生最高の夜を味わっているムーニーは、自分が知っている曲をすべて演奏したがっているようなのだ。悲惨な夜になりつつあった。

ムーニーが演奏を始めるや否や観客は一様に興味がなさそうな態度を示し、そのうち目が見えないことに気づいたのだろう、思い思いに立ち上がってロビーに向かったりした。演奏がだらだらと進むにつれ、聴いている人間は百人ほどに減ってしまった。曲ごとの拍手がどんどん小さくなっていることに、ムーニーは気づいているのかどうか。そして、それを気にしているのかどうか。ようやくクロージングにふさわしいテンポの速い曲を演奏しだしたとき、司会者がステージに上がり舞台を降りるよう告げた。ムーニーは明らかに演奏を続けたがっていたけれど、誘導役の僕に気づいたことでついに諦めた。それでも彼が演奏をやめなければ、僕は手を摑んで鍵盤から引き離し、必要であればステージから無理でも下りてもらう覚悟だった。

舞台スタッフがスタンのステージを準備し始め、それをきっかけに観客が戻ってきた。いよいよ今夜のメインイベントだ――とは言ってもすでに午後十時、本来ならコンサート終了の時刻である。

スワローとロイがそれぞれベースとドラムの位置につき、司会者がスタンの名前をコールする。ステージ上で車椅子を押すのはこの僕。両手でサックスを抱えているので、自分で車輪を回せないのだ。当然ながら、車椅子姿のスタンに観客からどよめきが起こった。しかし彼のこれまでの行状から、これもショーの一部に過ぎないと思われたのではなかろうか。

僕らのセットは普段どおりに進んだ――ファーストセットと同じく観客の半分は演奏を聴いていなかったけれど。そしてグランドフィナーレへと近づいてゆく。この日はクリスマスイブだったので、スタンとモニカは〈ホワイトクリスマス〉のアレンジ版を全員でプレイしようと考えていた。カルテットはすでにステージ上にいるので、スタンはいつもの挨拶を観客に送ったあと、ディオンヌをステージに呼んだ――彼女はさっきと同じくティッシュペーパーの詰まった靴を履き、舞台脇から時間をかけて登場した。僕は哀れなるジョー・ムーニーの手を引いてオルガンの前に座らせる。そしてスタンの合図でアーヴィング・バーリン作の名曲が始まった。

それはなんとも奇妙な光景だった。ディオンヌ・ワーウィックが〈ホワイトクリスマス〉を歌い、その後ろでは車椅子に乗り脚を前方に投げ出したスタンが即興演奏している。皺だらけのワイシャツを着たタキシード姿のジョー・ムーニーは一心不乱にオルガンを弾いている。曲が終わると奇妙さの度合いはより一層ひどくなった。歓声が轟くなか、アーティストはみなできるだけ優雅にステージを下りようとした。スワローとロイはいつもどおりにその場を離れ、ディオンヌは舞台脇に向かっていつ終わるとも知れないすり足を始める。そこで僕のジレンマが明らかになった。ムーニーはすでにオルガンのベンチから立ち上がり、ステージをあとにしようと手を伸ばしているが、マイクのコードに足を取られている。僕は彼を誘導しようとそちらへ走ったものの、その瞬間スタンの怒声が聞こえた。「俺をステージから下ろせ！」スタンの車椅子はステージ中央にあって、片方の手で車輪を回そうとしている。だけど二千人の観客が見守るなか、盲目の人間にカーネギーホールをうろうろさせることはできない。僕はできるだけ素早くムーニーをステージから下ろし、車椅子に戻ることを余儀なくされた。まずはムーニーの手を引いて舞台脇から十フィートのところまで導き、そのまままっすぐ歩くよう告げてから、スタンのもとへ駆け寄る。驚くべきことに観客はなおも拍手を送り続けていたけれど、真っ赤な顔で怒り狂うスタンが車椅子のなかで身をよじり、なりふりかまわずステージから下りようとしている姿に、歓声は笑いへと変わっていった。その声が静まりゆくなか、僕は車椅子を押した。かくして、僕のそれまでのキャリアでもっとも波乱に富んだ夜は幕を下ろした。

第十一章　新たなるものへの挑戦

スタンとのツアー中でないとき、僕は作曲家兼指揮者のガンサー・シュラーが組織したオーケストラで、モダン・ジャズ・カルテット（ＭＪＱ）とときどき共演した。オーケストラＵＳＡと名付けられたそのプロジェクトは、ジャズとクラシックを融合した〝サード・ストリーム（第三の流れ）〟なるジャンルを生み出した。ちなみにサード・ストリームは、シュラー自身が一九五〇年代に考案した名称である。演奏はブルックリンのコンサートホールで行なわれ、毎回異なる作曲家がＭＪＱおよびオーケストラＵＳＡだけでなく、様々なゲストミュージシャンのために曲を提供した。

しかしクラシックの演奏や複雑なアレンジへの評価とは裏腹に、ＭＪＱのミュージシャンは初見演奏を苦手としていた。みな反復と聴き憶えを頼りに自分のパートをゆっくり覚え、すべて記憶するまで何度も何度も練習していたのである。オーケストラのリハーサルが進行するなか、カルテットのメンバーがどうしても曲を演奏できず、シュラーの指図で楽譜を読む能力がより高いミュージシャンと交代することもたびたびあった。

新曲の演奏で最初に脱落するのは、たいていの場合ヴィブラフォン奏者のミルト・ジャクソンだった。初めての曲に取り組まねばならないと見て取るや、彼はシュラーに交代要員（つまり僕）を用意するよう申し出る。ＭＪＱのベーシストはパーシー・ヒースだが、たいていリチャード・デイヴィスが代わりを務める。ピアノを担当するジョン・ルイスの代わりはディック・カッツ。ドラマーのコニー・ケイは毎回コンサートで見かけたけれど、他にそういうメンバーはいなかった。

とは言っても、いくつかのコンサートで、ジョン・ルイスとパーシー・ヒースがなんとか一部の曲を演奏したこともある――難しい曲になると交代してしまうけれど。僕も一度だけ、MJQの他のメンバー三人と演奏することがあった。そのとき僕は、ミルト・ジャクソンの代わりに出演していたわけだ。何年も前から直接あるいはレコードでMJQの演奏を聴いていたから、一瞬だけでもこのカルテットに加わり、〝ミルト・ジャクソンになる〟気分を味わえるとあって、僕は興奮していた。だけど思い描いた高揚感を得ることはできず、それどころか何一つうまくいかなかった。テンポの感覚やコードヴォイシングといった点で、ジョンと何一つ共通点がないように思えたのである（いまならもっと上手にやれるはずだけど、それは多種多様なスタイルに合わせる経験を積んだからだ）。にもかかわらず、僕はMJQのステージでミルト・ジャクソンの代わりを務めた唯一のヴィブラフォン奏者である――たとえ演奏したのがわずか数曲だったとしても。

《コラム》ミルト・ジャクソン

ミルト・ジャクソンほどヴィブラフォンに貢献した人間はいない、というのが僕の変わらぬ考えだ。ライオネル・ハンプトンやレッド・ノーヴォなどジャズ界におけるマレット奏者の第一世代はフレージングや強弱法といったものにほとんど頼らず、硬いマレットと素早いヴィブラートを使ってヴィブラフォンをあたかもパーカッション――一種の金属シロフォン――のように扱った（これは無理もない。ハンプはドラマーとして、レッドはシロフォン奏者としてキャリアの第一歩を踏み出したのだから）。

しかしミルトのルーツはまったく違う。デトロイトの高校でスクールバンドの顧問からヴィブラフォンを紹介された当時、彼はギターとピアノを弾き、ヴォーカルグループで歌うこともあった。一九三〇年代後半、ヴィブラフォンのある高校なんてごく稀だったけれど、ミルトの通っていた高校にはそれがあって、しかもバンドリーダーはヴィブラフォン奏者を必要としていた。一方のミルトは、ヴィブラフォンでギターの音を出すと同時に、ヴォーカルの要素もそこに加えたいと思っていた。そこで、それを成し遂げるべく柔らかめのマレットを使い、先達の特徴である打楽器的な硬い音でなく、より暖かで柔らかい音が出るようにした。またヴィブラートに関しても、以前の慌ただしい使い方とは対照的に共鳴管内部のファンを緩やかに動かすことで、とても物憂げな感じを醸し出したのである。

ミルトはディジー・ガレスピーの誘いを受け、他のデトロイト出身のミュージシャン数名とともにニューヨークへ移り、一九五五年の時点で自身のグループ、ミルト・ジャクソン・カルテットを結成していた。しかしこの名前は長続きせず、彼らはグループを共同形態にしたうえで、モダン・ジャズ・カルテット（ＭＪＱ）と改名する。イニシャルだけは同じだったわけだ。ＭＪＱは当時流行していた熱狂的なビバップあるいはハード・バップを避け、クラシック音楽の旋律を取り入れたり、他のバンドよりも軽いタッチ（ブルースがかっていたけれど）で演奏したりすることで有名になる。このようにして断続的ながらも四十年以上にわたって活動を続け、史上もっとも長寿を誇るジャズグループとなった。ミルトは何度か自分自身のバンドを結成しようとしたものの、いずれも成功に至らず、元のユニットに戻るのが落ちだった。

僕にとってミルトは、ヴィブラフォンを覚えたてのころからお気に入りのプレイヤーだったけれど、出会いはお世辞にもいいとは言えなかった。トラブルの発端は、僕が一九六〇年代初めに受けた『ダウンビート』誌のインタビューにさかのぼる。正式なインタビューはこれが初めてで、ヴィブラフォンで何を成し遂げたいかと訊かれた僕は、自分でも素晴らしい回答をしたと思っていたけれど、言葉が率直過ぎたらしい。同じ言葉でも活字になるとよりきつい印象を残すことを、僕はまだ知らなかった。他の楽器には、たとえばマイルス・デイヴィスやジョン・コルトレーンのように、ジャズ全般のみならずそれぞれの楽器においても新境地を拓いたスタープレイヤーがいるけれど、ヴィブラフォン奏者でそのレベルに達した人間はまだいない、というのがそのときの言葉だ。そしてヴィブラフォンという楽器が持つ役割をさらに広げていきたいと説明したうえで、軽率にも「いまのところ、ヴァイブ奏者は砂場で遊んでいるようなものだね」などと言ってしまったのである。

僕が自身の過ちに気づいたのはそれから数ヵ月後、シカゴで行なわれたジャズフェスティバルにおいてだった。ミルトも参加して地元のリズムセクションと共演することになっていたけれど、僕のヴィブラフォンを使わせてほしいと彼のツアーマネージャーが頼んできた。出番はミルトのほうが先だったので、僕はステージ脇から彼の演奏を楽しんだ。しかしステージを降りたミルトは僕に目をやり、「自分は何ができるんだ、このくそったれ!」と言い放ったのである。

その瞬間、僕はミルトを怒らせたのだと悟った。

それから数十年のあいだ、ミルトは僕の傲慢さに腹を立てていたに違いない。僕はMJQの他のメンバーとは仲良くなったけれど、ミルトとはジャズフェスティバルの楽屋などで一緒になるたび、顔を背け合う間柄になってしまった。この関係は、カリブ海ジャズクルーズの一環として催される〝ヴィブラフォン・サミット〟の出演契約に僕ら二人がサインするまで続く。この航海に加わるということは、ライオネル・ハンプトン、レッド・ノーヴォ、テリー・ギブスなどの面々と一週間同じ船上で過ごすことを意味する——もちろんミルトとも。僕はトラブルを避けるため、ミルトがいる場所にはなるべく近づかないようにした。ところが一日目の夜、自分の席を見つけようと船内のダイニングルームを歩いていた僕は、ミルトとバンドメンバーが座るテーブルの横をたまたま通り過ぎたのだが、メンバーの一人が僕の旧友でもある、ピアニストのシダー・ウォルトンだった。僕は静かにやり過ごそうとしたけれど、シダーに声をかけられたので仕方なく立ち止まり、こちらを睨みつけるミルトの顔を視界の隅で捉えながら、数分間ほど立ち話をした。それが終わってテーブルから離れると、ミルトを非難するシダーの声が背後で聞こえた。「いったいどうしたって言うんだ?」とでも言っているらしい。シダーはミルトの態度にクレームをつけたのだろう。と言うのも翌日、プロムナードデッキにいた僕のもとにミルトが近づき、あたかも昔からの友人のように話しかけてきたからだ。

これは僕を大いに安心させただけでなく、互いが相手をよりよく知る機会ともなった。それから僕らはギグで共演するまでになり、それぞれがまず自分のバンドと演奏してから、二台のヴィブラフォンでフィナーレを迎えるのがお約束だった。その形で三週間ほどヨーロッパをツアーしたこともある。街から街へと移動しながら、ミルトがこの業界に入ったきっかけや他の趣味(料理の腕は一流だった)について語るのを、僕は胸躍らせながら聞き入ったものだ。

ライオネル・ハンプトンを顕彰すべくワシントンDCで催されたケネディー・センター名誉賞授与式での共演が、僕がミルトを見た最後となった。顕彰されるのが自分でなくハンプということに、彼は憤慨していただろう——ミルトはけっこう根に持つタイプなのだ。事実、テレビ番組向けにハンプの曲を演奏するよう頼まれても、彼は断った。そして自身の曲である〈バグス・グルーヴ〉を演奏し、ハンプのテーマソング〈フライング・ホーム〉は僕に任せたのである。

その後一九九九年、ミルト・ジャクソンは七十六歳でこの世を去った。


一九六五年の後半を迎えるころ、僕は次なるアルバムの制作を前に、今度は少し違ったことをしてみようと思った。ビル・エヴァンスがリリースしたアルバム『自己との対話』に触発されたのである（とは言え、批評家からの評価は低かったけれど）。ビルはそのアルバムでピアノソロを演奏しているが、そこにピアノパートを二つもかぶせていて、あたかも三人のビルが互いに即興演奏しているかのように聞こえさせていた。こうした多重録音は何十年も前から行われており――最初期の実例は、ニューオーリンズのサックス奏者シドニー・ベチェットが行なった一九二〇年代にまで遡る――年月とともにより洗練されている。しかし基本的な技術は変わっておらず、多重録音を繰り返すたびに全体の音質は損なわれていた。よって現実的には、一つあるいは二つのパートを加えるのが精一杯だったのである。

やがてＲＣＡのエンジニアが新たなプロセスを発明し、オリジナルの上にトラックを積み重ねることを可能にする。これらは完璧にシンクロしていて、音質のロスもない。すなわちマルチトラック録音の誕生である。それまで二トラックに制限されていたのが四、八、十六トラックと増えてゆき、ほどなく二十四ものトラックを録音できる機械が生まれ、しばらくそれが続いたあと、さらなる大プロジェクトを可能にする機械が売り出された（当然ながらいまはテープの代わりにコンピュータを使っているので、録音可能なトラック数は事実上無限である）。

『自己との対話』は新たなマルチトラック技術を使った最初のレコードであり、僕も試したくて仕方なかった。事実、僕はその技術をアルバム制作に使った二人目のジャズミュージシャンとなる。

ラリー・バンカーが収録のためにロサンゼルスからやって来て、僕はスティーヴ・スワローにも声をかけた。そうしてオリジナル数曲からスタンダードナンバー（スタンとツアーしていたときに知ったボサノヴァも含む）に至るまで様々な音楽を録音し、果てはビートルズのナンバーまで演奏した。僕はそれぞれの曲で新たなシンクロ技術を使い、ヴァイブ、マリンバ、ピアノを多重録音したうえで、そのうえに即興演奏をかぶせるというユニークな試みをした。その結果生まれたのがアルバム『ザ・タイム・マシーン』であり、それは同時に僕がタイトルとカバー写真の両方を選んだ最初のアルバムとなった。撮影にあたっては才能豊かなカメラマンのトム・ジンマーマンを起用、彼はヴァイブを演奏する僕を多重露出で撮り、十何本ものマレットが乱舞しているかのような作品に仕上げた。ＲＣＡもそれを気に入ったので、以降は僕自身がカバー写真を選ぶことになった。

思うに『ザ・タイム・マシーン』こそ、僕のレコーディングキャリアの出発点だと言えるだろう。自分自身の声が反映されたのみならず、制作の一から十まで完全にコントロールを握れたからである。同時に、僕はこのころから経験豊かな幹部社員ブラッド・マックエンと仕事をするようになったのだが、彼はジャズに特別な愛情を抱く一方、創造性溢れるクリエイターに多大な敬意を払っていた。またプロデューサーとしても有能このうえなく、プロデューサーの役割を知ることができたのも彼と行なったレコーディングのおかげである。

プロデューサーの仕事について、大半の部外者は漠然とした考えしか持っていない。ミュージシャンは音楽を作り、エンジニアはレコーディングの技術面を担当する。その一方、プロデューサーは出前をとったり書類仕事をしたりするだけの存在に見えることがある。しかしミュージシャンと強い絆で結ばれたプロデューサーは、レコーディングをより高いレベルに引き上げる。僕はＲＣＡに在籍中ずっとブラッドとともに仕事をし、僕自身のバンドのデビュー作を含む重要なレコードのほとんどを彼とともに作りあげた。

スタン・ゲッツと活動した最後の一年（一九六六年）は様々な矛盾で満ちていた。音楽のほうは何一つ問題なく、これまでにないほど素晴らしい状態にあった。互いに強く共感するほど演奏を重ね、そのころのパフォーマンスはいまも僕のキャリアでもっとも強く印象に残っている。しかしスタンの飲酒はひどくなる一方で、ギグを台無しにすることもたびたびだった。

サンフランシスコのベイスン・ストリート・ウエストに出演中、スタンの状態は特に悲惨だった。このクラブは営業時間が長く、毎週日曜日には午前五時からショーを行なうほどである。今日では常識外れに思えるけれど、土曜日の夜にまず馴染みのナイトクラブへ行き、それから翌朝までクラブで過ごすというのは、当時はごくありふれた行動だった。夜通し遊んだ人たちはブレックファースト・ショーでその日最後のジャズを聴き、今夜はお開き――今朝はお開き、と言うべきか――にする前に、ベーコンやら目玉焼きやらを口にする。午前五時から集まっている人間に元気などあろうはずもないけれど、そのときのスタンは彼らに増して精気がなかった。その週はずっとアルコール漬け（ステージはなんとかこなしていたが）で、クラブのオーナーも怒り狂っている。それどころか、彼はパフォーマンスの質の低さを根拠に、契約違反でスタンを訴えた。訴訟はそれから一、二年ほど続き、結局オーナー側の勝利で幕を下ろしたそうだ。

訴訟沙汰にこそならなかったけれど、その夏のニューポート・ジャズフェスティバルでも同じようなことが起きた。スタンは出番前から激しく消耗しており、簡単なブルース（皮肉なことに〈スタンズ・ブルース〉）でさえも演奏が滅茶苦茶だった。僕らはついて行こうと必死に頑張ったものの、結局得体の知れないフリースタイルの曲となってしまった——スタンにとっては再度の失点であり、僕にとっては今後の身の振り方を考え直すきっかけとなった。

その一方で、素面のスタンが震えながらも素晴らしいパフォーマンスを見せることもあった。僕はこうした夜が楽しみで、悪い日のことは忘れがちだった。スタンはいまのところツアーの合間にいろいろな診療所へ行き、アルコールを抜いたり様々な食事を試したりしている。こうしてツアーが始まるころには元気を取り戻すのだけど、たった数日で悲惨な状態に戻るのが常だった。悲劇には違いないが、見ようによっては喜劇でもある。僕らがオハイオ州アクロンのホテルへ車で向かっていたとき、スタンは飲み過ぎで気分が悪くなり、窓をあけて吐いてしまった——『ようこそ、スタン・ゲッツ！』と書かれたホテル入り口の庇の真下に。後続車からその様子を見ていたスワローとロイは、映画にすれば面白かったのにとあとで悔やんだものだ。

一九六五年から六六年にかけ、僕らは何度かカルテットのレコーディングをしようと試みたものの、スタンの不安定な状態のせいで容易には進まなかった。神経質になったり不安になったりするたび、彼は過度に飲酒するか、あるいは怒りと悪意に苛まれる——いずれの状態もアルバム制作に好都合とは言えない。日本公演でライブ録音を試み、ボストンのクラブでも同じようなレコーディングをしようと企画したが、いずれも成功には至らなかった。なお悪いことに、スタンはここ数年のヒットのせいでプレッシャーを感じ、次回のレコードで自分の命運が決まると思い込んでいた。しかし当時のレコーディングが満足な出来だったことは一度もなく、未発表のテープがどうなったかはいまや誰にもわからない。スタンがしばらく保管し、そのうち捨てられるか忘れられるかしたのだろう。

一九六六年夏、僕はＲＣＡからリリースされるレコードの収録予定があったので、再び新しいことをやってみたいと思っていた。今度は慣れ親しんだジャズから距離を置いてみようと考えたのである。その決断は、自分の本能を信じ、〝内なるプレイヤー〟に耳を傾けるべきあの重大な岐路へと、またしても僕を誘うことになった。

そのころ、ボブ・ディランが初めてナッシュヴィルでレコーディングしたアルバム『ブロンド・オン・ブロンド』がリリースされた。僕もそれに影響を受け、いまも素晴らしい記憶として心に残る自分自身のナッシュヴィル時代を思い出した。そして考えれば考えるほど、ジャズとカントリーミュージックの融合というテーマが鮮明になってゆく。僕の考えでは、まずニューヨークのミュージシャン数名をナッシュヴィルに呼び、最高のカントリーミュージシャンに囲まれる環境を整えるつもりだった。素材は有名なカントリーソングに絞り、そこに僕がジャズのハーモニーとスタイルでもってアレンジを加える。こうしたことをナッシュヴィル時代の恩人、チェット・アトキンスに相談したところ、自分も手伝うと言ってくれた。

チェットはセッションにふさわしいミュージシャンを見つけるだけでなく、選曲にあたってもかけがえのない存在となった。続く数ヵ月のあいだ、僕が何度かナッシュヴィルに赴くと、彼はそのたびにオフィスで働きつつ、僕が一日中ずっと一緒にいることを許してくれた。チェットはRCAの花形プロデューサーでもあり、有望な歌手やプロデューサーと会い、彼らのデモテープに耳を傾けることに一日のほとんどを費やしていた。彼ほど素朴かつ飾り気のない人間に僕は出会ったことがない。人々が慌ただしく出入りするなか、僕がただじっと座っていてもまったく気にしないので、訪れた人たちは僕をスタッフの一人と誤解したに違いない。そうした訪問客の合間にチェットは僕と音楽を話し合う。すると、彼はいきなり会話を遮り、「これがパッツィー・クラインの歌った曲だよ」などと言って――あるいはハンク・ウィリアムスなど他のカントリーミュージシャンの名前を挙げて——、ギターでその曲を弾き始める。ときには鼻歌のメロディーを聞かせてくれたこともある。僕がそれらを原稿用紙に書きつけることで、これからレコーディングする曲を十ほども教わったというわけだ。

その一方、チェットはナッシュヴィルを代表するミュージシャンの手配も進めてくれていた——そのなかには最高の腕を持つギタリスト数名だけでなく、バンジョー、マンドリン、スチールギター、そしてハーモニカのトッププレイヤーも含まれていた。僕はゲッツ・バンドのリズムセクション——ベーシストのスティーヴ・スワローとドラマーのロイ・ヘインズ——をニューヨークから呼び寄せるとともに、バークリー時代の友人でもあるテナーサックス奏者、スティーヴ・マルクスをナッシュヴィルに招いた。僕は何か違うことをしたいと考えていたけれど、それが見事に叶えられたわけだ。

このとき参加したカントリーミュージシャンはいずれも楽譜を読めなかったので、僕は一曲につき一、二時間かけて自分の新しいアレンジを教える必要があった。そのうえコードの名前も知らないとあって、それぞれの曲で使うコードを説明するため、一人一人にギターのフレットを押さえさせた。しかしみな憶えが早く、二時間もあれば全員にコードを教えて次の曲へと移ることができた。いわば都会と田舎というまったく対照的な世界の寄せ集めで、ある意味では僕自身の人生に内在する本源的な二重性を象徴していると言えなくもなかった。

僕はこのセッションを心から楽しんだけれど、それは他のミュージシャンも同じだった。しかしそれ以上に広まることはなかった——少なくもそのときは。レコードはほとんど注目されず、ラジオのジャズ専門局だけでなくカントリー専門局でもプロモーションに努めたものの、ジャンルの垣根を超えたこのような作品は時代の先を行き過ぎていたのだ。ジャズとカントリーを深く愛する僕にとって、こうした方向性は完全に筋が通っている。とは言え『テネシー・ファイアバード』は僕のレコードのなかで売り上げがもっとも少ないものの一つに終わってしまった。リスクが常に期待どおりのリターンを生むとは限らないようだ。

それからおよそ三十年、CDとして売り出されたこのアルバムは徐々に注目を集め、各方面から賛辞が寄せられた。そして今日、何名かの著名なジャズミュージシャンが自らの作品でジャズとカントリーを融合させている。僕が時代の先を行ったのはこれが唯一のことではないし、ともあれ『テネシー・ファイアバード』を作り上げたことに後悔はしていない。

ボブ・ディランの『ブロンド・オン・ブロンド』――僕の〝カントリー・ミーツ・ジャズ〟プロジェクトのきっかけとなったアルバム――に参加したミュージシャンの数名と、僕はやがて知り合うことになる。ディランがそのアルバムの代表曲をいかに組み立てたか、彼らは僕に教えてくれた。ディランはいつものスタート時刻である午後六時にスタジオへ足を運び、あと一曲書き上げる必要があるとその場のミュージシャンに告げる。一同はそれを待たねばならない。ディランはピアノの前に座り、十名ほどのミュージシャンが待ち侘びる――そのあいだもギャラは発生していた――なか、続く六時間を作曲に費やしたというではないか！　午前零時を回るころ、ディランはようやく立ち上がり、並み居るミュージシャンに新曲を教えると、それからさらに六時間かけて最終バージョンの収録を行なった。こうして完成した曲こそ〈ローランドの悲しい目の乙女〉であり、LPレコードの片面全体を占めるこの取り留めのない叙情豊かなバラードは、リリースされるや名曲と評価された。

ディランは周囲の状況にかかわらず、自分自身の創造プロセスがどのように機能するかを深く理解し、かつ仕事の進め方を知っている人間なのだと、僕は認識した。それで思い出したのが、ハンク・ガーランドが語ったエルヴィス・プレスリーとのレコーディングにまつわるエピソードである。エルヴィスはミュージシャンたちとまず曲を演奏したあと、あたりをぶらついたり、バンドメンバーとおしゃべりに興じたり、あるいはギターやピアノを弾いたりすることに三十分ほど費やして、自分自身をハイな状態にもっていくという。そして突然、「さあ、やろう」と声をかけ、その曲を一度か二度のテイクでレコーディングするのである。プロセスが自分のなかでどう機能しているかを熟知した、もう一つの実例と言えるだろう。それぞれのミュージシャンがどのように創造性を発揮しているか、僕はいつも興味深く感じていたけれど、選択肢があまりに数多いというのが理由の一つだ。僕らは一つの同じ領域へ進むのに、それぞれ違う道を選んでいるらしい。

九月、ラスベガスのトロピカーナホテルでスタンが三週間にわたるギグを行なうことになった。僕がラスベガスで演奏したのはこれが最初で最後である。ベガスでジャスが演奏されることは滅多にないので、ホテル側としてもこれは一種の実験だった。事実、当時ジャズ界きっての売れっ子だったスタンを出演させるにあたり、関係者は知恵を絞った。出演リストにはかの有名なドラマー、ジーン・クルーパ率いるビッグバンドも名を連ね、アニタ・オデイをフィーチャーするという。しかしこれだけのスターが揃ったにもかかわらず、ベガスで多数の観客を引きつけることはできなかった——ベガスはいくつもの点で、スタンにこそふさわしい場所なのに。彼は俳優などショービス界の人間にファンが多く、自分らと同じセレブとして認められていた。僕らがカリフォルニアで演奏するときなど、そういった人々が大勢駆けつけたものである。アカデミー賞女優のドナ・リードも、スタンの結婚式で夫と一緒に立会人を務めるほどだった。

トロピカーナホテルは敬意の証しとしてスタンに素晴らしいスイートルームを提供したけれど、僕らサイドマンは自分で宿を手配しなければならなかった。そして見つけたのが繁華街の外れにある安いモーテルで、レンタカーを借りられる場所はないかと訊いてみた。するとモーテルのオーナーは、オンボロの中古車を貸す地元の人間なら知っているという。支払いは現金で質問はなし。その日の午後、僕はデューンズ・ホテルの駐車場で五一年式のポンティアックに乗り込んだ——名前を訊かれることも書類に記入させられることもなく、返すときは同じ駐車場に駐め、キーはマットの下に隠すこと、と指示されただけである。費用は一週間あたりわずか二十五ドル。あと、この車で市外に出てはいけないという。僕は一日中、何百ものウエディングチャペルが並んでいる——スタンもその一つで結婚式を挙げた——かのような街中で車を走らせた。行けども行けども目に入るのはカジノの建物とネオンサインばかり。一九六六年といえばラスベガスが発展しだしてから比較的間もない時期だったけれど、インディアナの田舎から来た少年にとっては目を見張るような光景だった。

トロピカーナホテルにぱらぱらと集まった客はジャズになど興味がなく、僕らの演奏も妙に現実離れしたものになった。自動システムによって時間が厳しく区切られ、開始時刻になるとテープのアナウンスが流れるうえ、正確な時間差でカーテンが開閉するといった具合である。僕らは時間どおりにステージに上がって待機し、終了時刻もきちんと守らなければならない。何があろうと容赦なくカーテンが閉じてしまうからだ。レッド・ノーヴォが語ってくれたところによると、カーテンが上がるときにヴィブラフォンの前面に引っかかり、床から数フィートほど持ち上げてしまったという。ヴァイブはそのまま落下、ステージ上でバラバラになってしまった。まさにそのとき、「レディース・アンド・ジェントルメン、レッド・ノーヴォ・アンド・ヒズ・クインテット！」というアナウンスが流れたそうだ。僕らのときはそんなことにはならなかったけれど、もし起きていればより生々しいステージになっていただろう。

誰も音楽を聴いていないなんて、まったく無駄なことをしているように思えた。クルーパは何人ものプレイヤーを引き連れていたが、そのほとんどはロサンゼルスのスタジオミュージシャンである。クルーパ自身は僕の予想をはるかに超える素晴らしい演奏を見せた。僕の記憶には、ベニー・グッドマンの名曲〈シング・シング・シング〉でタムタムを叩いていた初期の姿しか残っていない。またこのステージはクルーパとオデイの再会の場ともなった。一九四〇年代、ベニー・グッドマンと別れたジーンが最初に結成したバンドで、オデイは歌っていたのである。

このツアーのハイライトはステージのない月曜日の夜だった。毎週その日になると、スタンは僕らを引き連れてラスベガスの他のショーに赴く。ある月曜日のこと、僕らはカエサルス・パレスでヴィクター・ボーグを見た。周りにはローマの剣闘士に扮した半裸姿の男たちが並んでいる。大仰な演出にもかかわらず、ボーグは愉快そうにしていた。また別の月曜日には、ゲッツの大ファンであるコメディアン、バディ・ハケットが僕らを歓迎してくれた。そしてスタンは、僕らにレナ・ホーンのステージを見せた。

レナのバックバンドには、ギタリストのガボール・ザボやベーシストのアルバート・スティンソンなど一流ミュージシャンが加わっていた。僕はよく知っているジャズミュージシャンをこの目で見られたことに驚き、音楽が始まるのを胸躍らせながら待った。しかし期待は裏切られた。レナの歌声は確かに素晴らしい。優雅さと美しさに満ち溢れ、テンポもフィーリングも完璧だ。ところがミュージシャンのほうはどこか遠くにいるようで、曲が始まるたびレナが彼らを引っ張り出さねばならない有様である。演奏も散漫かつぼんやりしていて、ギグのことなどどうでもいいのか、あるいは逆にハイになっているのか、よくわからない。とは言え、レナのおかげで忘れ難いステージにはなった。

この経験は、シンガーから何を学べるかについて僕の目をひらかせた。それまで僕がファンになった人間はみな楽器奏者であり、いずれも自分の楽器を完全にコントロールしている人たちである。しかしレナの歌声に耳を傾けていると、自分がシンガーから学べること——とりわけ、メロディーをどのようにフレージングすべきか——を知った。僕はすでに、スタンのメロディー化の技法が持つ影響力を吸収していたけれど、スタンの演奏法と、ヴォーカリストによるフレーズの解釈とのあいだで関係性を作れないでいた。その晩レナの歌声を聴かせてくれたスタンには、これからもずっと感謝し続けるだろう。それ以降、僕はまったく新しい視点でシンガーの歌声に耳を傾けることになったのだから。

ラスベガスへ旅立つ直前に『テネシー・ファイアバード』のラフミックスが届いたので、僕はホテルでそれを聞き、曲順を決めたり、ニューヨークに戻ったらどんな微調整が必要だろうかと考えたりしていた。そしてこのプロジェクトに取り組みながら、いつスタンのバンドを脱けて自身のバンドを結成しようかと悩みに悩んだ。

ニューヨークに移って以来、自身のバンドを結成すべきだとRCAからも言われ続けてきた。サイドマンにとどまっている限りレコードの売り上げが伸びないからだ。でもいまのところ、僕はプレイヤーとしてのアイデンティティを模索している。それに音楽のこともビジネスのこともまだまだ学ばなければならない。僕はこう自問自答していた。どうしたらスタンから離れられるだろう？　それにロイとスワローからも。僕のバンドに加わるであろういかなるミュージシャンよりも、この三人はずっと高みにいるのだから。

しかしバンドを脱退するにあたっては、金銭問題のほうがより大きな足かせになっていた。スタンと活動しているあいだ、どうしても金を貯められなかったのである。スタン自身は人気もあって高額のギャラを稼いでいたけれど、僕のギャラはシアリングと活動していたときよりも低かった。スタンは金の扱い方がまずく、贅沢な暮らしにかかる費用に加え、二つの大きな金銭問題を乗り切ったばかりだった。つまり最初の大ヒットアルバム『ジャズ・サンバ』で稼いだ金は内国歳入庁への税金支払いで消え、また個人のマネージメント契約から発生した訴訟の結果、〈イパネマの少女〉で得たギャラも吹き飛んだのである。

しかしスタンの出し渋りは、彼自身の経済事情だけでは説明できないかもしれない。昔はいまと違い、リーダーはふつうサイドマンに必要最小限しか払っていなかったのだ。ディジー・ガレスピーやライオネル・ハンプトンもミュージシャンへの支払いの低さで知られ、ディジーに至っては空港への往復にも自腹を切るよう求めたほどである。リーダーのなかにはミュージシャンを縛りつけるため、ギャラを増額する代わりに、将来の支払い分をローンとして貸し付けるという卑劣な手段をとる人間もいるくらいだ。こうした詐欺行為は次のように行なわれる。まずミュージシャンがリーダーに対し、いまのギャラでは請求書を片付けられず、活動を続けられないと泣きつく。リーダーはギャラの値上げを提案する代わりにこう尋ねる。「活動を続けるにはどのくらい必要なんだ？」金額面で二人の折り合いがつくと、リーダーは将来の支払い分を担保に金を貸し付ける。このようなやり取りが何度も繰り返され、やがてサイドマンはわずかなギャラではとうてい返せない多額の借りをリーダー相手に作り、脱退すらできなくなってしまう（マイルス・デイヴィスもキャリアの初期にこのトリックを使ったと言われている。しかし七〇年代を迎えるころにはこれと真逆の態度をとり、ミュージシャンに高額のギャラを支払うようになった。当時、サイドマンへのギャラの高さを自慢するのが流行りになったからである）。

僕は少なくともスタンから金を借りてはいなかったけれど、金銭の余裕があるわけでもなかった。そして収入の低さは、将来僕が自分のバンドを組んだとき、有名になるまで六ヵ月かかるか十二ヵ月かかるかわからないけれど、そのあいだメンバーにちゃんとギャラを支払えるだろうかという不安を覚えさせた。

スタンは金銭面こそシビアだったものの、ステージ上では異常なほど気前がよかった。公演のたびに僕の無伴奏のソロ演奏をフィーチャーしてくれるだけでなく、メンバーの名前を頻繁に紹介することで、自分が彼らを高く評価していると観客に印象づけたのである。バンドのなかにはリーダーだけに注目が集まり、サイドマンの名前が呼ばれることは一度もない、というところもある――ジョージ・シアリングのバンドがそうだった。だけどスタンは、僕らが誰であるかをわざわざ観客に知らせてくれた。僕がバンドを脱けて自分のグループを結成するにあたり、十分な知名度を得られたのもきっとこのおかげだろう。

しかもスタンは僕をよく守ってくれた。これは僕の年齢のためだろうけれど、強い絆が生まれていたのもまた事実である。クラブのオーナーが怒りだすなどなんらかの危険を感じるたび、スタンは必ず僕を弁護してくれた。

ワシントンDCのセダー・ドアでの公演中、僕のソロ演奏の番になった。たいていの場合、僕が一人で演奏しているとき観客は完全に黙り込む。しかしこの夜は、後ろのほうのテーブルから大きな声がずっと聞こえてきた。自分たちがこの場でただ一つの騒音源だと早く気づけばいいのにと思いながら演奏を続けたけれど、一、二分でどうしても我慢できなくなり、演奏をやめて心のうちをぶちまけてやろうかと思いかけた。そのとき、数フィート離れたところに立っていたスタンが、感情を爆発させつつあった僕の表情に気づき、そばに寄ってこう囁いた。「演奏を止めるんじゃないぞ。あれはレナード・バーンスタインだ！」

もちろん、僕は演奏を続けた――なのにレニーは話し続けている！　その後、ウィーン・フィルハーモニー管弦楽団でマーラーの曲を指揮する姿をテレビで見るまで、僕は彼を許せなかった。そのことは誰にも話さなかったけれど。

第十二章　訣別

スタン・ゲッツとの別れにつながる一連の出来事は、ほぼ一年前の一九六五年からすでに動きだしていた。その年、僕らはホワイトハウスへ初めて招待される。ジョンソン大統領の広報担当官がゲッツのファンで、コメディアンのボブ・ニューハートやフォークシンガーのキングストン・トリオとともに、大統領主催のパーティーで演奏するよう依頼したのだ。その後、六五年から六六年にかけて何度かホワイトハウスへ呼ばれるようになる。ある日のディナーでは、アンカーマンのジョン・キャンセラーとウィリアム・フルブライト上院議員のあいだに座らされた（いずれも当時のアメリカでもっとも有名な人物）。あとになっていろいろ訊いておけばよかったなどと考えたけど、そのときは緊張のあまり一言も話せなかった。

ラスベガス公演中、スタンのもとに再びホワイトハウスから連絡があり、今度は極東へ行ってもらいたいという。大統領のアジア親善訪問にあたって政府はタイ国王に対し、大統領に同行するアメリカ人エンターテイナーを指名していただきたいと要請した。自身もサックス奏者である国王がベニー・グッドマンかスタン・ゲッツのいずれかを所望したところ、スタンにお呼びがかかったというわけだ。

スケジュールの都合上、僕らはバンコクのあとヨーロッパへ直行する必要があった。プロモーターのジョン・ウェインがツアーを企画していたのだ。僕は心からそれを楽しみにしていた。日本に一度、ラテンアメリカには二度行ったことがあるけれど、ヨーロッパを回るのはこれが初めてである。ただ問題が一つあった。ヨーロッパ側のプロモーターがスタンとアストラッド・ジルベルトを組ませたがっているというのだ。一九六六年の時点で〈イパネマの少女〉はアメリカでこそ歴史の彼方に去っていたものの、スタンはその曲のヒット以来ヨーロッパで演奏していない。そこでヨーロッパのプロモーターは、スタンに成功をもたらした状況と同じ形でツアーを売り込みたかったのである。

僕はスタンに、これは大きな誤りだと言った。わずか二年前、アストラッドが脱退したことに（そしてギャラの支払いを巡って訴訟まで至ったことに）、スタンはいまだ怒りを覚えていたのだから。その他にも、二人のあいだには色々な確執がある。しかしスタンは提示されたギャラに目がくらみ、アストラッドとのコンサートに同意してしまった。

一方、このツアーが大規模なものになることは僕らサイドマンにも明らかであり、より多くの金が必要になると予想された。スタンの知名度を考えると僕らのギャラは他のグループよりはるかに低いのに、ヨーロッパの宿泊費や食費（いずれも僕らは自腹を切った）はアメリカよりもずっと高い。たとえこのツアー限りだとしても、僕はスタンに追加のギャラを要求すべきと決心する。スタンは怒り狂った。僕らを恩知らずと罵ったのみならず、今回はツアーの契約金そのものが安い、それでも引き受けたのはヨーロッパにいるファンのことを考えた結果だ、とまで言った。だけど最後には僕の要求を受けてジョージ・ウェインを呼びつけ、バンドメンバーの宿泊費を支払えないのならツアーそのものをキャンセルすると脅した。ウェインが要求を呑んだので、僕らは多少――スタンは僕らよりもはるかに――楽になった。彼は考え得るあらゆるものをホテル代につけただけでなく、外で買ったものすらも宿泊費に上乗せしたのだ。

なんて男だろう。

ともかく、ヨーロッパの前にまずはタイである。出発直前にスワローが体調を崩したので、タイにはチャック・イスラエルス（このカルテットで演奏するのは数年ぶり）が自ら進んで同行してくれた。またモニカも来ることになり、ウェインはスタッフのなかでもっとも経験豊富なチャーリー・ブルジョワをツアーマネージャーとして送り込んだ。ヴァーモント出身のチャーリーは不愛想ながら皮肉の効いたユーモアセンスの持ち主で、音楽業界に関する知識の宝庫でもあった。彼はタイとヨーロッパに同行し、面倒ごとが持ち上がったときにはとても頼れる存在だった。僕にとっても忠実なる後援者の一人であり、ミュージシャンと活動するにあたり価値ある見本になってくれたことと合わせ、昔もいまも深く感謝している。

ジャンボジェットの登場以前、ニューヨークからバンコク（そしてヨーロッパ）へ行くには給油や乗り換えで何度も着陸する必要があり、おかげでカイロ、テヘラン、カラチ、ボンベイ、ラングーン（現・ヤンゴン）、バグダッド、ベイルートなど、いくつもの異国情緒あふれる都市に触れることができた。当時は保安体制も緩かったので、飛行機の清掃と給油を待つあいだ、僕はそれら都市の雰囲気を感じるため、機外に出てあたりを歩き回った。バンコクに到着したのは、大統領訪問の一週間ほど前だった。

ジョンソンのアジア訪問の目的は、アメリカによるベトナム関与に支持を集めることだった。タイはアメリカ兵に保養地を提供するだけでなく、ベトナムおよびカンボジアとの国境沿いに広がるジャングル地帯に秘密基地を建てるなど、アメリカの重要な同盟国となっていた。バンドメンバーは誰も軍や戦争などと関係したくなかったので、兵士相手に演奏するよう依頼されても断るようにと、スタンに約束させた。正式には、国王を顕彰するジョンソン大統領主催の公式行事で、僕らは演奏することになっていた。ホワイトハウスからの依頼なのでノーギャラだったものの、僕らにはファーストクラスが用意された。

一九六六年当時のバンコクは、米軍兵がうようよする狂気の館だった。ホテルはどこも満室なので、何ヵ所かに分かれて泊まることを余儀なくされる。僕の部屋は建物の最上階だったけれど、中庭のすぐそばにあったのでトカゲが何匹か住み着いていた。毎晩ホテルに戻るたび、二十分ほどかけて奴らを厚紙で追い出すのがバンコク滞在中の日課だった。ところが朝になると、いつの間にか戻ったトカゲが天井や壁にじっと張り付いている有様。そんなものが闇のなかを蠢いているなんて、とても寝られたものではない。

僕の部屋にはもう一つ奇妙なことがあった。どの蛇口からも熱湯しか出ないのだ。だから入浴するにはまずバスタブを湯でいっぱいにし、それから三十分ほど冷ます必要がある。歯を磨くときだって、水が〝沸騰〟する前に素早く済まさなければならなかった。

入国初日、ランチのあと一緒にジャムセッションしたいという国王のメッセージが僕らのもとに届けられた。国王はハーバード時代にサックスと出会い、いまも毎週のようにタイ人ミュージシャンと演奏を楽しんでいるという。国王とのジャムセッションは名演とまではいかなかったけれど、尊敬ともてなしの心が僕らのまわりに満ちていた。

タイの国王は神聖な存在と考えられていて、他国の王室と同じく多数のしきたりがある。一例を挙げると、国王を見下ろすことは失礼にあたるので、他の人間が立っているとき国王は一段高い台にのぼり、周囲の人間よりもほんの少し背が高いようにする。また国王と馴れ馴れしく話すことは禁じられていて、ある種の話題――政治、一族の歴史、あるいは個人生活など――は御法度である。しかし僕たちアメリカ人には例外を設けてくれ、話したいことはなんでも自由に話すようにと言ってくれた。当然スタンは、もっとも恐れ多い話題を持ち出した。

現国王の王位継承順位はもともと二番目だったものの、ハーバード在学中の一九四〇年代に発生したクーデター未遂の結果、兄王が殺されてしまう。クーデターと暗殺のいずれについても、いまに至るまで正式な説明はなされていない。新国王は事件直後に帰国、兄の後を継いで即位した。そして今日に至っても、あの運命の一夜に何が起きたかを訊くことはタブーとなっている。だからこそ、スタンがあけすけに「兄上に一体何があったんです？」と質問するのを聞いて、僕はびくびくした。しかし国王は悠揚迫らずその質問をかわし、別の話題へと移っていった。

この一日目がその週のパターンを決定づけた。演奏あるいは食事を理由に、宮殿から僕らにお呼びがかかる。そうすることで、国王はジャズやサックスについてスタンと話ができた。そして週末、歴史あるロイヤルパレス（当然ながら冷房はない）で催される晩餐会および演奏会に大統領一行が姿を見せる。タイの気候はとても蒸し暑く、それまでジャングルのような環境に耐えてきた僕らにとって、冷房の効いたホテルの部屋だけが楽になれる場所だった。ところがロイヤルパレスときたら、ゲストが到着する前からうだるような暑さである。

僕は政府高官やそのゲストと同じ席に着いた。その夜はドレスコードが定められていたので、ニューヨークで借りた白のディナージャケットに身を包んでいる。ディナーは順調に進み、僕はデザートの時間まで近くの人たちと会話していた。しかしそのデザートはシェフの選択ミスとしか言えないものだった。

蓋つきの壺を持ったウェイターがテーブルにやって来る。中身はストロベリーアイス……だったもの。すっかり溶けていまやストロベリースープになっている。ウェイターの一人が僕の隣に座る婦人に柄杓を渡そうと腕を伸ばしたところ、壺の縁に手が触れてしまい、一ガロンもあろうかという溶けたアイスが僕のディナージャケットと膝の上にこぼれてしまった。どうしようかと考える間もなく、モニカがそばに来て出番を告げた。なんてこった。

最前列にはタイ国王夫妻、ジョンソン大統領とバード夫人、そしてディーン・ラスク国務長官が座っている。僕らは三十分ほど演奏した。国王は満面に笑みを浮かべ——気に入ってくれたのだ——、ラスク長官も楽しんでいるようだ。大統領はといえばなんとなく眠そうである。一方こちらは、自分の恰好が気になって仕方なかった。何しろ純白のジャケットは薄ピンクに染まり、ズボンもストロベリースープのせいでべたべたしている。最高の夜には程遠かった。

ところがトラブルはこれで終わらない。ステージのあと、スタンは僕らを集め、慰問演奏会をすることになったので翌朝五時に飛行機で出発する、と告げた。

僕らは驚き、即座に抗議した。するとスタンは怒り狂い、愛国心が云々などと長広舌をふるったあげく一方的に議論を打ち切り、僕をホモ野郎と罵った（いつものことだけど）。まあ、国務省の頼みを断われなかったというのが真相だろう。

かくして次の朝、僕らは口もきかず地元の空軍基地に向かい、いまにも壊れそうなプロペラ機に乗り込んだ。機内に座席はなく、キャンバス地の吊り紐が伸びている。これに寄りかかれと言うのだろう。パイロットは出発前、僕らにこう言った。着陸後にジャングルから銃声が聞こえるだろうけど大丈夫、ベトコンのライフルがこの飛行機に届くことはないから、と。どういうわけか、それを聞くとかえって不安になった。

基地のなかにはジャングルを切り拓いただけというところもあり、まわりはサイクロン避けのフェンスで囲われている。なかにいる兵士は千名ほどだろう（これら〝秘密航空基地〟の存在を、政府は戦争末期まで否定し続けた）。僕らは絶え間なく舞い上がる赤い土埃に覆われながら楽器を準備し、くたびれた顔の歩哨があたりをうろつくなか、四、五曲ほど演奏した。兵士の大半はやつれ、何かに怯えているようだ。胸中はいかばかりだったろう。しかし僕が感じたことは容易に想像できるはずだ。彼らと同年代の民間人である自分たちは、変な形の楽器とともに飛行機から降り立ち、彼らには理解できないであろう音楽を演奏したかと思うと、汗ひとつかくことなく姿を消す。その一方でこれら兵士たちは、来週まで生きられるかどうかすらわからないのだ。結局、僕らは僻地にある六ヵ所ほどの基地を〝ツアー〟したけれど、スタンのせいでそうなったことに何日か怒りが消えなかった。

それにもかかわらずバンコクでの数週間は夢のような体験だった。僕らの訪問を喜んだ国王は、郊外の川沿いに建つ美しい別荘の庭で大がかりな野外パーティーを催してくれた。会場では宮廷お付きの音楽家がタイ音楽を奏でている。国王は夜が更けるまで、音楽のことやアメリカの政治について僕らと語り合った（当時はボビー・ケネディーが大統領選のキャンペーンを始めたばかりで、あの男が大統領にふさわしいかは疑問だと国王は言っていた）。それからいまに至るまで、バンコクは何回か訪れているけれど、あの夢のような一夜は僕の心に一番強い印象として残っている。

さて、現実に戻ろう。

僕らはそれからアストラッドとのヨーロッパツアーへ向かうべく西に飛び、すっかり回復したスティーヴ・スワローと再会した。最初のコンサートはどこかぎこちなく、緊張感すらあった。アストラッドは新しい夫を連れてきていた。無骨なその男はフィラデルフィアでナイトクラブを経営しているそうで、スタンも彼の存在を疎ましく感じていたと思う。緊張感の高まりが否が応でも感じられ、爆発するのは時間の問題だった。

それが現実になったのはツアー四日目の夜、オランダのロッテルダムに滞在中のことである。その夜、アストラッドはステージに立って何曲かを歌った。彼女が繊細なボサノヴァ・ナンバーを歌うとき、スタンはたいていバックで静かに演奏する。だけどその夜に限り、スタンはステージ上を歩き回るようにプレイした。そして一番の聞かせどころにさしかかったとき、アストラッドの背後に回り込んだかと思うと彼女の尻にサックスの朝顔をぴたりとくっつけ、低いBフラットを思い切り吹いたではないか。その音量たるや、アストラッドの後ろで船の汽笛が鳴り響いたかのようである。アストラッドは飛び上がってすっかり度を失い、次の小節は悲鳴のような歌声になっていた。目を見ひらいて振り向くと、そこにはスタンの気取った笑み。してやったりという表情だ。

スタンの悪戯は次の曲になるとますますひどくなった。ソロパートに差しかかった彼は出し抜けに僕のほうを向き、違うキーを指示してきた。すぐさま四音程ほど転調する。あとは言わずもがな。スタンのソロパートが終わりに近づき、最後のコーラスを歌うアストラッドのキーに戻さなければならない。だけど彼女のように経験の少ない歌い手が、曲そのもののキーが変わるのと同時に最初の音程を見つけ出すなんて、どだい無理な話だ。

アストラッドのパートが始まるのに合わせ、僕らは元々のキーに戻ってゆく。予想どおり、彼女はすっかり戸惑っている。すると、どれかは当たるだろうといろいろな音程を試しだした。正しい音程にたどり着くまで四小節ほどかかったようだ。そのあいだ、スタンはほくそ笑むような表情を浮かべていた。

アストラッドはもう歌うどころでなく、目に涙を浮かべてステージから降りていった。夫は当然のように怒り狂い、スタンに脅し文句をぶつけている。無理もないことだけど、アストラッドは二度とスタンと一緒のステージには上がらないと言った（ツアーはまだ半分も終わっていないのに）。ジョージ・ウェインの計らいで翌日は休演となり、そのあいだにニューヨークから三人のミュージシャンが呼び寄せられた。ゲッツとジルベルトの再会はかくの如しだが、その後数年間、スタンはフィラデルフィアで演奏するたびボディーガードを雇っていたという。

それから数日演奏を続けたところで、これ以上の揉め事はないだろうと感じ始めた。しかしロンドンでまたしても騒動が持ち上がる。スタンはどういうわけかドラッグ中毒時代の知り合いとつながりを持っていたらしく、またもヘロインに手を出した。こちらはびっくりするより他にない。ヘロイン中毒は昔のことだと思っていたし、一緒に活動した期間でそうなりかけたのはこれが最初で最後だ。幸いなことにロンドン滞在はわずか数日間で、その後は北アイルランドのベルファストでツアー最後のコンサートが待っている。アイルランドでジャズコンサートが催されることは滅多になく、僕らの二回連続のステージも早々に売り切れ、〝伝説のスタン・ゲッツ〟を聴くためにダブリンから八時間も車を走らせて来た人々が大勢いるという。プロデューサーの若者はこれが最初のコンサートだったそうで、何から何まで気を遣っていた。サウンドチェックを進めるあいだ、スタンの陰鬱な雰囲気はあからさまに感じられたけれど、それでも彼の緊張は消えなかったようだ。

僕らは数時間ほど休憩するためホテルに戻った。ところがプロモーターの車から降りたとたん、ゲッツがロンドンに戻ると言いだした。アストラッドとウェインのあいだで取引があり、自分は金を騙し取られるというのだ。聞く気になれないほど馬鹿らしい話で、アストラッドと喧嘩別れした腹いせに何かくだらないことをしたかったのだろう。それにロンドンへ戻る本当の理由は、あのドラッグ仲間と会いたいからに違いない。まったく正気とは思えなかったけれど、数分後にはバッグとサックスを手にしたスタンが部屋から姿を現わした。飛行機のチケットも予約済みだそうで、そのままタクシーで空港へ向かおうとするではないか。

スタンとのあいだにはいろいろあったけれど、こんな風にみんなを混乱状態に陥れたうえ、楽しみにしている観客を失望させるなんて僕には信じられなかった。本当に行くならこれ以上やっていけないと、僕は言った。こんなに早くグループを去るなんて考えていなかったし、最後のチャンスのつもりだった。だけどスタンは一度も振り返ることなく、「もうやめる!」という僕の叫びもむなしくタクシーに乗り込んだ。

それから僕らを迎えに来たプロモーターとチャーリー・ブルジョワに、僕はいままでの経緯を話した。誰もがあっけにとられた。プロモーターはスタンの反逆行為にすっかり焦燥しているし、僕は僕で観客の怒り狂った反応が頭に浮かび、スタン抜きで演奏する気になれなかった。だけどプロモーターが必死に哀願するので、僕らは演奏することに渋々同意した。観客には真相を言わず急病のためと説明したのだが、なんとかそれでベルファスト公演を切り抜けることができた。

最初、観客がその知らせに不満の声を上げたので、僕は無事には済むまいと覚悟した。ところが払い戻しのアナウンスが流れても、誰一人会場を去ろうとしない。そしてロイ、スワローと一緒にステージへあがる。最初の数曲を終えたところで会場も落ち着きを取り戻し、コンサートが終わるころには大きな喝采を送ってくれた。いずれのコンサートも、最後はスタンディングオベーションで終わることができた。

なんとか状況を好転できた僕らは驚き、興奮した。それに何より、スタンなしでもやっていけることを、その夜の経験は教えてくれた。チャーリー・ブルジョワもそれについて太鼓判を押してくれたうえ、ニューヨークに戻り次第ジョージ・ウェインのところへ行くように、とまで言った。僕はそのとおりにした——ツアーマネージャーとして、スタンの会計士に送る書類を回収するという最後の仕事もあったからだ。それら書類のなかにはギャラ関係の契約書のコピーもあって、スタンが一度のコンサートツアーで稼いだなかでもっとも高額だったことをそれで知った。僕が値上げの交渉をしたとき、金が足りないと言ったのは真っ赤な嘘だったわけだ。スタンと活動した三年間、彼のせいで僕は多くの痛みや苦しみを味わったけれど、面と向かって嘘をつかれたことはなかった。あの契約書以上に、自分の決断が正しかったことを僕に確信させたものはなかったのである。

それから二週間後、次なるツアーの詳細を打ち合わせようとモニカから連絡があったものの、僕はベルファストでの出来事が頭から離れないと返事をした。つまり、何があってもスタンから離れるということだ。二人とも、僕がバンドを辞めるなんてそのときもまだ信じていなかったけれど。

第三部　独り立ち

第十三章　ゲイリー・バートン・カルテット

一九六六年十一月、ニューヨークのアパートに戻った僕は金も底をつき、次にどうすべきか見当もつかない状態にあった。人生がこうも急に変わるなんて、予想すらできなかった。まずは落ち着いて、頭を働かせよう。だけど、どのようなグループを組むべきかはもちろん、どういう音楽を目指すべきかすら、僕はわからないでいた。

伝説的振付師のアグネス・デ＝ミルは次の言葉を残している。「芸術家は自分がどこに向かっているかを知らず、闇のなかをひたすら前へ前へと進んでいるだけなのだ」僕も部分的にはそのとおりだと思う。けれどそこに、芸術家が闇雲に前進することはない、と付け加えたい。どの方向にチャレンジすべきか、僕らは本能でそれを感じ取っている。そこに何があるか、はっきりわからなくてもだ。

事実、僕もそのとき大きな一歩を踏み出そうとしていた。ジョージ・シアリング、次いでスタン・ゲッツと活動したことで、僕はジャズ界の主流にとどまることができた。リスナーの平均年齢は四十代を越しているだろう。まだ二十代半ばの僕は、どうにか自分と同年代の人々を振り向かせたいと考えた。そこで、どんな音楽が自分を惹きつけるだろうかと考えたところ、最新の六〇年代ロックという驚くべき結論に達した。

僕はロックミュージシャンが享受している新たな自由に憧れていたし、ビートルズやボブ・ディランに対する興味も膨らんでいた。ビートルズとはスティーヴ・マルクスの紹介で一九六四年に会ったことがあり、映画『ハード・デイズ・ナイト（ビートルズがやって来る　ヤァ！ヤァ！ヤァ！）』が公開されたあとも彼らに夢中だった。シャッフルからインドのシタール、果ては管弦楽の四重奏まで、彼らは様々なスタイルを奇妙に混ぜ合わせていたけれど、僕はそれが好きだったわけだ。それまで当たり前だったスリーコードのロック音楽を時代遅れのものにする、洗練されたハーモニーと音楽構成を初めて取り入れたのがビートルズであり、僕をはじめとするミュージシャンの知的好奇心をそそっていた。四人の創造的才能が凝縮されたアルバム『サージェント・ペパーズ・ロンリー・ハーツ・クラブ・バンド』は、僕に強い影響を与えたものだ。ビートルズへの関心はスタン・ゲッツ・バンドのメンバー全員のみならず、彼らの家族まで共有しており、一九六五年にニューヨークのシェイ・スタジアムで催されたコンサートへ出向くほどだった（ビートルズの出演時間はわずか二十五分だったけれど、そのとき以上に素晴らしいライブ・パフォーマンスは現在に至るまで目にしたことがない）。

ジャズの経験とロックに抱く関心。この二つをどう結びつけるかはまだわからないものの、まずはスタートしなければならない。そこで、ミュージシャンも楽曲も手元にない状態ながらギグを模索することにした。どこかで演奏することになれば、必然的にミュージシャンを見つけ、楽曲を選ぶ必要が生じる。それまでの三年間、スタン・ゲッツはアメリカに存在するほぼすべてのジャズクラブでギグを行なった。そのため、彼の面倒を見ていた僕は、クラブのオーナーともファーストネームで呼び合う仲になったのである。まず連絡をとったのは、ボストン北部でターンパイクというナイトクラブ風の素敵な店を経営するレニー・ソゴロフ。その店には様々な人物が出入りしており、レニーは常に最高のミュージシャンを呼んでいた。彼が提示したのは一月の第一週。それがバンドマスターとして初のギグになるわけだ――ということは、あと一ヵ月でメンバーと楽曲を揃えなくてはならない。

あちこち電話をかけたところ、ビル・エヴァンスがまたも長期のリハビリ休暇に入ったことがわかった。つまり、彼のサイドマン（エディー・ゴメスとジョー・ハント）を使えるということだ。二人ともよく知っている人物なので、最初はトリオで始めようかと考えた。自分と同年代の人々にアピールする音楽を組み込もうと、そのときはまだ望んでいたわけだ。それをどう進めていくかは見当もつかないけれど。

そこに運命の転機が訪れる。マルクスに連れられて行ったマンハッタン中心部でのジャムセッションで、僕はギタリストのラリー・コリエルと出会う。ラリーはジャズの仕事を得ようと前の年にシアトルから出てきたが、結局ロックのギグばかりをこなすことになったそうだ。その結果、フリー・スピリッツなる興味深いロックバンドを結成するほどで、いまや注目を集めだしていた。僕はすぐに彼の演奏を気に入り、レニーのクラブで一週間演奏するよう依頼した。その日は夜までリハーサルを行ない、次の日には車でボストンへ向かう。ギグは大成功に終わった――一部の観客は当惑していたが。僕がスタンのバンドで演奏していたことを知る人たちは、この音楽はなんなんだと首をひねったに違いない。それでもみんな僕らの音楽を気に入ってくれ、僕らに――そして僕らの音楽に――チャンスをくれた。かくしてジャズロックの誕生と相成ったものの、それが何かを理解できるほど十分多くの楽曲を作り、ギグを積み重ねるにはあと数ヵ月ほど必要とした。

僕はナッシュヴィル時代のアルバムで異なるジャンルを組み合わせ、見事失敗させたことがある。だから同じことをするのは少し不安だった。大きなチャンスが目の前にあるのはわかっている。ロックとジャズの融合という僕のコンセプトが支持を得られなければ、バンドリーダーとしてのキャリアを確立させるチャンスも消え去るだろう。しかしすでに、自分の〝内なるプレイヤー〟との心を通わせた対話を十分済ませていたし、両者ともこの試みはきっとうまくいくと確信していた。

ボストンでの一週間が終わり、ゲイリー・バートン・カルテットは本拠地に戻った。僕は受話器を手に、別のクラブ経営者へ電話をかける。ニューヨーク最初の舞台はお馴染みの場所、数年前にスタンとレコーディングを行なったカフェ・オ・ゴーゴーだ。

オーナーのホーウィー・ソロモンは新しいトレンドへの嗅覚が鋭く、音楽とコメディーの分野で数多くの新人を世に送り出した。僕らがジャズの新ジャンルに踏み出したときも、ロックやブルースを語るのに欠かせないいくつかのグループがデビューを果たし、カフェ・オ・ゴーゴーに出演していた。ポール・バターフィールド・ブルース・バンド、ブルース・プロジェクト、マイク・ブルームフィールド、そしてフランク・ザッパ率いるザ・マザーズ・オブ・インヴェンションがその一例である。ホーウィーはカフェ・オ・ゴーゴーの二階を劇場にしていて、僕らが下にいるときザ・マザーズはそこで演奏していた。彼らは朝から晩までそこにいるらしく、フランクの複雑極まりない音楽を長々とリハーサルするのが常だった。完璧主義者のフランクはバンドメンバーにとって恐るべき存在であり、演奏の出来が不十分だったとき、あるいは次の日までに自分のパートをすべて憶えられなかったときなど、悲惨な運命が彼らを待ち構えていた。またフランクは、いかなるものであっても決してドラッグに手を出さず、メンバーが彼の前でマリファナを吸うということもなかった。もしその姿を見られれば、即座に解雇である。だが皮肉なことに、その型破りな性格のせいで、怪しげな薬の入った箱を渡そうとするファンが引きも切らなかった。そんなとき、フランクは相手を睨みつけて怒ったようにその場を立ち去るので、残されたファンは困惑するしかなかった。

フロリダで催されたジャスフェスティバルでのこと、フランクは盲目のサックス奏者ローランド・カークと僕をステージに招き、ザ・マザーズ・オブ・インヴェンションとジャムセッションさせてくれた。リハーサル無しで僕らがどんな演奏をするか、フランクは大いに期待していた。彼が用意した曲は難解そのもので、初見演奏が無理なことは一目でわかった。もちろんローランドも楽譜に頼ることはできない。そのうえ、フランクは指示や合図を行なう見事なまでのシステムを作り上げ、拍子記号やテンポ、あるいはキーの変更など、楽譜に書かれていないことをバンドに伝えられるようにしていた。当然、こうした合図をされてもローランドにはなんのことだかわからない。そんなこともあって、僕らが演奏する二つの曲について一時間ほど打ち合わせしたにもかかわらず、パフォーマンスが始まった途端、何かもが混乱に陥った。フランクはバンドメンバーと僕に絶えず合図を送っているけれど、こちらは相手の意図することがまったくわからず、ローランドはローランドで自分の世界に入り込んでいる。場所はマイアミ近郊なのに、グランドキャニオンにいるような音響だ。あの夜の観客はどう感じただろうかと、僕はいまでも不思議に思う。もちろん知るすべはないけれど、フランクにはわかっていたのではないか。何しろ一種の天才なのだから。

カフェ・オ・ゴーゴーに来た当初、僕らはこのクラブでデビューを飾ったコメディアンの一人、ジョージ・カーリンと競演した。またホーウィーはロックやブルースのバンドと僕らを組み合わせることもあった。最初のステージを見に音楽業界の大物が多数クラブにやって来たので、僕らが何か新しいことをしているのではと話題になったはずだ。クインシー・ジョーンズや、僕の新たなる恩師ジョージ・ウエインもこのクラブを訪れた。僕が作り上げたものを見極めようとしたのである。その時点でグループのスタイルはすでに形を成しつつあり、独自のレパートリーも増えていた。僕はとりわけジョージ・ウェインの反応に喜んだ。新たな道へ進もうとする人間を見るのが好きだと言ったうえで、今年自分がプロデュースするフェスティバルとツアーに参加するよう提案してくれたのである！　それだけで一九六七年のスケジュールの半分が埋まってしまうほどだった。

その一方で、グループを売り込むべくレコードをリリースしようと考えたけれど、どうレコーディングを進めるべきか自信を持てないでいた。だがここでも運命が僕に味方する。ビル・エヴァンスが自身に課したリハビリをすでに終えたと、ジョー・ハントとエディー・ゴメスから連絡があり、二人ともビルとのツアーに戻るという。僕はスティーヴ・スワローにゲッツのバンドを脱けてもらい、代わりにこちらへ加わってほしいと考えていたけれど、そうさせるだけの仕事を提供できるとは思えなかった。しかしまたしても運命の転機が訪れる。

ある日の午後、カフェ・オ・ゴーゴーでリハーサルをしていると、スワローを探しているという人物が僕のもとにやって来た。スティーヴの妻はちょうど妊娠したばかりで、誰も彼の居場所を知らないという。デトロイトで行なわれるギグに自分の代役を立てることをスタンに拒否されたので、スワローは出生に間に合うことを祈りつつ、西へと旅立ったらしい。デトロイトであれば宿泊先はウォルヴェリン・ホテル（ミュージシャンの定宿だ）に決まっているので、その情報を相手に伝えてやった。その後スワローはニューヨークへ向かう最初の飛行機で見つかったけれど、それまでのことに機嫌を損ねていて、スタンと袂を分かつ決意をしていた。かくして次の週、彼は僕のバンドに加わったのである。

ロイ・ヘインズはスタンのもとに残ったものの、僕の好きなドラマーであることに変わりはなかったので、少なくともアルバムには参加してくれるよう頼んだ。数週間後、僕らはスタジオに入り、カルテット最初のアルバム『ダスター』を録音する。そしてこれは、ジャズとロックを融合させた初めての作品ともなった——その後のレコーディングに比べれば、恐ろしいほど刺激に乏しいけれど。

来るべきギグに向け、僕はラリー・コリエルのフリー・スピリッツ時代からの友人、ボブ・モージズをドラマーとして雇い入れた。当時まだ十九歳ながら、並外れて才能豊かな人間だった（もちろんいまもそうだ）彼は次の十年間で脱退と再加入を三度繰り返したが、グループにいるときは必ず創造性に満ちた貢献をしてくれた。

バンドリーダーとしての最初の一年が過ぎるなかで、多くの喜ばしい出来事が起きた。ゲッツと活動していた時期にできた関係のおかげで、僕は数多くのステージをこなせていたけれど、そうしたクラブ経営者のなかには、あの困難極まりない日々にスタンの手助けをしていた僕の姿を憶えている人がいて、今度は僕に手を差し伸べてくれたのである。またエージェントやマネージャーといった人間はまだいなかったものの、ジョージ・ウェインが非公式ながらこうした役目を果たしてくれた。アドバイスが必要なときはいつでもジョージを頼ればよく、ツアー用のバンを買うときなど、ローンの保証人になってくれたほどだ。一方、クラブとの契約は細かな点に至るまで自分自身で処理していた。結局、一九六七年春は東海岸で活動し、その後は夏が終わるまで西海岸の各地で演奏した。それまでにない音楽を聴かせるという僕らの評判はすでに広まりつつあった。最初の数ヵ月が過ぎるころには、ラリー、スワロー、そしてモージズの三人ともすっかりグループに慣れ、ジャズとロックを融合させる試みに全霊を打ち込んでいた——とは言え、ジャズの主流派はロックのことを、自分たちからファンと仕事を奪う敵とみなしていたのだが。

新車のバンで初めてのツアーに出た僕らは、ロックミュージシャンの外見も真似るべきということで意見が一致した。一九六〇年代当時、ジャズグループがそんなことをするなど異端と言われても仕方がない。ジャズミュージシャンの服装といえばスーツとネクタイが定番であり、（週末に限っては）タキシードを身にまとうこともあるほどだ。いまとなっては信じられないが、スタン・ゲッツやマイルス・デイヴィスといった当時の大物中の大物でさえ、たとえ薄汚いことこのうえないクラブに出演するときも、ビジネススーツで演奏するのが当たり前だった。僕らも最初はそうしたドレスコードに従ってジャケットを着、ネクタイを締めていた。だけどそのジャケットは紫のベルベット、金色のラメ、あるいはバックスキンである。そのうえ、ロックミュージシャンのように髪も伸ばし始めた。クラブのオーナーもそうした外見をステージ衣装と認めていたので、まあ満足していたのだろう（少なくとも破れたリーバイスやTシャツでステージに上がることはなかった）。

秋を迎えるころ、ヨーロッパ各地で演奏する手はずをウェインが整えてくれた。ヨーロッパに行ったのはスタンとのツアーだけだったので――それも苦い記憶ばかりだ――、新しいバンドメンバーと演奏できるのが待ち遠しくて仕方なかった。まずはロンドンにおけるジャズのメッカで、床面積を二倍に拡張したばかりのロニー・スコッツ・クラブに二週間出演する。もちろん、観客はみんな驚いた。ビートルズなどのおかげで〝ロック〟と言えば〝イングランド〟を意味するようになっていたのだが、ロニー・スコッツ・クラブはあくまで正統派のジャズに固執していたからだ。

僕らはすぐさまセンセーションを引き起こした。話を聞いた観客が毎夜クラブを埋め尽くし、僕らは注目を浴びることに酔いしれた。同時期に催されたロンドンBBCジャズフェスティバルには数々の大物ミュージシャンが出演していたので、夜になるとカウント・ベイシーやジョー・ウィリアムズ、果てはサラ・ヴォーンやジェリー・マリガンといった有名な音楽家を目にすることができた。ある夜などマーロン・ブランドが姿を見せたほどである（彼は大のジャズファンだった）。

ロンドン滞在中、フィリップ・ラーキンが僕らに好意的なレヴューを書いてくれた。ラーキンはイギリスを代表する詩人で、幼少のころスウィング全盛期のバンドに惹きつけられて以来、終生にわたってジャズをこよなく愛し、評論家としても活躍した。その一方でモダンジャズはまったく評価しておらず、一九七〇年代初頭に出版された『オール・ホワット・ジャズ』の前書きで、芸術全般、とりわけジャズがモダニズムのせいでいかに損なわれたか、辛辣な言葉遣いで書き記している。だからこそ、モダンジャズのミュージシャンとして彼から高く評価されたことに、僕は心底驚いた。このときのレヴューはいつまでも僕の宝物であり続けるだろう。

ロンドンでのある夜のこと、居並ぶ有名人の前でモージズがエアドラムを披露した。僕は彼のドラムソロをステージで必ずフィーチャーしていたけれど、このときモージズは一度もドラムに触れることなく、身ぶりだけでそれをやってのけたのだ。その効果たるやまるで魔法のようだった。完全な静寂のなか、モージズのスティックがドラムやシンバルに触れそうになるたび、実際叩けばどういう音がするのだろうと、観客はどうしても想像してしまう。バンドメンバーを含む会場の誰もが息を呑んだ。それから数ヵ月、エアドラムソロは僕らのセットに欠かせないものとなった。

ロンドンに到着してすぐ、僕らは服を買いに出かけた。ロンドンの物価はアメリカに比べて信じられないほど低く、モッズファッションの中心地であるカーナビー・ストリートはロックバンドの外見を望む僕らにうってつけの場所だった。次の公演地へ移るころにはロンドン中の話題をさらっていたので、僕らはロックスターの気分を味わうだけでなく、外見もまさにそれを真似ていた。そしてヨーロッパ大陸も席巻してやろうと目論んだのである。

確かに、席巻したとは言えるだろう。大陸に移ってまず出演したのはパリ・ジャズフェスティバル。

会場は歴史を誇るサル・プレイエルで、イーゴリ・ストラヴィンスキーが『春の祭典』（あとで考えれば奇妙な偶然だ）の初演で観衆のブーイングを浴びたのもこのコンサートホールである。僕らはその夜のスタートを飾る女性ゴスペルグループ、ザ・スターズ・オブ・フェイスと共演することになり、それから僕のこよなく愛するシンガー、サラ・ヴォーンが出演する予定だった。

ロンドンで熱狂的な歓迎を受けた僕らは、パリでも当然そうなると考えていた。ところが、僕らの音楽は彼らの予期せざるものだったらしく、金色のジャケットとバックスキンの房飾りに身を包んだ僕らがステージに上がるや否や、観衆からざわめきが起こった。演奏を始めてしばらくは、このまま行けるだろうと考えた。しかし曲の終わりが近づくたび、観客がより興奮しているように感じられる。スポットライトのせいでその様子はよく見えないけれど、何かが起きているのはなんとなくわかった。ある曲でラリーがギターのフィードバック効果を使ったところ観客の怒りが爆発し、曲が終わっても拍手がほとんど聞こえない。その代わり耳に入ったのは叫び声と口論。観客の半分は僕らを追い出そうとし、残りの半分が僕らを守っている。会場の誰もが僕らの音楽を巡って喧嘩しているのだ！

やがて叫び声が僕らの音楽をしのぐ大音量になる。それでも僕らは次の曲――ドラムをフィーチャーした曲――に移った。しかしモージズのソロに入った瞬間、タムタムの一つが外れてしまい、音を立てて床に落ちたかと思うと数フィートほどステージを転がっていった。観客が一斉に沈黙する。「今度はなんだ？」みなそう考えていたに違いない。モージズがこんなチャンスを見逃すはずはなく、この事態を利用しようと試みる。ソロを続けながら、ドラムセットを一つまた一つとばらしていったのだ。しまいには床に転がり、あたりに散らばるドラムをひたすら叩く有様だった。

観客はすっかり怒り狂い、ステージどころではなくなった。これ以上の演奏はとても無理だ。ドラムセットが床一面に散らばっているのはいいとして、観客が完全に暴徒と化している。僕らがステージ脇へと逃れたところ、騒ぎを沈静化すべく警察がやって来た。客を会場に戻してサラがこの夜のステージを終わらせるまで、ゆうに一時間はかかった。それから数年間、彼女は僕の顔を見るたび、あれ以上思い出深い夜はないとからかったものだ。

パリでの一夜から十五年くらい経ったころだろうか、ヨーロッパのどこかで飛行機に乗ったところ、年長の黒人女性がこちらを見つめているのに気づいた。すると、別の女性と話しながら僕を指差す。やがて二人は僕の席に来て、ためらいがちにこう言った。「もしかしてゲイリー?」僕はいくぶん驚いて、そうですと答えた。このお婆さん、どうして僕の名前を知っているんだろう? すると、二人ともザ・スターズ・オブ・フェイスのメンバーだったというではないか。そう、あの忘れ難い夜、僕らの前に出演したゴスペルグループだ。すると二人のうち一人が財布に手を伸ばし、古ぼけた新聞の切り抜きを取り出した。そこにはステージに立つ僕の姿が写っている。彼女いわく、人生で一番印象深いあの夜のことは決して忘れられないそうだ。僕だって忘れることはないだろう。

僕は長い年月をかけて、サラ・ヴォーンをはじめとする伝説的ミュージシャンと数多く出会っているが、デューク・エリントンほど僕に強い影響を与えた人物はいない。

最初の出会いは僕がスタン・ゲッツと活動していた一九六五年、ピッツバーグ・ジャズフェスティバルの楽屋でのことである。いつものとおり、スタンはヴィブラフォンのソロ楽曲をフィーチャーしてくれたのだが、演奏を終えてステージから下りると、デュークが楽屋で僕を待っていた。彼は僕を脇へ引き寄せ、僕の曲が心に残ったと言うではないか。新たな奏法を発見したミュージシャンを見るのが好きらしい。六〇年代後半になると、コンサートやツアーでエリントン・バンドと頻繁に活動するようになるが、デュークは僕の顔を見るたび、僕のしていることに興味を示したうえ、わざわざ励ましの言葉を贈ってくれるのだった。

デューク以上に重要なジャズミュージシャンはいないと考える人間は数多い。彼は七十五年にわたる生涯のほとんどを、ジャズの世界を新たな領域へと押し広げることに費やし、後世に残した多数の楽曲、不朽の名作となった数々のレコーディング、そして革命的とも言える編曲技法を通じ、その影響力を不滅のものとした。僕が彼と知り合えたこと、そしてバンドリーダとしてのキャリアを積むにあたり彼に応援されたことは幸運としか言いようがない。

デュークの権利関係を管理していた妹ルースが僕に語ったところによると、兄はジャズの世紀が生んだ賜物だという。彼の成長はまさにそれと軌を一にしている。新世紀の始まり（一八九九年）に生まれたデュークは一九二〇年代に二十歳となり、一九三〇年代に三十歳となった。そして少なくとも六〇年代に至るまで、自身による果てしない技術革新のおかげでジャズの最前線にとどまることができた。さらに彼は生涯を通じ、アメリカ社会の動向と文化を巧みに取り入れたのである。

《コラム》デュークと僕

二〇世紀に入るころのワシントンDCで生まれ育った黒人青年のなかで、エドワード・ケネディ・エリントンはかなり恵まれた部類に入る——当時のワシントンDCは事実上、差別がはびこる南部の都市と言ってよかった。父親は製図工として海軍に所属しつつ、とある有名な白人物理学者の執事を務めていた。また両親のいずれもピアノの心得があったので、若きエドワードは初期に活躍した多くのジャズミュージシャンと違い、優れた音楽教育を受けられたのである。

エリントンは一九二三年（当時二十四歳）から一九七四年にこの世を去るまで自身のバンドを率い続けた。かくも早くからリーダーとして活動できたのは教育の賜物だったはずだ。楽譜の読み書きができたから、サイドマンとして経験を積むという普通のルートをスキップしても問題ない。作曲やアレンジも若いころからお手の物だったうえ、自分の曲をどう演奏するか他のミュージシャンに教えることもできた。さらに、彼の個性はリーダーにふさわしいものである。友人から〝デューク〟という愛称を奉られたのも、若いころから派手な衣装を好んでいたからだ。

デュークの発想はどこから生まれたものなのか、僕はいまでもよくわからない。先達のような存在はなく、モダンジャズを一人で発明したと言っていい。この音楽がどのような音であるべきか、あたかもそれを〝耳にした〟かのようで、あの独特なビッグバンド構成がジャズというものを事実上定義づけたのだ。三〇年代にビッグバンドを組む以前、デュークはまず中サイズのバンドから始め、その音楽は当時の需要を反映していた。つまり、最初はダンス音楽を主に作曲し、バス、列車、あるいはツアー先のホテルでそれを書き上げたのである。しかし商業性が必要とされる状況のなかでも、デュークは独創性の追求にこだわった。

一九三〇年代を迎えた時点で、デューク率いるバンドはかの有名なハーレムのコットン・クラブに移っており、おかげで知名度が一層高まった。そのころすでに、エリントン・オーケストラはいまやお馴染みとなった十八人編成にまで拡大し、伝説を生み出すのに貢献したプレイヤーとの生涯にわたる交友も始まっていた。デュークのバンドには特筆すべき特徴がいくつかあるが、その一つがミュージシャンとリーダーとの長きにわたる信頼関係である。バンドメンバーはデュークのことを陰で〝腫れ目野郎〟

と呼んでいたけれど、いずれも数十年にわたってバンドにとどまった——デュークが一人一人の独自性を尊重したのが理由の一つだろう。大半のバンドリーダーは金管楽器あるいはリード楽器セクションの一体性を追及するが、デュークはミュージシャンのあいだに一体性の欠如を求めた。サックスセクションを耳にすると、単に五本のサックスでなく、各プレイヤーそれぞれの音色が聴こえるという具合だ。

同世代の人間の多くがそうだったように、僕もエリントンの音楽をレコードで聴いただけでなく、個人的な体験として知っている。彼のバンドは五十年間ほぼ休まずに活動した——ここで言う〝休まずに〟とは〝毎晩欠かさず〟の意味である。六〇年代にエージェントとして重用されたジョージ・ウェインが僕に語ったところによると、デュークは晩年になっても、週に七回演奏することを望んでいたという。メンバーに一晩でも休みを与えれば、必ずトラブルに巻き込まれる、と。みんな七十代の老人なのにだ。ある夏ヨーロッパを訪れたときのこと、ジョージは予定の入っていない一日をどうすべきか悩んでいた。何かが決まるかもしれないと知らせを待ったが、結局デュークのホテルに出向いてこう言った。「やあ、デューク。ニュースがあるぞ。僕らはいまニースにいるわけだが、明日は休みにしておいた。一日リラックスして楽しんでほしい」するとデュークはしばらく考え、こう答えた。「次のギグはハンブルグだったな、ジョージ。さっさとそこに行こう。仕事探しに苦労していると思われたくないんでね」

ノンストップに近いスケジュールを知って僕も驚いた。コンサートのチケットがすぐに完売すると、プロモーターは深夜に追加のショーを入れようとするものだ。僕も一週間ほど毎晩立て続けにコンサートをしたあとようやく、今夜は深夜に演奏しなくてもいいと、ツアーマネージャーに言われたことがある。そんなときデュークはどうするか？　メンバーに集合をかけ、朝の五時まで新曲のリハーサルを行なうのだ。まったく信じられない。デュークの死から数ヵ月以内に、古くからのメンバー数人がこの世を去ったというのは極めて暗示的だ。いずれのメンバーもバンドの勢いこそが生きる糧であり、それがなくなった瞬間にこの世から姿を消したかのようである。

一九六〇年代、デュークと僕はともにＲＣＡからレコードをリリースしていたので、何かの機会で一緒になることがよくあった。そんなとき、デュークはしばしば妹ルースを連れていた。彼女は愛想のいい美しい女性で、同じ家に住む兄を心から慕っていた。一九六八年度のグラミー賞授与式で、僕はデュークに〝ライフタイム・アチーブメント・アワード〟を手渡すよう頼まれた。彼はいつものように、完璧ながら独特な服装をしている。すると他のみんなが気づくより早く、彼は白でなく黒のタキシードを身にまとい、とてもクールなサンダース軍曹風の蝶ネクタイを締めたのだ。そしてこれも普段と同じく、デュークは注目の中心にあって、周りの全員を楽しませていた。プレゼンター役の僕は少しナーバスになったけれど、本番はなんとかうまく行き、最後にこう締めくくった。「……偉大なるデューク・エリントン！」観客が立ち上がって拍手を送り、スポットライトの光が彼を捉えようと室内を回りだす――しかしデュークはそこにいない。なんとトイレに行っていたのだ。数分後に戻った彼は、二度目のスタンディングオベーションを受け取った。

その後もずっと、ツアーでデュークと顔を合わせる機会があったけれど、彼はいつも思いやりのある言葉をかけてくれた。相手が誰であっても、風変わりなお世辞を言うことで有名だったのである。何かのイベントで僕を目にするたび、彼はこちらへ近づきこう言葉をかける。「礼儀だからね。君にも声をかけなくちゃ」打ち上げの席で、デュークはピアノの演奏を求められることがよくある。そうした夜会でのこと、中年の女性が彼に顔を寄せて〈十二番街のラグ〉をリクエストした。一九一四年に作曲された陳腐な曲だ。周囲の何名かが息を呑む。目の前にいるのは、およそ二千もの曲を書き、その多くをスタンダードナンバーにした人物なのだ。しかしデュークは満面に笑みを浮かべて〈十二番街のラグ〉を弾き始めた。なんて優しい男だろう。

デュークは僕にとって偶像である。だからこそ、ある年のベルリン・ジャズフェスティバルで観客がした行為に僕は怒りを覚えた。まず第一に、一部の観客がバンドなどそっちのけで新聞を読んでいる。それから数曲後、ブーイングが上がりだした。ベルリンではこんなことがあると聞いてはいたけれど、実際耳にするのは初めてだ――しかもそれが、誰あろうデューク・エリントンに向けられているなんて！　忘れることも許すこともできなかった。この出来事のあと、僕はベルリンで何度か演奏しているものの、一度たりともベルリン行きを楽しみにしたことはない。あの夜の出来事が記憶から消せないのだ。

たった一度でもデュークと演奏していれば、素晴らしい記憶として残っていただろう。しかしその機会はついに来なかった。僕の知る限り、彼がヴァイブ奏者と演奏したことはないはずだ。だけど、一度だけレコーディングセッションに招かれたことがある。ある夜のこと、翌週新作のレコーディングをするからスタジオに寄ってみたらどうかとデュークに言われた。録音ブースでエンジニアの横に立つ自分の姿が目に浮かぶ。他に招待されたのは恐らく数名だけ。これ以上の栄誉は望めそうにない。

地下鉄を降り、ＲＣＡのスタジオがある二十三番街の角を曲がると、僕の興奮はさらに高まった。時刻は夜の十時、普段ならこのあたりの人通りは少ない。しかし建物の前には五、六台のリムジンが列をなして駐まっている。なかに入るとスタジオＡにバンドメンバーが集合していた――さらに、タキシードやガウン、あるいは毛皮のコートに身を包んだ百名ほどの人間がひしめき合っているではないか！　ハーレムの大規模なダンスホールがここに移転したかのようだ。エンジニアブースはすでに人で一杯で、スタジオにまで人がはみ出している。その人たちは折りたたみ椅子に座ってバンドと向かい合い、即席の観衆となっていた。その場に白人は僕だけだった。

僕は椅子の背を摑み、畏れを感じながらその様子を見た。あるテイクでは、偉大なるアルト奏者ジョニー・ホッジスが休憩から戻らないまま演奏が行なわれた。また音が正しくないとデュークが演奏を止めることもあった。誰かが前の曲を演奏していたのだ。指摘された人物はこう言った。「いや、曲が変わったなんて聞いてないぞ」すっかり飽き飽きしたメンバーにとって、これも毎度お馴染みのギグに過ぎないのだ。

こうした混乱のなか、デュークが音楽に集中できるのが不思議でならなかった。しかし数ヵ月後にリリースされた『ザ・ファー・イースト・スイート（邦題・極東組曲）』――最高傑作の一つと考える人は数多い――は、発売されるや嵐のような賞賛を受けた。いまこのアルバムに耳を傾けても、レコーディングに立ち会えたことが信じられない。たぶんトリビュートの意味もあって、僕はそのなかの三曲をのちにレコーディングしている。

エリントンは革新的なビジネス手法でも名高い存在だった。僕のバークリー時代の旧友であるハーブ・ポメロイによると、IRA（個人退職積立勘定）あるいは401k（確定拠出型個人年金）なるものが生まれるはるか以前から、デュークはサイドマンのために一種の退職プログラムを編み出していたという。また、五〇年代にデュークがコロンビア・レコードと行なった交渉の話も面白い。当時の企業幹部にとってペイズリーのネクタイなどもっての外だったので、派手な身なりを好むデュークはペイズリー柄のスーツを着て契約調印の場に臨んだのである。

ジャズの作曲法でエリントンが成し遂げた革新は、今日のミュージシャンと作曲家に影響を与えている。しかし僕が彼を尊敬するのには、もう一つ個人的な理由があった。

デュークはゲイでないにしても、当時としては稀なほど同性愛に寛容だった。またゲイを公言していたビリー・ストレイホーンとは、作曲上の共同作業者として終生強い関係を維持し続けた。ストレイホーンはハーレムのみならずゲイ社会にも強い影響力を持ち、長期にわたる交際を二度も堂々と行なった（当時としてはこれも珍しいことだった）人物である。二人の関係はごく親密ながら謎めいた部分も多かった。他のミュージシャンと違って決まった額の報酬を受け取るのでなく、必要な額をデュークに請求していたのがその一例だ。

そして最後に、いつも多くの人間と付き合いながら、ジャズやロックの分野で活動する若いミュージシャンとなぜああまで親交を結ぼうとしたのか、僕は不思議でならない。何しろ、大切なレコーディングセッションに僕を招待するくらいなのだ。たぶん僕自身が気づいていない方向性を僕のなかに見出したのだろう。音楽界のみならず社会全体に生じた変化を見ることなく、彼がこの世を去ったのが残念でならない。

僕はすれ違い程度でもデュークと知り合えたことを誇りに思っているし、彼の音楽は僕にいつまでも影響を与え続けるはずだ。僕はジャズの生誕に立ち会ってはいないけれど、（デュークをはじめ）何人かのパイオニアに会えただけでも十分ラッキーだ。この音楽を発明した人々とつながるとともに、自分たちの出番になったとき、当然たどるべき変化に加わることができたのだから。まったくタイミングのよい人生と言わざるを得ない。

バンドの最初の一年を評価してみると、大成功と結論づけていいだろう。僕らはアメリカ全土で演奏し、ヨーロッパ中をツアーした。それにメンバーに対しても、生活するのに十分な仕事を与えている。またRCAでレコードを二枚録音した。そのうち二枚目の『ロフティ・フェイク・アナグラム』は一九六八年初頭に発売されている。にもかかわらず、僕の生活は苦しかった。それまでは常に誰かの下で活動していたけれど、いまや逆の立場になったわけだ。バンドリーダーとしての経費を支払うと、僕の収入はサイドマン時代のそれを下回っていた。

とは言え、どのバンドも結成初期はそんなものであり、僕もそれに引きずられないよう心がけた。それに過去を振り返る気にならないほど、仕事はうまく行っていたのだ。

第十四章　第一線の日々

一九六七年から六八年にかけ、僕らはサンフランシスコのベイエリアにあるレストラン兼クラブ、トライデントで数回演奏した。そこは西海岸における居心地のよい活動拠点となっただけでなく、思い出深い二、三の出来事の舞台ともなった。ある日の午後、『デイティング・ゲーム』というテレビ番組を見ていた僕は、賞品を紹介するところで我が耳を疑った。成立したカップルにはサンフランシスコ行きのチケットが送られ、かの有名なジャズスポット、トライデントでゲイリー・バートン・カルテットの生演奏を聴くことができるという！　次に出演したときそのことを尋ねてみると、まさに今週、番組のカップルが来ることになっているらしい。それは一目瞭然だった。女性のほうは明らかにプロのモデルで、一方の男はスーツと白い靴下が不似合いな、どこから見ても変人である。二人は緊張した様子で一つのテーブルにつき、隣のテーブルでは付き添いらしき人物とカメラマンが二人の〝ドリーム・デート〟を写している。女性が仕事としてここへ来たのは間違いないが、途中でデートを止めるわけにはいかない。二人とも、一刻も早くこの場から離れたいという顔をしていた。

またマイルス・デイヴィスとの恐るべき出会いも果たしたのもトライデントである。直接顔を合わせたわけではないけれど、恐ろしかったことに変わりはない。マイルスはマネージャーのルー・ガナポラーとランチをとりにトライデントへ来ていた。二人はルーがニューヨークのヴィレッジ・ヴァンガードを経営していたときからの友人である。マイルスがさりげなくトライデントのことを訊いたところ、ルーは僕の新バンドの名を挙げて褒めちぎった。しかしその夜、ルーが僕に語ってくれたところによると、マイルスは僕の名前を聞いた瞬間機嫌を損ね、あのしわがれ声で「今度奴が俺の名前を口にしてみろ、絶対にぶっ殺してやる！」と吐き捨てたそうだ。

何かマイルスを怒らせることをしたのかと訊かれた僕は、すぐに思い当たった。話は一週間ほど前に遡る。その日、僕はロサンゼルスタイムズ紙の有名なジャズライター、レオナルド・フェザーからコラムのインタビューを受けていた。レオナルドは僕の新バンドやジャズ—ロック現象について色々と質問した。そのなかでも、どうしてそんな奇抜な格好をしているのか、ここまで過激な方向性を選んだのはなぜか、というところに彼の興味は集中していた。それに対して僕は、若きミュージシャンである僕らは自分自身のアイデンティティーを探し求めていると答え、すべてのトランペット奏者がマイルスのように演奏できるわけではないし、すべてのテナーサックス奏者がコルトレーンのように演奏できるわけでもないと続けた——まあ妥当な回答だと、そのときは思った。

翌日の記事は次の見出しで始まっていた。「マイルスもコルトレーンも時代遅れとバートンは語る」僕は死ぬほど仰天して、すぐさま電話でレオナルドに抗議した。ところが相手は、自分は君の言葉をこのように理解したのだと言い、訂正を拒否した。掲載されるのが全国誌でなく地元の新聞なので、二、三日もすれば忘れ去られるはずだと僕は期待した。掲載当日、まさかマイルスがロサンゼルスを訪れているとは夢にも思わなかったのである。僕はルーの勧めに従ってマイルスが宿泊しているホテルに短い手紙を送り、自分の言葉が誤解されたと説明したうえで記事について謝罪した。その手紙を彼が受け取ったかどうかは定かでない。

《コラム》マイルス・デイヴィス

マイルスとはジョージ・ウェインが企画したツアーですれ違ったことはあるけれど、面と向かって話したことは一度もない。向こうは僕のことなど知らないふりをしていたし、こちらも近づく度胸はなかった。顔を見るたび恐怖を感じさせる人間は何人かいるけれど、マイルスもその一人だ（ぶっ殺すなどと脅されては無理もない）。もちろん、僕はマイルスのことも彼の音楽も心から尊敬している——僕の知っているミュージシャンはみんなそうだ——し、彼のグループに所属したメンバーの多くは僕の友人になっている。しかしマイルス自身は、プレイヤーとしてもバンドリーダーとしても威張り散らしていたけれど、孤独で不安げに見えることもたびたびあった。大陸間長距離通話が数百ドルもした時代、彼は母国の友人と喋るためだけに、ツアー先のヨーロッパからニューヨークに毎晩二、三時間も電話するほどなのだ。

しばらくのあいだ、マイルスはスパーリングのパートナーを伴いツアーに出かけていた。彼は小柄だったにもかかわらず、いや、あるいは小柄だったがために、ボクシングを心から愛し、毎朝ジムの時間を設けるようコンサートのプロモーターに要求していた（ホテルがフィットネスルームを用意したり、誰もがトレーニングに精を出したりするようになるのは、ずっと先の話である）。早朝にスパーリングをするので、マイルスは自分の出番を最初にするよう常に求めた。普通、彼のような大物はコンサートの最後に出演するものだし、夏のフェスティバルになると出番が深夜になることもある。席が半分しか埋まっていないステージで演奏するマイルスの姿をよく見たものだ。そのあいだも続々と入り込んでくる観客は、結局彼のステージの大半を見逃すことになったのである。

ある年のヨーロッパツアーでのこと、バルセロナに到着したバンドメンバーが税関当局に拘束されてしまう。ツアーマネージャーがあとで僕に語った話では、バンドの荷物が残らず一ヵ所に積み上げられていたうえ、中身をすべて確認したいと税関警察から言われたという。パンアメリカン航空の小さなショルダーバッグのなかに、マイルスがコカインを隠し持っていることをマネージャーは知っていた。そこで、係員がそのバッグに近づくのを見た彼は自ら手伝いを申し出、荷物を次から次へと渡し始める。そうすれば時間の節約になるだけでなく、注意をそらせると考えたのだ。そして荷物を係員に渡しながら、パンアメリカン航空のロゴ入りバッグを検査済みの荷物の山に見事紛れ込ませた。こうしてバンドは危機を脱したわけだが、マネージャーはこれ以上の緊張に耐えられないと、明日帰国する旨を伝えたのだった。

マイルスはそのキャリアを通じ、人々のジャズに対する考え方を不可逆的に変えた。一九四九年、彼は当代一流のジャズ・アレンジャー数名と活動、アルバム『バース・オブ・ザ・クール』によって新たな作曲スタイルを開拓するとともに、一九五〇年代のジャズを形作った。一九五九年には『カインド・オブ・ブルー』をリリース、六〇年代におけるビバップの終焉を予言する。そして一九六九年リリースの『ビッチェズ・ブリュー』で、僕をはじめとする数名のパイオニアが一九六七年に登場させた、七〇年代のジャズフュージョンへと足を踏み入れた。

数多くのファンと同じく、僕もピリピリしたマイルスには失望させられた。一九五〇年代から六〇年代にかけての素晴らしいグループ、とりわけアレンジャーのギル・エヴァンスとの協力関係は、当時最高のレコーディングとして結実している。以降のキャリアもそうしたスタイルにとどまれたはずだし、ナンバーワンのジャズアーティストであり続けるのも簡単だったろう。しかし彼には変化を求める飽くなき欲求があった。そうすることで仲間のミュージシャンだけでなくファンをも挑発したのである。後者のマイルスに抱く自分の感情を整理するのに、僕は何年もかかった。マイルスが世を去る少し前、僕のバンドと彼のバンドがマサチューセッツのタングルウッド・フェスティバルで共演したので、僕はマイルスの演奏を聞こうと出番が終わったあとも会場に残った。その夜円形劇場を埋めた五千人の観衆とともに、僕はいくつかの素晴らしいトランペット演奏と、よく理解できない何曲かを聴いた。だけど耳にしたものを拒否するのでなく、理解しなければならないと感じられる。やがて、リスナーを失う危険を犯してでも成長し続けたいという彼の欲求に気づいた。マイルスの音楽は若い僕に影響を与えたが、音楽の未来に対する彼の献身はいまに至るまで僕を鼓舞し続けている。

バンドリーダーとしてのキャリアが軌道に乗り始めた一九六八年夏、RCAのクラシック部門責任者を務めるロジャー・ホールから呼び出しを受けた。彼はラインナップの幅を広げるプロジェクトを模索していたのだが、クラシックの分野で共演してみたい音楽家はいないかと僕に訊いてきた。突然のことで僕は驚き、返事もできなかったけれど、しばらくしてグァルネリ弦楽四重奏団が以前RCAでレコーディングしたのを思い出し、その作品を気に入っていたこともあって、彼らの名前を挙げた。次にホールから作曲家はと尋ねられたものの、頭に浮かぶ——鬼籍に入った人物は除く——のはサミュエル・バーバーの名前だけ。一九六〇年代初頭、ピュリッツァー賞に輝いたオペラ『ヴァネッサ』をニューヨークのメトロポリタン歌劇場で目の当たりにし、またオーケストラのレコードを数枚持っていたこともあって、魅力的な音楽と感じていたのだ。

ホールは即座にこう言った。「サムに電話して興味があるか訊いてみよう」彼が個人的にバーバーを知っていることに僕は仰天したが、これから共同レコーディングを提案するとあってはなおさらだ。

それから一、二週間後、僕はニューヨークのアパートメントでバーバーと会った（彼は大半の時間を、ニューヨークから北に一時間ほどの場所にある邸宅で過ごしていたが、市内にも素晴らしいアパートメントを所有していた）。バーバーはまず僕の音楽を知りたがった。僕のレコードは一度も聴いたことがなく、ジャズについてもよくわからないという。ピアノ演奏を聴いてみたいということで、僕は自作の曲をいくつか弾いた――『ヴァネッサ』から着想した曲もその一つである。バーバーはそれには興味を示さなかったものの、曲の一つを大いに褒めてくれた。初日から数時間も一緒に過ごしたとあって、自分のアパートメントに戻った僕は成功を確信した。

次にバーバーは、マウント・キスコにある自宅へと僕を招待した。その日から、音楽あるいは音楽業界についてとりとめなく話し合うための訪問が始まり、その過程で僕らが手をつけるべきコンセプトも絞り込まれていった。そして最終的に、二つのカルテットによる演奏というアイデアで話がまとまった。つまりゲイリー・バートン・カルテットとグァルネリ弦楽四重奏団との共演である。いま振り返ると、僕のちっぽけなバンドがかくも偉大な作曲家や演奏家と関わり合うだなんて、畏れ多いにもほどがある。だけど何もかもが順調だった当時、僕は一種の怖いもの知らずだった。

《コラム》サミュエル・バーバー

僕が初めて出会った当時、サムは音楽業界に多くの疑いを抱いていた。若くして成功を収めた彼は、一九六〇年代に入って無調音楽などが流行するようになると、時流から取り残されてしまう。同じころ、サムとコラボレーションについて語り合っていた僕がそれをある批評家に話したところ、相手は鼻で笑い、バーバーの音楽など時代遅れだと言い放つほどだった。僕は驚いたけれど、そうした評価がサムの心に重くのしかかっていることをすぐに知った。当時の最新作は彼にとって二作目となるオペラ『アントニー・アンド・クレオパトラ』で、リンカーンセンターのメトロポリタン歌劇場オープンを記念すべく一九六六年に書き上げたものである——絢爛豪華な作品ではあったが、特に評価はされなかった（サムは歌劇場のオープンに間に合わせるべく、九ヵ月ものあいだほぼ無休で大きなイーゼルの前に立ち、曲の製作を行なった。本人いわく、座ってしまうと数時間で背中が痛くなるが、立っていれば一日中書き続けられるという）。

サムの書斎にはピアノがあったので、僕はそれを使って作曲しているのかと訊いてみた。ほとんどのジャズミュージシャンはピアノまたはギターを使い、メロディーやコードを確かめながら作曲する。ところがサムは、そんなことはしないと答えた。ピアノの音が耳に入った瞬間、他の楽器でどう聞こえるか想像できなくなってしまうからだという。優れた編曲法で知られる人物にとっては致命的な問題だ。しかしそのピアノ自体には強い愛着を抱いていた。スタインウェイの逸品で、元の持ち主は伝説的ピアニスト兼作曲家のセルゲイ・ラフマニノフ。ラフマニノフはサムに対し、自分が死んだらこのピアノを譲ると約束したそうだが、未亡人がようやく手放すまで何年もかかったという。

サムはクラシック界の自分に対する扱いに強い不満を抱いていた。現存するアメリカ人作曲家でもっとも偉大な存在だったのは間違いないが、それでも批評家や同業者から事実上無視されていたのである。僕らの会話も、ジャズミュージシャンとの共同プロジェクトによる結果に重点が置かれた。ある日のこと、彼はシカゴに住むジャズファンの甥に電話をかけ、僕のことを尋ねた。ＲＣＡのロジャー・ホールから推薦された以外、僕の音楽について何一つ知らず、僕の評判に懸念を抱いていたのだ。しかしサムに信頼されている甥は、僕のバンドをよく言ってくれた。その言葉がなければ、プロジェクトはそこで打ち切られていただろう。

二人の話題は音楽と個人的問題が半々だった。僕は出会った直後にサムが同性愛者だと感じたし、僕の性的指向が話題になったことは一度もないのに、サムはそちらの方面についても徐々に話すようになった。この男もゲイだと感じていたのだろう。だけどそのとき訊かれたところで、僕がどう答えていたかはわからない。自分でもまだわかっていなかったのだから。

サムにはジアン・カルロ・メノッティという長期にわたるパートナーがいたけれど、このイタリア人作曲家とのあいだに肉体関係はなかったと思う。ある日のこと、僕と二人で邸内を散策していたところ、サムは薄暗い部屋のドアをあけ低く静かな声でこう言った。「ここはメノッティの部屋だ」（二人はイタリア北部にも家を持ち、毎年四ヵ月ほどそこで過ごしていた）サムは自分の住まいに強い誇りを抱いており、天気のいい日にプールを見せてくれたこともある。所属する音楽会社のシルマーが創立百周年を記念し、サムに作曲を依頼した。報酬は何がいいかと訊かれたので、内部に照明のあるプールを持つことが昔からの夢だった、とサムは答えたのである。「つまり、これはシルマーのスイミングプールなのさ」サムは指差しながらそう言った。

サム作曲のピアノソナタを演奏したジョン・ブラウニング、そして指揮者のトーマス・シッパーズといった音楽家がサムのお気に入りだった。ハンサムを絵に描いたようなシッパーズとのあいだには、きらめくような同性愛関係があったという。サムとメノッティはいずれも、シッパーズと一度ならず恋に落ちたそうである（サムは若いころ、セレブが集まるパーティーの主催者として有名で、まさにゲイの蕩児だったと、僕はあとで知った）。

サムによると、録音された作品はたいてい不満足な出来だったらしい。音楽の解釈を相談されることは滅多になく、とりわけ一人の指揮者――サムの作品をレコーディングすることで名声を勝ち取ったハワード・ハンセン――が気に入らなかったという。しかしシッパーズとの作業について語るときは目が輝いていた。二人はサムのもっとも有名なオーケストラ作品をいくつも共同でレコーディングし、サムいわくアドバイザーとして現場にいるのは楽しかったそうである。僕も二人がＲＣＡでレコーディングしたアルバム『サミュエル・バーバー／トーマス・シッパーズ』こそ、サムの音楽を知るうえで一番優れた作品だと考えている。

共同プロジェクトを煮詰めるなかで、二つのことがサムにとって重要性を帯びてきた。まず第一に、彼は即興演奏のなんたるかを知らなかったものの、作品にそれを組み込むべく、僕らがどう演奏するか理解しようとした。無意識のメロディーを生み出すにあたり僕らがどのようにコードを進行させているか、それを説明し実演するため僕はかなりの時間を割いた。最後には、バンドで演奏するようサムから求められたほどである。そこで数週間後の日曜午後、僕はスパゲッティランチの場にメンバーを集め、サミュエル・バーバーとのジャムセッションを始めた。イタリア人コックがランチを供するあいだ、僕らはまず会話を楽しみ、それから楽器を運び込んで彼のために数曲演奏した。すると、一緒にピアノを演奏してもかまわないかとサムが尋ねる。僕は十二小節のブルースならばとコード進行をざっと書き上げ、なかで使うコード音階を彼に見せてから演奏を始めた。サムの即興は魅力的だった。普通、初めて即興演奏にチャレンジする人間は、メロディーを奏でることに集中するあまり、楽曲構成を駄目にしてしまう。しかしサムは大胆だった。テーマを作り出したかと思うとそれをさらに展開させ、複雑なバリエーションを奏でてゆく。そこでようやくコード進行を見失い、演奏を中断させた。僕らはしばらく即席のジャムセッションを続けた。そして帰路につく車中で、僕は先程のことを反芻してみた。僕はサミュエル・バーバーに即興の技法を教え込もうとした。一方の彼は僕のバンドと演奏した。本当に信じられない（マウント・キスコをあとにする前、ラリーは本当に魅力的な男だと、サムが打ち明けるように僕に言った。そのコメントを伝えるのはやめておこうと、僕は判断したが）。

一方、新しいものを書き上げるというアイデアそのものが、より大きな問題としてサムにのしかかった。一年以上前に完成した『アントニー・アンド・クレオパトラ』を除いてここしばらく新たなプロジェクトに乗り出したことがなく、批評家から辛辣な言葉を浴びせられることを恐れていたのである。彼いわく、弦楽四重奏というフォーマットはすべての楽器編成のなかでもっとも難しいという。理由は簡単で、完璧な先例がすでに多数存在しているからだ。そう言えば彼自身も弦楽四重奏の曲を数多く書き上げ、その最初は学生時代の作品である（その作品ではアダージョだけが取り上げられ、『弦楽のためのアダージョ』として知られるようになった――そして皮肉なことに、これが彼のもっとも有名な作品となった）。だからこそ、弦楽四重奏の曲を再び書くことには極めて神経質で、そこにジャズグループを放り込むとあってはなおさらだった。

ある日のこと、サムが部屋から出たのを見計らって使用人の一人が僕のもとに近づき、この仕事を受けるようサムに強く勧めてほしいと言った。「ご主人さまにはこれが必要なんです。一日中じっと座っているなんて、絶対によくありません」それからしばらくして、自宅に来てほしいとサムから電話があった。その声から、何かが変わったと僕は判断した。プロジェクトの中止を決断したに違いない。ゆえに、本当はプロジェクトを進めるつもりだったとサムから聞かされた僕の驚きは容易に想像できるだろう。しかしそのあとで、ギャラの件を話し合うべくＲＣＡに電話したところ、その額が屈辱的なまでに低かったので、この仕事を受けるわけにはいかないと告げられた。

たぶん、それが彼にとって一番簡単な言い訳だったのだ。真相はわからない。ジャズプロジェクトなどという過激な試みが批評家たちからどう言われるか、それと向き合うのは神経にこたえる。そのとおりだ。これからも連絡を取り合おうと約束はしたものの、再び会話することはなかった。しばらくしてサムは作曲活動を再開したが、終生鬱病に苦しめられた。それでも七十歳を過ぎるまで仕事を続け、引退から一年後の一九八一年にこの世を去った。

第十五章　フラワーパワー

同じころ、三千マイル離れたサンフランシスコで驚くべき変化が起きつつあった。一九六七年後半から翌年にかけて、ロック音楽とヒッピー文化がこの街を覆い尽くそうとしていたのである。僕らもベイエリアで演奏していると、毎日のように新しいミュージシャンとの出会いがあったし、ほどなく、この音楽シーンへと溶け込んでいった（ニューヨークから来たよそ者にもかかわらずだ）。

ロックの殿堂、フィルモアをオープンさせていたビル・グラハムが、僕らに出演を打診したのもこのころである。一九六三年にシアリングと活動したときのことを憶えていたのだ。ジャズを愛していたビルは、それを可能な限りフィルモアのラインナップに加えようとしていた。しかしそのためには、この場所にふさわしいグループが必要となる——当時のジャズバンドでそうした条件を満たすものはほとんどなかった。つまり、僕らのようなグループがうってつけだったわけだ。僕らの新奇な外見はパリの観衆には理解されなかったけれど、フィルモアならなんの違和感もない。

フィルモアに出演するタイミングのなかでも、マイク・ブルームフィールド率いるエレクトリック・フラッグ、そして最初の〝スーパーグループ〟クリーム（エリック・クラプトンもメンバーだった）と同じ週のときは特に楽しみだった。出演者はいずれも、それぞれのジャンルのなかでこの新しいムーブメントに属しており、誰もが互いの音楽を聴き合っていた。クリームのメンバーは、ゴールデン・ゲート・ブリッジを挟んでサンフランシスコの対岸にあるソーサリトの小さなホテルに泊まっていて、僕らもソーサリートで宿泊設備つきのヨットを借り、そこで寝泊まりしていた。さらに、エレクトリック・フラッグのメンバーも隣町のミル・ヴァレーに住んでいたので、みんな揃って時を過ごしたこともある。

ブルームフィールドのバンドが残した伝説はこの時代を象徴するものであり、あれほどの悲劇で終わらなければ喜劇として記憶されていただろう。重度のドラッグ中毒だったブルームフィールドらメンバーは、現実に向き合おうとしなかった。僕らがフィルモアで同じ夜に演奏したのは六回だけど、メンバー全員が揃ったのは二回に過ぎない。メンバーが半分しか現われず、それで演奏できる曲だけで乗り切ったことも一度ではなかった。

ある日の夜、メンバーが一人も来ないので代わりのバンドが穴を埋めることになった。噂によると、ブルームフィールドの妻がハイウェイを走っていると、サイケデリック風の塗装を施されたバンが路肩に停まっているのを見つけたという。確認のため車を停めたところ、乗っていたのはオハイオから来たバンドで、一山当てにこの街へ来たのだそうだ。そこで彼女はこう持ちかけた。「あなたたち、今晩フィルモアで演奏してみない？」それを聞いたときの興奮を想像できるだろうか？　パニックに陥っても不思議じゃない。このかわいそうな連中——その名も〝ザ・フレイミング・グルーヴィーズ〟——はアマチュア丸出しの演奏をなんとかこなしたものの、観衆はまったく無反応だった。そうこうするうち、二度目のステージの時間がやってきた。ビル・グラハムから意見を求められた僕らとクリームは、二度目のステージは取りやめたほうがいいと判断する。そんなことがあったけれど、ザ・フレイミング・グルーヴィーズは九〇年代初頭まで活動を続け、なんとレコードも二枚ほどリリースしたそうだ。演奏を続けるうちに腕が上がったのだろう。

フィルモアはウッドフロアの巨大なダンスホールで座席はなく、二千人ほどの客が音楽に合わせてなかを歩き回っている。どのバンドもあらん限りの大音量で演奏し、リヴァーブを効かせたヘヴィな音のせいで歌詞はほとんど聞き取れない。照明が光と影を壁に絶え間なく浮かび上がらせるなか、移ろいゆくようなぼやけた雰囲気が場内を満たす。そのうえ、フィルモアの客は独特である。毎夜ダンスホールを埋め尽くす彼らは熱に浮かされたようにあたりを徘徊し、大音量の音楽と、壁にぼんやり映し出される光と影に酔いしれている(壁に映る模様は顕微鏡で見るバクテリアのようだった——場内のLSD常習者にはうってつけだ)。事実、客のほとんどは音楽になどまるで関心がなかった。

フィルモアに初めて出演したとき、僕らはステージの前に立つ百人ほどの集団に気づいた。互いにアイコンタクトをとっていると、その正体はすぐにわかった。つまり、薄暗いダンスホールをうろつき回るゾンビどもと違い、彼らこそが僕らの〝リスナー〟だったのだ。しかしステージが進むにつれ、僕の頭は惨めさでいっぱいになった。僕らの音量はロックバンドと比べて小さかったけれど、各曲ごとに全力を尽くし、客から反応を引き出そうと必死に演奏する。だけどそれも虚しく、僕は打ちのめされた気分で逃げるようにステージを下りた。

ところが、ステージ袖に立つビル・グラハムは興奮した様子で僕らを称賛した。「いいステージだったぞ！　客からあれだけの反応が返ってくるなんて初めてだ！　何しろ本当に耳を傾けていたからな！」僕は耳を疑った。ごくわずかな反応しか返ってこなかったと自分では思い込んでいたけれど、他のグループよりずっと大きかったのだ。つまり、僕らは成功したわけだ。

僕らはその後数回フィルモアに出演し、一年後ニューヨークにオープンしたフィルモア・イーストでも演奏した。ちなみに、グラハムはニューヨークで趣向を変えている。場内には座席があり、音響特性もまともだった。出演するバンドもよりニューヨーク・スタイルに近く、革新性に富み、政治的にも過激だったグループ、ファッグスと何度か同じ夜に出演したこともある。ボブ・ディランのバックを務め、当時の僕のお気に入りだったザ・バンドとも、もう少しで共演できるところだった。しかし向こうのほうから、ジャズグループとのギグというアイデアを拒否されたのである。実現していれば素晴らしい一夜になったはずなのに、いまも残念でならない。

ロックとの出会いはジャズ以外のプロジェクトへの道を切り拓いた。その後の年月で、僕はケニー・ランキン、ブルース・コックバーン、k. d. ラング、ハワード・ジョーンズ、エリック・クラプトン、そして最近ではイーグルスのティモシー・B・シュミットといった人たちとレコードで共演しているけれど、そうした経験を通じて、音楽界の別の場所では物事がどう動くかを垣間見ることができたのだ。

僕が初めて共演したロックミュージシャンはティム・ハーディンである。出会ったのは四十五番街ウエストにある不思議な感じの小さなクラブで、その名を〝スティーヴ・ポールズ・ザ・シーン〟といった。スターから裏方に至るまで、ショービジネス界の人々が深夜に集う溜まり場としてオープンした店である。一九六七年、僕のバンドはこの店でほぼ定期的に演奏していた。スティーヴは癖のある人物ながら僕らを気に入ってくれたようで、事実、僕らの他にはロックとブルースのグループしか出演させていなかった。

ジミ・ヘンドリックスがニューヨークで初めてギグをしたのもこの店であり、ラリー・コリエルと僕はかぶりつきでそれを見ていた。その演奏たるや耳をつんざく――あれほどの大音量はいまに至るまで聴いたことがない――ようで、反論する向きは大勢いるだろうが、音楽自体はさほど印象に残らなかった。またヘンドリックスのギターの弦が切れたとき、ロード・マネージャーがそばに来て弦を張り替える横で、彼は演奏を続けていた。このように、彼のステージはショービジネスの要素が強かった(それがヘンドリックスたる所以なのだが)。

深夜になると、すでに名声を確立したミュージシャンのみならず、多くの新人がこの店を訪れた。クラブの開店時間は遅く、僕らが演奏するのもたいてい午前一時から三時半あるいは四時までである。店の常連にはポール・サイモンがおり、ティム・ハーディンもほぼ毎夜訪れていた。ドラッグとアルコールに溺れ、貧しい生活を送るフォーク・ロッカーだったハーディンは、いつの日か作るであろうレコードのことを飽きることなく話し続けた。僕が半信半疑だったのも無理はない。生きるだけで精一杯の、人のいい男にしか見えなかったのだから。ところが一年後、あるプロデューサーのもとから僕に連絡があり、ティム・ハーディンとのセッションに加わってほしいという。その録音は『リーズン・トゥ・ビリーヴ』というタイトルでリリースするそうだ。それがなんと好セールスを記録、なかでも特に、僕が演奏に加わった〈ミスティ・ローゼズ〉が高く評価された。ティムはその後〈イフ・アイ・ワー・ア・カーペンター〉という大ヒットを飛ばす。こうして順調なキャリアがしばらく続いたが、生活自体は相変わらず不安定で、結局ヘロイン中毒のため一九八〇年にこの世を去った。

それからしばらくして、僕はエリック・クラプトンとのセッションに誘われた。同じ建物にある隣同士のスタジオで録音していたとき、偶然廊下で出くわしたのである。フィルモアでクリームと同じ夜に出演して以来、エリックのことは薄々ながら知っていた。廊下でしばらく立ち話をしていたところ、エリックのプロデューサーが曲の一つにヴァイブを加えるよう提案してきたので、僕は自分のセッションを終えたあと、隣のスタジオにヴァイブを持ち込んだ。するとエリックたちがその曲を演奏してくれる。僕はそれを聴きながら、多少複雑な構成ではあるけれど、ハーモニーそのものはよく知っていることにすぐ気づいた。そしてバッグから楽譜用紙を取り出し、コードの変化とアレンジの形態を書き記す。音程を間違えないようにするためだ。すると、クラプトンのプロデューサーから何をしているのかと尋ねられた。演奏中に参照できるようこの曲を書き留めているのだと説明すると、相手は首を振りつつこう言った。「それは面白いね」その場のミュージシャンたちは聴き憶えで演奏することに慣れていて、リードシートを書き残すという発想がなかったのだろう。

僕は一度も会ったことのない人物のレコードで何度も〝演奏〟している。モダンポップはデジタルサンプリングの興隆とともにあり、アーティストはあるレコーディング――ときに歴史的なアルバムのこともある――の数秒間を〝借用〟し、たとえばラッパーが自分の仕事をするあいだ、バックでそれをループさせる。この文章を執筆している時点で、僕がこれまでに行なったレコーディングも、様々なラップミュージシャンによってなんと十九回もサンプリングされたほどだ。

《コラム》北の隣人

僕がコラボレートしたポップシンガーでもっとも印象に残っているのは、いずれもカナダ人である。k．d．ラングとブルース・コックバーン、いずれも敬愛してやまないアーティストだ。僕がk．d．と出会ったのは、伝説的カントリープロデューサーのオーウェン・ブラッドリーを通じて、つまりナッシュヴィルの古いつながりを通じてである（ブラッドリーは僕がハンク・ガーランドと初めてレコーディングしたスタジオの所有者）。k．d．はバークリーのパフォーマンス・センターで演奏すべくバンドを率いて訪れたのだが、僕と会うべきというメッセージをオーウェンから受け取ったそうだ。彼女が僕のアルバムを何枚も持っていたのは驚きだったし、またコンサート自体も素晴らしく、ジャンルを超えたシンガーとしての類い稀なる才能に気づかされた（彼女はカントリーとポップを行き来しつつ、ジャズさえも歌いこなしている）。

それから数年後、k．d．から僕のもとに突然連絡があり、次回作のレコーディングに加わってほしいとのことでバンクーバーへ招待された。たいていの場合、僕がジャズ以外のレコーディングに加わるよう依頼されても、演奏を求められるのは一曲だけである。しかしk．d．は僕に、収録曲の半分を演奏してもらいたいという。自分はちゃんとした教育を受けたミュージシャンじゃないから、と彼女は恥ずかしそうに説明する。僕は返事として、まず曲を一通り聴かせてほしい、そうすれば色々な伴奏やソロ演奏を組み立てられるし、そこから気に入ったものを選んでくれればいい、と提案した。最初の曲で僕がいくつかのバリエーションを演奏し終えると、彼女はブースから出てきて次のようなことを言った。「最初のパートで演奏してくれたシングルノートのメロディーがいいけれど、コードがAになるところは、FシャープからAに移るとき演奏したフレーズを使って、それから一拍置いてほしいの」彼女は自分が望む音楽をきちんとわかっている――それに、〝ちゃんとした教育を受けていない〟ミュージシャンにしては説明も上手だ。それから僕らはぴたりと息が合った。

二人のコラボレーションには裏話がある。当時、k．d．はレズビアンであると広く認識されていたものの、プライベートを自らの口から語ることはまだなかった。一方の僕は、友人やバークリーの同僚に以前からカミングアウトしていたけれど、彼女がそれを知る由はない。初日のレコーディングを終えたあと、k．d．からマティーニは好きかと訊かれ、僕は「もちろん！」と答えた。すると彼女はお気に入りのレストランに僕を招待してくれた。

スパゲッティがテーブルに置かれるや否や、k.d.はこう訊いた。「バークリーの人たち、あなたの好みを知ってるの?」スタジオでともに働いたわずか一日で、彼女は僕がゲイだと結論づけたのだ。本人もまだはっきり自覚していないのに、すぐ見抜かれたのである。それから数日かけて残りの曲をレコーディングするなかで、僕らはカミングアウトや家族への説明といったことを沢山語り合った。僕はその会話から、彼女がカミングアウトをためらっている一番大きな理由を知った。つまり、エドモントン在住の母親に自分の友だちを嫌ってほしくなかったのである。

k.d.は翌年(一九九二年)にアルバム『アンジャニュウ』をリリース、その年のグラミー賞最優秀女性ヴォーカル賞を勝ち取った。僕はテレビ放送で、母親を伴う彼女の姿を見た。当時すでに『ザ・アドヴォケイト』誌のインタビューを受け、自身のプライベートを公表していたのである。僕はものすごく幸せな気分になり、『アンジャニュウ』のレコーディングに参加できたことを誇りに感じた。ヒットシングルとなった〈コンスタント・クレイヴィング〉はいまもラジオだけでなく、ショッピングモールやレストランで流されている。僕はそれを耳にするたび、バンクーバーでともに過ごしたあの素晴らしい日々のことを思い出す。

トロントを拠点とするギタリスト兼シンガーのブルース・コックバーンは、これまでに多数のアルバムをレコーディングした。また以前にバークリーで学んだことがあり、一九九七年には次回作の件で僕に相談を持ちかけたこともある。音楽的にはフォークとロック一筋だが、作曲における技巧を見ると僕も嬉しくなる。また僕がジャズミュージシャンでありながら、演奏の道しるべとして紙の楽譜を好んで使っていることを知り、僕のパートを楽譜で提供してくれたこともある。先に述べた『アンジャニュウ』とブルースのアルバム『ザ・チャリティー・オブ・ナイト』は、自分が参加したポピュラー音楽のコラボレート作品で一番のお気に入りだ。

サンフランシスコのフィルモアで初めてギグを行なうあいだ、僕らが計画していたアルバムの件で、作曲家のカーラ・ブレイがニューヨークからわざわざ飛行機でやって来た。僕はより大規模なプロジェクトを目指すようRCAから提案されていて、そのことをスティーヴに話したところ、カーラが以前から大がかりなレコーディングを企画していると聞かされたのである。僕らはすでにカーラの曲をいくつか演奏していたので、彼女がこの新曲の再アレンジに加わり、僕らカルテットプラス追加プレイヤー五人で売り出すことに同意した。

こうして完成したのがアルバム『葬送』である。カーラはこれを歌詞のないオペラとして着想していた。そこには古い芸術の死と新たな芸術の誕生を象徴するストーリーラインがあって、この場合の芸術とはジャズのことである。ニューヨークに戻った僕らは、最先端を行く一流ゲストとともにRCAのスタジオBに閉じこもった。サックス奏者のガトー・バルビエリとスティーヴ・レイシー、バリトンサックスとチューバを担当するハワード・ジョンソン、トロンボーン奏者のジミー・ネパー、そしてトランペット奏者のマイク・マントラー（当時カーラの夫だった）がそのメンバーである。またカーラ自身もピアノとオルガンを担当した。彼女は音楽がどう聞こえるべきかについて明確なアイデアを持っており、自分のソロをどう演奏するか各プレイヤーに説明するよう求めすらした。ソリストに何をどう演奏すべきか指示するなんて冒瀆もいいところだと主張するミュージシャンもいるにはいるが、このときに限って言えばプロジェクトの性質からも当然と思われた。全体的に見て、カーラは自分のヴィジョンを伝えるという素晴らしい仕事をし、僕自身も『葬送』を、自分のレコーディングでもっとも重要なものの一つと考えている。

ただ実際には、カーラの指示に反撥したミュージシャンが一人だけいた——ボブ・モージズである。つまり、芸術家としての自由を奪う越権行為と感じたのだ。彼はそのことに強くこだわるあまり、自分の名前がクレジットされないよう求めるほどだった。そこで仕方なく、アルバムにはドラマーとして〝ロンサム・ドラゴン〟なる名前が記されたのである（その名を考えたのはカーラだった）。実際のところ、モージズはバンド自体にも不満を感じつつあった。まだ二十歳にもかかわらず、残された時間が少ないと感じていて、チャンスが過ぎ去る前により前衛的な音楽に取り組んでみたいと、心の底から願っていたのだ。バンドを脱退したいと相談された僕は、渋々ながらそれを承知した。


というわけで、僕らが生み出した独特な音楽性にふさわしいドラマーを見つけなければならない。だけど僕はリスクを承知で、当時まだスタンと活動していたロイ・ヘインズにあたってみることにした。そこでスタンのバンドと接触すべく、ニューヨークのヴィレッジ・ゲートに赴く。そしてのっけから、ロイにこう声をかけた。「僕はボールを投げた。あなたがそれをどう返そうと、僕はかまいません。僕のグループはようやく波に乗って順調に活動しています。あなたがこちらに移ってくれることは可能でしょうか？」ロイはしばらくためらったものの、スタンとの活動は終わりに近づいていると言った。そして一転明るい表情になり、こう続ける。「いちいちドラムを運ぶ必要がないのなら、OKしよう」それは大丈夫、と僕は答えた。かくしてツアーのあいだ、ロイのドラムを運ぶのはスワローと僕の役目になった——それで素晴らしいアーティストを手に入れられるなら安いものだ。

今さらながら、ロイがゲイリー・バートン・カルテットにすんなり加わったのは驚嘆に値する。彼自身ジャズスターとして名声があり、しかも当時すでに四十代なかば、異質な音楽を演奏する長髪の若者たちより一回り以上年長だったのだ。僕らのバンドに加わったことで何か非難されたかどうかはわからない。ただ、彼の存在がありがたかったのは確かである。素晴らしいパフォーマンスを見せただけでなく（それはいつものことだ）、僕らのグループに大きな名声をもたらしてくれた。ロイの加入にジョージ・ウェインも興奮したし、ジャズ界における僕らの地位が、彼の存在のおかげで大きく向上したのは間違いない。

《コラム》演奏するのはどんな場所か

フィルモアが演奏場所として変わったところなのはお分かりになったと思うが、僕たちジャズミュージシャンはみんなが想像もできないところで演奏することがある。ニューヨーク州北部がどんな場所か僕は知らないけれど、これまでに経験した奇妙極まりないギグのいくつかはこの場所で行なわれた。ロチェスターのあるクラブは、一見普通の古びたジャズルームだった。ショーの時間になり、僕らはほんの一握りの客相手に演奏する。火曜日の夜とあって客の入りは見込めないはずなのに、演奏を進めるうちに人がどんどん入って来て、室内を横切ったかと思うとステージの前を通り過ぎ、そのまま厨房へ入っていった。最初は従業員かと思ったけれど、人の波は途切れない。結局、二、三十人ほどがクラブの裏手へと消えていった。不思議に思った僕らが演奏を終えて厨房に入ると、そこは無人だった。どう考えても不思議だ。そのとき人影が現われ、地下にはもう行ったかと尋ねてきた。出演者の楽屋がそこにあるらしく、みんなたむろしているという。そこで階段を下りてみると、上のクラブと同じ広さの空間が目に飛び込んだ――そしてどこへともなく消えた人々も！　彼らは音楽を聴く代わりに地下へ下り、マリファナを吸ったり、ビールを飲んだり、トランプをしたり、話に興じたりしていたのだ。同じことは毎晩続いた。地上には音楽を楽しむ人がいる一方、地下には平日なのにそれと同じくらいの人がいて、酒を飲んでハイになり、別の素晴らしい夜を送っているのだ。その週、クラブ自体は赤字だったはずだ。ともかく、これ以上に奇妙なギグを僕は経験したことがない。

また州北部のリゾート地で行なわれるコンサートに出演すべく、指示された住所に出向いてみると、セキュリティーゲートのところで強面のガードマン数名に止められた。僕らが身元を明かすと、なかへ進みエンターテイメント部門の責任者と会うよう指示される。ディナーが数時間後に予定されており、僕らは楽器の用意を済ませたあと、ダイニングホールへ招かれた。そこには僕らのテーブルが準備されている。他のテーブルに座っているのは、まるで映画『ゴッドファーザー』から抜け出たかのような人たちだった。イタリアのさる大家族。男たちは黒いスーツとネクタイに身を包み、女たちも黒のドレスをまとっている。そして大勢の子どもたち――さらにそれぞれのテーブルには、食事中の彼らを護衛するボディーガードがついている。そう、そこはマフィアのリゾート地。僕らはまったく場違いだ。食後のコンサートもいい出来とは言えなかった。みなデキシーランドのバンドが演奏するものと期待していたうえ、その夜はサッカーの重要な試合がテレビ中継されていたようだ。コンサートの前半では二十人ほどが耳を傾けていたけれど、休憩に入ると残らず去ってしまった。エンターテイメント部門の責任者から、今夜はこれで終わりだと言われたものの、ギャラはきちんと支払われた。

それからの年月、僕は何度も〝マフィア〟から依頼を受けて演奏している。その最初は学生時代、ボストンの１２３３ラウンジにあるロッキーというクラブでだった。またゲッツと活動していた時期にも、明らかにマフィアが経営しているクラブに何度も出演した。だけど脅されたとか恐怖を感じたとかは一度もない。それどころか、僕らを相手にするときは常に誠実そのもののビジネスマンで、ギャラの支払いも気前良かったし、それに何よりほぼ全員が音楽を愛していた。

七〇年代にベルリンで行なったコンサートも強く印象に残っている。会場に着いてみると、なんとそこは洞窟だった。比喩でもなんでもなく、文字どおりの洞窟である。バルフェア・ヘールというその巨大な洞穴で催される週末のジャズフェスティバルには千人もの観客が集まり、僕らの出番はプログラムの一番最後だった。いつものセットに加えてアンコールで何曲か演奏する。観客は大いに熱狂していた（酒も入っていたようだ）。五曲目のアンコールが終わったあと、僕はもう十分だと判断したけれど、ヨーロッパの観客がよく行なうリズミカルな拍手が会場から沸き起こった。僕らはしばらく待ってからステージに戻り、楽器を片付ける。そのあいだも観客は拍手を続けた。いまや手拍子が洞窟に響き渡り、みなその音に酔いしれている。僕らが演奏するかどうかなど、もうどうでもいいようだ。洞窟ゆえに出入り口が一つしかないので、楽器を外のバンへ運ぶのに観客のあいだを何度も往復した。それを済ませ、僕は十分ほどプロモーターと同席し、必要な書類を書いてギャラを受け取った。しかし僕らが車を走らせたあとも、洞窟では拍手の音が鳴り響いていた。

同じころ、カリフォルニアでまたしてもロマンスが生まれようとしていた——今度も相手はミュージシャンの妻である。僕にはそういう関係が運命づけられているのかと、そのときは感じたものだ。またセラピーを通じて自分の性同一性とも向き合い続けていた。明らかな兆候があったにもかかわらず、僕はゲイであることを絶対に認めたくなかった。男性に惹きつけられることもあったけれど、女性に魅力を感じることもまた事実であり、そのことが僕をひどく混乱させていたのである。だがそんなとき、事実を直視しなければいけない状況に立たされる。それより前、ニューヨークに住むある男性に強い感情を抱いたけれど、相手がストレートだと思っていた（たとえば、いつもガールフレンドを連れていた）から行動を起こす気になれないでいた。ところがある日のこと、二人で音楽の話をしていると、彼はこんなことを呟いた。君と友だちでいるのは間違っている、なぜならとても魅力を感じているからだ、と。こうしてぎこちない恋愛が始まった。当然、二人の関係は誰にも明かしてはならない。僕らは二人とも、自分が〝ゲイ〟だと考えていなかったからだ。いまとなっては馬鹿げているけど、当時はまだストレートの傾向が強いと思い込んでいたのである。つまり、男性を高く評価できる能力――一種の〝アーティスト的な才能〟――が自分にはあると信じていたのだ。その男性と僕は、ツアーの合間など、機会があればともに夜を過ごしたけれど、常に満たされない感じを覚えた。付き合っていることは秘密にしていたので、有意義な関係を持つことができない。それに二人ともゲイのなんたるかを知らなかったから、いつもつまづいてばかりいた。そんなことが一年近く続いたあと、一週間にわたるボストン滞在が状況を一変させる。

そのクラブにはドンナ・ハンリーという若く魅力的な会計係がいて、僕らはその一週間でとても親しくなった。この街を離れたら二度と会うことはないと思っていたけれど、それから一ヵ月後、ワシントンDCのクラブで演奏中に彼女がふらりと入ってきて、僕を驚かせた。聞くと、ワシントンの空港で乗り換え時間が長く、新聞に目を通すとその日の午後に僕らがショーを行なうと書いてあるので、挨拶しようとクラブへ来たという。終演後、ボストン行きの便が出るまでまだ時間があるからと、僕は彼女を食事に誘い、お互い相手のことをよりよく知った。のちにドンナは、元々はラリー・コリエルのファンだったと告白した――女性を惹きつけるのは必ずラリーだし、事実ガールフレンドに困ったことはない。つまり、僕は二番目だったわけだ。とは言っても、それで怖気づくことはなかった。帰宅後も僕らは連絡を取り合い、ドンナに会おうとボストン通いを始めるまでさほど時間はかからなかった。

また七十三番街ウエストに六年間住んだこともあり、郊外へ引っ越したいという願望が強くなったのもこの時期である。そして幸運にも、僕はセラピストを通じて素晴らしい住まいを見つけることができた。街を離れるときが来たけれど、高い家賃は払えない（それまでの家賃は月百七十五ドルだったが、三百ドルくらいなら大丈夫だと考えていた）とそのセラピストに言ったところ、しばらくして彼から電話があり、ロードアイランドに引っ越すため持ち家を誰かに貸したいという友人がいると知らされた。

ダグラストンにあるその住所を訪ねてみると、そこはロングアイランドの風光明媚な場所だった――家の前の短い通りは偶然にもゲイリー・プレイスといい、他に住居は建っていない。私道に入ると立派な建物が見え、周囲を広々とした庭が取り囲んでいる。高くて手が出ないだろうな、と僕は感じた。あとで電話してキャンセルすることを謝ろう、そんなことを考えながらもと来た道を静かに戻ろうとすると、この家に住むご婦人がポーチに姿を見せ、こちらに手を振った。失礼にならないよう招きに応じて室内に入ると、夫妻して家のなかを案内してくれたうえ、細かなこと（暖房の入れ方など）まで説明してくれた――すでに引っ越しを決めたかのようだ。僕はここを借りる余裕がないと思っていたから、夫妻の心遣いがますます負担になっていた。

そして運命のときが訪れる。リビングに腰を下ろした僕に対し、夫のほうが一瞬間を置いてこう言った。「月百ドルで結構ですかな?」ポーカーフェイスを保つのがこんなに難しかったのは、これが初めてだった。結局僕はそこで四年暮らし、その後は弟が引っ越して数年住んだ。なんと素晴らしい取り引きだろう！

ダグラストンの邸宅に加え、ドンナと僕はボストンにアパートメントを借りた。彼女のボストン大学卒業が間近に迫っていたので、それまではニューヨークとボストンを行き来し、卒業後にボストンのアパートメントを引き払おうと決めたのである。また彼女が大学を出たらすぐ結婚することも約束した。

かくして一九六九年夏のある週末、僕らはロングアイランドの東端に車を走らせ、治安判事のオフィスで入籍した。三日後に始まる僕のツアーが二人のハネムーン。そして結婚していた期間を通じ、ドンナは可能なとき必ずツアーに同行してくれた。

第十六章　ついにニューヨークの音楽シーンの一部となる

ゲイリー・バートン・カルテットの活動二年目となる一九六八年、長年ジョージ・シアリングのツアーマネージャーを務めたエド・ファーストのおかげで大ブレイクのチャンスがやって来た。それまでも、音楽とジャズシーンを愛するエドはパーク・アヴェニューの豪華なアパートメントに僕を招き、ミュージシャンのゴシップを教えてくれたり、自宅のプライベートパーティーで録音した有名ミュージシャンのテープを聞かせてくれたりすることがよくあった（実家が裕福なので暮らしぶりもよかったのだ）。エドはスタン・ゲッツ・バンド時代に開花しだした僕のキャリアに強い関心を抱いており、僕が自身のバンドを結成したと知ったときも、マックス・ゴードンに会わせるからヴィレッジ・ヴァンガードへ連れて行くと言って聞かなかったほどである。

ヴァンガードは当時（たぶんいまも）、ニューヨークの数あるステージでもっとも名高い場所であり、それはマックスのバンド選定に対するこだわりの賜物である。彼は音楽を評価するうえで優れた聴覚を持っていて、自身の基準を満たす音楽家しか絶対に雇わない。地下一階にある音楽フロア自体は、オープン以来何も変わらず、掃除すらしていないんじゃないかと思わせる風情だ。学生時代にニューヨークを訪れた僕は、そこに行くのがなんだか怖かった。客として店に入り、マイクというぶっきらぼうなバーテンダーと顔を合わせるのが嫌だったのだ（当時はテーブル席でなくバーに座ると、ドリンクを一杯注文するのがやっとだった。マイクが怖くてもう一杯などとはとても言えない)。クラブの裏手にある悪臭漂う厨房はミュージシャンの楽屋兼溜まり場として機能していた。このクラブに厨房があったのは営業許可を得るのに必要だったからだろう。事実、そこで食事が用意されるのを見たことはない。それはそれでありがたかったけど。

エドは階下に僕を連れて行き、マックスに引き合わせた――少々太り気味の老人で、坊主頭に白髪がほんのわずか残っている。そして束の間の会話が始まる。マックスは数十年前からニューヨークのナイトクラブ業界に関わっており、一時はヴィレッジ・ヴァンガードだけでなく、中心部にあるより高級なサパークラブ、ブルー・エンジェルも経営していた。それからマックスは話題を移し、どんなバンドを雇い、どんなバンドを雇わないかを教えてくれた。結論がどうなるのか、僕には見当もつかなかった。何しろ相手は、僕の演奏も僕のバンドの演奏も聴いたことがないのである。ヒッピーもどきの長髪野郎などこの場所にふさわしくない、とでも言われるんじゃないか。しかしエドの推薦があったからか、なんと翌月ステージに立つセロニアス・モンクと同じ週の出演をオファーされたではないか。

こうして向こう数年間にわたる素晴らしい経験の幕が切って落とされた。僕らはすぐにヴァンガードの〝ハウスバンド〟も同然となり、望むときにいつでもステージに立てる特権を得た(モンクと同じ夜に出演することもよくあった――これ以上の喜びはあるまい)。そしてほどなく、マックスが音楽および音楽シーンだけでなく、このささやかなおんぼろクラブで繰り広げられるすべてのことを愛する、気のいい老人であることを僕は知った。彼は毎日午後一時に顔を見せ、薄暗い店内に一日中座りつつ、届けられた品々に受け取りのサインをしたり、ときどき外に出て葉巻を吸ったり新聞を読んだりする。それから午前二時に閉じるまで、ずっと店のなかにいる。来る日も来る日も奥のテーブルに座ってすべてのステージに耳を傾けていたから、誰よりも音楽を知っているわけだ。

僕もヴァンガードには忘れがたい思い出がいくつかある。コルトレーンと最後に遭遇したのもこの場所だ。最初にトレーンと出会ったのはバードランドでだったが、彼がスタンに失礼な振る舞いをしたので、僕は同じフェスティバルに出演するたび必ず距離を置いていた。なので、自分のステージを終えたあと、アフリカ風のシャツを着てドアの近くに立つトレーンの姿を見た僕は、彼を避けることにした。まさか僕らの新しいジャズを聴きに来たわけではあるまい。しかしこちらが距離を保とうとしているのに、向こうのほうから近づいてくるではないか。そしてついに、二人の顔が合った。ところが驚いたことに、トレーンは満面に笑みを浮かべている。そして君らの音楽はいいと言ったうえ、他のメンバーにも賞賛の言葉をかけてくれた。バードランドで見せた態度とは大違いだ。それから数ヵ月後、楽器の準備をしていた僕らのもとにマックスが来て、コルトレーンが死んだことを告げた。彼の病気はごくわずかな人間以外誰も知らなかったのだ。たとえ最初の印象を変えただけであっても、彼と最後に会話できたことを僕は嬉しく思う。

もう一つの強烈な出来事は、伝説的テナーサックス奏者のコールマン・ホーキンスと同じ週に出演していたときに起きた。長年健康を害していたホーキンスはもはや満足に演奏できる状態になく、そのうえ財政的にも苦しかったので、せめて家賃の支払いだけでもと、友人がマックスに彼の出演を交渉していた。ある夜の閉店後、スワローと僕が店を出ようとすると、苦しそうに階段を上るマックスの姿が目の前にあった。追い越そうと思えば追い越せたのだけど、こちらが彼のペースに合わせるのが礼儀だと感じた。向こうはと言えば、何分間か苦労したあと、ようやく地上に出てタクシーに乗り込む。スワローと僕は互いに顔を見合わせ、僕らはああはなるまいということで意見が一致した。あれほど衰弱しながら家賃のためにギグをこなす――偉大なるキャリアの終着点としてこれほど惨めなことはないだろう。

しかしヴァンガードで得られた一番の喜びはと言えば、セロニアス・モンクが長年率いたカルテットの演奏、とりわけモンク自身の演奏を耳にできたことである。彼らは一体となって実に見事な音楽を聞かせたし、モンク自身も予測不能な不規則弾と評されながら、実像は心優しく何かと励ましてくれる人物だった。口数は極めて少なく、何かを話したとしても意味はよくわからない。だけど僕らのバンドを心から気に入り、レパートリーに新曲を加えたときには必ず僕らを褒めてくれた（僕らの音楽は伝統的なジャズから外れていたので、確固たる名声を有するミュージシャンに好まれるとは思っていなかったけれど、支持は着実に広がりつつあった。マイルス・デイヴィスやジョン・マクラフリンといった面々が僕らの音楽――やがて〝ジャズフュージョン〟の名で知られるようになる――を演奏し始めるまで、さらに二年を要したが）。

僕らがヴァンガードで定期的に演奏するあいだ、マックスからギャラが全額支払われないこともたびたびあった。未納の税金に苦しみつつも店を閉じまいと奮闘していた彼は、常に五百ないし千ドルほど不足していたようだ。こうした事態は数年ほど続き、マックス自身もその事実を否定こそしなかったものの、僕に数千ドルの借りを作るところまで追い込まれた。僕は渋々ながら、ニューヨークに別の拠点を持たなければならないと判断する。それ以来、ヴァンガードに行くのも億劫になってしまった。マックスと顔を合わせるのが気まずかったのだ。それから五年後、僕はヴィレッジにあるイタリアレストランで彼と偶然出くわした。僕を見たマックスは笑みを浮かべてこう言った。「君への借りは忘れてないよ」それだけでなく、彼は正確な金額まで憶えていた。

もちろん、僕はそのうち一セントも受け取っていない。そして、マックスは僕を含むジャズ界のみんなに愛されつつ、一九八九年にこの世を去った。

《コラム》セロニアス・モンク

ジャズファンのあいだでモンクは極めて個性的な人物として知られているが、直接会った人はみな彼から伝わる優しさや親切心に気づく。モンクのキャリアには悲劇的な一面があった。ビバップのパイオニアの一人に数えられるものの、奇矯な振る舞いが多く、精神的に不安定な人間と周囲から見られていたため、スポットライトを浴びるのはいつも他のミュージシャン（特にディジー・ガレスピーとチャーリー・パーカー）だった。ロビン・D・G・ケリーによる優れた評伝によると、モンクは人生の大半を通じ、ジャズへの貢献に対する過小評価に悩んでいたという。しかしその評価にも一理ある。ジャズの世界で成功を収めるのは難しく、時間どおりに（あるいはまったく）姿を見せなかったり、人々が理解できないほどエキセントリックであったりすれば、そのハードルはますます高くなる。モンクと一緒にいると、何が起きるかわかったものではない。それに僕が見るところ、彼に味方する家族や友人こそがその振る舞いをさらに悪化させていたようだ。

ある夜のヴァンガード、モンク率いるバンドはいつもの曲でステージを始めた。しかしメロディーを一度か二度演奏して次の即興ソロにつなげる（みんなそれを期待している）代わりに、モンクは楽譜のメロディーをひたすら演奏し続ける。数分ほど経って他のメンバーがだんだんと演奏を止めてステージを降りたけれど、モンクはいつまでもそのメロディーを繰り返した。モンクのバンドメンバーと僕のバンドメンバーは半分空になったクラブの後ろ側に立ち、どうしたものかと思案した。ドラマーのベン・ライリーがステージ脇からモンクに向かって叫ぼうとするも、それでも演奏は止まらない。するとマックス・ゴードンが、客全員から喝采を浴びればモンクも演奏を止めるだろうと考えた。そこで僕らは客に拍手を促したけれど、演奏はなおも続いた。さらに十五分ほど経ち、客が困惑し始める。ついに、ベンがピアノのそばに来てモンクを無理矢理立たせ、断固たる足取りで厨房に連れて行ったかと思うとコートを着せ、裏口から表に出した。モンクが方角を見失ったのは明らかだ。しかし翌日の夜、モンクは再び舞い戻って素晴らしい演奏を聴かせた。珍しいことじゃないんだろう。

ジョージ・ウェインが一九六八年に企画したサマーフェスティバル・ツアーにモンクのバンドも加わることになったので、僕はヴァンガードに加え、街から街へとツアーするあいだも彼らを見ることになった。モンクはどうやら好調のようで、事実、最高傑作のいくつかはこの時期に録音されている。次に彼の姿を見たのは、数年後に行なわれた同じくウェイン企画のツアーでだったが、そのときは状況が一変していた。彼はザ・ジャイアンツ・オブ・ジャズのメンバーとして、ディジー・ガレスピー、サックス奏者のソニー・スティット、トロンボーン奏者のカイ・ウィンディング、ベース奏者のアル・マッキボン、そしてドラマーのアート・ブレイキーとヨーロッパツアーを行なっていた。まさにビバップ時代のオールスターグループである。ウェインは彼らビバップ・ミュージシャンの出演前に僕のソロセットを入れていた。いつものとおり、モンクの妻ネリーがアシスタント役としてツアーに同行している。しかしモンクはまるで彼自身でないようだった。ツアーの大半を通じ、人の顔すら認識できないようなのである。いまでも憶えているけれど、彼はいくぶん困惑気味に僕の顔をじっと見つめ、その横ではネリーが「どうしたの、T？　ゲイリーよゲイリー。ヴァンガードで一緒に出演したじゃない。憶えてないの？」と繰り返していた。また肉体的にも衰弱しているのか、肌が灰色に近い。演奏にも力がなく、ヴアンガードで聴いたモンクとは思えなかった。

モンクとネリーはいずれもエキセントリックな人間だった。ツアー中は何一つゴミ箱に捨てないのがその一例である。雑誌や空き瓶なども絶対に捨てず、手に入れたものは残らず二人の荷物となっていた。また立ち寄った場所で小さな土産物を買うのも好きだった。それだから、ツアーが進むにつれてモンクの荷物は信じられないほど増えてしまう。そのうえ、二人はホテルに着くたびすべての荷を解くことにしていたので、すぐにコレクションを収納する部屋が必要になった。ツアーの終わりごろになると、ギグや飛行機の時間に間に合わせるべく、ツアーマネージャーが荷ほどきと荷造りを手伝う有様だった。

モンクはそのツアー後に引退したものの、さらに十年近く生き続けた。睡眠と散歩で一日がほぼ費やされていたという。終の住処はニュージャージーにあるアパートメントで、所有者は彼の長年にわたる友人兼サポーターであり、ジャズ界のパトロンとして名の知られたバロネス・ニカ・ドゥ・コーニグズウォーターだった。伝えられるところによると、彼はネクタイを締めたスーツ姿のまま一日中ベッドに横たわっていたらしい。一種の痴呆状態にあり、精神状態を改善するために処方された薬がかえって仇になったそうだ。


ヴィブラフォンは歴史の浅い（発明は一九二九年）楽器なので、有名なヴァイブ奏者の大半はいまも存命で活動中だと、僕はジョージ・ウェインに指摘したことがある。その言葉から、一九六八年のニューポート・ジャズフェスティバルでヴィブラフォン・サミットを行なうという彼のアイデアが生まれた。アドバイスを求められることはなかったけれど、メンバーの人選は僕の予想どおりだった。ライオネル・ハンプトン、レッド・ノーヴォ、ミルト・ジャクソン、ボビー・ハッチャーソン（そして僕）。各人がリズムセクション（このときはビリー・テイラー・トリオ）を伴って二、三曲演奏するのが企画の骨子であり、最後に締めのジャズセッションを行なうことになっていた。しかしサミット当日、運命の女神が悪戯をする。野外コンサートが始まって間もなく、軽い雨が降りだした。雨模様の午後にしてはかなりの観客が集まったし、みな悪天候に耐えているようだ。ところが、演奏が進むにつれて雨脚はますます強まり、観客はポンチョや傘を取り出してステージの近くへと寄せ集まってきた。

やがてグループ・ジャムセッションの時間になったけれど、中身は何一つ決まっていない。ステージクルーが五台のヴィブラフォンを並べたあと、僕らは次に何をするかわからないままそれぞれの場所についた。しかし心配は無用である。こういうときはいつもハンプがなんとかしてくれた。彼はすぐさまお気に入りの一つ〈ハンプス・ブルース〉をコールしてソロの順番を割り当てた。次いで間を置かずテーマ曲の〈フライング・ホーム〉に移り、僕らは全員楽しみながら演奏した。五台のヴィブラフォンが鳴り響くだけで音楽的には無意味だけど、それは壮観な眺めだった。雨を耐えていた観客も熱狂し、それからいまに至るまで、あの大雨の午後は決して忘れないと、僕に話す人がいるほどだ。

ニューポートのあと、僕らはウェイン企画の全米フェスティバルツアーに乗り出し、ほぼすべての主要都市でコンサートを行なった。このとき、各コンサートには最低六つのバンドが出演している。我がゲイリー・バートン・カルテット、モンク率いるカルテット、サックス奏者キャノンボール・アダレイ率いるクインテット、シンガーのディオンヌ・ワーウィック、フルート奏者のハービー・マン、そしていつもではないけれどピアニストのラムゼイ・ルイス、もしくはサックス奏者のジェリー・マリガンである。僕らはこうした名高いミュージシャンと旅をできるのが嬉しくてたまらなかった。モンクのグループはすでに知っていたし、キャノンボールのバンドメンバーともすぐ親しくなった。サンフランシスコではヴィクター・ガスキン（バンドのベーシスト）とジョー・ザヴィヌル（バンドのピアニストにして、のちにフュージョンバンド、ウェザー・リポートを共同で結成した）をヨットに誘ったほどである。長期滞在中にヨットを学び、ここに来たときはいつも海に出ていたのだ。そして休日のひととき、ヴィクターとジョー、そして僕はサンフランシスコ湾のクルーズを楽しむのだった。

とは言うものの、ツアーは最初から大きくつまづいた。偉大なるギタリスト、ウェス・モンゴメリーがツアー開始のまさにその週、若くして急死したのである。ジョージ・ウェインは代わりのグループをキープする必要に迫られた。ノースカロライナ州シャルロットで催された最初のコンサートでは、アート・ブレイキー率いるジャズ・メッセンジャーズがウェスの穴を埋めた。そしてジョージは、そこから車で数時間のとある大学で行なわれるコンサートに、僕のバンドとメッセンジャーズを追加出演させた――そのおかげで、いまや伝説となったブレイキーのだらしなさを個人的に（しかも苦痛を伴って）知ることができた。

僕らのバンドは午前中にホテルを出て、車で会場の大学に向かった。しかし到着した僕らはショックを受ける。それは出迎えた大学関係者も同じだったろう。そこは学生全員が黒人で、しかもその日は毎年恒例のマザーズ・デイ祝賀会だったのである。ロックンローラーの服装に身を包んでその場に立ち尽くす僕らは、彼らの目に火星人と映ったに違いない。講堂は母親を讃えるべくとっておきの教会服を着た家族たちでいっぱいであり、みな午後の催しをいまや遅しと待っている。ところがシャルロットに電話をかけたところ、ブレイキーとバンドメンバーはベットから出たばかりで、ここに着くまであと数時間はかかるというではないか。

僕らはできる限り開始を引き延し、ブレイキーたちが到着するまでの時間を埋めるべく、これまででもっとも長いステージを始めた。状況を考えればそれほど悪くはなかったけれど、マザーズ・デイの祝賀会なのになぜあんなヒッピーが演奏しているんだろうと、観客は不思議だったに違いない。ジャズ・メッセンジャーズはおよそ一時間後に到着した。しかし僕らはその演奏を聞くことなく、メインツアーに戻るべくシャルロットへと車を走らせたのである。

夏が終わりに近づくにつれ、ゲイリー・バートン・カルテットはいくつかの大きな変化を迎えようとしていた。

僕は現在のラインナップになんの不満もなかった。ロイ・ヘインズ、スティーヴ・スワロー、そして僕。メンバー四人のうち三人がゲッツ・カルテットの出身で、互いのパフォーマンスは知り尽くしている。またラリー・コリエルはロックの影響を受けた存在として、バンドに新味をもたらしていた。ラリーの在籍期間は十八ヵ月あまりになるが、そのあいだに僕らは第一線で素晴らしい信頼関係（ときには緊張が生じることもあったが）を築いていたのだ。だから変化を望むはずがない。けれどその一方で、たとえ自分では気づいていなくても、ラリーが近いうちに独立することはわかっていた。事実、僕はあらゆる兆候を感じ取っていた。いずれも僕自身がゲッツのバンドから脱退したときに体験したことであり、それが逆の立場になっただけである。つまり、自分自身が二つの方向へ引っ張られるように感じるという、サイドマンにありがちなパターンだ。成功したバンドでいまの安定した仕事を続けるか、あるいは危険を冒してでも自分の道を追い求めるかの選択を迫られるわけだ。

ラリーと僕のあいだには常にある種の競争意識があった。二人とも同じ年齢で、いずれもグループのソリストとしてフィーチャーされ、新たなジャズスタイルの最先端にいる――率直に言えば、互いに嫉妬を感じていたのだろう。ラリーはリーダーとしての僕を軽蔑していたに違いないし、僕がキャリアを積むなかでその思いはますます強まっていたはずだ。僕のほうは、彼がギタリストとしていとも簡単に注目を集めているように見えて不満だった。また僕は昔から社交下手なので、彼が誰とでも気軽にコミュニケーションをとれることにも嫉妬した。こうして緊張は高まってゆくものだ。

これらはいずれも僕の負担になったし、ラリーはラリーで奇妙な振る舞いを見せ始めていた。ギグのときいつも時間ぎりぎりに姿を見せ、ときに酩酊していることもあった。さらに、彼がコカインを始めたことも僕は知った(服用の仕方をわざわざ僕に見せたこともある)。僕の不満はますます募る。いつトラブルが爆発してもおかしくない。何か手を打ったほうがいいとロイとスワローからも言われ、これ以上放置はできないと悟った。しかし一方で、一本立ちしたばかりのバンドがバラバラになることを恐れてもいた。

その時点でラリーはあまりに予測不可能な存在になっていたので、脱退してもらおうと考えていると言うのはためらわれた。悪くすればツアーの途中で去ってしまうかもしれない。そこで、宣告は秋のオフの日まで待つことにした。それと同時に、僕は密かに代わりのミュージシャンを探していたが、スワローとロイは口を揃えてピアニストのチック・コリアを推薦した。僕も共演こそしたことはないけれど、レコードを聴いたことがあったので、グループにぴったりの存在だと考えていた。

僕はチックに電話をかけた。当時、彼はサラ・ヴォーンのバックで演奏していたものの、すぐにでも離れるつもりだという。サラに対して不満はないが、ソロの機会も自分自身の音楽を演奏する機会もないそうだ。このことが計画を前進させた。僕はツアーが終わったあと、法律の定めに従い、二週間前にラリーへ解雇通知を行なう予定だった。それから一ヵ月ほど間を置いてチックがサラのもとを去り、揃ってバンドを再構築するつもりだったのである。

しかしラリーはどこかで噂を聞いたらしく、その夏最後のギグのためサンディエゴに向かう車中、自分の代わりにチックを入れると聞いたんだが、と僕に面と向かって言った。知られていたかと一瞬ひるんだものの、すぐに気を取り直し、まだギグがいくつか残っているので混乱が起きるといけないから、ツアーが終わるまで言わないことにしていた——だけど、僕の意図はそのとおりだ、と答えた。それが君にとってもベストだと信じている、と。その夜はいつもよりほんの少し緊張感が漂っていたけれど、何も問題はなかった。ラリーはその後短期間ながらハービー・マンのグループに加わり、それから自分のバンドを結成したが、僕はいつも彼の成功を祈っていた（二〇〇七年に出版された自伝のなかで、ラリーは以前のドラッグ中毒とその克服に多くのページを割いている）。

第十七章　「変化を起こす」

一九六八年秋にチック・コリアが加わったことで、僕は本当のドリームバンドが生まれると感じた。ただでさえ素晴らしいプレイヤーたちなのに、チックはすでにロイともスワローともレコーディングをしている。僕の家からそう遠くない、クイーンズの一画にあるチックの自宅で、僕らはリハーサルしつついくつかの新曲を選んだ。隣の部屋ではチックの子どもたちが遊んでいる。最初の顔合わせは順調に終わり、僕らのツアーが始まった。セントルイスとバッファローで催されたジャズフェスティバルなど、何度か一緒のステージに上がったあと、今度はニューヨークに戻ってヴィレッジ・ゲートに一週間出演する。しかし、それまでにこなしたギグから判断して、思うほど上手くはいかないだろうと覚悟していた。

いくつかの理由で、チックと僕の音楽スタイルは噛み合わなかった。リラックスした状態でも互いにぶつかり合ってしまうのだ。我慢すればよかったとは思うけど、そんなことをしても楽しくないし、ベストな演奏ができるとも思えない。ゲートにおける最後の夜、僕らは話し合いの席につき、意気投合できないということで意見が一致した。奇跡のバンドではこうしたことがよくあるものと僕は思っていた。ところがあとでわかったように、それは半分しか正しくなかったのである。

僕はグループに再びギターを取り入れることに決めた。一方のチックは新たなギグを探し始め、幸運なことにマイルスが自分を雇ってくれたと、一、二週間後に連絡をくれた（そこからかの歴史的アルバム『ビッチェズ・ブリュー』が生まれる）。そして僕はギタリストを必要としていた。

同じ週のある深夜、ラジオから流れる曲を聴いていると、まさにぴったりなギターの音が耳に入った。以前に聴いた覚えはなかったものの、レコードを調べてみると、その演奏はサンフランシスコのギタリスト、ジェリー・ハーンによるものだという。しばらくのあいだ家族と離れて生活してもらえないだろうかとハーンを説得したところ、彼は一九六九年の大半を僕らとツアーしてくれることになり、加えてレコーディングにも二度加わってもらった。

そのころ、僕はバンドメンバーにまつわるごたごたを埋め合わせるほどの、嬉しい驚きを受け取った。『ダウンビート』誌が毎年行なう読者投票の結果が発表になり、初めてヴァイブ奏者部門のナンバーワンに輝いたのみならず、一九六八年の〝ジャズマン・オブ・ザ・イヤー〟に選ばれたのである。いずれの栄誉も僕にとって大きな意味を持っていた。シアリングやゲッツとの活動を通じて自分の知名度が高まるなか、それにともない読者投票のランキングも順調に上がるものと思っていた。結局そうはならなかったけれど、いまになって突然、自分がヴァイブ奏者として存在を認められたかのように感じたのである。また〝ジャズマン・オブ・ザ・イヤー〟のほうは、スターとして確立した人物やジャズ界の大物に贈られる賞である。僕は二十五歳未満でこの栄誉を勝ち取った最初の人間（その後現在まで三人しかいない）であり、バンドの革新性とジャズへの新たなアプローチが認められたものと考えていた。

僕とスティーヴ・スワローとの結びつきはどう言葉を尽くそうとも言い足りない。独特なベース奏者にして才能豊かな作曲家でもある彼は、僕がもっとも信頼する相談相手ともなった。個人生活の変化、レコードのプロジェクト、バンドの将来、そして音楽そのものなど、スティーヴとはなんでも話し合った。個人の性格や物事の推移に鋭い感覚を持つ彼は、僕が道を外れないようにいつも手を差し伸べてくれた。そして年月が経つにつれ、グループにおける彼の役割はさらに重要性を増してゆく。バンドが発展を遂げるなか、何人ものミュージシャンが現われては去り、同時に様々な種類のレコードを作り上げたけれど、スティーヴは二十年以上にわたってずっと僕のそばにいた。当時、僕が初めて組んだグループの原動力を誤解した批評家は多かった。つまり、僕とギタリストとの関係こそが重要だと錯覚していたのである。しかし、僕がどんな局面でも頼りにしていたのはスワローだった。

《コラム》 スティーヴ・スワロー

スティーヴ・スワローこそ、象牙の塔から外に出たのはいいけれど、すぐ道に迷ってしまった学者の典型である。彼は一人っ子としてニュージャージーに生まれ育ち、国内最高の私立初等学校の一つ、チョート・スクール（ケネディ一族もそこで学んだ）に入り、同じくマサチューセッツ州のキャンプ・ハーフ・ムーンで夏を過ごした。スティーヴはいまもキャンプソングを歌うことができ、僕を大いに笑わせてくれる。両親がなんらかの分野で名を残すよう息子に強く望んでいたので、彼はイェール大学に進んで二年ほどラテン語を学んだ。その一方でベースを演奏し、それが趣味にとどまるよう両親は望んでいたものの、二年生になったスティーヴはピアニストのポール・ブレイから連絡を受け、ただ一言「ニューヨークに来てジャズを演奏するんだ」と告げられた。

最初のころ、スティーヴはスウィングの巨人ベニー・グッドマンや、ブレイをはじめとするモダニストといった、自身に不釣り合いなミュージシャンたちと演奏していた。どんな種類の音楽にも馴染めるコツを会得していたのである。しかしイェール大学を去ってニューヨークへ移ったことで家族としばらく疎遠になり、結婚して一家をかまえるまでその状態が続いた（孫の存在ほど両親との関係を好転させるものはない）。家族との関係がスティーヴの反抗精神を育てたのだろうと、僕は思う。常識や権威というものを馬鹿にするのが好きだったけれど、彼は常にさりげなく、かつウィットをもってそれをしていた。つまり、冷笑癖を上回る天性の暖かさ——優しさと言ってもいいだろう——がスティーヴにはあったのだ。

僕はスティーヴのことを、ウィリアム・バロウズやアレン・ギンズバーグを読み、社会の規範に疑問を投げかける、ビート・ジェネレーションの生き残りと考えている。僕が知るなかでベトナム戦争への反対を最初に公言したのも彼だ。知り合って間もないころ、ジョージ・ウェインはスティーヴにこう挨拶していた。「やあ、スティーヴ。革命はどんな具合かね？」また高度な教育を受けた友人という意味でも、スティーヴは僕にとって初めての人物である。ツアー中、僕らは政治や文学などあらゆることを何時間も論じ合ったものだ。

スティーヴは他の数名とともに、伴奏時に一定のリズムを刻むのでなく、よりソロイスティックなメロディーラインを採用するなど、スコット・ラファロの革新的アプローチを受け継ぐ若きベース奏者の一人として称賛された。だが実際のところ、スティーヴの演奏はラファロのそれとまったく異なっている。彼に影響を与えたのはより伝統的なミュージシャン——オスカー・ペティフォードやパーシー・ヒースといったバップ時代の素晴らしきベース奏者——であり、彼のソロ演奏は目も眩むような巧みさではなく、メロディー構成が土台にあるのだ。

恐れることなく自らの本能を追い求めるスティーヴは、六〇年代後半にアコースティックベースを捨てエレキベースに切り替え、みんなを驚かせた。しばらく前に誕生したこの楽器はロックバンドのあいだでこそ人気だったけれど、ジャズ界ではいまだ受け入れられていなかった。スティーヴはまず音楽会でエレキベースを試したあと、一九六八年から本格的に実験を始めてゆく。最初はコンサートの二曲くらいでそれを使い、残りの曲はアコースティックベースで演奏した。しかし半年もするとこの比率は逆になり、一晩わずか二曲のために僕らはアコースティックベースを持ち運ぶようになる。スティーヴはその時点で、この新たな楽器に全身全霊を打ち込もうと決意していた。そしてそれまでのベース奏法を捨て、ギターのそれに似たまったく異質のフィンガリング体系を会得し、ギターのピックを使うまでになる。一から始めるようなものだけど、その結果生まれた奏法は彼にとって大きなプラスとなった。現在、スティーヴはカスタムメイドの五弦ベースを使っていて、そのスタイルたるやいくつかの音符を聞くだけで彼の演奏だとわかるほど独特なものである。

スティーヴは当時すでに名声を確立していたので、彼がエレキに切り替えたことは他のジャズベース奏者もそれに続く契機となった。数年後にはジャコ・パストリアスといったプレイヤーもメインの楽器としてベースギターを選ぶようになり、ジャズ界におけるこの電気楽器の地位は揺るがぬものになった(事実、スティーヴ自身のエレキベース奏法が、ジャコの革新的アプローチに先立つ唯一の前例として紹介されることもある)。

一九六九年の時点で我がゲイリー・バートン・カルテットは仕事を多数抱えていて、出費を賄うだけでなくいくらかの蓄えも可能にするほどのギャラを請求することができた。それもぴったりのタイミングで。それより前、僕は税金の支払いを後回しにするという、追い詰められた者が昔から使っている方法で日々やりくりしていた。しかしそんな状態を長く続けられるわけがなく、摘発される（あるいは逮捕される）ところまで事態は悪化していたのだ。しかしこの年のうちに、未納の税金は消えてなくなる。

一方、ドンナと僕は故郷インディアナで両親と素晴らしい関係を築いていた。地価が非常に安いこともあり、僕らは湖を見渡すナッシュヴィルの美しい村落で、七エーカーの森に囲まれた一軒の家を見つけた。そこはブルーミントン、すなわち僕が初めてジャズキャンプに参加したインディアナ大学の所在地から、わずか二十マイルの距離である。家の値段は二万と千ドル。それを五年分割で支払ってゆく。そしてニューヨークの自宅とインディアナの別荘とを行き来するというのが僕のプランだった。

バンドの活動は順調そのもの。僕自身は八年前からメジャーレーベルでレコーディングし、そのうえ結婚して最初の自宅を購入した。僕は二十六歳にしてすでに成功したと感じていた。そして一九六九年はカルテットのレコード『カントリー・ローズ・アンド・アザー・プレイシズ』で幕を下ろす――しかしこれが、RCAからリリースする最後のアルバムになろうとは。

一九七〇年に入り、音楽業界は下り坂を迎えた。経済が落ち込み、クラブ経営者やプロモーターの多くはミュージシャンの出演を減らすか、あるいはビジネスからまったく手を引いてしまった。僕も年初めにはスケジュールが一杯だったものの、日が経つにつれ半分ほどがキャンセルとなった。そしてさらにスケジュールが減ろうとするなか、突如ハリウッドが僕に手招きしたのである。

ジョージ・ウェインから電話があり、MGMが僕を映画に起用したいという。なんてことだろう！　僕の頭に浮かんだのはこれだ――で、詳細は？　予想されるのは主題曲の作曲か演奏、もしくは一九六四年にゲッツとしたような、バンド揃っての演奏だろう。話を聞いてみると、主演はエヴァ・ガードナーで、ロディー・マクドーウォルがメガホンを取るという。いずれも当時の大物だ。撮影はロンドンで行なわれる。MGMは僕とドンナの出費を負担するうえ、アパートメントまで用意してくれる。週千ドルで十週間から十二週間スケジュールを空けてほしいとのことだった。一九七〇年の時点ではかなりの金額（当時はかなりいい新車が四千ドル未満で買えた）であり、何もかも申し分ないように思われた。しかし、自分はいったい何を求められているんだろう？

やがて、ジョージがさらなる情報をもたらしてきた。驚くべきことに、演奏するとか作曲するとか、そういう音楽関係のことはまったくせず、僕にただ演技しろというのだ！　何かの冗談に決まっている。演技の経験なんてまったくないんだから。しかしハリウッドは僕を誘っているし、こちらもそのチャンスを見逃すつもりはなかった。

映画の舞台は活気あふれるロンドン。ミュージシャンやアーティストに囲まれた粋な中年女性（エヴァ・ガードナー）が様々な冒険に足を踏み入れてゆく、というのがストーリーの骨子である。僕の役は彼女のまわりをうろちょろするミュージシャンの一人だという。リアリティを追求しようとしているのは間違いなさそうだ。キャスティングディレクター、もしくはロディー・マクドーウォル本人のいずれかが、僕がロサンゼルスで演奏しているのを見たか、あるいはアルバムのどれかを持っているかして、「こいつ、映画にもってこいじゃないか！」とでも考えたのだろう。

問題はロンドンに数週間滞在しなければならないことである。僕は続く二ヵ月のギグを断腸の思いでキャンセルし、パスポートを更新したうえで、長期滞在に必要なあらゆる準備を始めた。しかし数日後、一つのニュースが飛び込んでくる。イギリスの厳格な労働組合協定のため、当地で映画の仕事に携わることができるアメリカ人の数は限られており、エヴァ・ガードナーのヘアスタイリストか僕かの選択になったというのだ（さあ、どちらが勝ち残るだろう？）。僕は必死に嘆願したけれど、すべては終わったあとだった。こうして映画スターの卵から無職のジャズミュージシャンへと、一夜のうちに転落したのである。

それから数ヵ月、僕は失意の日々を送った。そんなとき、制作会社が資金不足に陥りあらゆる方面から訴えられている、という知らせが僕の耳に届く。誰もギャラを受け取っていないのは間違いない――まったく、めちゃくちゃな事態になったものだ。でもまだ、映画に挑戦してみたかったな、という思いはある。

一九六九年夏、ＲＣＡとの契約が終わる時期を迎え、僕は数年後を期限として再度更新したいというオファーを会社から受けていた。僕のレコードはどれもコストが低く、会社のほうもジャズという分野をレーベルに残しておきたいと考えていたのである。コストが低くギャラの要求もさほどでないとあれば、会社としてはジャズアーティストをラインナップに残すべく、僕を喜んで引き留めるはずだ。しかしこちらにその気はなかった。そんな状況では、会社が僕のレコードを売ろうと頑張ったり、キャリアアップに手を差し伸べたりするなど望めない。しかも、僕が知るＲＣＡの関係者はみんな会社を去っていた。僕は何人かの新スタッフ、そして新たなプロデューサーとして会社が提案している人物と会うべく、二十三番街のオフィスに赴いた。このプロデューサー候補は野心的な構想を練っていて、ピアニストのビリー・テイラーとの共演でアルバムを制作したうえ、〝バートン・アンド・テイラー〟として売り出そうというのだ。何千という人々が映画スターのリチャード・バートンとエリザベス・テイラーを思い出してレコードを買い、それからようやく、僕らが単なるジャズミュージシャンであることを知る、という筋書きだそうだ。

こんな会社、絶対に去らなくてはならない。

そこにまたしても、ジョージ・ウェインが現われる。彼はネスヒ・アーティガンとの面談をセッティングしてくれた。ネスヒこそ、弟アーメットとともにアトランティック・レコードを創立した人物である。この会社は古くからジャズを扱っており（ネスヒの尽力による）、R&Bでも大ヒットを多数記録していた（こちらはアーメットとその協力者、ジェリー・ウェクスラーの努力の賜物）。面談を終えたネスヒは、僕をアトランティックに誘ってくれた。

RCAとアトランティックは大きく違っていた。RCAが数え切れないほどの組織や手続きを擁する大企業である一方、アトランティックは同族会社であらゆる決断が個人ベースで迅速に下される。僕が最初に割り当てられた仕事は、フィラデルフィアでディスクジョッキーをしていたジョエル・ドーンとのものである。彼は自分のラジオ番組を通じてアトランティックのレコードを何度かチャート入りさせたことがあり、このときも自社アーティストをプロデュースするよう依頼されていたのだ。威張り屋でときに無礼な振る舞いを見せる男だけど、僕はジョエルとの仕事を楽しんだ。誤解する人間もいるにはいるものの、僕は彼を理解できた。ジョエルはアイデアの宝庫だが、その多くはどう考えても実現不可能である。しかしときには、思いもよらない素晴らしいアイデアを生み出すこともあった。

アトランティック移籍後初のプロジェクトはきっかけこそ意外だったものの、やがて僕のお気に入りの一つとなった。ゲイリー・バートン・カルテットが一九六九年のニューポート・ジャズフェスティバルに出演したところ、聴衆の一人にバイオリニストとして広く尊敬されているステファン・グラッペリがいた。ステファンが一九三〇年代にフランス・ホット・クラブ五重奏団の一員として名声を築き、またジプシーの伝説的ギタリスト、ジャンゴ・ラインハルトとともに活動した事実は、ジャズファンやジャズ史家なら知らぬ者はいない。ジョージ・ウェインはニューポートに出演するようステファンを説得したうえで、年長のミュージシャンたちとの共演をアレンジしていた。しかし僕らの演奏を聴いていたステファンはジョージに対し、自分はいつも老人たちと組まされていると不満を漏らす。ならばどの若いミュージシャンがいいのかと訊かれると、こんな答えが返ってきたという。「そうだな、ゲイリーのバンドなんかがいいな」僕らのジャズロック・スタイルとカーナビーストリート風の華やかな服装を考えれば、ステファンの言葉はジョージを驚かせたに違いない。しかし演奏が終わったあと、彼は僕らをステファンに引き合わせ、レコーディングの提案までしてくれた。同席していたネスヒ・アーティガンもこのアイデアに乗り気である。パリで生まれ育ったこともあって、長年にわたりステファンの動向を追い続けていたのだ。僕は彼の音楽をほとんど知らなかったので、どう返事すべきか言葉に窮した。しかしみんながそんなに乗り気ならと、まずは試してみようと覚悟を決める。僕らは数ヵ月後にヨーロッパツアーを控えていたので、パリで演奏するスケジュールを立てた。それが上手くいけば、翌日レコーディングに進むという具合だ。

僕はステファンについて調べてみたものの、結果は芳しくなかった。歳を重ねる(当時六十二歳だった)ごとに名声が衰え、そのころの活躍の場といえばヒルトンホテルのラウンジがほとんどだった——順調な活動ぶりとは言えないだろう。レコーディングの機会も近年は少なく、彼のような年老いたミュージシャンが複雑なハーモニーの音楽を果たして無事に演奏できるだろうかと、僕は不安を覚えた。セッションに先立つ数週間、スワローと僕はどの曲にするかで議論を重ね、その結果、ステファンが知っている曲と、僕らのレパートリーのなかでこれなら大丈夫だろうという曲とに分けることにした。

しかしそれは杞憂だった。リハーサルはごくスムーズに進み、僕らの投げかけた未知の曲にステファンがまごつくこともなく、わずか数時間後には翌日のレコーディングを約束していたのである。

控えめに言っても、スタジオは安普請そのものだった。暖房はスタジオの中央に置かれたダルマストーブただ一つ。この日は肌寒く、エンジニアが定期的に姿を見せては薪をくべる始末。しかしそんなことはどうでもよかった。僕らは演奏を楽しみながら、ステファンとの素晴らしいひとときを過ごした――実に素敵なこの男性も同じくゲイであることを、僕はあとで知った。彼は僕のために〈ゲイリー〉というタイトルの曲を書いてくれたのみならず、手書きの楽譜を送ってくれた。僕は額に入れてオフィスに飾っていたけれど、年月とともにインクが薄れてしまい、最後は単なる黄色い紙になってしまったが。そのあいだ、ステファンは八十代に入っても演奏を続け、蘇った名声を心ゆくまで楽しんだ。楽譜のインクが消えたずっとあとも、彼が生き永らえたのは嬉しく思う。

数年後、スワローがフランスのベース奏者から聞いたという話をしてくれた。レコーディングセッションのあと、ステファンはパリ在住のミュージシャンが集うバーに行き、済ませたばかりのセッションを大声で自慢したというのだ。そのときの言葉がこうだ。「……あのアメリカ人のヴァイブ奏者とだよ。ほら、ゲイリー……ゲイリー……ゲイリー・クーパーさ！」

しかし、アトランティック・レコードはすでにプロジェクトへの熱意を失っていた。僕が出した他のレコードと違いすぎて、拡大しつつあるファン層を混乱させせかねない、というのが理由だった。まだアトランティックでの名声を確立していなかったのである。僕はリリースの予定を尋ね続け、会社はそれを引き延ばし続けた。リリース予定に『パリのめぐり逢い』が密かに挿入されたのは、それから二年後のことである。そんなことがあったけれど、僕がアトランティックでレコーディングしたアルバム六枚のなかで、これが一番のお気に入りである。

同じ時期、ステファンと同世代の人間であり、ヴィブラフォンの真のパイオニアでもある人物とついに知り合うことができた。レッド・ノーヴォその人である。ジョージ・ウェインがブッキングした僕らのヨーロッパツアー中、ヴォードヴィルとジャズで活躍した若かりしころを語るレッドの話に、僕はぞくぞくしながら耳を傾けたものだ。

《コラム》レッド・ノーヴォ

〝ヴァイブの父〟と言えばライオネル・ハンプトンの名前が即座に浮かぶが、それにはれっきとした理由がある。ハンプは一九三〇年代初頭にヴィブラフォンを用いた初のレコーディングを行ない、四〇年代を迎えるころには誰もが知る有名人となった。しかし、この話にはもう一つの側面がある――ヴィブラフォンが発明される以前の二〇年代にシロフォン奏者が確立させた、ジャズマレット奏法の歴史だ。ジョージ・ハミルトン・グリーンをはじめとする初期の有名なシロフォン奏者は、厳密に言えばジャズミュージシャンではなかった。彼らは主に、ジョージ・ガーシュウィンや革新的作曲家ゼズ・コンフリーによる初期のピアノ作品を模倣した、ラグタイム・スタイルの曲を演奏しており、即興演奏をすることはなかった（僕も子どものころにG・H・グリーンの楽譜を通信販売で買い、マリンバで演奏したものだ）。レッド・ノーヴォはマレット楽器で即興演奏をしたジャズ界初の有名ミュージシャンであり、シロフォンとマリンバを用いた独創性溢れるレコーディングで名声を得たのである。

レッドはまずピアノを学び、十代なかばでシロフォンに乗り換えた。その後ヴォードヴィルの世界でプロとしてのキャリアを始め、ときおり自分自身のマリンバアンサンブルを率いつつ、一九二四年にジョージ・ガーシュウィン作〈ラプソディー・イン・ブルー〉を初演したことで名高いジャズ風の商業バンド、ポール・ホワイトマン・オーケストラに加入する〈ホワイトマンが大規模なホールで演奏するとき、休憩中に客席を盛り上げるのはレッドの役割だった。シロフォンを転がしながらダンスフロアを回り、スポンサーの席で立ち止まっては短い曲をソロ演奏するのである。レッドがバンド所属のシンガー、ミルドレッド・ベイリーと結婚したあと、二人は四〇年代初頭に離婚するまで〝スウィング夫妻〟の名で活動した。

レッドは常に新境地を開拓し続け、変化の風が吹いたときも抗うことはしなかった。一九三三年には〈ノッキン・オン・ウッド〉と〈ホール・イン・ザ・ウォール〉という二つのヒット曲をレコーディングしているが、レーベルのオーナーと別れたあと、彼はスタジオに戻ってさらに二つの曲を録音した。そのいずれも、ジャズにおける革新的レコーディングの代表作として後世に名を残している。つまりビックス・バイダーベック作〈イン・ナ・ミスト〉のアレンジ版と、レッド自身の作品〈ダンス・オブ・ザ・オクトパス〉である（このセッションではベニー・グッドマンがベースクラリネットを担当しているが、当時としては珍しいことだった）。いまこれらのレコーディングに耳を傾けてみても、レッドの新たな音楽を他のミュージシャンがどう捉えたか想像もできない。レッドが僕に語ったところによると、レーベルのオーナーは、まったく売れそうにない音楽などレコーディングしやがってと怒り狂い、曲そのもののリリースすら許さない勢いだったという。そしてレッドとの契約書を文字どおり破り捨てたそうだ。しかしこれらの曲は幸いにも日の目を見て、現在では本物の名曲と評価されている。

レッドはジャズの旧時代に属しているものの、四〇年代に登場したビバップにも関心を抱いていた。一九四五年、彼は史上初となるスウィングとビバップのコラボレーションを実現させる。かの歴史的セッション〈コンゴ・ブルース〉がそれで、もっとも有名なビバップミュージシャン（チャーリー・パーカーとディジー・ガレスピー）と、スウィングの代表的ミュージシャン数名（グッドマンのグループに所属していたピアニスト、テディー・ウィルソンもその一人）が一堂に会したのである。その時点でレッドはヴィブラフォン――偶然にも、僕が生まれたのと同じ一九四三年にシロフォンから乗り換えていた――を演奏しており、以降はこの楽器を使い続ける。また初期のレコーディングで卓越した技術を見せていたにもかかわらず、シロフォンから乗り換えると同時に四本マレット奏法からも手を引いていた。時は流れて一九九五年、僕のソロ演奏を見たレッドは、四本マレット奏法を捨てたのは失敗だと言った。彼がそうしたのは、四〇年代のヴァイブ奏者はみな二本のマレットで演奏しており、自分も時流に乗り遅れまいとしたからだそうだ。

一九四〇年代を通じてレッドはニューヨークを拠点に様々なグループを率いたが、五〇年代を迎えるころにはビッグバンドを率いるのに疲れ、同時に西海岸へ移るという考えが頭のなかを占めるようになっていた。そんなある日の夜、レッドは新人ギタリストのタル・ファーロウとニューヨークのギグに出演する。演奏に強く感銘を受けた彼はステージ後、タルにこう告げる。「なあ、いまのところ仕事はないんだが、僕はロサンゼルスに移って新しいバンドを始めようと思っている。だから、君にも来てもらいたんだ」タルはその申し出を承知し、やがて仕事が来るという口約束以上のものが何もないまま、レッドを追って西海岸へと向かったのである。

レッドは出費を切りつめようと、ヴァイブ、ギター、ベースのトリオ編成というアイデアを考え出した。ロサンゼルスではベース奏者としてチャールズ・ミンガスを推薦される――そしてそこにこそ、レッドがミンガスをいかに復活させたかの物語が秘められている。このベース奏者は音楽業界への失望を募らせており、当時は郵便局で働く有様だった。レッドが僕に語ったところによると、ミンガスの自宅に電話がないので、彼は街中の郵便局を訪ね歩き、ミンガスが働く局を見つけて直接会わねばならなかったという。そしてようやくミンガスを見つけると、外の通りで立ち話をしながらバンド加入をオファーしたのだそうだ。ミンガスはそれを承諾、かくして音楽界への復帰と相成ったのである。

攻撃的なポスト・バップ期の諸作品という、ミンガスがその後残した伝説に目を向けてみると、レッドやタルと同じバンドにいたことが信じ難いように思える。しかし三人がともに活動した一年半、レッド・ノーヴォ・トリオといえば当時もっともホットなバンドだった。速いテンポと並外れてタイトなアンサンブルで知られているが、レッドによると楽譜はまったく使わなかったという。つまりリハーサルのあいだにすべてのアレンジを作り上げていたわけだ。短期間のパートナーシップは三人それぞれに感銘を与えたが、とりわけミンガスとファーロウにはそれが強かった。その後三人はトリオでの成功をばねとして、自身のバンド活動に進んでゆく（やがて、レッドとタルはときおり再結成を繰り返している。僕も八〇年代に何度かその姿を見たけれど、音楽的に言えば初期のころより劣っていた）。

レッドが残した伝説に羨望を感じないミュージシャンはいない、僕はそう考えている。彼はマレット楽器のパイオニアであるのみならず、スウィング時代のイノベーターにしてビバップへの橋渡し役でもあり、一九九九年に九十一歳でこの世を去るまで大物ミュージシャンの大半と共演した。僕も二〇〇一年にリリースしたアルバム『フォー・ハンプ、レッド、バグス、アンド・カル』にレッドの曲をいくつか収録し、彼が遺した伝説に最大限の敬意を払ったつもりである。またギタリストのラッセル・マローンとベーシストのクリスチャン・マクブライドとともに、レッドがトリオでレコーディングした有名なレコードを再現することもした。さらに、マリンバとシロフォンを借りたうえで、ピアニスト小曽根真の伴奏で〈ダンス・オブ・ザ・オクトパス〉と〈ホール・イン・ザ・ウォール〉を可能な限り忠実に再現している。

一九七〇年秋、僕は数週間にわたってレッドと一緒にヨーロッパツアーを行なった。まずレッドが僕のリズムセクションを従えて何曲か演奏、次いで僕のバンドがセットを一通り演奏し、最後にレッドと僕で二台のヴァイブによるフィナーレを迎えるという、いわばありふれたプランである。最初のコンサート会場はロンドンから数時間の場所にある片田舎のリゾートホテル。僕らはリハーサルを済ませていなかったので、開演時間が迫るなか、どの曲を演奏するか楽屋で話し合った。僕がレッドにフィナーレはどの曲がいいかと訊いてみると、〈ティー・フォー・ツー〉という答えが返ってきた。しかしすぐに前言を翻し、その曲は自分のパートで使いたいからということで、今度は〈バック・ホーム・アゲイン・イン・インディアナ〉の名を挙げた。楽屋にピアノがあったので、僕はハーモニーをおさらいしておくべきだと考えた。そこでピアノの前に座ってその曲を弾くと、レッドはすぐさまピアノの高音側に立って伴奏し始めるではないか（二本の指をマレットのように使って）。しかし彼が演奏しているのは〈ティー・フォー・ツー〉だ。いずれの曲も同じキーから始まるので、最初は衝突しない。それにこの二曲が調和しているように思えるものだから、両者を同時に演奏し続けられるようレッドがなんらかの形でコード進行を変えているのだろうと、僕は考えた。しかし八小節を過ぎると、〈ティー・フォー・ツー〉のコードは変わってしまう――その時点で、僕らのささやかなデュエットは突如不協和音を奏でだした。

僕が演奏を止めると、レッドは不思議そうな表情でこう言った。「〈ティー・フォー・ツー〉を演奏してたんじゃなかったのか？」そして、僕の演奏が聞こえなかったと説明した。そう、レッドの耳はほとんど聞こえなかったのである。彼によると、ステージ上では他のミュージシャンのすぐそばに立たねばならず、聞こえるのはほぼベースの音ばかりなので、それを頼りにバンドの演奏から離れてしまうのを避けているそうだ。

レッドが聴覚障害になったのは、一つは感染症が原因であり、もう一つは右耳のすぐそばで銃が発射されたのが理由だった（右耳では電話のトーン音すら聞こえないという）。彼は多数のコレクションを持つ熱心な銃マニアであり、そのことは僕もたびたび聞かされた。しかしのちに、息子が父親の銃を使って自ら命を絶ったことが、彼を後悔させた。妻の死後、レッドは古くからの友人であるクラリネット奏者が住むコロラドで引退生活に入ったが、一年もすると死ぬほど退屈するようになる。結局耳を治療してなんとか数年演奏を続けるのだが、今度は心臓発作によって左腕が麻痺してしまった。その後は鬱屈を募らせる日々だったという。音楽こそが唯一の関心事なのに、もはや演奏することができない。僕はロサンゼルスを訪れる機会があれば、ときどきレッドのもとに立ち寄った。そして一九九二年には、〈ノッキン・オン・ウッド〉のレコーディングを終えた僕に彼から電話があり、自分の曲を演奏してくれてありがとうと謝意を伝えられた。

一九九〇年代に入り、レッドは発作のせいで演奏こそ無理だったものの、ヴィブラフォンの発展を祝うカリブ海のクルーズに招かれた。ある日の午後、ライオネル・ハンプトン、ミルト・ジャクソン、そして僕がステージに立っていたところ、テリー・ギブスがレッドを説き伏せて（本人は嫌そうだったけれど）一曲飛び入りで演奏させた。レッドは右手だけで〈ホウェン・ユーア・スマイリング〉を演奏したうえ、人柄そのものの優雅なコーラスを片手で即興演奏し、万雷の喝采を浴びたのだった。

一九七〇年、僕はキース・ジャレットとともに重要なアルバムをレコーディングした。キースのことはしばらく前からなんとなく知っていて、僕が自身のバンドを率いて最初のツアーに出たとき、彼はサックス奏者のチャールズ・ロイド率いるグループとツアー中で、しばしば顔を合わせることがあった。キースは僕より何歳か年下だったけれど、インディアナで同じジャズバンド・キャンプに参加したことがあり、プロになる前はバークリーで短期間ながら学んでいた——つまり僕と同じような道を歩んでいたのだ。

フランスでのツアー中、キースらトリオが近くの小さなクラブに出演することを知った。その夜はオフだったので、スワローと一緒に見物がてら出かけてみる。彼らの音楽は予想に違わず素晴らしく、特に二、三の新曲が気に入った。僕らのバンドにうってつけなのは間違いない。そこで演奏を終えたキースに話しかけ、君の曲をいくつかレコーディングしてもいいかと尋ねた。すると相手は一瞬間を置いたあと、こう答えた。「一緒にレコーディングするのはどうだい?」二人ともアトランティック・レコードからアルバムを出していたのも幸いだった。こうしたことがビジネスを簡単にするのだ。

スタジオ入りする前、キースは僕のカルテットに加わって夏のコンサートに何度か出演し、収録曲の擦り合わせを行なった。ところがレコーディングの段になって、アトランティックからいくつか物言いが入った。二人のコラボレーションには反対だというのだ。キースと一緒に仕事をするのは難しい、それに要求ばかりで融通が利かないと言ったうえで、君のためにも彼とは距離をとったほうがいいとまで忠告したのである。

僕はとにかくプロジェクトを進めると主張し、ニューヨークのスタジオを何日間か予約した。当時、僕のバンドはスワローに加え、ドラマーのビル・グッドウィンとギタリストのサム・ブラウン（創意に富むプレイヤーだったが、残念なことに翌年自殺してしまう）を擁していた。ところがサムは患者の言いなりに処方する医師のせいで、重度の薬物中毒に陥っていた。このセッションにもピルを持ち込んでいたけれど、それは興奮剤と鎮静剤が一緒になった代物で、休憩に入ると爪やすりを使って鎮静剤の部分を削り、セッションが終わるまで高揚していられるよう興奮剤だけを服用するのである。しかしセッションそのものはごくスムーズに進んだ——どの曲もすでにツアーで演奏していたので、ほとんど最初のテイクで済ませることができたのだ。事実、レコーディングにかかったのはわずか三時間——そのころやっと、サムもすべてのピルを削り終えていた。つまり彼が興奮剤を服用するより早く、レコーディングは終わっていたのである。

こうして出来上がった『ゲイリー・バートン・アンド・キース・ジャレット』のカバー写真は、ヨーロッパの城跡に立つ僕らをイメージしている。しかし実際には、ニュージャージー州のキース宅からわずか数マイルほどの場所にある、古い農家の基礎なのだ。レコーディングを終えた時点でキースと僕は夫妻そろって友人となり、彼らの家とロングアイランドにある僕の自宅を互いに訪れるようになっていた。僕ら自身も続く数年間、多くのコンサートで同じステージに立った。つまりキース・ジャレット・カルテット（メンバーはデューイ・レッドマン、チャーリー・ヘイデン、そしてポール・モチアン）と我らがゲイリー・バートン・カルテットの共演である。

両グループは等しく名が知られていたので、コンサートのオープニングとクロージングを代わる代わる担当した。僕らがオープニングを担当する夜はメンバー全員が会場に残り、向こうの最新曲をチェックするためだけに、キースのバンドが出演するセカンドセットを聴いたものだ。僕らはそれぞれが自身の世界で頂点に立つ、二つのバンドだったのである。

第四部　さらなる飛躍

第十八章　二つの仕事

一九七〇年代はパラドックスを象徴する時代だった。僕は一流のレコード会社と契約していた——幸運なことに、レコード会社との契約が途切れたことはいまに至るまで一度もない——けれど、ギグの機会を見つけようと相変わらず苦労していた。不況のせいで仕事のスケジュールは減りながら、新しい家の支払いが待っている。新たな収入源がどうしても必要だった。

僕はマッサー社（自分が演奏する楽器を作っている会社だ）とのつながりを通じて、音楽店や学校、あるいは音楽関係の集会といった場で、ヴィブラフォンや即興演奏に関するプレゼンを行なう仕事を得ていた。こうしたセミナー、ワークショップ、そしてマスタークラス——形態や名称は様々——はジャズミュージシャン全般にとっての新たな仕事であり、とりわけ僕にとっては貴重なありがたい収入源だった。しかもそうした場所で教えながら、音楽を他人に説明することが自分に向いていると知ったのである。さらに、生徒との交流自体が本当に楽しかった。そこで、教育により多く携わろうと模索を始める。

当時、僕のもとには大学から教職のオファーが来ていたけれど、現実性があるとは思えないでいた。以前にイリノイ大学を二度訪れ、学内の優秀なジャズオーケストラとのワークショップを指導したことがあって、顧問のジョン・ガーヴェイ——クラシックからキャリアの第一歩を踏み出した、好感溢れる男だ——に大学で教える気はあるかと訊かれたことがあった。とは言え、当時は定期的にツアーしていたうえ、生活の基盤はニューヨークにあったから、イリノイ州シャンペーンで教えるなど出来ない相談である。仕事の内容自体は素晴らしいと思ったけれど、音楽シーンから遠く離れるなんて想像もできなかった。僕の知る限り、ツアースケジュールをこなしながらフルタイムで教鞭をとるジャズミュージシャンなんて一人もいない。ギグの誘いにたやすく応じられなければ、すぐにファンを失うだろう。知名度のあるミュージシャンが演奏と教育のあいだでバランスをとるのは、今日でこそ当たり前になりつつあるけれど、一九七一年の時点でそんなことをしている人間はいない。ミュージシャンが教鞭をとろうと思ったら、完全に道から外れなければならない時代だった。

しかしイリノイでは不可能でも、ボストンならば可能かもしれない。そこでバークリー音楽大学に電話をかけ、僕を講師として受け入れる気はないかと尋ねてみた。すると一週間後、この大学の創設者にして理事長であるローレンス・バークのオフィスに招かれた。僕が一九六二年に中退して以降、バークリーは信じられないほど拡大していた。学生数は百五十人から千人以上に増え、もともとホテルだった六階建てのビルに移転したという。ラリーと大学ナンバーツーのボブ・シェアは僕を喜んで迎え入れてくれた。そこでドンナと僕は夏の終わりにボストンへ移ることを考え始め、一九七一年度の始業式までに引っ越しを済ませるプランを立てた。

だけどその前に、僕は気分転換として世界各地を巡業した。まず手始めにカルテットの日本ツアー、次いでスイスで催されるモントルー・ジャズフェスティバルにソリストとしてゲスト出演、そこでジョン・ガーヴェイおよびイリノイ大学ジャズバンドと共演する。しかし日本へ発つ直前、学生バンドが必要な旅費を稼げず、ツアーを断念したという知らせが僕の耳に届く。フェスティバルのディレクターを務めるクロード・ノブスから僕のもとに電話があり、すでに広告を打っているのであなただけでもフェスティバルに来てほしいと懇願された。そのうえで、共演するミュージシャンをなんとか見つけるからと言うので、僕は出演を承知した。とは言うものの、そのことを考えれば考えるほど、メジャーなフェスティバルで急ごしらえのグループと共演することに不安が募り、日本に着いても頭を離れない。ところが、日本での日程を終えた僕の脳裏に突如アイデアがひらめいた。

　スタン・ゲッツのバンドに加わって以来、僕はほぼどのセットでもヴィブラフォンのソロ楽曲を一曲か二曲加えていた。いつの日か、ソロ楽曲だけでコンサートを完結させようと目論んでいたのである。そしていま、モントルーでそれを実現させるチャンスが巡ってきたわけだ。

　スイスに到着した僕はクロードにこのアイデアを話した。すると彼は大賛成だった――モントルーは事前のスケジュールにないその場限りのパフォーマンスで有名である――けれど、誰もが賛成したわけではなかった。フェスティバルのその日のスポンサーはアトランティック・レコードで、プログラムは同社所属のアーティストで構成されており、当夜のステージを最初から最後まで録音することになっていた。スケジュールによれば最初の出演者は僕で、そのあとにラテンのバンドリーダー、モンゴ・サンタマリアが続き、最後にヴォーカルのロバータ・フラックがコンサートを締め括る予定だった。ネスヒ・アーティガン自身も会場に来ていたが、僕が一人で演奏するというアイデアに断固反対した。ヴァイブのソロ演奏を一セット丸ごとレコーディングするなど時間の無駄、リズムセクションがなければレコードなんて絶対に売れない、というのが理由である。ジョージ・ウェインもモントルーに来ていて、僕を脇へ呼び寄せると、自分は君のソロ楽曲が大好きだけど、ここはそんな過激なアイデアを実行に移す場所じゃないし、レーベルのアドバイスに従うのが賢明だと言った。

　だけどその時点で、僕は決心を固めていた。僕の〝内なるプレイヤー〟が「やれ」と言っているし、それにクロードの励ましもあって、すでにパフォーマンスの準備を整え、舞台裏の一室で伴奏なしのレパートリーを練習していたのである。ステージに立ってみると、ホールがどこまでも広がっているように見えた。自分の席を探す観客もまだまだいる（これは最初の出演者として当然予期していたことだ）。その日最初のセットが自分一人だけであることを知ったらどんな反応が返ってくるだろうと、僕は密かに考えた。

演奏を始めると、観客が静まりゆくのに気づいた。アナウンスをすることなく二曲目に進んでゆく。そのころにはもう観客を虜にしたことがわかっていた。ピンの落ちる音すら聞こえる、とはまさにこのことだ。五十分後に演奏が終わった瞬間、観客は一斉に立ち上がった。あとから聞いた話では、その年のフェスティバルで僕以上に素晴らしい反応をもらったアーティストはいなかったという。モントルーには以前にも出演したことがあるけれど、僕のキャリアでターニングポイントになることは一度もなかった――ところがこのときは、間違いなくそうなったのである。

この模様を収めた『アローン・アット・ラスト』（一九七一年度モントルー・ジャズフェスティバルでレコーディング）は大ヒットを記録した。タイトルには二重の意味が込められていて、長年コンサートでソロ演奏を続けたあと、ようやくソロアルバムをレコーディングできたことを指しているのはもちろん、移動、インタビュー、そしてギグを終えてやっとホテルにたどりつき、部屋に入ってドアを閉めたあと、「やっと一人になれた」と呟くときの感情を表現している――つまり僕の内向的な側面をタイトルに表わしたのだ。

僕のソロコンサートは多くの注目を集め、ジャズパフォーマンスの新たな波を生み出す一助となった。ピアノソロのレコードは昔からあるけれど、僕が伴奏なしの演奏を始めた瞬間から、他の様々な楽器

——ギター、サックス、それにベース——のプレイヤーもそれに続いたのである。僕はモントルーで行なった実験をその場限りのことと考えていたけれど、そこからソロでの出演が多数ブッキングされ、とりわけこのトレンドが広く受け入れられていたヨーロッパからのオファーが多かった。モントルーでは一九八五年にも節目となるパフォーマンスを行なっている。どうやら僕にとって縁起のいい場所らしい。

ヨーロッパの旅を終えたあと、僕はボストンに直行してドンナが見つけたストートン郊外の家を見に行った。その一週間後にはバークリーでの教職が、期待と混乱のなかで始まった。ワークショップを率いるなど、僕は教えるという行為が本当に好きだったけれど、大学のカリキュラムではどんな内容が求められるのか、まったくわからない——自分の学生時代と比べてはるかに大きくなり、また物事が進むペースも早くなった、この世界最高水準のジャズ教育機関で教えるとあればなおさらである。

最初、僕には様々なコースが割り当てられた。即興演奏、少人数グループのアレンジ、ハーモニー、そしてもちろんヴィブラフォン。僕は教育にあてる時間を三日間にまとめ、プライベートレッスンがあるときは家からランチを持参した。そうすることで、一日中休みなく教えられる。極端なようにも聞こえるけれど、週末にはバンドを率いてギグに出なければならないので、スケジュールをうまく調整する必要があったのだ。それに、僕は演奏する必要もあった。僕のパフォーマーとしてのキャリアが終わった(「あいつ、いま先生やってるんだと。ギグに呼ぶのはよそうじゃないか」)などとは思われたくない。だから最初のころ、僕は学校の休業期間に長期のツアーを入れてヨーロッパやアジアに赴き、学期中も週末にギグの予定を詰め込んだものである。幸運なことに、学校のスケジュールはある程度の融通が利いたので、僕はどうにか多くの仕事をこなすことができた。自由時間などまったくなかったのである。

ところが、僕は初めて受け持つ学生たちのアンサンブルを完全に誤解した。名の知られたジャズアーティストということもあり、バークリーは僕が教える少人数アンサンブルに最優秀の学生を割り当てたのだが、最初のリハーサルでどの曲を演奏させるか、僕は時間をかけて必死に考え抜いた。演奏を楽しんでほしいのはもちろんだけど、学生たちが「ねえ、この曲ならもう知ってるよ。大したことないな」と思うような単純あるいは馴染み深いものであってはならない。一方、彼らの力を試す必要性も感じてはいたが、難しすぎて演奏できなくても困る。そこで僕は、スティーヴ・スワローが作曲した〈フォーリング・グレイス〉を選んだ。僕の知るミュージシャンはみな、技巧に富みながら印象に残るこの曲を高く評価していたので、我ながら完璧な選択だと自画自賛した。

ところがなんと、それは見当違いもいいところだった。

僕は全員分の楽譜を持参して教室に姿を見せ、それを黒板に書き写しながら曲の構造についてアドバイスを加え、カウントを始めた。しかし生徒の誰一人として、満足に演奏できないじゃないか！　当時のバークリーで人気があったのはモーダル・ジャズ（モード・ジャズ）という、コード変化が非常に少ないスタイルのジャズだった。そのため、即興の初心者にはうってつけではある（その一方で、上級者には困難が伴う。単純な構造のせいで、面白い演奏をするのがかえって難しくなっているからだ）。ところがモーダル・ジャズに親しんだ学生にとって〈フォーリング・グレイス〉で使われるコードはあまりに多く、しかも急速すぎるほどのペースで変化してゆく。最初のアンサンブル授業は悲惨な失敗に終わった――そしてそれは一つの警告をもたらした。これら学生たちは、プロの世界でやってゆくならマスターしなければならない音楽の経験が絶対的に不足している。次の週、僕はずっと簡単な曲を持ち込み、それからより難しい曲を徐々に紹介していった。僕は自分が学生時代に体験したことを道しるべとして、経験豊富なミュージシャンだけが与え得る現実的なアドバイスを彼らに授けたかったのだ。

それ以降、僕の教育哲学はよりはっきりしたものになった。学生たちが何を知っているか、そして何を必要としているかをまず見出し、そこからスタートすること。教師自身がどんな音楽に興味を持っているかなど関係ないのだ。

《コラム》学生時代

僕は自分のバークリー時代に一番多く練習したけれど、中退して世に出た途端すべてが変わった。たとえば旅をするにしても、ヴァイブを抱えて歩くわけにはいかない――その点、トランペットやサックスと違っている。僕がツアーに出た最初の年、自分の楽器はクラブにあるか、トラックで輸送中か、あるいは他のどこかに運ばれているかのいずれかだった。ほぼ毎夜ギグで演奏し、日中は移動していたこともあって、練習曲や音階を復習する暇などないし、その後数十年にわたって旅する機会が多かったから、定期的に練習せずともよくなってしまった。それに、いままで所有した家にちゃんとした〝音楽室〟を設けたこともない。いまだって、新曲を練習するときはヴィブラフォンをガレージから運び出すほどだ。

なぜこれでうまくいくのだろう？　プレイヤーとして、技術面でも創造面でも成長と発展を続けられたのはどういうわけだろう？　これについてはいくつか考えがある。音楽を習得することは身体的な経験でなく精神的なものだと、僕は固く信じている。プレイヤーとして進化しようとするときも、楽器を何度も何度も繰り返し演奏する必要はない。僕は自分の能力と技能を〝現場で〟鍛え上げている――それこそがプレイヤーとして成長するもっとも自然な方法ではないだろうか。

ともあれ、練習という概念そのもの――つまり、スケールや練習曲をこつこつ続けることで演奏を学ぶこと――は比較的最近生じたものである。鍵盤楽器の弾き方を子どもたちに教えようとしたバッハは、自身の〝発明〟を書き記してやったという。いまなら練習曲と呼ばれるだろうが、それだと大きな誤解を招きかねない。それらの〝発明〟はいずれも、その後二世紀にわたりあらゆるレベルのピアニストに充実した音楽体験をもたらした、偉大かつ不滅の創造物だからである。バッハの時代、音楽のレッスンは素晴らしい才能を持つ若者だけに許された特権であり、こうした学生たちはたいてい、楽器と授業料の両方をまかなえる裕福な家庭の出身だった。しかし十九世紀を迎えるころ、ヨーロッパでは中流階級が社会に根を下ろし、より多くの家庭で日々の生活に音楽が取り入れられるようになる。

その結果、天才などでは決してない様々な能力の学生も音楽を学ぼうと望むようになり、高給取りの専門講師だけでは教える側の人数が足りなくなる。こうして生まれた新しい教師たちも、能力は人それぞれだった。いまや凡庸な教師が平均的能力（あるいはそれ以下）の生徒を教えるようになったのである。その結果、中級レベルの練習曲や教則本――いずれも平均的生徒を主な対象にしている――が多数作られ、音楽家を育成する昔ながらの個人授業システムは淘汰された。

今日ではどの楽器にも教則本が存在し、多くの人間に聖典として崇め奉られている。アーバン金管教則本、ハノンおよびツェルニーのピアノ教本、ジョージ・ストーンのドラム教本、そしてゴールデンバーグのマレット教本がその代表だ。だが残念なことに、これら教則本の練習曲には音楽的表現が欠けている。つまり一連の音符にストーリーや意味がなく、その楽器に必要な身体的技巧を高める柔軟体操にすぎない。もっとも重要な部分――音楽に何かを言わせること――を無視しているわけだ。多くの学生はこの種の練習に頼り過ぎ、音楽的素養の成長を自ら妨げている。練習曲の演奏は課題の一部に過ぎないことを忘れてはいけない。

最初の学期が終わるまで、僕はバークリーで教えることに没頭しつつ、それを心から楽しんだ。音楽がどのように形作られるかを探求し、複雑なプロセスがどう機能するかを説明することに喜びを感じたのである。そして経済の回復とともに音楽業界の勢いも復活するなか、ギグの依頼もますます——僕を忙しくさせるのに十分すぎるほど——増えていた。僕が教育の道に飛び込んだのは仕事が少ないことへの苛立ちからだったけれど、バークリーでの最初の一年が終わるころにはギグの予定が限界まで入っていた。結局、金銭面で言えばバークリーの仕事はもはや必要なくなったのである。とは言うものの、僕は教えることの楽しさを知ってしまったし、いまさらそれを捨てるつもりはなかった。事実、二年目のスタートが待ち遠しくて仕方なく、新しいコースのアイデアさえ温めていた。

一九七二年春のある日、ブランダイス大学を卒業したての若者から、ぜひお目にかかりたいという連絡を受けた。名前はテッド・カーランド。会ってみると髪はぼさぼさで服装も汚らしい。ざっと見て、年齢は二十歳くらいか。彼はキャリアを構築しているところで、出演契約のエージェントを目指しているという——キャリアの選択としてはいささか変わっている。僕は興味を惹かれた。外見からしてブッキングの仕事に向いているとは思えないけれど、僕はテッドに自分が行なうギグの種類やギャラの水準といったことを教え、どこかからオファーを受けたら連絡するよう告げた——すると僕の知らぬ間に、テッド・カーランド・アソシエーツなる会社ができてしまったのである。最初の年、彼は僕のバンドにニューイングランドの大学二校への出演依頼を持ってきた。二年目になるとテッドは新たなオフィスを構え、僕のもとに三十件ものギグを持ち込んでいる。三年目に入るころになると、僕はそれまでの貢献を認めてテッドを自分専属のエージェント兼マネージャーとし、その関係は四十年以上経ったいまなお続いている。テッドは革新性が求められる分野に飛び込み、ブッキングというビジネスそのものを事実上作り変えた。僕の人生で最大の幸運の一つは、一九七二年にあのみすぼらしい若者と出会ったことであると、僕は声を大にして言いたい。今日、テッド・カーランド・アソシエーツはジャズ界におけるブッキングおよびマネージメントの一流企業であり、彼が僕にもたらしたチャンスは、とてもじゃないが数え上げることはできない。ただし、僕のもっとも親しい友人の一人としてなら数え上げることができる。また、テッドが成し遂げたあらゆることを、僕は心の底から誇りに思う。

第十九章　ソロへの道

『アローン・アット・ラスト』の成功によって、ヨーロッパからソロ演奏のオファーが流れ込むようになった。そうしたコンサートの一つ——同じ一九七二年にオリンピックが開催されたミュンヘンでの大規模フェスティバル——は、一晩丸ごとジャズのソロ演奏だけで構成されていた。チック・コリア、ギタリストのジョン・マクラフリン、フランス人バイオリニストのジャン＝リュック・ポンティ、そしてドイツ人トロンボーン奏者のアルベルト・マンゲルスドルフが当日の出演者である。

僕らにはそれぞれ二十分間の演奏時間が割り当てられていたけれど、プロモーターはそれだとフルコンサートにならないと考え、フィナーレにジャムセッションをするよう僕ら一人一人に依頼した。で、誰もそれを望まなかったわけだが、理由は簡単。これら楽器の組み合わせでは論理的なバンドが成立しないのだ。ベースやドラムがいないので、本物のリズムセクションも存在しない。それでもチックと僕だけがプロモーターの依頼に応じたので、結局二人でデュエット演奏をすることにした。何せ、一九六八年にギグを何度かこなした間柄だ。チックはサウンドチェックの場で、新曲の一つ〈ラ・フィエスタ〉を僕に手早く教えてくれた。

最後のソロパフォーマンスが終わったあと、僕ら二人はステージに上がり激しい勢いで演奏を始めた。途端に観客は熱狂した。音楽自体は大した出来ではなかったと思うけど、無伴奏のソロ演奏が一時間半も続いたあとに僕らデュオが現われるなんて、誰も予想していなかったに違いない。何度か礼をしてからステージを降りるとき、ＥＣＭレコード――チックが当時所属していたレーベル――の創業者マンフレート・アイヒャーがそばに来て、この演奏は絶対にデュエットアルバムとして残すべきだと熱心に語る。しかし僕は、コンサートの熱気に浮かされてそんなことを言ったのだろうと思った。ピアノとヴァイブだけのレコードなんて誰も聞きたくないはずだ――とは言え、僕はヴァイブのソロレコードをリリースしたばかりだったけれど。

一九七二年はまた、僕が初めてグラミー賞を受賞した年でもある。しかし、僕はノミネートされたことすら知らずにいた。ある日のこと、ボストンを代表するクラブ、ジャズ・ワークショップにその週出演していたギタリストのジョージ・ベンソンから連絡があった。グラミー賞にノミネートされたけれど発表が水曜日――しかも、自分が有力候補だと考えていた――なので、どうしてもニューヨークに行って自ら賞を受け取りたいというのだ。しかしそのためには、代わりの出演者を見つけなければならない。僕は自分のバンドのスケジュールを確認したうえで、代役としてステージに立つことを承諾した（ボストンに移って以来、ジャズ・ワークショップには何度も出演していた）。

それから一ヵ月後、テッドから電話があってオフィスに立ち寄るよう頼まれた。室内に入った僕に、彼は箱を手渡した。入っていたのはなんと、『アローン・アット・ラスト』のグラミー賞トロフィーではないか。実を言うと、僕はニューヨークを離れてからというものグラミー賞にさほど関心がなくなっていたので、ノミネートされたことを知らないでいた。レコーディング・アカデミー（グラミー賞の主催者）が候補者のアナウンスを華々しく行なうようになるのは、これよりずっとあとのことである。しばらくして、ジョージ・ベンソンが授与式に出席すべくニューヨークへ行ったことを思い出した。結果を調べてみると、ベンソンはその年、栄誉を勝ち取れなかった。それどころか、ボストンで代演してもらった男が自分の代わりに受賞してしまったのだ。

《コラム》グラミー賞

グラミー賞を最高の栄誉と考えるミュージシャンは数多い。長いことこの業界にいれば様々な経緯で自分の存在が認知されるものだけど、グラミーを受賞することは別格である。映画製作におけるオスカーと同じく、音楽業界の同業者によって受賞者が決まる、というのがその理由だ。

レコーディング・アカデミー（正式名称はナショナル・アカデミー・オブ・レコーディング・アーツ・アンド・サイエンス）は一九五九年に産声を上げたが、最初から注目を集める存在ではなかった。事実、グラミー賞授与式がテレビ放送されるまで十年以上も要している。スタン・ゲッツが一九六五年に〝レコード・オブ・ザ・イヤー〟の名誉に輝いたときも、アカデミーはロサンゼルスとニューヨークで授与式を同時開催している。それからしばらく経ち、授与式の模様は一時間の特別番組として放送され、一部の受賞者の姿が全国に流されるようになる。僕もバンドリーダーとしての第一歩を踏み出した六〇年代後半、何度か授与式に参加したことがあるけれど、まだ受賞したことはなかった。ある年のロサンゼルス会場で、タキシードとテニスシューズ姿のポール・マッカートニーを見て、なんてクールな格好だろうと思った覚えがある。またハリウッド・パラディアムのロビーに置かれた長椅子のうえで、リンダ・ロンシュタットが居眠りしているのを目撃したこともある。その横では、彼女の眠りが妨げられないようマネージャーが周囲を見張っていた。これぞショービジネス――そしてショービジネスはグラミーを愛している。

一九六八年、グラミーは自分のレコードとなんの関係もないところで僕に栄光の瞬間を与えてくれた。僕はいまでも、機会があればそのことを話しているくらいだ。この年、ニューヨークで行なわれる予定のとある主要部門の授与式に、スタン・ゲッツがプレゼンターとして登場するはずだった。しかし彼は現われず、代わりに僕が〝ライフタイム・アチーブメント・アワード〟をデューク・エリントンに授与することになった。そしてステージを降りた僕に、誰かがこう声をかける。「なあ、スタンがまだ来ていないんだ。ステージに戻ってこの賞のアナウンスもしてくれ」再びマイクの前に立って封筒をあけた僕は、危うく気絶しそうになった。それは今年度の〝アルバム・オブ・ザ・イヤー〟で、革新的アルバムにして僕のお気に入りの一枚でもあるビートルズの『サージェント・ペパーズ・ロンリー・ハーツ・クラブ・バンド』が受賞作だった。またロックバンドがグラミー最高の賞を授与されるのもこれが初めてである。プロデューサーのジョージ・マーティンがステージに上がり、僕からトロフィーを受け取った――このこともスタン・ゲッツに感謝しなくてはならない。それからずっとのち、僕はジョージに会うべく彼が所有するロンドンのエア・スタジオを訪れ、あの夜のことを憶えているかと訊いてみた。すると驚いたことに、ジョージはもちろん憶えていると答え、あれはビートルズにとって重要な認知の瞬間だったと続けた。しかも、自分は当時すでにゲイリー・バートンのファンだったというので、僕はさらに誇らしくなったものである。

だが翌年、グラミーに対する憧憬は失望へと変わった。プレゼンターの選択がまずく、デューク・エリントンにしかるべき敬意を払わなかった、というのがその理由だ。一九六九年、『アンド・ヒズ・マザー・コールド・ヒム・ビル』――長年の協力者にして、この世を去ったばかりのビリー・ストレイホーンに捧げた一枚――というデュークのアルバムがベスト・ジャズ・パフォーマンス賞に輝いた。しかしその愚かなプレゼンターはアナウンスしながらレコードを馬鹿にし始め、こんなおかしなタイトルにしたのはなぜなのかなど、数々の暴言を放った。そのあいだずっと、僕らの多くが辟易したのは言うまでもない。そいつがジャズに詳しくなかったのは確かだけど、だとしても……グラミー賞に輝いた作品じゃないか。それに、相手はデューク・エリントンだ。僕はその後グラミー関係のイベントに行くことをやめ、会員資格も失効するのに任せた。しかし数年後、『アローン・アット・ラスト』が一九七二年度ベスト・インストゥルメンタル・ソロ賞——前年に新設された賞で、初代の受賞者はビル・エヴァンス——に輝いてみると、もう一度関わってもいいかなと思ったものだ。

過去五十年でレコーディング・アカデミーはすっかり様変わりし、世界同時放送が始まった一九七一年以降のグラミー賞授与式は、視聴者がもっとも多いイベントの一つとなっている。ジャズがテレビで放送されることは滅多にないけれど、僕は幸運にも一九八八年と九二年の二度、テレビカメラの前で演奏する機会に恵まれた。そしてこの文章を書いている時点で、僕は過去五十年間でグラミーに二十一回ノミネートされ、そのうち七回受賞している。

時間の経過とともに、僕は教育活動とツアー活動とのあいだで程よいバランスを見つけ出していた。また毎年、アトランティックのためにレコーディングプロジェクトを完成させている。僕のキャリアはあらゆる面で上昇を続けていた——しかしその前に、個人生活でつまづいてしまう。ニューヨークの生活が恋しかったのである。しかも自身のキャリアへとすでに踏み出していて、コネチカットの企業相手にニットウェアのデザインを始めていたのだ。

二人の距離は段々と離れてゆき、ついには別々の道を歩んだほうがよいと判断するところまで来た。僕らの結婚生活はうまくいかなかった。互いに憎しみ合うことは断じてなかったけれど、いつしか単なるルームメイトになっていたのである。僕らの若い歳で、関係が破綻したまま残りの人生を生きてゆくなど考えられない。

この件をようやく持ち出し、未来への決断を下すべきだと主張したのは僕のほうである。こうして二人は離婚に合意したものの、僕にとっては二重の意味で災難だった。まず、失望を感じたこと。僕は離婚をとてつもない失敗と考えていたし、どういったことであれ失敗というものに慣れていなかった。全教科Aの成績、若きバンドリーダー、そして『ダウンビート』誌の〝ジャズマン・オブ・ザ・イヤー〟など、僕は何事にも成功した模範児だった――ただ一つ、結婚を除いて。しかし失望以上に、恐怖を感じていた。心の奥深くで、結婚生活が失敗に終わったのは自分がゲイだからではないか、と考えたのだ。必死に成功を追い求めたのもこれが理由の一つである。そうすることで、自身の性的指向にまつわる疑いを避けていたのだ。

ドンナと僕は円満に別れた。僕は金をかき集め、新居、車、家具、さらには向こう一年間の生活費など、ドンナが必要とするものすべてを与えた。そのうえで、彼女が新しい仕事に就けるよう、コネチカットまで車で送った。しかし空っぽになったボストンの我が家に帰り、完全なる失敗という重荷を背負わされた僕は、ここにはもう住めないことを悟る。そこで近くに家を見つけ、すぐに引っ越した。そして、同じ立場の人間がすることを自分もした。ひとりぼっちの感覚から逃れるべく、昼夜を問わず仕事に没頭し、憂鬱な状態から脱しようとしたのである。

そう、確かに矛盾している。僕はこれまで、他人と付き合うときいつも落ち着かない思いをしてきたのだから。だけどいまでも、完全な孤独が嫌で仕方ない。僕のまわりにはいつも人がいた。最初は家族、大学に進んでからは他の学生、そしてもちろん、ツアー中は仲間のミュージシャンたち。僕は友人に囲まれていることに慣れていた。自分のバンドがあって、バークリーには教え子たちがいる。それに、できる限り自分を多忙にしている。離婚後の調整期間を乗り切れたのはこうしたことの賜物だ。だけどしばらくのあいだ、我が家はとても孤独な場所だった。

第二十章　新たなデュエット、新たなレーベル、新たなバンド

その夏、僕とチック・コリアがミュンヘンで行なったデュエットを熱心に褒め称えたドイツ人レコードプロデューサー、マンフレート・アイヒャーはなかなかしつこい男だった。彼はデュオアルバムをレコーディングするよう僕ら二人に電話や手紙で繰り返し訴え、ついにはそれに成功する。かくして僕らは秋に催されるベルリン・ジャズフェスティバルで演奏することとなり、次いでマンフレートが頻繁にレコーディングで使っているノルウェーのスタジオへ飛ぶことになった。

僕らはレコーディングに三日間を費やした。ミュンヘンで一曲演奏したのを除き、チックと僕が共同でアルバムを作るのはこれが初めてだったから、曲の選択とアレンジの確定にかなりの時間を要するものと思われた。ところが何もかもが信じられないほどのスピードで進んだので、二人して驚いたものだ。アレンジの考案にかかった時間はおそらく二十分ほどで、あとはそのままレコーディングする。〈セニョール・マウス〉で二度演奏したのを除き、他はすべて一発で済んだ。僕がキース・ジャレットとレコーディングしたときのように、要したのはわずか数時間だった。

チックとの独特な信頼関係を初めて認識したのはこの瞬間である——チックが短期間ながら僕のカルテットで活動した四年前、僕らの手からするりと逃げてしまった音楽の化学反応だ。だがいまや状況は百八十度変わり、あたかも互いの心を読み取れるかのようだった。

チックと僕が即興に関するアイデアを互いに予想できるのはなぜかと、僕はずっと不思議に感じている。二人ともボストンで音楽の腕を磨き（チックはそこで育ち、僕は当地の学校へ通った）、共通の先生が多く、また同じような影響を若いころに多数受けたのは確かだ。さらに、いずれもポスト・バップ期のジャズミュージシャンで、両者とも鍵盤楽器を演奏することから、即興のとき似た考え方をするのもそうだろう。しかしこれらの要素は、僕がともに活動した大勢の人間にも当てはまるのであって、そうした人たちとよき信頼関係を築いたのは事実だけど、チックと僕との相互作用はまったく別のレベルにあるのだ。

オスロのスタジオでレコーディングを終えたあと、僕らはしばらくテープを聴いて完璧だと判断した。結局スタジオを再度訪れる必要がなくなったので、二人ともフライトの予定を変更して次の日には帰国の途についた。チックの曲にちなんで『クリスタル・サイレンス』と銘打たれたこのアルバムは、一九七三年の中盤にまずドイツだけでリリースされた。この作品が注目されるとは思わなかったし、チックも同じ考えだったと思う。マンフレート率いるＥＣＭは小規模なレーベルであり、アメリカでの販売網も持っていない。それにこの音楽自体、七〇年代初頭のジャズスタイルから大きくかけ離れていた。

ところが、それは的外れもいいところだった。『クリスタル・サイレンス』はやがて注目を集め、アナーバーに所在するミシガン大学からデュエットコンサートを依頼されたほどである（当時僕のバンドに加わったばかりのパット・メセニーも、ぜひ行きたいと言っていた。このレコードは彼のお気に入りでもあったのだ。コンサートでそれを聴けるチャンスはもうないだろうから、同行できるならなんでもする――僕のヴィブラフォンを運ぶ仕事だってしてみせる――とジョークを飛ばす始末だった）。しかしアナーバーに建つその公会堂を見て、僕は不安に陥った。客席が四千ほどもあり、僕らのささやかなプロジェクトはいまだどう転ぶかわからない状態だったから、よくても数百人しか来ないのではないかと危惧したのである。がら空きの大ホールで演奏するなど、耐えられそうにない。

カーテンが上がる直前、僕は会場を一目見ようと隙間から首を出した。いやいや、満席に近いじゃないか！　思わず倒れそうになる。すると別の不安が頭をもたげてきた。ステージ上にあるたった二つの楽器で、こんなに多くの人々を注目させ続けるにはいったいどうすればいいのか？　しかし観客は一曲目から魂を奪われた。自分がチックと何を成し遂げたのか、それを完全に自覚したのはこのときが初めてだったと思う。その夜から四十年間、僕らは数千回ものコンサートで共演した。場所も観客の規模も様々（三万人の聴衆を集めたこともある）だけど、僕らの音楽が観客の心に響かなかったことは一度たりともない。

同じころ、ゲイリー・バートン・カルテットはラインナップの変更が避け得ないほどに進化していた。家族の増えたのをきっかけに、スワローがニューヨークからサンフランシスコへ居を移した時点で、僕はグループのオリジナルメンバーをすべて入れ替えていた。ボストンに移った直後は、そこで気に入るミュージシャンを見つけられるかどうか自信がなかったけれど、バークリーで教鞭を取り始めて一ヵ月が経ったころ、あるジャムセッションに招かれ深夜まで演奏した。そのとき共演したプレイヤーのなかには、ギタリストのミック・グッドリックをはじめとする講師陣、あるいはドラマーのハリー・ブレイザーら学生もいた。セッションはうまくいき、ミックとハリーに強い感銘を受けた僕はただちに二人を中心とするグループを組み始めた。あとは地元のベースプレイヤーがいればいい——それまではスティーヴ・スワローがバンドのなかで重きをなしていたから、エレキベースを演奏できるのが望ましい。そこでハリーとミックから推薦されたのが、メキシコ出身のエイブラハム（エイブ）・ラボリエルという学生である。僕は最初のリハーサルで成功を確信した。エイブとハリーはフレッシュそのものの若きプレイヤーで、僕と同世代のミックはボストン以外でこそ無名だったものの、二人に負けず劣らず新鮮な空気をグループにもたらした。

数ヵ月にわたってギグをこなしたあと、僕はこの新たなカルテットでレコーディングしたいと望んだけれど、まず場所を決める必要があった。アトランティックとの五年契約はすでに終了している。会社からは契約更新の申し出があったものの、僕はRCAを去ったときと同じ疑いをアトランティックに対しても抱いていた。アレサ・フランクリンなどの人気R&Bアーティストに力を入れる一方、僕の音楽を軽んじていると感じられたのだ。さらに、僕が初めて契約したときのトップ、ネスヒ・アーティガンは日常業務を離れ、ワーナー、エレクトラ、そしてアトランティックの三社が合併して生まれた巨大企業の国際部門を率いる立場に移っていた。

アトランティックとの契約を更新する代わりに、僕にはもう一つの選択肢があった。つまり、アメリカでの販売網を持たないドイツの新興レーベル、ECMとの契約である。『クリスタル・サイレンス』のレコーディングでマンフレートと活動できたのは本当にいい経験だったし、アーティスト活動の側面だけを考えればECMこそベストの選択肢だった。しかし少なくとも当時の音楽業界で、メジャーレーベルには大きな威信があった。アーティストはそのレベルに至ろうと長年努力を重ねるが、ジャズミュージシャンの大半は小規模な独立レーベルで終わってしまう。それに、大レーベル特有の不利な点（個人の入り込む余地がなく官僚的であるなど）があるのは確かだけど、一般的な知名度という何より重要なポイントをはじめ、それらを帳消しにする利点があるのもまた事実だ。僕がまずRCAビクターで、次にアトランティックでレコーディングのキャリアを積み重ねられたのは、両社ともメジャーレーベルであることを考えれば幸運そのものなのだ。それを簡単に捨て去ることはできない。しかも、最初はジャズとロックを組み合わせたバンドを結成し、次いで教職に就くべくニューヨークを離れるなど、僕は二度も大きなリスクを冒している。なのにまた、メジャーレーベルを去ったうえ、片手で足りるほどのレコードしかリリースしていない新興レーベルへ移るという、常識では考えられない一手を打とうとしているのだ。

しかし今回は、事態の推移に確信が持てるまで動かないことにした。当時、僕は次回作の費用を自分で支払うべく預金の一部を取り崩していた。そこでマンフレートに、それをプロデュースすることに興味はないかと尋ねたうえで、取引を持ちかけてみた。セッションが終わった時点でアトランティックからECMに移る決心がついていれば、そのアルバムをそちらのレーベルからリリースしてもいい。もし決心がついていなければ、そのときはプロデュース費用をこちらで負担したうえで、アトランティックとの契約を更新することになるだろう。

僕はボストン郊外の小さなスタジオを借りて新メンバーとともにレコーディングしたけれど、それが終わるころにはこのグループに心から敬意を抱くようになっていた。また、マンフレートと今後も一緒に活動したいと思うようにもなっていた。僕がECMと巡り合ったのは『クリスタル・サイレンス』がきっかけだった。しかしECMとの関係が正式なものになったのは、このときのアルバム『ニュー・カルテット』からである。

ECMのもとで活動すると決めたことは、僕が下した決断のなかで最高の部類に入る。当時、この会社は世界各地にファン層を構築しだしたころであり、僕もマンフレートと仕事をするなかで多くのことを学んだ。一九七〇年代、彼はほぼ一人でジャズレコーディングの技術的水準を新たなレベルに引き上げた。つまりヨーロッパ最高のスタジオとエンジニアを発掘したうえ、大半のプロデューサーがジャズレコードに割く以上の努力と時間を、それぞれのプロジェクトに注ぎ込んだのである。また音楽自体にも個人的に深く関わっていた。チックがかつて語ったとおり、「マンフレートは自分が作ったすべてのレコードに恋している」のだ。

レコードを製作するうえで最大のハードルは、二つの視点を同時に維持し続けなければならないことである。スタジオではあらゆること（アンサンブルから自分のソロに至るまで）に意識を集中させる。それから一歩後ろに下がり、一時間のレコードを聴く人間の立場から、全体を想像する必要がある。しかしマンフレートと仕事する場合、僕はいつでも色々なこと――「イントロが短すぎるかな？」「ドラムは忙しすぎる？」――を質問できた。するとそのたびに適切な答えが返ってきて、パフォーマンスの形成を助けられたのである。おかげで演奏を止めてはテープを聴き直す手間が省け、最後まで意識を集中させることができた。もちろん、マンフレートも自分自身の意見を持っていて、音楽性や方法論を巡って議論になることもあった。そういったときも、彼は僕を納得させようと全力を尽くす。しかし議論に勝てなければ、すべてを僕に任せてくれる。それに彼から指摘されて初めて、自分のアプローチが最初に考えていたほどしっかりしていないことに気づかされるのもたびたびだった。マンフレートとはその後十六年にわたってレコーディングすることになるが、そのなかで驚くほど効率的な協働関係が構築され、結果として十八枚のレコード――その成果を僕の最大の業績とみなす人間は数多い――が生み出されたのである。

新バンドのパフォーマンスは素晴らしく、それがしばらく続くようにと僕は願った。しかし一九七三年の暮れ、エイブからバンド脱退の申し出があった。医学部を卒業する妻がインターンを済ませレジデントになるまで、一年ほどクリーブランドに（その後はロサンゼルスに）移らなければならない、よってバンドを辞めるつもりだ、と。

しかしそれと時を同じくして、スティーヴ・スワローから、カリフォルニアを離れて東海岸に引っ越すのでバンドに再加入してもよいとの連絡が入る。エイブの演奏は惜しかったけれど、ロサンゼルスのスタジオでメジャーへの道を進もうとするのは当然だ。それに数年離れていたスワローがバンドに戻るのは、ともに活動した過去を考えればとても待ち遠しかった。

一方で僕のもとには、ソロアーティストを集めたコンサートへの出演という別の依頼も来ていた。一九七一年のモントルー・ジャズフェスティバルで僕のソロ演奏を見ていたジョージ・ウェインが、カーネギーホールでソロの夕べを企画したのである。そのコンセプトはミュンヘンのコンサートを反映していたけれど、一つ違いがあった。最後のジャムセッションでそれらしいグループを組めるよう、プレイヤーを六人集めるというのである。ラインナップは僕に加え、ピアニストのジョン・ルイス、ヴァイオリニストのジョー・ヴェナッティ、ギタリストのジョー・パス、そしてリズムセクションとしてベーシストのチャールズ・ミンガスおよびドラマーのアート・ブレイキーという面々だった。

サウンドチェックのとき、フィナーレで演奏する曲を選ぶよう僕らはジョージに頼まれた。しばらく沈黙が続く。誰もそんな責任など負いたくないからだ（二十代にしてこれほどの伝説的ミュージシャンに囲まれていたこともあって、いいところを見せようという気など僕にはさらさらなかった。ただ誰かが選んでくれた曲が、僕の知っているものであればいいと願っていただけである）。結局誰一人手を挙げなかったので、ジョージはこう言った。「なんでもいいから演奏してくれ。ブルースならなんでもいい」それにミンガスが反応し、低く唸るような声を出す。「誰もがブルースを演奏できるわけじゃないぞ、ジョージ」

僕は凍りついた。この言葉が白人の若造に過ぎない自分へ向けられたものと思い込んだのだ。しかし振り向いてみると、ミンガスがそう言ったのはどうやら自分のせいじゃないようだ。彼が睨みつけていたのは、ブルースへのアプローチがミンガスよりはるかに上品なジョン・ルイスだったのである。なんとかギグは成立しそうだ。

僕がステージ裏で開演を待っていると、ミンガスがこちらに手招きした。今度はなんだろう？　話を聞くと、僕がリリースしたばかりのレコードを耳にし、そのなかに収録されていた自分の曲〈グッドバイ・ポーク・パイ・ハット〉を気に入ったというではないか。ああ、ほっとした！　少なくともその夜、僕はミンガスに関する限りなんの過ちも犯さずに済んだ。

コンサートのソロ部分は予定どおりに進み、最後はカーネギーホールのステージ上に出演者全員が集合した。だがその瞬間、今度はミンガスとブレイキーとのあいだに緊張が走る。二人ともそれぞれの楽器において巨人であり、いずれも昔から自分のバンドを率いている。だからテンポに関して異なる考え方をしていても不思議じゃない。ドラマーのブレイキーはビートの頂点で演奏するなどタイミングを先へ先へと進める傾向があり、テンポを駆り立てていると言ってもいいくらいだ。一方、ベーシストのミンガスはリラックスしたリズムで演奏するのを好み、ビートから遅れがちである。かくして戦いが始まった。ブレイキーがテンポをどんどん進める一方、ミンガスはそれに乗らず遅れて進み、ブレイキーのほうをなじるように睨みながらベースの弦をこれでもかと爪弾いていた。

事態がこのように進むなか、僕は自分のソロ演奏の番になったらどうなるかと思い始めた。いさかいを無視して演奏に集中しようとするものの、より緊迫した事態がすぐに襲いかかる。僕の隣で、その夜初めて会ったジョー・ヴェナッティが大きな騒音を出しているではないか。ジョーはステージにいようがいまいが関係なく、ふざけた仕草をすることで有名だった。しかしその夜はそれに加え、ソロ演奏している他のプレイヤーに大声で声援を送るのだ。そしていまも「それいけゲイリー、やっちまえ！」などと喚くだけじゃ満足しないのか、最終コーラスを終えた僕の尻をヴァイオリンの先で殴りつけるではないか。僕はジャズ界の巨匠五人とカーネギーホールのステージに立っているけれど、うち二人はいまにも楽器を捨てて殴り合いを始めそうだし、隣にいる男はバイオリンで僕を叩いている——忘れがたき一夜になるのは間違いなさそうだ。それから数ヵ月後、ステージに立つ僕らの写真が誰かから送られてきた。それはいまでも壁に飾っている。しかし、これを書いている時点で存命なのはもう僕だけ。その写真を見るたび懐かしさがこみ上げてくる。

ミンガスと遭遇するときはいつも騒動がつきものだった（もちろんそれを目撃したのは僕だけじゃない。ジャズ界広しといえどミンガス以上に揉め事を起こした人物はいないだろう）。彼がフェスティバルのジャムセッションで他のミュージシャンを罵ったり睨みつけたりしている現場に、僕は二度出くわしたことがある。フランス南部で開催されたニース・ジャズフェスティバルのあと、深夜のレストランで見かけたのが最後の思い出だ。店内は出番を終えたミュージシャンで混み合い、ミンガスもサラダの大盛りを持ち帰りで注文していた。そのころすでに、彼はALS——ルー・ゲーリック症候群——と診断されており、自ら始めたニューエイジ治療法の一環として厳しい食事制限に甘んじていた。サラダもドレッシングは絶対にかけなかったけれど、テイクアウト用の箱をあけると中身はオイルまみれ。ミンガスは怒り狂った。ウェイターにサラダを投げつけレタスとドレッシングまみれにし、ウェイターが追いかけるのもかまわず立腹しながら店を出ようとする。ミンガスは短気かつ大柄な男なので、次に何が起きるか予想もつかない。しかしウェイターはなんと、紙切れとマーカーペンを取り出しサインを求めたではないか！　まさにフランス。まさにミンガス。

第二十一章　新たな才能の発掘

誰も演奏を聴いたことのない才能豊かなプレイヤーを発掘する能力が僕にはあるようで、ここで正直に認めるけれど、長年にわたってそれを利用してきた。うまくは説明できないものの、一部の音楽家に対して想像力を〝先走らせる〟ことができるらしく、年月の経過とともにどんな演奏をするようになるかがわかるのだ。聴くことで将来を見通せれば、その若きミュージシャンがいつの日か卓越したプレイヤーになるという絶対的な確信を得ることができる。演奏を耳にするだけで有望なプレイヤーを残らず見出せると言うつもりはなく、学生のころから知るミュージシャンがすばらしいアーティストへと花ひらきながら、それを予想できなかったことも当然ある。だけどある種のプレイヤーについては、数分もすれば天分を持ち合わせているかどうかがわかるようだ。そしてその本能を土台として、僕は何名かの一流プレイヤーに対して輝かしき道を進む手助けをした——とりわけギタリスト相手にそうした傾向が強く、（年代順に）ラリー・コリエル、ジェリー・ハーン、ミック・グッドリック、パット・メセニー、ジョン・スコフィールド、カート・ローゼンウィンケル、そしてジュリアン・レイジがその一例だ。若きプレイヤーには人を惹きつける何かが存在していて、インスピレーション、活力、新たな視点、そして何より僕が呼ぶところの〝若さゆえの不確実性〟をもたらすのである。

僕はバークリーの講師という有利な立場を使って新たなプレイヤーを何名か発掘した。大学というのは有望なミュージシャンを世界中から惹きつける一種の磁石であり、最初にその演奏を聴けたおかげで誰よりも早く彼らを雇うことができたのだ。しかしときには、ミュージシャンのほうが僕を見つける場合もある。

一九七三年、僕は地元大学のジャズバンドが演奏するステージに客演すべく、カンザス州ウイチタに赴いた。リハーサルを始めたところ、このイベントを取りしきる女性から、昨年のフェスティバルで注目を浴びた若いギタリストのことを聞かされた――実際、今年も招待したとのことである。そのうえで、二人で何か演奏したらどうかと提案した。僕は乗り気になれなかったし、何より即席のジャム演奏をすること自体めったにない。しかし十八歳になるその若者はリハーサルに姿を見せ、僕の曲をたくさん知っていると言った。しかも〈ウォルター・L.〉といういささか無名の曲を挙げたので、僕の疑問はそれで払拭された。

彼は素晴らしかった。内側から才能の溢れ出るのが目に見えるようだ。すると、自分の見込みはどうかと僕に尋ねたうえで、アドバイスを求めた。話を聞くと、会場からそう遠くないカンザスシティー近郊の小さな町で生まれ育ったらしく、いまはマイアミ大学に通っているという。僕は音楽面のアドバイスをいくつかしたあと、ジャズが盛んな場所――ニューヨークあるいはボストン――に移ってはどうかと提案した。そこでならハイレベルのプレイヤーと演奏できる機会が多くあるからである。数ヵ月後、僕らはオレゴンとイリノイで行なわれたジャズキャンプで再び顔を合わせる。その時点で僕は彼の才能に十分すぎるほど感銘を受けていたので、ぜひバークリーに来るよう勧めた――もちろん、学生としてでなく講師として。

その若者は名をパット・メセニーといった。

《コラム》パット・メセニー

パットはミズーリ州リーズ・サミットという小さな町に生まれ育った。父親はそこでダッジの販売店を営んでいたが、偶然にもバートン・モーターズという社名だったそうだ。やがて成長し、初めてジャズに遭遇したころ、僕が六〇年代にリリースしたアルバムの数々に出会う。本人の言葉を借りれば、これこそ中西部のティーンエイジャーをも虜にしたジャズだという。当時の伝統的なジャズスタイルは、パットの本能に響かなかったのだ。その後マイアミ大学に一年だけ通っているが、入学後すぐジャズギターを教える立場になった。僕がウイチタの大学ジャズフェスティバルに出演すると聞いたのはこのときである。そして僕と会うためだけに（さらに僕と共演するために）主催者からの招待を受け入れ、フロリダからカンザスまでバスで赴いた——並大抵のことじゃない。最初の共演を録音したノイズだらけの古いテープを、パットはいまも持っているという。

僕はパット以上に真剣かつ熱心なミュージシャンに会ったことがない。僕がこれまでに雇った数多くのプレイヤーのなかで、いつか自身のグループを率いるだろうと思えたのはわずか数名である。彼らに共通しているのは、何事についてもそれがどう機能するかという好奇心を抱いている点にある。パットもそうで、自分の十マイル以内で起きた出来事を見逃すことはない。僕はそれをすぐに見抜いた。シアリングやゲッツと活動した自身の経験を思い出したのだ。

ウイチタ以降も互いに連絡を取り合っていたが、六ヵ月後、パットがボストンに移住した。そこからがいかにもパットらしく、彼は一瞬たりとも時間を無駄にしなかった。地元ミュージシャンに会い始めたかと思うとすぐボストンのクラブで演奏するようになり、有望な若手という評判を得たのである。

パットは大学で教鞭をとる人間として異例の若さだったが、すでにマイアミで教えた経験があるので、チャンスさえ与えればすぐに能力を発揮するだろうと僕は考えた。そこでバークリーのギター部門長を務め、僕とオフィスが隣り合っているビル・リーヴィットとともに彼を口説く工作を始めた。ビルもギター部門に新しい風を吹き込もうと模索しており、面接を経てパットを次の学期から雇うことに成功する。そしてパットは自身のバンドを結成するまでの数年間、バークリーで教え続けた。

パットは昔から並外れて現実的かつ思慮深い人間であり――また金銭にシビアだった。マイアミで教えているときに得た金はすべて預金に廻し、僕との活動中もまったく手をつけなかった。自分のバンドを始めるためだろう。それ以外に理由は思いつかない。その一方で彼はきわめてスパルタ的な生活を送っていた。ボストンの冬は寒さが厳しく、冬用の暖かいコートが必需品である。しかしパットは数年ものあいだ、古着らしきものだけで街を歩き回った。ボタンがないため外を歩くときは自分で前を閉じなければならない代物だ。僕らはよくそれをからかったけれど、僕のバンドでしばらく活動したあとも、かたくなに新品を買うことを拒んだ。ようやくシープスキンの新しいコートを着て現われたとき、僕らは一斉に歓声を上げたものだ。

そんなパットだけど、こと音楽になると決して出し惜しみはしなかった。楽器、機材、クルーなど、どれも最高のものを追求し、そのための出費は惜しまない。精力的にツアー活動をしていた八〇年代から九〇年代にかけ、パットは大型トレーラー二台に機材を積んで各地を回った。トレーラーにはコンサート用のグランドピアノ、完全に揃った音響システム、そして照明だけでなく、会場が古い公会堂のとき時代遅れの電気設備に頼らなくて済むよう、電柱に接続できる配電盤まで積んでいたという。一九九一年に僕とツアーしたときも、故障した場合に備えシンクラヴィアのシンセサイザーを二台準備していた。どんな危機にも対処できるとはこういう人間のことである。

だからこそ、彼が曲のタイトル選びに苦労しているのは面白い。放っておけば仮の曲名（〈あのAフラットのやつ〉）か単に数字で済ませてしまうだろう。僕とレコーディングしたとき、BコードとGコードを多用した曲があったので、僕らはとりあえず〈B&G〉と名づけた。ところがあまりに長くそう呼んでいたから、パットが正式なタイトル（〈ミッドウエスタン・ナイツ・ドリーム〉）をつけたあとも現在に至るまで〈B&G〉と呼ぶほどだ。アルバムのリリースが近づくと、パットは曲名を求めるレコード会社に追いかけられる。するとしばらくして、アドバイスを得ようと僕のもとに電話してくるという寸法だ（僕はといえば、急遽必要になった場合に備え、曲名に使える単語やフレーズのリストを持っていた）。疾風のようにいくつもの曲を書きながら、タイトルをつける段になって冷や汗をかく彼の姿を想像すると、いやでも笑いがこみ上がる。

パットは音楽の追究と日々の生活の両面で驚くほどの集中力を見せた。僕が知るミュージシャンのなかでアルコールやドラッグに決して手を出さなかった人間はわずかだが、彼もその一人である（個人的に知っているミュージシャンに絞ると、パットのほかキース・ジャレットだけがそれに当てはまる）。また昔からのこだわりをいまもかたくなに守っている。ヘアスタイルは同じだし、ステージ衣装（ジーンズとスニーカー、夏になるとTシャツが加わる）もデビュー当時と変わっていない。しかし生活スタイルでリスクを負わない代わり、音楽ではかなり自由に冒険している。成功したおかげで自分が尊敬するどのミュージシャンとも共演できるようになったし、リストを見て順番に選んでいるのではないかと思えるほどだ。そうしたプロジェクトのなかには期待を裏切ったものもある。〝フリージャズ〟の革命家、オーネット・

コールマンとレコーディングした『ソングX』もその一つだ。コールマンはパットにとってヒーローの一人だったけれど、彼の音楽はパットが年月をかけて開拓したリスナーの肌に合わなかったのだ。

ある日、僕のもとにパットからEメールが来た。いままでチック・コリアと演奏するチャンスがなかったけれど、僕らのデュエットが昔から大好きなので、三人でレコードを作れないかという相談だった。三人のスケジュールが揃うまで一年以上かかったものの、最終的にはニューヨークのスタジオを借り、ロイ・ヘインズ、そして素晴らしきベース奏者デイヴ・ホランドを加えて『ライク・マインズ』をレコーディングした。パットとチックがレコーディングに時間をかけることを知っていた僕は、スタジオを五日間おさえておいた。ところが順調に進みすぎてしまい、二日目の途中でレコーディングが終わってしまう。スタジオをあとにしようと荷物をまとめていると、余った時間で自分のソロ演奏を見直し、いくつか手直しするつもりだとパットが言った。

パットはその時間を使ってソロ演奏を一通り聴き直し、細かなところをいくつも変えたけれど、大半のリスナーは気づかないだろう。しかしそこがパットのパットたるゆえんである。彼ほどの完璧主義者が行なう細かな手直しや微調整など誰も気づかないが、それらが全体に与える影響の結果、最終的には微妙ながらよりスムーズかつ豊かな音を生み出し、聴く者の心をよりいっそう動かすものになるのだ。ミキシングや編曲の作業をしていると、完璧さの追求という点でパットは僕以上の根気を見せる。そして最終バージョンを聴いてみれば、彼の行なった結果がそこにあり、価値ある努力だったことを思い知らされるのだ。

僕はジャズおよびジャズシーンに対するパットの洞察力にも強い感銘を受けている。二〇〇一年、ニューヨークで催されたジャズ教育者国際会議の場で彼は基調講演を行なったが、その言葉は明晰かつ洞察に富み、大学に一年行っただけであとはギターに人生を捧げている男というより、博士号を持つ学者のようなスピーチだった。

ともに活動した最初のころ、パットの指導者であり教師だった僕は、彼がキャリアを積み上げるなかで自分の果たした小さな役割を知り、彼が成し遂げた業績に大きな誇りを抱いている。しかし四十年が経ったいま、その立場は完全に逆転したようだ。僕は一緒に活動するたび、彼から多くのことを学んでいる。レコード制作に関するパットの知識は、他のどのジャズミュージシャンをも上回っていると、僕は断言する。彼は自身の創造プロセスを詳しく知る類い希なアーティストの一人であり、新たなプロジェクトに乗り出すたび、それが前回といかにかけ離れていようと、自分の望むことを正確に実現できる人物なのだ。


パットがバークリーに赴任してすぐ、僕のバンドで演奏したいという彼の大いなる野心に僕は気づいた。確かにこちらも目をつけてはいたけれど、バンドにはミック・グッドリックという、この地域で最高レベルのギタリストがいる。ミックが脱退しない限り、パットが加入できる方法はないかに思われた。

そんなある日、解決策が突如現われる。その日、パットは地元の楽器店で買ったという十二弦のエレキギターを持ってきた——奇妙な楽器としか言いようがない代物だ。僕がそれまでに見た十二弦ギターはどれもアコースティックで、フォーク音楽やカントリー音楽で使われていた。だがこのエレキバージョンは、普通の六弦ギターとまったく違う独特な音を出す。僕らはパットをバンドに入れる方法を探っていたけれど、ようやく解答を得られたわけだ。かくしてゲイリー・バートン・カルテットはゲイリー・バートン・クインテットとなり、続く二年間、パットは十二弦のエレキギターを演奏しつつ、六弦ギターを弾くミックとのあいだでソロ演奏を分け合った。

二本のギターが共存する状態にはすぐ慣れた。特に重厚かつ豊かなアンサンブルが気に入った。前にも記したとおり、それぞれのバンドにはある種の力学が働いている。そして様々なミュージシャンの組み合わせを試し、スタイルと才能のバランスをとるべくあれやこれやといじくり回すのだが、当時の組み合わせはまさにマジックだった。パットとミックがギターを担当し、リズムセクションにスワローとボブ・モージズ（このときバンドに復帰していた）を擁するこのクインテットは、僕の人生で間違いなく最高のグループである。

クインテットとして活動中、これも僕の人生で最高のレコードが生まれた。カーラ・ブレイの音楽をフィーチャーした二枚目のプロジェクト、『ドリームズ・ソー・リアル』がそれである（『葬送』をリリースして十年近く経っていた）。今回はドイツでレコーディングを行なったけれど、テープに入れた音楽の量を考えれば、それに要した数日という時間は最高に短いものだった。極めて複雑かつ難解なカーラの音楽を収録したアルバムを完成させただけでなく、続いて僕がプロデューサーとなり、パットにとってECM処女作となるアルバムをレコーディングしたほどだ。

パットがすでに自分で作曲するようになっていたので、僕らはより完成度を高めるべく力を尽くし、どの曲をアルバムに収めるか一緒になって考えた。また彼はモージズに加え、フロリダで知り合ったベースギタリスト、ジャコ・パストリアス（翌年、ウェザー・リポートと共演したことでスターダムにのし上がる）を含めたトリオアルバムにすることとした。

他人のレコードでプロデューサー役を務めるのは初めてだったので、僕は熱意を持って取り組んだ。いま振り返ると、二つの重要プロジェクトを一日も空けずレコーディングするなど無謀だったと思うけど、スケジュールの都合を考えれば一理も二理もあった。僕らはもうドイツにいて、スタジオもおさえている。それにマンフレートだって、二つのレコーディングを同じ週に監督できるとあって好都合だ。『ドリームズ・ソー・リアル』レコーディングの三日目、その日の演奏を終えた僕は疲れ果てていたものの、これからトリオアルバムの収録に入るパットとモージズはまだまだ元気一杯だ。セッションがスムーズに進むなか、僕はパットを誇りに思うとともに、自分のプロデューサーとしての仕事ぶりにも満足していた。ただ一つ残念だった点を挙げるなら、そのレコード（『ブライト・サイズ・ライフ』）がリリースされたとき、マンフレートが僕をプロデューサーとしてクレジットしてくれなかったことだろう。実際、僕の名前はジャケットのどこにも記されていない。そのときまで、ＥＣＭのレコードはすべてマンフレートが自らプロデュースしており、そこに例外を作りたくなかったのだと思う。

一九七五年、ミックがバンドを脱退してボストンでの教職に戻るという決断を下す。こうしてクインテットはカルテットに戻ったわけだが、パットからすればこのタイミングは好都合だった。つまり、〝第二のギタリスト〟としての役割に限界を感じていたのである。また十二弦ギターでソロ演奏するときも不自由さを感じていた。なのでバンド唯一のギタリストになってみると、新たなスタートを切るような感覚だったという。パットはすでに新入りからプロフェッショナルへと進化を遂げていたのだ。事実、即興演奏のスキルも大きく向上しており、すぐさまバンドのスターメンバーとなった。そしてツアーの合間になると、パットは自身のバンドを率いて活動するのみならず、自分名義でリリースする二作目のレコードまで計画していたのである。

そのあいだ、僕はツアーの途中で一つの悪夢、それも「本を出す機会があれば絶対これを書いてやる」と言いたくなるほどのひどい悪夢を体験していた。フィンランドの首都ヘルシンキから車で数時間、ポリという町で開催されたジャズフェスティバルにバンドを率いて出演したあと、僕は次にイタリアへ向かい、ソロステージを二つこなすことになっていた。その後ドイツでバンドと再び合流するというスケジュールだ。早朝にポリを発つ僕らは他のバンドとバスに相乗りすることになったけれど、そのうちの一つ――アート・アンサンブル・オブ・シカゴ――が遅刻したせいで当初の予定から遅れていた。結果としてヘルシンキ空港への到着は、チェックイン締め切り時刻にようやく間に合う有様である。僕はドイツへ旅立つメンバーを見送ったあと、ヴァイブのケースを持ちながらミラノ行きのチェックインカウンターに並んだ――ところがなんと、アート・アンサンブルの連中もそこにいるではないか。

一行がチェックインするあいだ、僕はそのすぐ後ろで待っていた。すると、荷物を受託手荷物として預けるのでなく、貨物便で運びたいと交渉している。僕は思わず、イタリアの通関手続きは遅いうえに信用できないし、早くても数日はかかると教えてやった。ところが返ってきたのは、ぶっきらぼうな言葉だった。「余計なお世話だ。俺たちはいつもこうやってるんだよ」しかし連中が貨物便に固執するせいで時間がどんどん過ぎ、フライトの出発時刻が迫ってきた。結末はもうおわかりだろう。アート・アンサンブルの連中は手続きを終えて飛行機へと急いで行ったけれど、僕がチェックインしてゲートに向かった時点で、ミラノ行きはすでに出発していた。幸いにも四時間後に出発する別の便――経由地が違っていた――があったものの、夜のコンサートに間に合うかは微妙だった。

しかし便が変更になったにもかかわらず、ミラノのプロデューサーは空港で僕を待っていて、車で三時間ほどの場所にあるラ・スペツィアという町のコンサート会場まで運んでくれた。ところが空港を出発してからおよそ一時間後、今度は車がおかしくなる。僕が何度か車を下りて、エンジンをかけるために後押しする始末。そんなこんなを経て、なんとかコンサートには間に合った。

当初の予定では、翌日車でローマへ向かうことになっていた。しかしプロモーターの車はもはや走れる状態じゃない。そこで彼は僕をローマ行きの列車に押し込んだ。車内は満員で、通路にヴィブラフォンのケースを置いてそこに座るしかない。その状態のままローマ到着まで過ごしたものの、列車が駅に入るとさらに奇妙な光景が目に飛び込んだ。日中にもかかわらず、ホームに誰もいないのだ。他の乗客たちが列車を下りて駅舎へ入ってゆくなか、楽器ケースと一緒に取り残された僕は、ヨーロッパでもっとも賑わう――しかしいまはもっとも寂しい――駅の一つにぼんやり腰を下ろした。みんなどこにいるんだろう？　いやそれよりも、僕を出迎えてギグの会場まで運ぶ人間はどこにいるんだ？　しばらくすると遠くにポーターの姿が見えたので、僕は手を振った。彼は英語こそ話せなかったけれど、荷物運びを手伝ってほしいことは理解できたらしい。

駅の中心部にも人影はなかった。爆弾が落ちたあとのようだ、と僕は思った。それがなんとそうらしく、爆弾を仕掛けたという脅迫電話があって当局が客を避難させていたのである。ポーターは僕そして荷物と一緒に取り残されたわけだ。しかし僕が車を借りたいと伝える（「ハーツ」という単語を口にした）や、彼は表情を輝かせ、自分について来るようにいろいろ身振り手振りをした。駅を離れた僕ら二人は、荷物を乗せた手押し車を押しながらローマの通りを歩きだした。こちらのほうに数ブロック、あちらのほうに二ブロックと進むなか、こいつは本当に場所を知っているのかと僕は疑問に思い始めた。しかし二十分ほどして、ハーツの支店が目に飛び込む。従業員によると貸出可能な車は一台しかないそうで、大型の高級車だからお気に召さないだろうと言われた。もちろん、こちらとしては申し分ない――ヴィブラフォンのケースを積むのだから。それにエアコンまでついている！　何度も道に迷ったもののようやくローマを離れ、ギグの会場があるペスカラへの道に乗ることができた。その夜はキース・ジャレットと同じステージに立つ予定である。

イタリアのコンサートにつきものの混乱状態を除けば、二人のパフォーマンスはいずれも上出来だった。コンサートのあと、キースとホテルに戻ってみると、水不足のためペスカラ全域で毎日深夜零時から午前六時まで水が使えないことを知らされる。ステージで汗をかいたのに、シャワーが使えないなんて。翌日、キースが荷物を運ぶ手配をしていなかったので、僕らはレンタカーで一緒にローマへ戻った（このレンタカーはあと数日間、キースが使うことになる）。車とイタリアに別れを告げた僕は心の底からほっとし、ドイツでバンドメンバーと落ち合い〝普通の〟ツアーを続けられることに喜びを感じたものである。

イタリアにいるあいだ、僕は最初のフライトに乗り遅れる原因――その後のトラブルの元凶――となったアート・アンサンブル・シカゴを心のなかで呪い続けた。だからこそ、彼らが数ヵ月前にイタリアの空港で預けた荷物がすべて行方不明になったと、誰かの話を立ち聞きして知ったときの感情はうまく言い表せない。荷物が最終的にどこへ行ったたか、連中はまだ探しているという。だから言ったのにと、僕は心の中でささやいた。

イタリアは本質的に旅のトラブルが起きやすい場所のようだ。ジョージ・ウェインが企画した七〇年代中期のツアーでも、僕らは他のグループ――ミュージシャンの数は十名ほど――と一緒に旅をした。そのとき一番驚いたのが、ミラノ空港でリスボン行きの便にチェックインしていたときの出来事である。カウンターの従業員いわく、僕らの便はもう出発したという――それも一時間前に！　いったいなぜ？　カウンター嬢が言うには、ミラノで霧が発生した場合、すべての便が一時間前倒しで出発することは常識らしい。僕らはあと一歩で出発に間に合わなかったわけだが、リスボンに向かう便は翌日までない。

つまり、その夜のコンサートに誰も出られないわけだ。さらに、僕らはミラノに宿をとっていない。そこで探してみると、市内の主要ホテルはどこも満室だという。したがって、一夜を過ごす場所すらないことになる。

幸いなことに、僕は一年前にミラノを訪れたとき、ブティックスタイルの小さなホテルに泊まったことがあった。果たせるかな、行ってみると全員分の部屋を用意できるという。同行していたサラ・ヴォーンの言葉はいまも憶えている。「ゲイリー、あなたやるじゃない」僕にとっては忘れられない一言だ。翌朝、一行は――念のため一時間早く――空港に戻ってようやくリスボン行きの便に乗り込んだ。僕らが出演するのはフェスティバルだったから、主催者はプログラムを組み直して僕ら全員をその夜のラインナップに付け加えるだけでよかった。壮観な一夜になったのはもちろんである。

一九七七年のあるとき、僕はパットのバンド脱退が近づいている予兆を感じ取った。ソロ演奏の時間があまりに延び、音量もときどき大きくなり過ぎることに気づいたのだ。また一部の曲をどう扱うか僕がほんの少しアドバイスしただけで、口論になることもあった。そうしたことが僕にも音楽にも問題となったわけだけど、もちろん、僕はその過程を認識していた。つまりスタン・ゲッツのもとを離れる直前の体験と同じであり、僕自身のバンドを結成したあとも、他のメンバーが同じようになるのを目撃している。パットが次の段階に移らなければならないことを、僕は（おそらく彼自身より早く）理解していた。パットは脱退する計画を立てていたものの、僕には遅いと感じられた。募る一方の緊張は不快さを増すばかりだった。

パットはすでにソロ活動の準備をすべて済ませており、あとは行動に移すだけである。ＥＣＭと契約を結び、デビューアルバムは成功を収めた。もう一枚も制作中だ。また自身のグループを率いてギグに出演しており、テッド・カーランドをエージェント兼マネージャーに起用している。パット脱退に備えて計画を立てなければならないことを知っていた僕は、まずスケジュールに目を通した。春先には仕事が満遍なく入っていて、五月の休止期間を過ぎればヨーロッパツアーが待っている。サマーツアーからパットの後任を入れるとなると、一ヵ月ほどしか余裕はない。僕の立場からすれば、パットのバンド脱退は早ければ早いほどよかった。

僕の決心にパットは虚を衝かれた。自身で決断するより早くバンドを離れなければならないことにうろたえ、そのせいでひどく感情的になったりもした。この訣別で僕らの関係は最低まで落ち込み、傷が癒えるまでかなりの時間を要した。またドラマーのダニー・ゴットリーブもパットのバンド結成を助けるべく、(僕の祝福を受けて)カルテットを去った。二人はマイアミ大学に通っていたころからの知り合いで、ともに活動を続けたがっていることは僕も知っていた。そして僕の予想どおり、パット・メセニー・グループはほぼ一夜にして国際的な名声を勝ち取ったのである。

時間はかかったけれど、僕はモントリオール・ジャズフェスティバルでようやくパットとの再会を果たした。その年、パットと僕はいずれも出演する予定だった。それどころか、パットは〝フェスティバル・ホスト〟、すなわちプログラムに名前のある他のミュージシャン数名と一ないし二曲演奏する役に選ばれていた。ある日、ディレクターの一人から僕の自宅に電話があり、パットを僕のバンドに入れて演奏させてみないかと提案を受ける。「面白そうだ」と僕は感じた。しかしモントリオールに入ってみると、どうしても不安が湧き上がる。長いことパットと会っていないし、どういうことになるか見当もつかない。しかしヴィブラフォンの準備をしていると、「やあ、チーフ」という聞き慣れた声が耳に入った。そして突然、ともに演奏したのが昨日のことのように感じられた。その夜、二人のパフォーマンスはこのうえなく素晴らしい出来だった。僕らはすぐ、レコーディングの計画を立て始める。そしてその年のうちに、僕の新しいレーベル、GRPレコードから『リユニオン』がリリースされ、ビルボード誌のジャズ部門第一位に輝くとともに、バートンとメセニーが再び手を組んだことをジャズ界に広く知らしめたのである。

第五部　壮年期

第二十二章　ウェディングベル再び

パット・メセニーとダニー・ゴットリーブが一九七七年に脱退したあと、僕はバークリーの卒業生で学生時代からよく知っているギタリストのジョン・スコフィールドと、ドラマーのジョー・ラバーベラ（スコの推薦による）を加えてバンドを再編成した。パットがいなくなったにもかかわらず、活動は順調だった。僕は相変わらず教える仕事を楽しんでいたし、バークリーへの愛着も強まるばかりだ。またECMでマンフレート・アイヒャーとともに、僕のキャリアにおけるベストアルバムを何枚かリリース、レコードのプロデュースについても多くのことを学んでいる。僕はECMと契約した時点でアルバムをすでに十枚ほどレコーディングしていたけれど、制作のほうにはさほど関心を払っていなかった。だからレコーディングに関して言えば、マンフレートと仕事をすることで僕の教育はやっと完成したのである。

一方、生活面ではすべきことがいくらかあった。離婚から三年、心理的孤独から抜け出そうとしていたある日のこと、即興クラスに所属する一人の学生が僕の関心を引く。彼女はとりわけ観察力が鋭く、クラスの課題にも熱心に取り組んでいた。そのうち、僕は毎週彼女の顔を見るのが待ち遠しくなる。そしてジャズ・ワークショップでギグが行なわれているあいだ、僕が受け持っていたヴィブラフォンの学生と一緒に座る彼女の姿を見た。休憩に入り彼女と話していると、とても興味深い女性であることに気づいた。それに何より、僕のジョークに笑ってくれるではないか。彼女をデートに誘おうかと思ったけれど、教師としてそれは適当じゃない――たとえ当時のバークリーが男女の交際に寛容で、学生とデートする教師が存在していたとしてもである（事実、そのころのバークリーでは教師と学生が結婚する例がいくつかあった。それから三十五年、学生と大学職員との交際を禁じる規則ができたのは言うまでもない）。結局、僕はヴァイブの学生から彼女の電話番号を聞き出し、思い切って週末のディナーに招待した――そしてじっと息を詰め、迷惑がられることをなかば覚悟しながら相手の言葉を待つ。しかし彼女の返事はイエスだった。

彼女の名前はキャサリン・ゴールドウィン、カリフォルニアで生まれ育った女性だ。僕らはすぐに意気投合し、彼女のことを知るにつれて僕はますます心奪われてゆく。可能な限り一緒に時間を過ごし、街の外で週末行なうギグに彼女も同行するようになった。そうしたある週末のこと、ネブラスカ州オマハで催されたコンサートのあと、僕は二人の関係を急速に進展させる次の論理的ステップを口にした。つまり、同棲を提案したのである。こちらが驚いたことに、キャサリンはそういうことに興味はないと言った。前に一度試したことがあって、次に男と暮らすなら相手は夫でなければいけない、と心に決めたそうだ。

僕はしばしためらい、自分が心の底でどう感じているか、そして僕らの将来がどうなるかについて素早く考えを巡らせたあと、結婚しようと言った。彼女が僕を驚かせたのと同じくらい、キャサリンもこれにはびっくりしたと思う。しかしほんのわずか間を置いて、彼女は答えた。「いいわ、結婚しましょう」知り合ってまだ六週間だったけれど、二人にとって絶対正しい選択だと思えた。

次はそれぞれの家族にこの知らせを伝えなければならない。三十一歳になっていた僕はすでに一度結婚したことがあるので、別の誰かと結婚するつもりだと打ち明けるのは大したことじゃない。しかしキャサリンにとって話は別だ。二十一歳の大学生が突然教師との結婚を決める、それも相手は十歳近く年上なのだ。

そしてこの時点で、僕はキャサリンの家族に会ったことすらなかった。

キャサリンはただのゴールドウィンじゃなく、ハリウッドの名家ゴールドウィン家の出身だった。祖父のサミュエル・ゴールドウィンは映画産業のパイオニアとして名を馳せた人物であり、父親のサミュエル・ゴールドウィン・ジュニアはサミュエル・ゴールドウィン・カンパニーを率い、現在もその地位にある。母親（六〇年代に離婚している）もまた名家の出身であり、父親のシドニー・ハワードはブロードウェイで脚本家として活動、三〇年代から四〇年代にかけてのニール・サイモンというべき存在だった。こうしたことが僕をしばしためらわせたのである。何しろ本物のセレブと結婚しようというのだから。

数日後にキャサリンと再会したとき、次の週末ロスへ飛んで両親に会いましょうと言われた。オマハから戻ってすぐ、電話で結婚のことを伝えたというではないか！　母親が住む家に着いたとき、これから何が起きるのだろうと様々なシナリオが僕の頭を駆け巡ったことは、容易に想像できるだろう。

キャサリンの母ジェニファー・コールマンはなんとも個性的な人物だった――〝小さな変人〟と言われそうな人間である（もちろん、僕はいい意味でそう言っている）。彼女はその人生において人気女優、四人の母親、そして最終的には大成功した画家であり、ロサンゼルスの複数の画廊で彼女の絵が売られている。また質の高い教育を受けており、フランス語とドイツ語に堪能だった。僕は彼女だけでなく夫のジョン・コールマンともすぐ打ち解けた。娘がジャズミュージシャン、それも自分の教師と結婚することに、ジェニファーがどんな不安を抱いていたにせよ、表情や態度に表わすことはしなかった。それどころか結婚式のプランを熱心に考えたうえ、自宅の裏にある素晴らしい庭で披露宴を行なうよう言ってくれた。

翌日、僕らはキャサリンの父および妻ペギーのもとを訪れた。ジェニファー宅で暖かい歓迎を受けたこともあって、父親との面会はどうなるだろうと僕は不安を感じていた。しかし豪邸の玄関で僕らを出迎えたゴールドウィン夫妻は、満面に笑みを浮かべて心のこもった握手をしてくれた。そしてなんの問題もなく、その夜は過ぎていった。かくして僕らの〝顔見せ〟は成功に終わったわけである。

結婚から一年後、ジャズミュージシャンと結婚する旨をキャサリンから電話で聞かされたとき、あやうく気が狂いそうになったとゴールドウィン氏から打ち明けられた。しかし一旦言い出したら聞かない子なので、やめさせようと説得したところで彼女の決心をかえって固めさせるだけだと気づいたとのことである。そこで有能なビジネスマンである氏は、ミュージシャンの友達二人に電話をかけ、ゲイリー・バートンなる男について可能な限り調べ上げたそうだ。

ゴールドウィン氏はまず、ゴールドウィン・カンパニーが制作した複数の映画で作曲を担当したクインシー・ジョーンズに電話をかけたが、僕にとってはラッキーだった。僕はクインシーのレコーディングセッションで一度演奏するのみならず、映画のプロジェクトにも加わったことがあって、彼のことをよく知っていた。一方のクインシーはバークリーの（議論の余地はあろうが、もっとも有名な）卒業生であり、大学の関係から僕のキャリアを知っていたのである。

氏は次にヘンリー・マンシーニと連絡をとる——これもこちらにとってラッキーだった。僕はマンシーニのことも知っており、音楽関係の集会に参加すべくシカゴを訪れた際、彼とヨットでミシガン湖をクルーズしつつ、夏の午後を過ごしたのである。ゴールドウィン氏いわく、二人から話を聞いた結果、どうやら僕がとてつもない能力の持ち主だと判断できたので、娘の結婚相手として認めたとのことだった。

《コラム》映画音楽

僕は生まれながらの映画好きであり、ニューヨークに住み始めてからは一種の情熱となった。当時はナイトクラブが仕事の場だったので昼間は暇があり、またこの街に来たばかりとあって友人もさほど多くなかったから、映画の昼興行が時間を潰す手段だった。その週上映される新作を必ず新聞でチェックしていた僕は、六〇年代にニューヨークで上映された映画を文字どおり残らず観たことになる。だから、いつの日か映画音楽のセッションに加わりたいと願うようになるのは当然のことだ。スタン・ゲッツと活動していたころ、僕は二本の映画に出演して、〈イパネマの娘〉(他に何がある?)を演奏している。しかも最終的には、映画音楽におけるもっとも偉大な作曲家と仕事するまでになった——だがときには、結果が期待外れに終わることもある。

ある日、僕がギグのためロサンゼルスに来ることを知ったクインシー・ジョーンズから電話があった。次の映画音楽セッションに加わってほしいという。僕はその言葉に心躍らせた。ところがバーバンクのユニバーサルスタジオに行ってみると、そこには二人の有名なパーカッション奏者——ヴィクター・フェルドマンとエミル・リチャーズで、いずれもヴァイブを演奏できる——に加えオーケストラのフルメンバーがいるではないか。ジャズのマレット奏者をすでに二人も雇っているなら、クインシーはどういうわけで僕の参加を望んだのだろう?

クインシーが現場に来たとき、僕はオーケストラに楽譜が用意されていないことを知った。彼はモニターでフィルムを十ないし二十秒ほど見たあと、ミュージシャンのほうを向いて指示を出す。ヴァイオリンはこの旋律、チェロはあの旋律、このコードはみんな一緒に、といった具合に。そして、「ドラムとベースはミディアムスローのテンポで音を繰り返す、そう、こんな風に(と言って頭のなかのメロディーを口ずさむ)」、などなど。やがて、リズムセクションが躍動感溢れる演奏をするなか、彼はオーケストラに一つのコードを演奏させる。すると今度は僕のほうを向き、〝ベント〟しながらいくつか音を出すよう言った。つまり硬いマレットを音板に擦りつけることでヴィブラフォンのピッチを変えるという、あまり使われないテクニックのことだ——皮肉にも、僕はそれをエミル・リチャーズから教わったのである。クインシーが僕を雇ったのはその音を出させるためだった! そしてやり方を教えてくれた人物は、何もすることなくぼんやり眺めているだけではないか。

僕らは午後いっぱいかけて、細切れの短い音楽をこのようにレコーディングしていった。それにしても、クインシーの大胆さには惚れ惚れするしかない。まず楽譜もろくに用意せず、その場の思いつきでシンフォニーオーケストラを録音すること自体、狂気の沙汰もいいところだ。クインシーは僕がいまなお尊敬するミュージシャンの一人であり、昔から発想の源でもあった。しかし映画音楽に関して言えば、成果を残すチャンスを与えてはくれなかった。

僕の次なる映画音楽体験は、長年にわたり敬愛していたミシェル・ルグランの好意によるものだ。ミシェルは美を体現した音楽によって高く評価されていたが、その大半は映画のために書かれたものである。ニューヨークでサウンドトラックのレコーディングがあるんだが、どうしても君が必要だという電話を彼から受けた僕は、即座にイエスと答えた。そして、弦楽器と木管楽器の雲のうえを僕のヴァイブが駆け巡るという、まるでおとぎ話みたいな光景を心のなかに思い浮かべた。

ボストンを発ってミッドタウンのコロンビア・スタジオに入ってみると、そこにはリー・コニッツ、ジョニー・コールズ、そしてバリー・ガルブレイスをはじめとする少人数のミュージシャンがいた――いずれも僕の知り合いである。やがてミシェルが到着し、各自の楽譜を手渡す。僕は内心こう思った。「やれやれ、少なくとも楽譜はあるわけだ」しかし驚いたことに、音符がまったく記されていない――くねくねした記号や波のような線が一面に書かれているだけだ。その映画は一種の捕り物劇で、ミシェルの楽譜はカーチェイスの場面で使う音響効果用のものだった。ミシェルがモニターを覗きながら指示する横で、僕らは八時間かけて滑ったりこすれたりする雑音をレコーディングした。ところがその日の終わりごろ、再生機器が故障してしまい、修理に翌日までかかるという。ミシェルは僕ら全員に、明日また来れるかと訊いた。しかしそういうときに限って、みんな他の約束があったのである。僕があとでリー・コニッツにそのことを話したところ、彼も僕と同じく、素晴らしいオーケストラをバックに美しい曲を演奏できるものと信じ切っていたそうだ。その代わりに僕らは、一日かけてカーチェイスの雑音を作らされたわけだ。

自慢できる映画音楽をようやく演奏できたのは、一九九七年になってからのことである。しかしハリウッドの巨大なステージでオーケストラをバックに演奏することはなく、トランペット奏者兼作曲家のマーク・イスハム率いる少人数のジャズグループとの共演だった。だがマークはその映画にふさわしいだけでなく、ミュージシャンをも納得させる曲を作り上げるという、素晴らしい仕事を成し遂げた。さらに僕の立場から言えば、エンドロール全体――映画音楽のなかで一番長い部分――をヴィブラフォンのソロ演奏で埋めてくれ、僕の技量を示す本当のチャンスを与えてくれた。アラン・ルドルフが監督を務め、主演にニック・ノルティとジュリー・クリスティを迎えた『アフターグロウ』は実に素晴らしい作品である。僕は地元ボストンのシネマコンプレックスでそれを観たけれど、他の客が去ったあとも席に残り、最高の俳優、配膳業者、そして会計士たちの名前がスクリーンに流れるなか、自分の演奏に耳を傾けた。実に素晴らしい夜だったと認めなければなるまい。

六ヵ月後の一九七五年七月、彼女が子ども時代を過ごした家の庭で、僕はキャサリン・ゴールドウィンと結婚した。キャサリンは長女——弟が三人いて、一番上は二十歳近くで下は中学生——だから結婚するのが一番早く、ゆえに一家にとっても一大イベントだった。いや、僕にとってもそうである。インディアナから両親と姉、そして弟がやって来て、ボストンに住む二人共通の友人も列席した。招待客にはもちろんゴールドウィン家の人間やその友人もいて、MCAおよびユニバーサルスタジオの共同創立者であるジュールス・スタイン（および令夫人）もその一人だった。僕と同じインディアナ人《フージャー》のスタインが、インディアナのとあるダンスホールでバンドの出演交渉をしたことからキャリアをスタートさせたと聞いて、僕は嬉しく思ったものだ。

キャサリンの父親による計らいで、僕らは知り合いの映画監督が所有するマリブのビーチハウスで短期間のハネムーンを送ることになった。ところがビーチに車を走らせその家を見ると、気味悪さを感じずにはいられなかった。その映画監督は虫に魅せられていたのである。ゴキブリ、ハエ、クモ、それにカマキリなどなど、プラスチックや金属でできた昆虫のレプリカがテーブルと壁を覆い尽くし、壁紙にも色々な虫が印刷されている。僕らは最初笑いながら室内に落ち着こうとし、週が明けるまでそこに滞在するつもりでいた。しかし数時間も虫を見ている――引き出しやクローゼットをあけるたび、昆虫のレプリカが目に飛び込む有様だ――と、どうにも我慢できなくなった。そこで空港に電話をかけ、その夜のうちにボストン行きの便へと乗り込んだのである（ようやく最近になって、僕はキャサリンの父親にあのビーチハウスのことと、そこを抜け出した経緯とを話した。彼は大声で笑い、その男ならイリノイで養蜂家になったと教えてくれた――まさにお似合いの仕事である）。

そのころの僕の生活について、ビバリーヒルズのプールサイドで映画スターと時を過ごすのはどんな感じかと、友人に訊かれたことが何度かある。しかしそんなことは決してなく、ゴールドウィン家は代々地に足のついた生活を送っていた。キャサリンの父は少年のころ、父親の命令で新聞配達をしたという。仕事を持つことの重要性をわからせるためだ。しかし誘拐される恐れがあったので、若きサムが自転車に乗って新聞を配るあいだ、運転手が車でそのあとを追ったそうだ。

率直に言って、ゴールドウィン一族とのつながりで僕が会ったもっとも偉大な人たちは、ゴールドウィン家の人々自身である。キャサリンの父親はいまなおハリウッドの伝説的存在だし、弟のジョンはパラマウントの副社長として数々の成功作を生み出しており、現在はテレビシリーズ『デクスター』を製作している。またトニー・ゴールドウィンは俳優兼監督として有名だ。ボストンで学生生活を送っているころのトニーは、週末になると僕らの家をよく訪れていた。当時は俳優への道を進もうと模索していたところであり、ショービジネスの世界で生計を立てることについて僕と長時間話し込んだものである。卒業後、トニーはすぐさまブレイクし、映画、テレビ、そしてブロードウェイで素晴らしいキャリアを積み重ねてゆく。また監督として残した業績はここで語るまでもない（トニーが演じた最初の重要な役は、映画『ゴースト』に登場する殺人も辞さない横領犯であり、近年では全国ネットのテレビシリーズ『スキャンダル』で大統領役を演じている）。

再び結婚生活に乗り出したいま、郊外のささやかな自宅が突如狭く感じられた。そこでキャサリンと僕は家探しを始め、バークリーにより近いマサチューセッツ州ブルックラインの郊外で広々とした安値の家を見つけた。最初はすべて順調に進んでいるかに思えたけれど、当時の僕は忙しすぎた。ツアーと教職の合間で、プライベートの時間を確保するのにも苦労するほどだ。一九七七年度が終わりに近づくころ、僕はバークリーに、休暇を取ろうと思っているけれど、いつ戻るかはわからないと告げた。実際には戻ることはないだろうと考えていたものの、心変わりしたときのために復帰の道を確保しておいたのである。

キャサリンと僕はより多くの時間をともに過ごすようになり、交際範囲も広げていった。ボストンに住む彼女のおじが地元のインテリ層と親しく交際していたので、僕たちを自分のサークルに加えてくれることもあった。あるときなど、ハーバード大学の心理学者、B・F・スキナー博士夫妻とディナーで隣り合ったことがある。博士は行動科学における数々の理論で有名な人物であり、条件づけと訓練によって対象物の行動を望みどおりに操れるという考えを抱くまでになっていた。その一環として、実験用マウスの行動を訓練すべく〝スキナーの箱〟なるものを発明する。そのうえで、ラットに対して効果があるのなら人間に対しても効果があるはずという、いささか突飛な仮定を行なった。かくして僕が初めて会ったとき、博士は激しく批判されるのみならず、教壇に立つたび厳しい質問責めに遭っていたのである。とは言え、ディナーの席では無害な人物に見えたし、僕がジャズミュージシャンだと知るとほんの少し表情を輝かせた。若いころサックスに挑戦したことがあるというのだ。しかし博士はこう続けた。

「即興というもののコツをどうしても摑めなかったんだ。自分を解き放てないように思えてね」心理学における彼の理論を考えれば、なんと意外な告白だろう。

スキナー夫妻は心から会話を楽しんでいるらしく、他の〝若き友人〟に引きあわせるからとケンブリッジの自宅に招待してくれた。博士が翌月のある日付を指定したので、僕らは問題ないと答えた。「結構です。その日にまたお会いしましょう」ところが約束した日の晩に博士の自宅を訪れ、玄関のベルを鳴らしてみると、博士は僕らの来訪をまったく予想していなかったどころか、僕らのことなど憶えてすらいない様子だった。

三年後、僕らは新たな家族をもうけることに決めた。出産が近づくなか、キャサリンは僕に一つのことを約束させている。出産の一ヵ月前から二ヵ月後まで家にいて、私に手を貸してほしい、と。これは僕ら二人にとって未知の体験であり、彼女にすれば、自分が赤ん坊の面倒を見ているあいだ、夫が世界中を飛び回っているなど考えられなかったのである。僕は一九七八年十一月までできる限りバンドの活動を続け、それから翌年二月まで休養生活に入った。他のギグを見つけられるよう、メンバーにはずっと前から知らせていた。しかし不安がなかったわけじゃない。こんなに長くバンドの活動を停止させたことはいままでなかったからだ。

僕はまず、もう一つの問題から解決することにした。十三年ものあいだ習慣となっていたマリファナ吸引をやめようと決心したのである。マリファナがらみで危険を犯したことはなく、たとえば海外ツアーのときに国境を越えて持ち出したこともない。しかし赤ん坊を自分の人生に迎え入れようとしているいま、子どもの前でマリファナを吸うなどまったく考えられなかった。自分も成長するときが来たのだ。また欲しくなるのではという不安はあったけれど、決心さえついてしまえば、マリファナを捨てて新たな人生に乗り出すことは驚くほど簡単だった。

同じころ、僕のもとにスティーヴ・スワローから電話があった。いまボストンにいるので、コネチカットへ戻る前に顔を見せたいという。バンドに復帰して数年、他のことを追求したいので再び脱ける決心をしたと僕に打ち明けたのはこのときである。もちろん、僕はスティーヴの決断を受け入れた。ところが、彼が自宅に着くちょっと前にキャサリンの陣痛が始まったこともあって、僕は会話に集中できなかった。医師に電話したところ、最初の出産なので病院に急行する必要はないという。そこで僕らは、スティーヴが到着するまで自宅で待つことにした。しかし外は大雪になっていたので、スティーヴが立ち去ってすぐ、僕らは念のため病院へ向かった。そして一九七八年十二月四日の早朝、僕らの娘がこの世に生を受けた。スティーヴに敬意を表し、名前はステファニーとした（スワローはその後バンドに復帰し、八〇年代の大半をともに活動した）。

バンド活動を再開した僕は毎年恒例となったチック・コリアとのツアーも続け、さらにアルバム二枚をリリースした。『デュエット』（一九七八）と『チューリッッヒ・コンサート』（一九八〇）がそれなのだが、後者は当初レコーディングする予定ではなかった。チックと僕がチューリッヒ・フェスティバルで共演したところ、その夜の初めごろに出演する同じECM所属のギタリスト、ラルフ・タウナーの演奏をレコーディングすべく、マンフレートもスタジオ機材とともに来ていたのである。すべての準備を整えていたので、僕らのセットも録音すればいいと考えたわけだ。しかしチックも僕も、それまで三週間にわたって一日の休みもなくヨーロッパ中をツアーしていたので、その夜は調子がよくなかった（いまならそんなスケジュールをこなそうとは思わない）。二人とも風邪をひいていたし、深夜近くまでステージに立つことすらできなかったのだ。

会場は満員だった。伝説的サックス奏者にして僕らの友人でもあるリー・コニッツも空席を見つけることができず、楽屋から椅子を持って来てステージ上のチックの後ろに座る始末——会場で最高の場所だったのは間違いない。そのとき、僕は「まあまあの出来」と思っていた。時間はすでに遅く、二人とも風邪との負け戦を戦っていたのである。チックはクリネックスの箱を見つけられず、ピアノのそばにトイレットペーパーのロールを置いて曲の合間に鼻をかむ有様だった。

コンサート後しばらくしてマンフレートから送られたテープを聴いてみたところ、僕は自分の耳を疑った。どういうわけか、二人にとって最高のコンサートに仕上がっていたのだ。それが録音されたことは、僕らにとってものすごくラッキーだった。僕はミキシングに参加すべくすぐさまドイツへ飛び、そのアルバムは『デュエット』同様グラミー賞に輝いた——あの小さなグラモフォンの像をもらったのはこれで三度目である。

一九七九年、ジョージ・ウェインから連絡を受けた僕は大いに喜んだ。ニューヨーク・ジャズフェスティバルでビル・エヴァンスと何曲かジャムしてほしいというのだ。スタン・ゲッツのバンドに所属していたときビルと共演する機会があったものの、結果は芳しくなかった。フェスティバル当日、楽屋で彼と話していると、二人とももう一度共演したいがためにオファーを受けたことがわかった。そして長年にわたって互いの演奏をどれほど尊敬していたかの話になり、一緒にアルバムを制作するという可能性にまで発展した。

僕はビルのレパートリーをかなり知っていたので、その日演奏する二、三曲はすぐに決まった。当時、ビルのトリオは彼の他にドラマーのマーティー・モレルと、僕の古い友人であるエディー・ゴメスという面々であり、これも好都合だった。しかし演奏が始まってみると、どうしてもテンポが折り合わず自由に演奏できない気がした。ビルとの演奏に怯えているのではないかと思い、リラックスするよう自分に言い聞かせるものの、二曲目も三曲目も出来はよくなかった。僕は混乱したままステージを下りた。別れ際にビルと一言二言交わしたけれど、うまく行かなかったことは二人ともわかっていた。一緒にレコードを作る話がそれ以上進まなかったのは言うまでもない。

それからおよそ半年後、またもジョージ・ウェインのおかげでビルと共演するチャンスが巡ってくる。カーネギーホールでビルのトリオと僕のバンドを同じコンサートに出演させようとブッキングしたのだ。フィナーレで何曲か一緒に演奏してはどうかとジョージが言うので、僕らは再びチャレンジすることにし、僕も今度こそ違う結果にしようと意気込んだ。曲も異なるものにして、全身全霊を打ち込む。しかし二度あることは三度ある。何一つ満足できない。ビルのテンポにどうしてもついて行けないのだ。失敗に終わるのはもうわかりきっていた。しかしなんとも変な感じがする。相手とベストの信頼関係を築けると〝確信〟できるのに、それがなぜか雲散霧消してしまうのだから。

それから何年も経ってビルがこの世を去ったあと、エディー・ゴメスとのコンサートで日本に向かっていた僕は、ビルとの演奏に失敗したときのことを思い出した。そのことについてエディーに訊いてみると、驚くべき答えが返ってきた。「ああ、テンポの件だな。ビルのトリオと共演した人間はみんな、演奏するのが難しいって言うんだよ。一緒に演奏するときの何かに問題があるとは思うんだが」僕はそれを聞いて大いにほっとしたけれど、やはり満足な出来にしたかったといまも感じている。

ミュージシャンとして見るならば、ビルは水から上がった魚のようだった――ショービジネスで生きていくには内向的すぎたのだ。僕もそこまでじゃないとはいえ同類だから、難しいことはよくわかる。それにビルは昔ながらの内向型だった。人見知りがひどくステージに上がると緊張してしまい、観衆のほうを見ることなくうつむいたまま演奏するほどだ。ステージ上で話すことも滅多にない。そのせいで大ホールではなく小さなクラブが活躍の舞台になってしまった。何しろステージに上がると不安が募り、観衆とコミュニケーションをとることすらできないのだから。ビルは同世代のピアニストでもっとも革新的なプレイヤーであり、当時のほとんどのピアニストにとって（また僕を含むその他のミュージシャンにとっても）憧れの存在であるのみならず、才能豊かな作曲家でもあった。メロディーのフレージングにおける彼の斬新なスタイルは、いまなおミュージシャンに影響を与えている。しかしその一方で最後まで自分に自信を持てず、ジャズの象徴という地位にも心地の悪さを感じていたのだ。

ビルはスティーヴ・スワローの曲を好んでいて、自身のレパートリーに何曲か加えていた。ビルのトリオに会うべくサンフランシスコのジャズクラブ、キーストーン・コーナーに赴いたとき、スワローは出番前のエディーと話した。エディーによると、自分たちはこのクラブに出演するたびスワロー作曲の〈フォーリング・グレイス〉を演奏しており、次のセットでも聴けるだろうという。しかしその晩、〈フォーリング・グレイス〉が演奏されることはなかった。

そしてカーネギーホールでのコンサート当日、ビルはスワローが書いたもう一つの曲〈ピー・デュース〉をレパートリーにしており、今晩も演奏するつもりだと言った。ビルのセットが進むあいだ、スワローはステージの真正面に座って自身の曲が演奏されるのを待ったが、〈ピー・デュース〉はついに聴かれなかった。ニューヘヴンの自宅近くでビルがカルメン・デ・ラヴァラーデというダンサーと共演することを知ったスワローは、そのステージをも見に行った。するとモノクロのプログラムに〈ピー・デュース〉の曲名が記されている。ようやくビルの演奏による自分の曲を聴ける、スワローはそう確信した。しかしプログラムのその箇所に差しかかると、ビルは代わりに自身の曲〈ブルー・イン・グリーン〉を弾きだしたではないか。作曲した人間の前で演奏するなど、臆病なビルにはできなかったのだ。

十年以上にわたる重度の薬物中毒を経て、ビルは七〇年代にようやくヘロインを捨てた。いまは〝中毒になりやすい性格〟というものが存在すると知られており、ビルも明らかにそうだったから、ヘロインとの訣別は容易でなかったに違いない。ヘロインから離れるきっかけはニューヨークのケネディ国際空港で逮捕されたことだろう。その航空会社は保安上の理由で乗客の身体検査を始めたばかりだったが、ビルがヨーロッパ行きの便に乗り込もうとしたところヘロインを発見したのである。幸いなことに、雇っていたエンターテイメント専門の有名弁護士が判事を個人的に知っていたから、嫌疑は取り下げられた——ビルが治療プログラムに入るという条件で。これが薬物中毒からようやく抜け出すチャンスとなった。しかしビルは代わりにコカインへ走り、長年にわたる中毒の結果ついにその報いを受ける。マイルス・デイヴィス率いるバンドでビルと活動し、四十歳の若さでこの世を去ったジョン・コルトレーン同様、ビルも四十一歳で肝不全に倒れたのである。

自分の命が奪われつつあることを知りながら、ビルはなぜ中毒から抜け出せなかったのだろうと、僕はときどき不思議に思う。作家のジーン・リーズはビルの中毒を「史上もっとも長くかかった自殺」と評した。ありがたいことに、僕は自分の不安から逃れるためドラッグに頼る必要はなかった——そして間違いなく、僕は自分に自信を持てないでいた。他人との付き合いすらできないときもあったけれど、そんな場合、僕は大半のミュージシャン（僕も含む）と違って他人とつるむことをせず、ステージが終わるとこっそりその場を抜け出してしまう。電話に出られず誰とも話せない日だってあるほどだ。

人見知りはミュージシャンの人生にふさわしい性格じゃない。人前に出て他人と交わる時間は、僕にとって仕事の一部だ。そんなとき、僕はジャズミュージシャンらしく振る舞う。社交が苦手なことを、僕を知る人たちはわかっているだろうか？　ときにはパーティーの主役を上手く務めているように錯覚することもあるけれど、結局疲れてしまうのだ。

僕の記憶にあるなかでもっともつらかった旅の一つに、いわゆるヨーロッパ〝若獅子〟ツアーがある。年配のジャズスターのツアーをプロデュースして成功を収めたジョージ・ウェインが、次に若いプレイヤーのグループで同じことをしようと企画したのである――まあ、実際にはそれほど若くもなかったけれど。僕は三十代後半に差しかかっていたし、トランペットのジミー・オーウェンズ、テナーサックスのジョー・ヘンダーソン、ピアノのシダー・ウォルトン、ベースのラリー・リドリーなど、グループの大半は僕と同年代かさらに年上だった。それに出発直前、元々のドラマーがツアーをキャンセルすることになり、代わりに六十回目の誕生日を迎えたばかりのロイ・ヘインズが呼ばれる有様だ（それでも〝若獅子〟だ！）。とは言え、ロイがツアーするのをこの目で見られるのは嬉しかった。これで僕のよく知る人間がツアーに加わることになったし、また重要なミュージシャンでありながらこれまで会ったことがなかったジョー・ヘンダーソンと演奏できるのも楽しみだった。

しかし何を望むかは慎重になったほうがいい。

最初の顔合わせで事態はおかしくなった。スケジュールによれば、どの曲を演奏し誰がどの曲でソロを担当するかを決めるため、ステージがある日の午後にリハーサルをすることになっている。僕は各自がそれぞれ一、二曲提案し、他の人に配るリードシートを用意しているものと思っていた。ところが、まずジョーが奇妙な振る舞いを見せる。僕らのほとんどは彼の曲――素晴らしい曲を多数書いている――をいくつか知っていたけれど、ジョーいわくそのどれも演奏したくないという。さりとて新曲を用意しているわけでもない。他の人間が何を言っても、ジョーは首を横に振るばかり。こんなことがギグの一時間前まで続き、時間切れが誰の目にも明らかになったころ、ジョーは選んだ曲の一部を演奏することに渋々同意した。彼の振る舞いのせいで場の雰囲気は悪くなり、ツアーが終わるまでほとんどその状態だった。

最初のコンサートはジャズフェスティバルの一環としてウィーンのスポーツアリーナで催されることになっていて、ブルースのB・B・キングはじめいくつかのバンドと同じステージに立つ予定だった。楽屋で僕らは、このコンサートを放送するオーストリアのテレビ局が一つの実験を試みていることを知る。コンサートの模様を放送するのに加え、有名俳優が出演するテレビ映画を同時に収録しようというのだ（僕は医師役で出演していたドイツの映画スター、クルト・ユルゲンスの姿を見た）。脚本にはコンサート会場で銃撃戦が行なわれる場面もあり、テレビ局の連中はショーの途中、観客席で偽の銃撃戦を起こそうとしていた。それから〝負傷者〟が楽屋に駆け込み、救急医を演じる俳優から〝治療〟を受けるという筋書きである。観客が誰一人このことを知らず、本物の銃撃戦と間違われる可能性があることなど、テレビ局の人間にとってどうでもいい様子だった。一方僕らミュージシャンは、これだけの人が銃声に過剰反応したらどうなるだろうと不安を感じ始めていた。

僕は観客席からこの様子を見ることにした。自分の目で確かめる必要があったからである。果たせるかな、B・B・キングによるステージの途中、照明とともに銃声が轟いた。怪我人役の俳優がホールから飛び出るなか、観客から悲鳴が上がる。そのあいだ、B・Bと彼のバンドは演奏を続けていた。その日は幸いなことになんの問題も起きなかったけれど、翌日、新聞がこの件に噛みつき、大衆を危険に晒したとしてテレビ局を強く批判した。

僕らのツアーはこうして幸先のよくないスタートを切ったわけだが、事態が好転することはなかった。とにかく毎晩がジョーとの戦いなのである。姿を見せないことも二、三度あって、聞くとコカインを買いに他の街へ行っていたそうだ。そのうえ売人が途中僕らに同行することもあった。とは言え、最後の夜だけでも傑作が生まれたのは幸いである。その日はフランスのボルドーで催されていたフェスティバルにおいて、深夜のショーに出演することになっていた。ところが、一曲目のメロディーコーラスが終わったあと、ジミー・オーウェンズがピアノ横に小型のカセットレコーダーを置いていることに気づいたジョーはそちらへ鋭い視線を向け、何をしてるんだと問い詰めた。すると、このギグを録音しているんだという答えが返ってくる。ジョーは憤怒に満ちた声でこう言い返した。「俺は録音しねえぞ」ジミーはこの一言を相手からの攻撃と受け取り、テープは自分が使うんだから別にいいじゃないかと言った。ジョーが再び反論したところ、やがてステージ上で激しい口論が始まった――このさなか、他のみんなは演奏を続けていたのである。僕らが素晴らしい演奏をする横で、ジミーは絶対に録音してやると一層頑なになり、ジョーはジョーでそんなのごめんだと言い張っている。そして二人は舞台裏に戦いの場を移したが、身振りを交えて激しく言い争う二人の姿が薄いカーテン越しに観客にも見えたのは間違いない。その一方で僕らは曲の中盤に差しかかり、ジミーとジョーが戻ってきて最後のメロディーを演奏するものと期待していた。僕はと言えばこの曲のメロディーを演奏したことはなかったし、実際知らなかった。やがて演奏がしばらく立ち往生して、二人が戻ってこないことを悟った僕はステージを下りるために最後のコーラスらしきものを弾いた。結局僕らはジョーとジミーがいないままコンサートの残りをこなし、ステージを降りると二人の姿はすでになかった。観客がどう思ったか、僕には想像もできない。

ツアーが始まる前、僕はジョーを同世代のミュージシャンで一番偉大な存在だと思っていた。だからこそ、彼と演奏できることを、いや、知り合えるだけでも楽しみにしていた。一種のバッドガイだという評判は僕の耳にも入っていたし、コンサートを抜け出してプロモーターや他のミュージシャンを当惑させたことがあるのも知っていた。また彼のことで嫌な経験をしたベーシストの友人から、ジョーがニューヨークのアパートメントを又貸ししようとしたときの話も聞いたことがある。郊外からニューヨークに移ろうとしていた友人はその賃貸契約に同意し、数週間後、妻そしてトレーラー一杯の荷物とともにそのアパートメントへ移転する。だがその時点でなんと、ジョーは家具の買取代金として一万ドルを要求したというのだ！　それまで家具のことが話題になったことはなく、ジョーがこの機会を利用しようと試みていることはすぐ明らかになった。結局友人はジョーの詐欺に引っかかることなく、トレーラーをUターンさせて元の家に戻ったのである。

僕はこの話を聞いても、ジョーと演奏できることが楽しみだった。しかしツアー中、彼は嫌われ者として振る舞っただけでなく、演奏の出来も良くなかった。友人や仲間のミュージシャン相手にそうした振る舞いを見せるのはドラッグ患者によくあることだと、僕は知っていた。クスリを続けるためには金が必要であり、それが最悪の行為につながってゆく。だから今日に至るまで、僕はジョーの音楽を聴くたび数々の否定的な感情が心に蘇り、どうしても途中で止めたくなってしまう。

それとはまったく対照的に、僕はこのころB・B・キングとも知り合いになっている。彼はカリスマを体現したかのような人物で、笑顔を絶やさず人の悪口を言ったこともない。最初、僕はそれをショービジネス界に特有の個性と判断したけれど、やがて彼が世界でもっとも前向きな人間の一人であり、寛容そのものの人物であることに気づいた。僕らは長年にわたって何度も出会っているけれど、一緒の時間を過ごせることはいつだって喜び以外の何物でもなかった。

B・Bは僕のレコードで演奏してくれたこともある。僕がお気に入りのギタリスト六人を迎えて一九九二年にレコーディングしたアルバム『シックス・パック』がそれである。そのうち二曲をパット・メセニーから提供してもらったうえ、ジム・ホール、ジョン・スコフィールド、ケヴィン・ユーバンクス、ラルフ・タウナー、そしてカート・ローゼンウィンケルがレコーディングに参加してくれた。加えて、僕はB・Bにも何曲か演奏してくれるよう依頼した。以前に共演したことはない——それにもちろん、B・Bはジャズプレイヤーではない——けれど、彼がレコーディングに参加すると考えただけで僕は興奮した。数日かけて各ギタリストの演奏を録音したものの、セッションに現われたB・Bは体調が思わしくなく、彼なしの伴奏トラックを収録することになった。後日ニューヨークを訪れたとき、それに自分のパートを重ね録りするのだ。僕はヨーロッパへ発つことになっていたけれど、二週間後、セッションでベースを担当したウィル・リーがB・Bのもとを訪れ、事前に打ち合わせておいた音楽性を説明したという。そしてB・Bは素晴らしい演奏をしてくれた。

セッションに立ち会えなかったのは残念で仕方ないけれど、その晩は素晴らしい思い出を僕に残してくれた。休憩に入り、ウィルが僕の名前を口にしたところ、B・Bは僕がいかに偉大な人間で、ミュージシャンとしてどれほど優れているか長々と話しだしたという。幸いなことに、それを聞いたエンジニアがマイクのスイッチをオンにして内容をすべて録音してくれた。そして自宅に戻った僕を、そのテープが郵便受けのなかで待っていたのである。ブルースの王様は僕を讃える歌をうたってくれた——まさに人生における宝物だ。

第二十三章　モスクワへの旅、新たな家族

理由はどうあれ、僕は一つの場所に長く住んだことがない。仕事上の理由、収入の変動、結婚、そして離婚など経緯は様々だけど、いつも引っ越してばかりのような気がする。

キャサリンと僕はブルックラインに五年住み、そのあいだに息子が生まれて家族はさらに大きくなった。名はサミュエル・ジョン・バートン、曾祖父からもらっている。僕らはこれを機に環境を変えるべきと考え、コネチカットへ移ることにした。ストニントンという、州北東部に位置する静かな海沿いの村にキャサリンの親類が住んでいて、僕らは何度か訪問してその場所に心の底から惹きつけられていた。なお都合のいいことに、村から一マイルほど行った場所で、一エーカーもの果樹園と庭園が広がる広大な邸宅を見つけることができた。ストニントンは芸術コミュニティーと、ニューヨークから逃れたエキセントリックな住民がいることで知られているが、ヨット乗りの楽園としても有名であり、僕はヨットに理想的なこの環境を目一杯楽しんだ。六〇年代後半にセーリングを学んでからというもの、僕はたいてい海の近くに住んでいて、ヨットを何艘か（小さいのもあれば比較的大きなものもある）購入していた。それどころか、ここに移って最初の夏、テッド・カーランドとペアを組みストニントン・キャッチボートレースで優勝したほどである——結果、地元の人間を大いにがっかりさせてしまったが。

引っ越して間もなく、僕はチック・コリアとモスクワへ旅に出たけれど、そのときのことはいまも記

憶に鮮明だ。冷戦が終結に向かっていた一九八二年当時、ソビエト政府がアメリカ人アーティストを招聘するようになってかなりの年月が経っていた。僕も七〇年代に何度か東欧諸国を訪れていて、共産主義下での生活がどのようなものか、ある程度は理解していた――とりわけハンガリー、ポーランド、チェコスロバキアの諸都市で感じた、陰鬱かつどんよりした雰囲気は忘れられない。また一九七八年にプラハで催されたジャズフェスティバルに参加したとき、一時間以上にわたって僕をインタビューしたライターは、僕の音楽を表も裏も知っていた。彼は僕のキャリアに関する長文の記事を芸術雑誌に寄稿しようとしていたのだ。数年後、『ザ・ニュー・リパブリック』という雑誌を眺めていると、プラハの政治状況について書かれた記事が目にとまり、かのライターが政治犯として収監されたことを知って仰天した。その記事によれば、彼は政府に批判的な記事を書くとともに、「ジャズミュージシャン、ゲイリー・バートンの歴史を活字にした」というではないか。

だが八〇年代に入ったころ、鉄のカーテンの向こうにある政府が僕に関心を寄せることはなかったけれど、モスクワに赴任したアメリカ大使がちょっとしたアイデアを考え出した。当時、アメリカ人の芸術家はソビエトのビザを取得できなかったので、外交官ビザを使い大使の個人的なゲストとして僕らを招待しようというのだ。一旦入国したら、僕らは招待客向けに大使公邸で行なわれる非公式のコンサートに出演し、現地のミュージシャンとも顔を合わせることになる。これぞ密かな〝グラスノスチ（情報公開）〟というわけだ。

ジャズは世界中で広く愛されているけれど、鉄のカーテンの向こうでは特にそうだった。当局に蔑まれ妨害されていたジャズは、ソビエト式の圧政にそぐわない芸術面での自由を体現していたのだ。だからこそ、共産主義諸国に向けて毎日流される『ボイス・オブ・アメリカ・ジャズ・アワー』は極めて人気が高かった。そうしたこともあって、チック・コリアとゲイリー・バートンが近々モスクワおよびレニングラードを訪れることが明らかになったとき、さまざまな波乱が生じたのである。

入国後すぐ、僕らは大使公邸に運ばれた。そこは居室がまとまりなく広がる大邸宅で、ゲストのスペースも有り余るほどあった。アーサー・ハートマン大使と妻ドンナはいずれも愛想のよいホストであり、広報面での扱いにも長けていた。二人はナイトクラブや個人宅での集まりにおいて地元のジャズミュージシャンと顔合わせする手はずを整えてくれ、ロシア人ミュージシャンにアメリカ人アーティストと直接会話するという貴重なチャンスを与えてくれた。彼らロシア人はずっと前から僕のレコードを聴いているといい、そのうえでいくつもの質問をぶつけてきた。なかでも僕らの生活が自分たちのそれと比べてどうかという点に質問は集中した。ミュージシャンはどれだけ稼いでいるのか？　コンサートの出演契約をどのようにして得ているのか？　バンドメンバーを変えたくなったら？　彼らは僕らと正反対の世界に住んでいた。当局からあてがわれたミュージシャンとしか活動できず、国営のコンサート仲介業者、ゴスコンサートを通じてしか演奏できない。レコーディングも政府が管理するレコード会社、メロディア以外では不可能だ。ジャズミュージシャンとして正式に認められた二十七名——そう、僕らが訪問した当時の正確な数である——にはキャリアに応じた収入が保証されているものの、音楽を作るという点では自由などないに等しかった。

僕らは大使館の舞踏室（国際法上はアメリカ領）に集まった五百名ほどの招待客の前で五回ステージをこなした。地元のミュージシャンや芸術関係者を招待した夜もあれば、政府関係者と外交官のみの夜もあり、また別の夜は報道関係者やビジネスマンだけが招かれた、という具合である。またレニングラードのアメリカ領事公邸（ここもソビエトのど真ん中に浮かぶアメリカ領だ）でも演奏会が行なわれたが、当局にとって僕らの訪問は複雑だった。表向きは、アメリカ人ミュージシャンがありとあらゆる興奮のるつぼを生み出していることに懸念を表明している。しかしその一方で、かなり多数の政府高官が演奏会への招待を受け取り、アメリカのジャズとやらを聴くべく嬉々として大使公邸に出向いたのである。次々とやって来るロシア製のリムジンから招待客が〝アメリカの地〟へと降り立つなか、普段は姿を見せないクレムリンの大物がここまで集まるのは初めてだと、僕は職員から聞かされた。

ニュースになるのも早かった。モスクワに駐在するNBCテレビのクルーは僕らの演奏を収録するだけでなく、夜のニュースでモスクワ訪問をレポートすべく僕らにインタビューした。しかしニューヨークに着いたテープには、僕らの訪問の様子でなく市内を行進するソビエト兵の姿が映っていたという。僕らのモスクワ訪問から情報が漏れるのを恐れた政府関係者によって、テープが途中ですり替えられたのは明らかだった。後日、僕はプラウダ紙とのインタビューの翻訳を受け取っている。その記事は、僕がアメリカ政府の人種政策に強く反対しているという内容で大半が埋め尽くされていた。もちろんインタビュアーは政府の政策なんて質問しなかったし、記事のほとんどはでっち上げだ。

冷戦の最盛期にアメリカ大使のゲストになるということは、泡のなかで暮らすようなものだった。どこに行っても国務省の職員が僕らに同行し、妨害されずに行動できるよう気を配る。日常の食料にさえ事欠くなど、地元民にとって生活の状況は厳しかったけれど、大使館のスタッフにとってはそうでもなかった。月に一度か二度、フィンランドからトラックで食料が運ばれてくるうえ、アメリカとの直通電話があるのでいつでも母国の人たちと連絡をとれる。この回線にはワシントンDCの市外局番が割り当てられていたので、（番号さえ知っていれば）アメリカのどこからでもモスクワの大使館に直通電話をかけることができた。一九八一年の時点でこうしたことがなぜ可能だったかはわからないけれど、これが後々役に立つ。

チックとのソビエト初訪問が成功を収めたこともあり、その二年後、今度は僕らカルテット全員が招待を受けた——内容としては最初の訪問とほぼ同じで、モスクワとレニングラードで演奏を行ない、地元のミュージシャンと再び交流する機会もあるという。しかしその前に、アテネとブルガリア（ロシアに向かう前、そこで演奏することになっていた）を経由する旅の途中で問題が起きた。

ソビエト発行のビザにメンバーの一人が誤って女性と記載されていて、アテネ到着の直後にそれが発覚した。この種の記載ミスがあるとソビエト入国時に問題となりかねないけれど、僕は素早く解決する方法を知っていた。大使館の担当者に直接連絡をとり、事態を知らせるのだ。当時、長々としたお役所仕事を経ずしてソビエトに国際電話をかけることは事実上不可能だった。そこで僕はギリシャに駐在する国務省の女性職員に直通電話——モスクワにありながらワシントンＤＣの市外局番が割り振られた回線——のことを話した。幸いにもアドレス帳に記してあったのである。最初相手は、アメリカ大使館に直接電話をかけると言っても信じてくれなかった。しかし彼女が渋々ダイヤルするとすぐつながったので、翌日僕らがモスクワ行きの便へ乗り込むときには、大使館職員によってビザの件は解決済みだった。

ロシア人ミュージシャンとの再会は本当に心地よいひとときとなり、なかには古くからの友人とさえ思える人もいた。偉大な才能を持つロシア人が多数いることは最初の訪問で証明済みだったものの、彼らはアメリカでは考えられない困難に立ち向かわなければならない。まず楽器を維持するのが一苦労である。大半のミュージシャンはそこそこの楽器を持っているけれど、サックスのリード、ギターの弦、あるいはドラムのスティック——いずれも定期的に交換する必要がある——を入手するのが難しい。それどころか、譜面用紙といった基本的なものすら不足しているのだ。そこで二度目の訪問の直前、僕は当時繁盛していたボストンの音楽店、ヴューリッツァーから寄贈された数百ドル相当の音楽用品をスーツケース二つに詰め込んだ。そしてロシア人ミュージシャンと会うたび、何を演奏しているのか訊いたうえでスーツケースの中身を見せ、リードや弦など相手が必要としているものを提供したのである。また僕はポラロイドカメラ——当時、ソビエト国民が所有するのは禁じられていた——を持参し、ツアーマネージャーに頼んで僕と地元プレイヤーとのスナップ写真を撮ってもらった。そして一分か二分後には、僕のサインが入ったお土産用のインスタント写真を手渡せるというわけである。彼らは一様にびっくりしていた。何せそんなものは見たこともなかったのだから。

訪問中、僕は現地の大学に案内され、そこで二人の学生によるピアノとヴァイブのデュエットを聴いた。彼らが演奏しているのは、チックと僕が前回の訪問中に披露したある難しい曲だ。僕はヴァイブ担当の学生に感銘を受けたのだが、彼がその楽器を持っていないと聞いて仰天した。彼によると、木材の切れ端でヴィブラフォンの音板に似せたものを作り、音こそ出ないけれどそれで両手の動作を練習しているという。実際のヴィブラフォンを演奏できるのは、なんとか借りることができた機会に限られるそうだ。

この話は帰国後も僕の心に残り続けた。それからほどなく、マッサー社（僕のヴィブラフォンを作った会社）に勤める友人から、とある音楽イベントで演奏してほしいと連絡を受ける。最初は無料で引き受けるつもりだったけれど、どんな報酬を望んでいるかと訊かれたので、僕はそのチャンスを利用することにした。そして、二百二十ボルト（ロシアの一般用電圧）用に改造した新品のヴィブラフォンが欲しいと伝えたところ、相手はそれを承諾した。あとはソビエトに住むヴィブラフォン奏者、セルゲイのもとにどうやってそれを届けるかだ。当時の規制によると、そのようなことは固く禁じられていた。

そこでモスクワの大使館職員に連絡した結果、そのヴィブラフォンを〝外交郵袋〟に入れてもらえることになった。そうすれば規制を受けることも通関の対象となることもなく、大使館へ直接届けられる。外交郵袋というから手紙や書類が入った革製のショルダーバッグを連想したけれど、実際にはサイズや数に制限はなく、家具や車――それにヴィブラフォンだって送れるそうだ。楽器が大使館に到着したら次はセルゲイのもとに届けねばならない。しかしアメリカ人外交官と親しく付き合った、あるいはアメリカからの贈り物を違法に受け取ったなどの理由で当局に拘束されては困る。そこで大使館は一計を案じ、楽器をまず学校に送り、届いたところで教師の一人がセルゲイに連絡、深夜にそれを取りに来させたのである（嬉しいことに、セルゲイはいまもそのヴィブラフォンを大事に所有している。最近モスクワへ出かけたとき、僕はわざわざ自分の楽器を持っていくのでなく、それを借りてコンサートに臨んだものだ）。

後年（一九九二年）、サンクトペテルブルクを訪れたときのこと、その日スケジュールが空いていた僕は、複数のロシア人バンドが出演する地元のジャズフェスティバルを見に来るよう誘われた。そこで会場に行ってみると、出演者が楽屋にいるから会ってみてはどうかと主催者に勧められた。驚くほど流暢な英語を話す十二歳の少年以外に僕の言葉を理解できる人間がいなかったので、少年の助けを借りつつ一時間ほど彼らミュージシャンたちと交流した。やがて他の人たちがその場から離れたのを見計らい、僕はちびっ子通訳にいったい君は誰なんだと訊いてみた。出演者の息子かなんかと思い込んでいたところ、彼は名前をキリル・ゲルシュタインといい、その日早くフェスティバルでピアノを演奏したという。僕はその様子を見られなかったけれど、キリルがあとでホテルにテープを届けてくれた。彼のスタイルはキース・ジャレットを彷彿とさせ、実に見事な演奏だった――感動のあまり、僕は先頭に立って彼がアメリカへ入国できるよう力を尽くした（バークリーに勤める他の何名かもそれに加わった）。十四歳になったキリルが母親とともにボストンへ移ったときも、僕らはバークリーの寄宿舎に家具つきの一室を用意して彼がクラスに出席できるようにした。かくしてキリルはバークリー史上最年少の学生となったのである。卒業後はクラシック音楽への強い関心が芽生え、修士号を取得すべくニューヨーク市のマンハッタン音楽学校に進んだ。その直後にはイスラエルで開催された名誉あるアルトゥール・ルービンシュタイン国際ピアノマスターコンクールで優勝、最近もクラシックのピアニストにとって最高の栄誉であるギルモア・アーティスト賞を（賞金三十万ドルとともに）弱冠三十歳にして受賞している。ジャズからキャリアの一歩を踏み出し、その後クラシック界のスターとなった数少ないミュージシャンの一人であるキリルは、才能に満ち溢れる一方、世界の至るところにそうした才能が転がっていることを示す実例でもあるのだ。

僕は同世代の人間の大半がそうだったように、ベルリンの壁が倒される（一九八九）、あるいは共産主義が崩れ去るのを目撃するとは思ってもいなかった。そのうえ、そこに暴力が伴わなかったのは奇跡ですらある（もちろんルーマニアのような例外もあるが）。旧東側諸国で何度も演奏した僕は、陰気で寒々とした過去の街並みが、今日の賑やかな現代的都市へと変貌したことを嬉しく思う。三十年前の訪問以降、僕はロシアを十二回訪れ、共産主義からより開放的な社会へと移行する様をこの目で見た。そしていまなお、街を歩いていると誰かに呼び止められ、ずっと昔に手渡した古いポラロイド写真を見せられることが度々ある。

《コラム》チック・コリア

天才には二種類あると以前に何かの文章で読んだことがある。それをミュージシャンに当てはめるなら次のようになるだろう。一つはその演奏を聴いて「たくさん練習して活動に励めば、僕もできるようになるだろう」と思わせる人物。もう一つは「どういうふうにしているのか、まったくわからない。どこから始めていいかすら見当もつかない」と思わざるを得ない人物だ。現実を見ると、後者に当てはまる人間はめったにいない。その数少ない一人がチック・コリア。僕が幸運にも知り合えたわずかばかりの天才のなかで、間違いなくもっとも魅力ある男だ。僕らは四十年以上にわたってともに活動、およそ二千回のコンサートで共演しつつ、八枚のレコードをリリースした。またその過程で、グラミー賞を六回共同受賞している。

僕の両親と同じくチックの両親も音楽にとても理解があり——父親はボストン在住のミュージシャンだった——、一人っ子のチックに惜しみない愛情を注いだ。ごく幼いころに音楽を始めたチックには優秀な教師がつき、彼をクラシックピアノの世界へ誘うとともに、第一級のテクニックを会得するにあたってその手助けをした（純粋に技術的観点から見れば、チックはジャズ界最高のピアニストだと思う）。また僕と同じく、ニューヨークに移ってからキャリアの第一歩を踏み出し、モンゴ・サンタマリア、スタン・ゲッツ、シンガーのサラ・ヴォーンと活動した。そして七〇年代初頭、マイルス・デイヴィスのもとでプレイした貴重な一時期のことは言うまでもない。

とは言え、僕らはある意味正反対の存在である。初めてともに活動したとき、チックは新聞や雑誌を読まず、自分を世界から切り離し、音楽に全精力を注ぎ込んでいることを自慢していた。僕は対照的にニュースなしでは生きられない人間である。チックは細かなことを他人任せにする傾向があるけれど、僕はどんな決断をするにせよすべてのステップに関わっていなければ気が済まない。しかしいったん演奏が始まれば、二人の違いは完璧なコンビネーションへと昇華してゆくかのようだ。

僕はひねりの効いたチックのユーモアセンスが大好きだ。彼はいつも楽しそうに観客へ語りかけ、心に浮かんだあれこれを長々と話すことだってある（僕もステージから語りかけることは好きなので、曲の合間に代わる代わるマイクを交換し合っている）。ところが、英語が使われていない国でのステージになると、一つの違いが浮き彫りになる。僕は自分の言っていることが観客に理解できないと考え、曲名と作曲者を短く紹介するだけにとどめる。しかしチックはジョークを飛ばしたりストーリーを語りかけたりするなど、どんなに長くかかろうとも頭に浮かんだことを口にしなければ気が済まない。僕は観客がどう思っているかと不安を感じつつ、いつも笑わされてしまう。イスタンブールで催されたコンサートでのこと、一人の若い女性が僕らの楽屋に入り、自分がいかにチックの音楽を愛しているかをまくし立てた。それだけならまだしも、自分は巫女《メディウム》だと口にする。するとチックは間を置かず、真顔でこう言った。

「そう、僕も昔はミディアムだったけどね――でもいまは〝ラージ〟なのさ！」それからの数日間、僕はそれを思い出しては笑ったものだ。

僕らがGRPレコードに所属していた九〇年代中盤のあるとき、この会社の主催によるオールスター・コンサートがニューヨークのビーコン・シアターで行なわれた。事前の計画では、GRP所属のアーティストが一堂に会し、自身のバンドを率いて演奏するのでなく、様々な組み合わせで共演することになっていた。チックは自身のトリオを率いながらも、そこにダイアン・シューアがシンガーとして加わることになった。しかしダイアンがチックの演奏に不満をぶつけたことで、彼らのリハーサルは波乱含みの幕開けとなる（ここで強調しておくが、チックはジャズ界を代表する偉大なシンガーたちと何度も共演した経験がある。また妻ゲイルもシンガーであり、しばしばチックとコラボしている）。問題の曲はジャズミュージシャンなら知らぬ者はいないスタンダードナンバー〈オータム・リーヴス〉だったので、演奏するのは容易かったに違いない。しかしダイアンは一コーラス歌ったところで中断し、横柄な口調でチックにこう訊いた。「それ、楽譜に書いてあるかしら？」つまり、彼女は自分のアレンジを事前に配っていた——当然ながら、その場のミュージシャンは誰一人それを必要としていない——ので、そのとおり正確に演奏することを期待していたのだ。チックはそのアレンジにこだわらず演奏すべきだと言い返したけれど、ダイアンは歌姫《ディーヴァ》を気取っているのか、全員楽譜どおりに演奏するよう言い張った。僕は横でその様子を見ていたが、チックはそもそもレコード会社の顔を立てるために、ダイアンとの共演に渋々同意したことを知っている。だから自分ならきっとそうしていたように、怒りを爆発させてステージから降りるものとなかば期待していた。しかしチックは復讐をあとにとっていた。コンサート中、彼は〈オータム・リーヴス〉のハーモニーを大胆に再構築し、それまでになく冒険的かつ近代的な解釈を示したのである。ダイアンの名誉のために言っておくと、彼女も力量のあるシンガーなので、チックの大幅な逸脱に混乱することはなかった。しかしそのメッセージは受け取ったに違いない。リハーサルでは怒りの炎に包まれていたのが、いまや少々焦げついたかのようだったから。

チックが本当の意味で独り立ちしたのは、グループを率いて自身のレパートリーを築き上げるようになってからであり、プレイヤーおよび作曲家として独特そのもののスタイルを見せつけた。彼の作品は世界中で広く愛されていて、若いピアニストはそのピアノスタイルをしばしば模倣し、また多数のミュージシャンが彼の曲を演奏あるいはレコーディングしている。しかし音楽のほうは即座に認識できるのに、チック自身を分類するのは不可能である。ジャズの歴史で彼以上に多才なミュージシャンはいないだろう。ビバップからエレクトリック・フュージョンまで、クラシックからフラメンコおよびタンゴまで、そしてソロピアノからデュエットもしくはトリオ、さらにはビッグバンドまで、チックは何を演奏させてもお手の物のように思える。それどころか、演奏しているジャンルがなんであろうと、それが一番のお気に入りではないかと感じられるほど説得力に満ちている。そしてデューク・エリントンと同じく、作曲家としても多数の作品を残した。ほぼ途切れることなく曲を書き続け、およそ千もの作品を世に出したのだ。また僕とのツアー中も、他のミュージシャンのために曲を書くなど、次のプロジェクトに熱中することがしばしばある。コンサートを終えてホテルに戻ると、午前五時まで新曲を書くほどだ。僕も四十年前からそれを目の当たりにしているけれど、いまなおチックには驚かされている。

八〇年代、チックと僕は弦楽四重奏団と演奏することを話し合った。すると彼は飛行機や車のなかで、楽譜を追いながらベートーベンやバルトークの弦楽四重奏をヘッドホンで聴くなど、フォーマットの研究を始めたではないか。そしてついに曲を書く準備ができたと宣言する。それを伝えられたテッド・カーランドはツアーをブッキングした。バートン、コリア、そして弦楽団による全米二十一ヵ所のコンサートツアーだ。八月にスタートする予定が組まれ、チックは七月の一ヵ月を、一時間もの弦楽曲を書き上げることに費やした。一方の僕は、わずか四週間で果たして仕上げられるのかと、自宅で気を揉むことに一ヵ月を費やした。

僕は一週間待ってから進捗状況を確かめるべく電話した。チックの返事はこうだ。「まだ書き始めていないよ。だけど素晴らしい楽譜用紙を見つけたんだ。まあ、心配しないでくれ」(もちろん、僕はその言葉に心から不安になった)一週間後、僕は再び電話をかけた。すると、今度はこんな答えが返ってきた。

「最初の曲は書き終えた。いま二曲目に入ったところさ。きっと気に入るよ。心配しないでくれ」それから二週間後、僕はロサンゼルスに飛んで、弦楽団を加えた最初のリハーサルを行なうべくチックの自宅に向かった。当然ながら彼はすべての曲を書き終えていて、筆耕人が最後の仕上げを施しているところだった。リハーサルを始めたところ、チックが作曲した〈リリック・スイート・フォー・セクステット〉の七つの楽章に修正すべきところはまったくなかった。また最初のツアーが終わったあと、僕らはその曲をレコーディングしているが、極めて難解な一方きらびやかであり、僕は最高傑作の一つといまでも思っている。それから弦楽四重奏団とともにアメリカ、ヨーロッパ、そしてアジアへのツアーを行ない、合計六十のコンサートをこなした——その結果、〈スイート〉は現代室内楽でもっとも多く演奏された作品の一つとなっている。

短時間でかくも多くの曲をどのように作り上げているのか、僕はチック本人から聞いたことがある。彼いわく、まずピアノの前に座って最初の曲を書き、すぐ脇にのけるという。そして二番目の曲を書いてそれも脇にのける。最初の曲はもちろん、二番目の曲さえも大して面白くないことが多いそうで、それらはまったく使わない。しかし三曲目に取りかかるころになると創造の泉から水が湧き出し、途切れることなく次から次へと曲を書けるそうだ。こうして疲労が極限に達するまで曲を書き続け、ベッドに入って翌朝目が覚めた瞬間からまた作曲に取りかかる。外出したり誰かと話したりするなど、自分の気をそらす何かがない限り、必要なことをし終えるまで仕事を続けられるという。僕が出会ったごく少数の人間と同じく、彼もまた自身の創造プロセスがどう機能するかを根本から理解しているのだ。チックにとってそれは、必要なときいつでもオンにできる、文字どおりのスイッチなのである。

毎年のようにレコードに次ぐレコードをリリースするなど、状況を問わない彼のアウトプットは驚くほど莫大である。例年のワールドツアーといった殺人的スケジュールをこなしながら、現代ジャズ史上最多の作品を残した作曲家という地位をいまも保っているのだ。僕は彼の音楽を幾度も演奏するなかで、チックの作品は演奏する者に困難を突きつけることがしばしばあるものの、他の大半の作曲家に比べ覚えるのも上手に演奏するのも簡単なことに気づいた。こうしたことを感じたのは他にただ一度、タンゴの伝説的作曲家、アストル・ピアソラに対してだけである。いずれのメロディーも名人芸的な演奏から生み出されたもののように聴こえるので、二人とも別の名人にしか扱えないものを作曲したのかと思われるかもしれない。しかし真に偉大な作曲家ならば、複雑このうえない曲を書いたとしても、そのメロディーは論理的なパターンに従っているので把握するのが容易であり、最初に感じたよりもずっと滑らかに流れるのだ。

チックと共演するのはどういう感じかと訊かれることがよくあるけれど、そうしたときには次の言葉が自然と頭に浮かぶ。避雷針のそばに立っていれば、雷が落ちても驚くことはない、と。上手く説明することはできないものの、僕がこれまでに共演した他のミュージシャンに比べると、チックがこれから何をするか感じ取れるような気がするし、彼のほうも僕自身が次のステップに進むより早く、これからどこへ向かうのかわかっているような気がする。だとしても、チックはいまも驚きの源だ。僕をカーブに放り出したかと思うと、まったく新しい方向へと進もうとする。一九七二年に最初のデュエットアルバムをレコーディングしたときもそうだったし、しばらく共演していないいまなお変わっていない。僕らは頻繁に他のソロ活動へと向かうけど、一年以上同じステージに立たなかったことはないのである。

デュエットという構成は独特としか言いようがない。ソロ演奏を観客へのスピーチに例えるとすれば、バンドで演奏するのはパネルディスカッションに加わるようなものであり、そこでは各プレイヤーが順番に〝スピーチ（ソロ演奏）〟している。しかしデュエットというのは、二人の友人が面と向かって会話しているようなものだ。そして音楽にはあって会話にはない何かがそこにある。友達と会話するときは交代で話さなければならない一方、音楽であれば〝会話中〟であっても二人同時に演奏することができる。そしてそのことが、相互作用の可能性を一層大きく膨らませているのだ。

僕らのデュオ・プロジェクトもいつか終わりを迎えるだろうと、僕はよく考えていた。人というのはそれぞれ異なる方向に進み、新しい物事へと向かってゆく存在なのだから。チックと僕だって、十五年か二十年もすれば興味を失ってしまうんじゃないか？　しかし三十周年を過ぎてなお新たな素材に取り組んでいると——それに、一緒に演奏することがいまだ楽しくてしかたないので——、たぶんこのまま続いていくのだろうと思えてきた。潜在的な可能性が消え去る様子もない。この文章を書き終えたいまだって、僕らは新作『ホット・ハウス』に取り組みだしたばかりである。そしていまだレコーディングの段階から、僕はこのアルバムが二人の最高傑作になるだろうと感じていた。事実、二〇一三年二月、『ホット・ハウス』は僕とチックにさらに二つのグラミー賞をもたらした。僕の直感は正しかったわけだ。なお、僕ら二人には〝ベスト・インプロヴァイズド・ジャズ・ソロ賞〟が、また〈モーツァルト・ゴーズ・ダンシング〉を作曲したチックには〝ベスト・インストゥルメンタル・コンポジション賞〟が授与されている。

僕らバートン一家はコネチカットの海岸沿いで最初の一年間を楽しんだけれど、一九八二年に入っていくつか問題が持ち上がった。僕がツアーで頻繁に不在となるため、キャサリンはときに数週間、二人の子どもと田舎暮らしを強いられることになった。ストニントンに友人がいるものの、僕が長期の旅に出るとやはり家は寂しくなる。それに僕が深刻な病に倒れたことで、事態は転機を迎えた。

ボストンでのレコーディングを終え車でコネチカットへ向かっていたとき、僕は奇妙な症状に気づいた――額に触れるたび、顔面がチクチクする。そのときは気にしなかったけれど、翌日いきなり割れるような頭痛がした。医者を呼んでみると帯状疱疹の可能性が高いという。そして数日間は痛みが続くのでと薬を処方し、一週間以内に痛みは峠を越すからあとは普通の生活に戻れると太鼓判を押した。そんなに簡単ならよかったのだが。

そのままベッドに入ったものの、一時間ほどしてそれまで経験したことのない痛みで目が覚めた。このまま死ぬかと思ったくらいだ。僕はキャサリンを呼び、ロードアイランドのウェスタリーにある最寄りの病院へ急いで連れていくよう言った。そして病院に着いてすぐ、何かを注射されてそのまま気を失った。そのときから予想よりもずっと長い病院生活が始まるのだが、大半の時間は痛み止めのせいでぼうっとしたまま過ごすことになった。目が覚めて強烈な痛みを感じるまでに覚醒すると、それが次の薬の時間というわけだ。顔の右半分は傷口が固まったためにひどく腫れ上がっていた。また周囲の筋肉が歪んだせいで、右目もほとんど識別不能である。左目はかろうじて見えたものの、病室を暗いままにしなければならないほど光に敏感になっていた。

帯状疱疹は、脊椎で長いこと睡眠状態にあった水痘ウイルスが再び現われたときに起きる症状である。発症例は中高年に多いというが、僕はまだ四十前で健康も問題ない――たぶん運が悪かったのだろう。今日では治療法が確立され予防ワクチンもあるけれど、一九八二年の段階では症状を緩和する以外に方法はなく、過ぎ去るのを待つより他なかった。

入院して二週間後、僕は家に戻りさらに二ヵ月の療養生活に入った――鎮痛剤を飲み冷湿布を顔に貼るのだが、それでも顔面が焼けるかのようだ。ウイルスによってダメージを受けた神経は、徐々に回復しつつあったときも痛みのシグナルを送り続け、治癒したあとも苦痛が消えなかった。また顔面には様々な傷が残り、一年後には大きな傷を除去すべく外科手術を受けるほどだった。

この数ヵ月間、多くの仕事がキャンセルを余儀なくされた。一、二週間後のギグまでには回復するだろうと考えるのだが、そのときが来ると痛みのために取り消さざるを得ない有様だ。一年間にわたって準備してきたカリブ海および南米への大規模ツアーも、すぐにスタートのときが迫ってきた。このころにはもう、仕事に戻りたいと必死に願っていた。こんな大チャンスを失うなど、絶対に嫌だ。そのうえ、三歳児と一歳児に加えて僕の面倒も見なければならないキャサリンも、限界に近づきつつあった。

とは言え、ツアーが間近に迫るあいだも、実行できるかどうかまったくわからなかった。痛みはまだまだひどいし、絶えず顔面に氷嚢を押しつけていなければならない。またずっとベッドに横たわっていたので、身体もかなり弱っている。しかし僕がツアーに出られるようキャサリンが必死に支えてくれ、テッド・カーランドも僕を手助けすべくツアーが終わるまでそばに付き添うと申し出てくれた。かくして出発の朝、僕はふらつく足で階下に降り――二ヵ月前に病院から戻って以来初めてだ――、リムジンのリアシートに乗り込んだ。そしてニューヨークのＪＦＫ空港まで三時間、鎮痛剤でグロッキー状態だったこともあり、そのほとんどを寝て過ごした。

空港でテッドやバンドメンバーと落ち合い、ジャマイカ、ハイチ、ドミニカ共和国で行なわれる最初のコンサートに向けて旅立ったけれど、それまでの人生であんなに辛い思いをしたことはない。弱っていたので一日中横にならざるを得ず、ベッドを出るのは演奏するときだけ。ショーの時間が来ると、ステージまでテッドに付き添ってもらう。ステージ脇に氷水の入ったボウルを置いておき、誰かのソロで一息つくたびさりげなくそちらへ歩いて、神経を鎮めるべく冷たい布を顔に押し当てる状態だった。街から街への移動もまた一苦労である。ほんのわずかでも風が吹くと花火のような激痛が顔に走るし、光に敏感なのも相変わらずだった。右目はようやく見えるようになっていたものの、日光を遮る必要があったので、黒いサングラスが欠かせない。顔面も傷だらけで、交通事故に遭ったのかと何度も尋ねられた。なので誰かが僕の外見について何かを言うたび、そうだと答えた。帯状疱疹のことを一から説明するよりは簡単だろう。

しかしツアーが進むにつれて体調は徐々に回復し、痛みもだんだん和らいでいった。そしてツアー終了間近の六週間後、僕の症状はほぼ治癒していた。帰宅したあと寝たきりにならなくていいなんて、これほど嬉しいことはない。ただ帯状疱疹の患者によくあることだけど、僕も数年後まで痛みが残り、いまもときどき顔面の右半分がヒリヒリする。とは言え、一ヵ月半ものあいだオフィスを空け、ツアーが終わるまで僕の手助けをしてくれたテッドには、どれほど感謝してもし尽くせない。

家に戻ってすぐ、僕のもとにバークリーから電話があった。その年の学位授与式で祝辞を述べてもらいたいという。まだ症状が少し残っていたので断ろうと思ったけれど、無理を押して出ることにした。大学では旧友と再会、素晴らしいひと時を過ごす。式が終わってコネチカットの自宅に戻ると、バークリーが恋しいんでしょうとキャサリンに言われた。その瞬間、彼女の言うとおりだと僕は悟った。それから一週間ほどして、ボストンに戻ろうとキャサリンが提案する。僕は最初反対した。ストニントンに来てからまだ二年しか経っていないし、引っ越しにまつわる面倒ごとはごめんだ。しかし彼女の言うことが正しいのは確かだから、僕も最後は賛成した。

第二十四章　再びバークリーへ

コネチカットを離れた僕たち一家は、モス・ヒルというボストンの快適な一地域に広い家を見つけた。そして一九八二年秋、僕は〝ビーンタウン（ボストンの愛称）〟そしてバークリーに戻ったのである。八〇年代に僕のバンドで活動した才能ある若きミュージシャンと出会えたのも、バークリーに復帰した賜物だ。またこの時期は様々な楽器を試すことにも熱中し、管楽器のプレイヤーを初めてバンドに雇い入れた。ギタリストの代わりに日本人トランペット奏者のタイガー大越を迎え、一、二年後にはアルトサックス奏者のジム・オドグレンも加えている。そしてそのことは、アンサンブルのコード楽器が再びヴィブラフォンだけになるという結果をもたらし、僕に面白いチャレンジを突きつけた――事実それに取り組んだのは、スタン・ゲッツのもとで活動していたとき以来のことである。

自分のバンドでピアニストを起用することはないと、僕はずっと前から固く信じていた。チックとかくも素晴らしい活動をしている以上、当然である。僕がチックとのあいだで育んだ信頼関係を、他のピアニストとどうして築けよう？　だがそんなとき、僕は小《お》曽《ぞ》根《ね》真《まこと》の演奏を耳にする。

僕がマコトと出会ったのは一九八三年、彼がバークリーの学生コンサートに出演したときのことである。多くのテクニックを駆使していたけれど、正直言ってチームを組もうとはそのとき考えなかった。スタイルが自分と合っているように思えなかったからである。しかしそれから数週間後、バークリーのとあるパーティーに出てみたところ、参加者がカクテル片手に談笑するなか、バックで演奏するマコトの姿を見かけた。結局その晩、僕はずっとグランドピアノのまわりをうろつくことになる。マコトは驚くほど多くの小粋な曲を知っており、その興味深い解釈が僕の心に残った。想像していた以上に、彼は何かを持っている。

その後、僕らは週に数回のペースでジャムを始めた。より現代的な曲を演奏するよう促すと、マコトは即座に僕の提案を取り入れた。そしてほどなく、僕はこの新たな結びつきを中心にバンドを組んでみたいと思うようになる。同じころ、もうすぐ卒業なので日本に帰国するつもりだと彼から聞かされた。だけど僕に言わせれば、そんなことは才能の無駄遣いだ――そこで、大学を卒業した時点で僕のバンドに加わるチャンスを与えた。それ以降、僕らは時おりともに演奏し、いくつものアルバムをレコーディングしている。もう十年アメリカで暮らしたあと、マコトはやっと日本に帰国した。現在も母国でジャズスターの頂点に立つ一方、ジャズを超えた世界に活動の領域を広げている。またオーケストラのゲスト・ソリストとして世界中でクラシックを演奏するという第二のキャリアに乗り出すのみならず、日本のラジオ局で長寿番組のホストを務めてもいる。二〇〇二年にレコーディングしたCDアルバム『ヴァーチュオーシ』において、僕らはクラシックの作曲家――スカルラッティ、ブラームス、ラフマニノフ、そして僕が六〇年代に知り合ったサミュエル・バーバー――による作品を再アレンジ、それらの即興演奏に挑戦した。このアルバムで僕らはグラミー賞のクラシック部門にノミネートされる。ジャズメンにとって名誉であることは言うまでもない。ジャズ界はマコトをかなり過小評価していると、僕は思う――多分それは、彼が日本出身だからだろう。アメリカやヨーロッパで定期的にコンサートを行なっているにもかかわらずだ。

僕はマコトと組んだグループにスコットランドのテナーサックス奏者トミー・スミスを加え、最終的にクインテットとした。トミーはそれ以降、スコットランドの音楽シーンにおける一流のジャズミュージシャンとなり、それまで何もなかった場所にほぼ一人で活発なジャズシーンを築き上げるという、実に目覚ましいことをやってのけた。トミー率いるナショナル・スコティッシュ・ジャズ・オーケストラは当代一流のバンドであり、印象深いコンサートを毎年各地で行なっている。

トミーの後釜には同じくテナーサックス奏者のドニー・マカスリンが座り、ニューヨークの一流テナー奏者となるまで数年間グループに在籍、二〇〇四年にはグラミー賞にノミネートされた――彼もまた、僕が見出したことに誇りを持つ若きミュージシャンの一人である。

ウエディングからほぼ九年、結婚生活を終わりにしたいとキャサリンから申し出があった。三十代へと近づくにつれて不満が募りだしたという。つまり僕のキャリアに圧倒されて自分が満たされていないと感じ、自身の進むべき道を探さねばならないと判断したのだ。僕は家族に強い愛着を抱いていたので、また再出発かといたくがっかりした。こんなに重要なことを焦って決断したくはなかったので、僕らは数ヵ月にわたって話し合った。しかし結局、人生の方向性を変える必要について、彼女が考えを翻すことはなかった。

離婚はこのうえなく円満に成立した。しかし僕は近くの家に移ったものの、最初の結婚と同じく、自分に大きな欠陥があるのではと打ちひしがれた。そしてこれも前回同様、自身の性的指向にまつわる不安が表面化する。頭のなかでは、この離婚が誰のせいでもなく、またはっきりした原因がないこともわかっていたのだが。不貞行為があったわけじゃないし、二人ともパートナーとしても親としてもきちんと責任を果たした。だからこそ、親権を共有した離婚後最初の一年間は、可能な限りきちんと乗り切った。できるだけ多くの時間をステファニーそしてサムと一緒に過ごしたので、二人に僕から引き離されたという感覚はないはずだ。事実、僕の新居はわずか数ブロックしか離れていなかったから、僕がいるときは自由に訪問したものである。結局、二人の決断は正しかったに違いない。キャサリンと僕は三十年以上経ったいまも親しい友人同士だし、いまや成人した子どもたちとも近い関係を保っているからだ。

プライベートのストレスにもかかわらず、バークリーへの復帰は素晴らしい結果をもたらした。一度離れたことが信じられないように思える。とりわけ二つのコース、〝上級インプロヴィゼーション〟と〝音楽ビジネス〟で教鞭をとるのが楽しかった。それに大学の活力と創造性溢れる空気も僕に刺激を与えた。こうした環境はまずトップから始まっている。一九四五年にローレンス・バークが創設して以来、バークリーは素晴らしいリーダーシップに恵まれてきた。ラリー（みんなバークのことをそう呼んでいる）はもともとMITでエンジニアの教育を受けたものの、同時にピアニストでもあったので、音楽への情熱をジャズとビジネス活動に焦点を当てた音楽学校の創設へと転化させたのである。当時ラリーの右腕として活躍したのがロバート（ボブ）・シェアであり、類稀なる才能をもって大学の日常業務を導くことで、初期の驚くべき急成長時代を乗り切った（僕がバークリーの学生だった二十五年近く前、両親に電話をかけるようアドバイスした人物こそボブ・シェアその人である）。八〇年代に入った時点でバークリーは二千五百名もの学生を抱えており、世界最大の音楽学校となっていた（今日では四千名にまで増えた）。ラリー・バークの引退が近づくと、評議会は当時副理事長だった息子のリーを、父親の後任として新理事長に任命する。トップの交代はスムーズに行なわれ、大学はその後も繁栄を続けた。

しかし一九八四年にボブ・シェアがこの世を去ると、組織運営上の要求事項が拡大するのを反映し、バークリーは経営機構の改革を模索する。かくして新たな管理ポストが新設され、その一つであるカリキュラム本部長（学部長）がおよそ六百の講座とともに、図書館や文書庫など様々な関連施設を監督することになった。僕はこのポストの審査委員に任命され、他の委員とともに数ヵ月間にわたって候補者の面接を行なった。

その途中、僕のもとにリーから電話がかかる。翌朝、一緒に朝食をどうかという。まずもって僕は朝型の人間じゃないし、その週はとりわけ忙しかった。バークリーで専門講義を行なうチック・コリアを応援する一方、自身の教職もこなさねばならないとあって、早朝のミーティングは僕がもっとも望まぬものだったのである。それでもバークリーから数ブロック離れたハーバード・クラブのダイニングルームに寝ぼけ眼で入ってゆくと、リーはすぐさま話を始め、僕らが面接したカリキュラム本部長の候補者はどれも気に入らないと打ち明けた。そのうえで、君がそのポストに就いたらどうかと言うではないか。

まったく予想外の話だった。それに、自分が管理職に就くなど想像もできない。教職の訓練を受けたこともないし、ジョージ・シアリングとツアーすべくバークリーを中退したので、大学の学位すら持っていない。しかしリーがあくまで言い張るので、僕は渋々ながら引き受けたけれど、一年もすればもっとふさわしい人物にあとを託して再び講師の仕事に戻れるだろうと、内心密かに考えていた。

僕は音楽のキャリアを始めたとき、貴重な恩師に恵まれた。その後、自分が代わって多数の若きミュージシャンの恩師になったのは、これまで述べたとおりである。しかしバークリーにおける新たな職務に乗り出した僕は、またも立場が逆転したことをすぐに悟り、今度はリー・バークを恩師とすることにした。そのうえでリーの隣にオフィスが与えられ、十五年前に教職を始めたときと同じく、もう一つの実地訓練が始まったのである。

教材と文書はどれも改定する必要があり、それにまずすべての講座を管理・記録するコンピュータシステムの開発が急務だった。こうした技術的なことを考えながらも、大学のリーダーとしての役割にも目を向けるようになる。バークリーが新たな方向へと進むにあたり、自分はどう貢献できるだろう？僕を含めた誰かが、その答えを予想できたとは思わない。

バークリーは長年にわたりジャズ学校として知られているが、その教育内容は多岐に渡っている。同校は創立直後から、映画音楽やトラディショナルポップといった商業的に成功する可能性が高い様々な分野を志向してきた。七〇年代になるとそこにロックが入り、若い講師や新入生たちはスタイルにおける境界線の向こう側に目を向け始める――しかしこの学校にロック音楽の講座はなかった。ジャズが既成文化に挑戦する音楽界の反逆児だったとき、バークリーはそれに学術的基礎を与える最初の学校となった。いまこそそれと同じことをロックについてもやるべきだと、僕は考えたのである。そして反共派のニクソンが中国を訪問したのと同じく、この見方を擁護するとは思えない人間――僕のような、名声が確立されたジャズミュージシャン――こそが流れをリードできると判断した。

バークリーにロックの侵入を許せば何もかもが駄目になると、一部の職員は恐れていた。そこで僕は、これら古株を説得すべく策を練った。その結果、連帯というミュージシャンの本能に訴えかけるのが最良という結論に至る。こうして僕はおよそ二十五名の職員から成るグループを組んだけれど、そこにはロックに興味がある若い層だけでなく、一番頭の固そうな中高年も混じっていた。ミュージシャンたるもの会議に参加するよりパーティーでぶらついているほうが好きなことは百も承知なので、僕は月に一度、テイクアウトの中華料理やバーベキューで彼らをもてなした。そして何より肝心なのは、客たちを毎回の会議に出席させたことである。

六〇年代から七〇年代にかけてロックミュージシャンと付き合っていたことあり、僕は複数の有名ロッカーにバークリーへ来てもらい、音楽教育に対する彼らの見解を聞くことができた。これらロッカーのなかには、かの有名バンド、ボストンのメンバー二人や、六〇年代にロックミュージシャンとして活動したあとプロデューサーに転じて成功したフェリックス・パパラルディも含まれる。ミュージシャンに何を望むかと訊いたところ、彼らは一様に、楽譜を読むことができ、ハーモニーを知り、アレンジを書くことができ、そして自分の楽器を正しい音程で演奏できるミュージシャンを求めていると答えた——つまり、あらゆるタイプのミュージシャンに期待されているのと同じことだ。

一年間にわたって〝抵抗勢力〟とのミーティングを繰り返し、意見の相違がさほどないとわかったいま、ロック音楽に対する古株の抵抗は消え去っていった。事実その後の十年間で、バークリーはロックを歓迎するようになる。この体験から、リーダーシップに対する僕のアプローチは明確になった。ヴォルテールが記したとおり、「征服するだけでは十分でなく、たぶらかす術を知らねばならない」のだ。

次に訪れた新たなチャンスは音楽テクノロジーである。もちろんバークリーでも、記録やスケジュールを管理する目的でずっと以前からコンピュータが導入されている。しかし八〇年代初頭、音楽におけるコンピュータ技術の活用は初歩にとどまっていたうえ、いまだ論争の的だった。シンセサイザーが音楽シーンに出現したばかりの時代であり、しかも当初はごくわずかなミュージシャンにしか歓迎されなかった。作曲やレコーディングにおけるコンピュータの利用も、当時はまだサイエンスフィクションの段階である。音楽テクノロジーへの取り組みを強化するようリーから強く促された僕は、それに目を向ければ向けるほど、近い将来大きなインパクトをもたらすと確信するようになった。

僕らはまずこうした可能性を追求すべく研究室を設けたけれど、本格的な活動が始まるより早く、楽音合成なるものの新講座へと姿を変えた。学生だけでなく講師陣もこの新技術を取り入れ始めたのである。そのためにスタジオ、合成ラボ、メディアセンター、ワークステーション、そしてネットワークが導入され、構築が進むそばから講師と学生で一杯になった。こうして現在、バークリーはハイテク音楽のモデル機関となり、音楽技術の教育で断然世界のトップに立っている。バークリー在籍中の業績で僕が誇りに思うことは多いけれど、なかでもロックと音楽テクノロジーを導入したことが一番重要な貢献である。いずれも大学に大きな変化をもたらしたからだ。

最初のころ抱いていた不安にもかかわらず、管理職のポストは結局僕に合っていた。演奏活動や教職で体験したのと同じ創造的な課題に、この新たなポストでも取り組めたのである。百名ほどの学生を毎学期教える代わりに、僕は自分の主導する新たな方向づけやプログラムを通じ、いまや数千名の学生に影響力を振るっていた。加えて、この学校に異なる視点を持ち込んでもいる。旅するミュージシャンという一風変わった経歴を経て管理職に就いた僕は、組織の悪い面に対して健全な懐疑を抱きつつ、良い面を全力で伸ばそうとしたのである。

僕らはみな、自分の世界で頭角を現わそうと望んでいる。そして僕は、何名かの個人に対し大学教育の〝ゴールラインを越える〟手助けをすることで、それに貢献し得ることを知った。人生の成功を決める過程では、生まれ持った才能の組み合わせに続き、教育こそが二番目に重要な要素であると僕は信じている。また教育が人の一生を変えてしまう力にも驚嘆せざるを得ない。大学に勤めていると、あと一、二年で卒業できる見込みがありながら、資金不足に悩む学生に出会うことがある（実を言うと、僕が初めて他人の卒業を助けたのは学生時代のことであり、相手はバークリーの同級生だった）。バークリーに所属していた三十三年のあいだに、僕はなんらかの方法で六名の学生を資金的に支援し、無事に学業を終えさせた。

僕が慈善活動をする動機は、自分も完全な教育を受けられなかったという感覚に由来していると思う。小さな町の出身であることを考えれば、幼いころにまずまずの教育を受けられただけで十分幸運である。また十一歳のときにプリンストン市民図書館に出会えたことも幸いして、僕はそれからというもの自分への教育を続け、高校およびバークリーで学んだことを補完していった。それでもなお、ハーバードのような学校で完全な大学教育を受けていれば、他にどんなことを得られただろうと考えるのだ。

ボストンに住んでいた僕は、教授や卒業生など多数のハーバード関係者と知り合い、アメリカでもっとも有名なこの大学が提供する包括的な教育をいつも羨ましく思っていた。だからこそ、一年間の期間限定でハーバードの教授になれるというチャンスが巡ってきたとき、迷わずそれに飛びついたのである。本当はそんな暇などなかったけれど、ハーバードで何かできると考えるだけで嬉しかった。僕は教育大学院で講座を受け持ち、芸術系の学芸員を目指すミュージシャンでない若者たちに音楽を教えた。驚いたことに、これも興味深い挑戦となった——それと同時に、教える側も学生と同じくらい多くのことを学んでいるという、もう一つの教訓を得られたのである。結局のところ、自分の専門分野を離れて何かに挑戦するたび、その後に活かせる多くのことを学んでいるのだ。

第六部　前進

第二十五章　ゲイリー・バートンって何者？

四十代を迎えるころ、僕は思わず考えさせられる質問をある人からされた。「人生の後半であなたは何をしようと計画しているのですか？」その問いを頭のなかで反芻するにつれ、前半生でうまくいかなかったすべてのことを修正したいという考えが大きくなっていった。

キャサリンと別れてから数年間、僕は何名かの女性とデートしたけれど、いずれも真剣な交際に発展することはなかった。そのことは僕に自身の性的アイデンティティを（再び）考えさせ、これで何度目になるだろうか、自分は何者――あるいは〝何物〟――なのかと悩ませた。二度の結婚期間中、この件を突きつけられる原因となりそうなことは、なんであっても避け続けたのである。だからと言って別に難しいことはなく、僕は両方の結婚生活を快適に過ごしたし、おかげでもう一つの感情を隠すのは簡単だった。しかしいま、人生の表面下で渦巻くこの逆流を理解する必要に迫られている。幸いなことに素晴らしいセラピストと巡り会い、一年ほど探求を続けた結果、自身を完全に理解できた〝なるほど！〟の瞬間がやって来た。僕はゲイ、いままでずっとゲイだったのである。これがわかるまでこんなに長くかかるとは信じられなかった。僕はそれを他の誰からも隠していただけでなく、自分に対しても秘密にしていたのだ――僕が愛してやまないキャリア、そして世間が僕に期待していた（と、自分では思い込んでいた）生き方が脅かされるのを避けるために。そして再び、僕はあの場所に立った――キャリアを危険に晒す瀬戸際に、またも自分を追い込んだのである。

ゲイであることを表に出すのは一度きりで済まず、自分のことを知らない人間に出くわすたび何度も何度も同じ話を繰り返さなければならない。相手の九十五パーセントは、僕がゲイであることを知らないだろう。ミュージシャン同士の情報網は驚くほど早いので、ジャズミュージシャン仲間のほとんどはすでに知っているだろうと思うのだが、そのことを知らないミュージシャンに出会って驚かされることがいまもある。

僕がゲイであることを知っている人でさえ、全体像までは理解していないはずだ。同性愛の問題には非常に多くの混乱が付きまとっているからである。時代遅れの理論とは対照的に、僕らが人生の途中で同性愛を選ぶことはない。最初からゲイなのであり、自身にまつわるその側面を受け入れるかどうかだけが問題なのだ。ありがたいことに、二十一世紀となったいま、若い同性愛者が自身の指向を受け入れるのに必要な勇気づけや寛容の精神は、珍しいものでなくなっている。状況次第では、僕らの世代よりも混乱やストレスがはるかに軽い状態で成人を迎えることだってある。

インディアナの片田舎で音楽人生を始め、一九五〇年代に育ち、そして六〇年代にキャリアの第一歩を踏み出した僕にとって、同性愛という考えは存在しないに等しかった（当時は〝ゲイ〟という単語さえなかった）。僕は頭のいい少年であり、その才能のおかげで、マレットを手にした瞬間から目の前に道が拓けた。だからどんな代償を支払おうとも、それを妨げることは避けたかったのである。

その一方、自分がどこか違っているという感覚は常にあった。少年期に体験する困難や現実把握が、仲間たちと違っていたのだ。夏のキャンプ――大勢の少年が狭い場所でともに暮らし、裸になってシャワーを浴びる――において、僕らのなかには新たに発見した性的感情を基に行動する者もいた（別に珍しいことではない)。高校に入ると誰もが異性とデートするようになり、僕にもガールフレンドがいたけれど、混乱した感情をどうすればいいかわからないままだった。女の子が好きだと信じていたものの、少年への関心も捨てきれなかったのだ。

こうした曖昧さは多くのゲイに共通している。トルーマン・カポーティはかつて、自分は幸運である、なぜなら自分にはなんの問題もないからだ、と言った。つまり最初から、自分が百パーセントゲイであることを知っており、万事すぐに適応できる一方、大人になっても自分のアイデンティティーに悩んでいる男たちのことを気の毒に感じていたのである。それはまさに僕にも当てはまる。四十代に入ってもなお、自分は異性愛者でありながら、男性にも魅力を感じる〝特殊能力〟を持っていると考えていたのだ。少なくともそうであることを心の底から願っていたし、疑問を投げかけることもなかった。言わば、自分自身にわざと嘘をついていた。もう解決済みだと心の底から思っていたうえ、長年にわたってそれが正しい説明のように思えたのである。

僕は性的欲求のバランスをとろうと試みた。以前に記したとおり、(相互マスターベーションを通じて)僕を性に目覚めさせたのは高校時代の友人である。そしてときおりベッドをともにし、ティーンエイジ・バージョンの同性愛行為で夜を過ごしたものだ(二人とも自分たちが何をしているのかわからないでいたので、激しい行為はまったくなかった)。思春期のこうした冒険行為は決して珍しいものでなく、異性愛に至るまでの一時的現象だと大半の人は見なすだろう。僕もそのころは、性的感情などなければいいいのにと思うこともあったけれど、やがて体験する混乱や苛立ちに比べればましだったに違いない。その後バークリーへ進むと、僕はこの問題から完全に目をそむけ、二年のあいだ性には関わらなかった。二十四時間音楽に打ち込むことで、性的なことはすべて心のなかから追い払ったのである。

ニューヨークに移っておよそ一年後、陸軍から召集令状が届き身体検査を受けるよう指示される。僕はこれを予期し、かつ恐れていた。当時は一九六三年、ベトナム戦争が本格化しだしたころである。しかし大規模な兵力増強はまだ行なわれておらず、兵士の需要も低かった――またそのことは、自分が兵士にふさわしい人間ではないと、陸軍に納得させることを簡単にしていた。一週間シャワーを浴びず何日も眠らず、そのうえ無気力になったふりをして、精神異常者を演じた若者たちの話を聞いたことがある。また同性愛者だと申告すれば、召集から逃れられるとも耳にした。自分が奇矯な振る舞いをできるとは思えなかったけれど、それでもなお、同性愛の問題に近づくと考えるだけで身震いがした。

とは言え、状況は深刻である。自分は軍隊にふさわしい人間なのかと、僕は不安だった。つまり、戦闘（当時、そんなことはまだ考えられもしなかった）ではなく軍隊の日常生活を恐れていたのである。ビル・エヴァンスは昔、陸軍にいた年月はいまに至るまで自分を劇的に変えてしまった、と僕に言った。それを聞いて、自分も同じ目に遭うのではないかと怖かったのだ。

身も凍るような日の午前六時、ロウアーマンハッタンの徴兵検査場へと赴くため地下鉄に乗ったときも、僕はまだどうすべきか決めかねていた。検査場に入るとまず、質問票に答えなければならない。その三ページ目に次の質問があった。「あなたはいままでに同性愛の傾向がありましたか？」そう書かれていれば答えるのは簡単だ。同性愛行為をしたことがあるかと訊いているのでなく、〝傾向がある〟かどうかを尋ねているのだから。言い換えれば、同性愛について考えたことはありますか？　だ。正しい答えは「イエス」だけど、公の場でそう答えるのは怖かった。そのときはまだ、誰にも話したことがなかったのだから。

僕は深く息を吸い、「イエス」の欄にチェックを入れた。次に色覚検査が行なわれた（合格だった）あと、僕は次の検査に向かう代わり、他の数名とともに列から離れるよう命じられた。精神医との面談を待つあいだ、列から離れた他の面々を見てみると、ゲイか薬物中毒者（質問票にはその項目もあった）なのは一目瞭然だった。やがて僕の番になり、精神医から他の同性愛者とどのように知り合ったかと訊かれた。自分はナイトクラブで働くミュージシャンなので、人と会う機会が多いと答える――話としてはそのとおりだけど、当時は男女いずれとも付き合っていなかった。しかしそれだけで十分だったらしく、精神医は一枚の紙を渡し待合室に持っていくよう告げた。一時間ほどして他のゲイや薬物中毒の連中が萎縮するように戻ってきたあと、糊のきいた軍服姿のいかつい男が室内に入り、怒鳴るようにこう言った。「よし、貴様らホモ野郎どもはここから出ていけ！」

僕は汗まみれで建物を離れた。その後二日ほどほとんど何も食べられなかったけれど、とにかく終わったのだ。自分がゲイであることを他の誰かに認めたのは初めてだったものの、実はまだよくわからないでいた。そう、僕には〝同性愛の傾向〟がある。だけどそれはどういう意味なのか？

それから数週間後、僕のもとにニューヨーク市保健局から手紙が届いた。性的に逸脱した人向けの無料セラピーに参加してはどうかという案内ではないか！ なんてこった。つまり陸軍は僕のプライバシーを侵害し、彼らの言う〝性的に逸脱した人〟であるとニューヨーク市に通報したのだ（もちろん、その手紙は無視した）。二週間ほどしてまた手紙が送られ、この無料セラピーを受診することのメリットがさらに強い調子で記されていた――しかもそのあと、電話帳にも載っていない僕の番号に、誰かから電話がかかってきたほどだ（陸軍は電話番号も漏らしたに違いない）。

しかし僕は放っておいてくれと言う代わりに、やっぱり受診すべきなんだろうと判断した。疑問を感じていたのは確かだから。そこでアポイントを取り、若い医者と面談する。彼はしばらく話したあと、定期受診のスケジュールを組むかどうか訊いてきた。それに対し、自分は旅に出ることが多いので、定期受診はできないと答える。すると、それならば無料セラピーへの参加は不可能だけど、自身のセラピストを見つけてはどうかと勧められた。話がそこまで行って、僕は興味を覚えつつあった。いい精神医さえ見つけられれば、ようやくこの問題を話せるうえ、なんらかの解答を得られるのだ。

最初のセラピストであるビル・フェイは時代の先を行く人物だった。一九六三年当時、精神医学に携わる人たちは同性愛をいまだ心の病気と位置づけていたものの、ビルははるかに開明的な精神の持ち主で、僕の同性愛を異性愛に至る一段階に過ぎないと位置づけたのである。だがそれも当時の一般的な理論であり、僕にとっても信じやすいものだった（もちろん、僕は必死になってそれを信じようとした）。ビルは真剣に僕を助けようとしてくれたけれど、自分の性的傾向を理解するには至らなかった。そのことで彼を責めるつもりはない。セラピーは自分を見つける手助けに過ぎない――セラピストは探すことをしない――のであって、僕の準備が整っていなかっただけだ。そのうえ当時は、性にまつわる混乱などかまっていられなかった。急速なペースで進んでゆく仕事生活や、思春期からの遅すぎる脱皮といった困難に直面していたからだ。こうした分野で、ビルの助力は僕にとってかけがえのないものだったのである。

五年後に結婚したとき、僕はセラピーをやめることにした。目的を達したかに思えたからだ。そのころは愛する人間との共同生活を始めて満ち足りた気分だったし、矛盾する感情とどう生きていくかわかった気になっていた。結婚生活中、自身の同性愛的側面にどう向き合っていたのかと疑問に思うだろう。正直に言うならば、僕はその感情をほぼ完全に隠し、二度の結婚生活に全力で打ち込んだのである。そこから逸脱しようとはまったく思わなかった。事実、結婚生活が二人のためになっているかぎり、大きな幸福とある種の心の平和を感じていたほどだ。つまり、僕の同性愛的資質は影を潜めていたのである。ときどき生活のなかで夢想することはあっても、行動に移す衝動は一度も生じなかった。

それならば、異性愛を続けることはできなかったのだろうか？　それは難しい質問であり、自分自身に何度も問いかけてきたことでもある。しかし四十代に差しかかるころ、もう一つの難しい問題が現われた――「後半生をどう生きたいのか？」そしてその問いは、とてつもなく大きいものだった。僕は長続きしなかった二度の結婚を含む、それまでの出来事をすべて見直し、うまくいかなかったことを残らず変えるときが来たと認識した。しかしその問いを正しく把握したうえで答えを見つけるには、いくつかのハードルがあった。ゲイとして新たな人生に乗り出すなど、離婚歴のある四十四歳の父親にできるだろうか？　大学の学部長にして、現役バリバリの有名ミュージシャンでもある僕には、失うものが多すぎた。それに、半分の時間をともに過ごす子ども二人だっている。

僕はゲイについて書かれた文章を手当たりしだい読み、信頼できるわずかな人たちにこのことを話した。最初に話したキャサリンはとても協力的だった（いまもずっとそうである）。彼女がこう言ったのを、僕はいまでも憶えている。「それがキャリアにどう影響するかなんて心配しないで。だって、もう八〇年代よ。誰が気にするっていうの？」（現在ではこうした反応が当たり前だが、当時はそうでもなかった）しかしキャサリンの言葉にもかかわらず、このことが漏れたらいったいどうなるだろうと、僕は真剣に悩んだ。知名度の高いゲイの人間が学部長を務めることで、大学が問題に巻き込まれることはないだろうか？　将来、知り合いのミュージシャンたちは僕とコラボすることにためらいを感じないだろうか？　遅かれ早かれ、自分の人生に新たな人物が現われるのは間違いないけれど、今度は男性のパートナーである。その結果に向き合う覚悟はできているだろうか？　これからどのような同性愛関係が生じようとも、それを秘密にしておけないことはすでにわかっていた。

僕はボストンのゲイシーンを少しずつ探り始めた。他人との付き合いは苦手なので、異性とのデートですら緊張してしまう。それがいまや、自分でもはっきり理解していない新たな特性を組み込まなければならないのだ。とは言うものの、やがてゲイの友達が何人かでき、特別な人に出会って新しい関係を築こうと、ゲイグラブにもときどき通うようになった。

こうして一九八九年に僕のボーイフレンドとなったのが、才能豊かで誰からも好かれる男、アール・ディマクランガンであり、その後七年にわたって交際を続けた。アールは誰もが好感を持つ数少ない人間の一人で、社交面で消極的な僕と好対照だった。何年か前までバークリーで学んでいたというが、学生としての彼と面識はない。僕らはバークリーの同窓会で出会い、それから彼に誘われ飲みに出かけた。そうした経緯で定期的に会うようになったのである。リー・バーク理事長の自宅で催されるレセプションにアールを連れていこうと決めたのは、デートを始めて数ヵ月後のことだった。ゲストには大学職員や卒業生が大勢いるので、単なる知り合いに思われるはずだと踏んでいたのだ。

しかし翌朝、定例の職員会議が終わったあと、リーが僕を呼び止めた。そして室内に僕らのほか誰もいなくなったのを見計らい、こう言った。バークリーの催しであれば、いつでもどこでもアールを歓迎する、と。僕は驚いた。僕らをカップルとして見ている人間がいるなんて思いもよらなかったのに、リーは見抜いていたのだ。そのうえ僕らを受け入れ、応援する姿勢をはっきり見せている。そしてそのことは、一つの大きな不安を解消することとなった。僕はバークリーに関する限り、しっかりとした足場を得たのである（大学から退任を迫られたらどうしようかという問題は、ずっと以前からつきまとっていた。その答えもまた、すでに出ていた。この教育機関に敬意を表するためにも、求められたら身を引こうと考えていたのである。幸いにもそうせずに済んだのだが）。

しかし、それで問題がすべて片づいたわけではない——仲間のミュージシャンはどう反応するだろうか？　音楽業界は他の職種と違って、雇われれば安泰ということはなく、新たなプロジェクトが持ち上がるたび、新たなツアーが行なわれるたび、そして新たなレコードがリリースされるたびに何度も雇われる。だからこそ、コラボレートすることにためらいを感じさせてしまったら連絡は来なくなるし、それが自分の性的指向のせいなのか、それとも単にその仕事が僕にふさわしくなかっただけか、わからないまま終わってしまうのだ。

僕はまず、機会を見てバンドメンバー一人一人に打ち明けた。すると驚くべきことに、一人を除いた全員がこう言うではないか。「ああ、知ってたよ」自分で思うほど慎重じゃなかったわけだ——それに、彼らが何一つ問題を感じていないこともはっきりした。当時はパット・メセニーとのアルバム『リユニオン』を完成させたばかりで、レコーディングに参加したミュージシャンとのツアーも始めていた——より有名なプレイヤーに僕の話を打ち明けるチャンスだ。ツアー初日の夜、ナッシュヴィルでリハーサルを終えた僕はディナーの席で一部始終を話した。すると、「冗談？　それとも本気？」とでも言いたげな空気が一瞬流れただけで、別の話題に移っていった。ここでも問題はなかったわけだ。

ゲイであることについて、ナショナル・パブリック・ラジオでテリー・グロスから訊かれた時点で、僕は友人や同僚に難なく話を打ち明けられるようになっていた。またそのおかげで、本当の意味で公にすることも思っていたより怖くなく、ようやく完全にオープンにできた喜びが心の底からこみ上げた。

面白いことに、自分はゲイだと誰かに話すと、最初は信じられないという反応が返ってくる。僕は結婚し、二人の子どもがいて、〝ゲイ問題〟が持ち上がるまでの数十年、ストレートの男として公衆の目に晒されてきたのだから。とは言え、いつもコラボしているミュージシャンは残らず僕との活動を続けてくれたし、いまも親しい友人だ。家族、特にキャサリン、ステファニー、そしてサムは僕を大いに支え、アールと同棲を始めたときもみな彼を家族の一員として迎えてくれた。そして最初に同性愛関係を持ったのが、アールのような人気もあり考え方も前向きな男性だったことは幸運だ。二人でいる時間は新たな自分に馴染む機会を僕に与え、しかもそこには素晴らしい男の愛情と支えが伴っていたのだから。

僕は真のゲイリー・バートンとして遅いスタートラインに立った気がした——まったくの別人として人生をやり直すような感覚だ。だけどいずれの結婚生活にも後悔はしていないし、子どもたちのことも愛している。自分はストレートとゲイ両方の人生を送れて幸せだと感じることがときにある——ごくわずかな人間しかしていない、稀な体験と言えるだろう。

第二十六章　タンゴレッスン

一九九〇年代を迎えるころ、大半の人間が人生で数回しか体験できない充実感を、僕は味わっていた。当時、自分が望むものはすべて手に入れていた。演奏活動だけでなくバークリーでの教員生活も順風満帆に進んでいる。バンドは着実に活動を続け、チック・コリアとのツアーやレコーディングも継続中だ。こうした安定した生活があってこそ、昔から抱いていたタンゴ音楽への関心を具体化させることができたのである。

話は遡って一九六五年、当時スタン・ゲッツのバンドで演奏していた僕は南米ツアーに出たのだが、ブエノスアイレスの有名クラブ、ミケランジェロ70に三日間出演することになった。僕らが出演する週末には、アストル・ピアソラ率いるタンゴアンサンブルも同じステージに立つという。僕はそれまで、ピアソラの音楽を一度も聴いたことがなかった。しかし当時は知らなかったけれど、ピアソラは時代を代表するタンゴミュージシャンであり、昔からタンゴで愛用されているアコーディオンに似た楽器、バンドネオンのもっとも偉大な使い手だった。それに加え、二十世紀における最重要の作曲家として程なく注目を浴びるようになる。スティーヴ・スワローと僕は毎晩ステージを訪れ、驚嘆しながらその音楽に耳を傾けた。そしてアルゼンチンを発つ前に彼のレコードを山ほど買い、ニューヨークのミュージシャン仲間の前で演奏するのを大いに楽しんだものである。

それからほぼ二十年後、チックと僕がパリで行なったコンサートの会場に、アストルその人が姿を見せた（当時、彼はパリに移住していた）。すると彼は、僕らとしばらく会話を交わしたあと、共同でプロジェクトに挑戦してみないかと提案した。その時点で二十年来のファンになっていた僕は、それまでタンゴを演奏しようなんて思ってもいなかったのに、即座にイエスと答えた。しかしなんの進展もないまま二年ほどが過ぎ、アストルは熱意を失ったのかと思いかける。ところがある日、バークリーのロビーを横切っていると、受付が手を振って僕に呼びかけた。パリから国際電話が来ているという。電話の主はアストルで、まだ自分と演奏する気はあるかと訊くではないか。

六週間後、二人ともたまたまアルゼンチンにいる機会ができたので、音楽について話し合うべく再会することになった。僕はまず、前もって作曲するのはやめたほうがいいとアストルに釘を刺した。ヴィブラフォンの作曲法は、ピアノなど他の楽器のそれと違っているからだ（このままでは演奏できないと判断し、ヴィブラフォンのパートを大幅に書き直すこともしばしばある）。しかしブエノスアイレスで行なう最初のギグにアストルが姿を見せる。あの電話のあと、僕と演奏することに興奮したうえ、自分の描きたい音楽を完全にイメージできたので、作曲をすべて済ませたというのだ。僕はほんの少し不安を覚え、気まぐれでときに予想もつかないことをするという、アストルの評判を思い出した。スティーヴも一から考え直すよう僕を説得したものの、そうするには遅すぎた――それに僕の〝内なるプレイヤー〟も「やってしまえ！」とけしかけている。

テッド・カーランドがすぐさま動き、ヨーロッパと日本でのツアーをブッキングする。さらに彼は、このプロジェクトのレコーディングを企画する手助けまでしてくれた。僕は最初、ＥＣＭのマンフレート・アイヒャーにアプローチしたものの、彼はそのアイデアにさほど乗り気でなかった。タンゴ音楽はECMのスタイルにそぐわない、というのが理由である。そこで僕らは、旧友であるワーナー・ブラザーズのネスヒ・アーティガンと契約を結んだ（皮肉なことにレコーディングの一週間ほど前、考えを翻したマンフレートから、ECMでリリースするのはまだ可能だろうかと連絡があった。しかし僕らはその時点で、ワーナーとの契約を済ませていた）。

僕らはモントルー・ジャズフェスティバルで行なうコンサートをレコーディングすることにした。十五年前、僕がソロパフォーマーとして成功を収めた場所だ。モントルーはまだ四番目の公演場所であることから、アストルの新曲をマスターする時間はわずかしかない。そこで最初の公演地イタリアで顔を合わせ、二日間リハーサルすることにした。最初の日、午前中に二時間ほど練習したあとで、アストルがもうランチの時間だと一同に告げた——ランチといってもイタリア式の三時間もかかる食事で、そのあとには昼寝が待っている。僕らは結局、リハーサル室に戻れなかった（アストルがリハーサル嫌いなのを知ったのはこのときである）。二日目も同じように進んだので、僕は不安になった。全員まだまだ新曲に苦労しているうえ、僕のほうはまったく新しいジャンルを吸収しようと悪戦苦闘している。だが幸いなことに、アストルの曲は複雑なところがあるにもかかわらず、美しくかつ論理的で理解しやすい音楽だった。しかも、ヴィブラフォン向けの曲を書くのはこれが初めてのはずなのに、技術的な調整をいくつか行なうだけで済んだのである。ラヴェンナ・フェスティバルを舞台とするツアー初日の夜、僕が当時コンサートで愛用していた衣装——白いズボンとハワイアンシャツ——をまとってホテルのロビーに出たところ、アストルのバンドメンバーはみな黒づくめの地味な衣装だった。僕を見たアストルは首を振り、そんな格好ではだめだと言う（最初のギグの前からクビになりかかったのだ！）。しかしそのことで五分ほど僕とやりあったあと、彼は肩をすくめ次のようなことを呟いた。「よろしい、君はジャズの人間だ。まあなんと言うか、服装も違っているんだろうよ」その言葉にホッとした僕は翌日、コンサートで着る黒い服を買ってきたのだった（実を言うと、それ以降ずっと僕のステージ衣装は黒ずくめである）。

リハーサルを十分行なえなかったにもかかわらず、最初のステージはミュージシャンが呼ぶところの〝列車転覆〟、つまり大惨事になることなく終わった。僕らは続いてペスカラ（イタリア）とニース（フランス）でのコンサートを済ませ、いよいよモントルーへと赴いた。コンサート当日の午後、アストルの曲でとりわけ難しい楽節をいまだ練習していた僕は、コンサートに持っていける自信がなかった。なお悪いことに、その夜は実に長かったのである。最初に出演するのはマイルス・デイヴィスで、僕らの出番は深夜遅く。そのころにはもう、バンドのメンバーはみな疲れていた。観衆もそうに違いないと思っていたので、演奏が終わるまでずっと熱狂的な反応が返ってきたのは、嬉しくもあり驚きでもあった。

にもかかわらず、僕はその日の出来がよかったとは思えず、ツアーが終わったらスタジオで一から録音し直そうとアストルに言った。そしてコンサートが終わったあと、楽屋裏で友人のジャーナリスト、ニール・テッサーとばったり出くわす。彼はこのフェスティバルを記事にすべく来ていたのだが、開口一番こう言った。「まあ、最高の一夜ではなかったな」そのときは僕も、まったく同じように思ったものだ。

ツアーが進むにつれ、僕はますますタンゴ界の一員になりつつあると感じていた。アストル率いるミュージシャンたちは会った瞬間からみな親切だったけれど、僕は最初、彼らはまだ判断を保留していると考えていた。ジャズミュージシャンがタンゴをどこまでマスターできるか、お手並み拝見といこうじゃないか、と。しかしツアーを始めて最初の一週間が終わるころ、彼らミュージシャンは僕を脇へ呼び、君はもう〝タングエロ〟だと言ってくれた――僕にとっては最大級の賛辞だ。

アストルは常に、僕だけでなくバンドメンバーに対しても思いやりがあり、かつ敬意を払っていた。しかしツアー中、いまや伝説となった気性の荒さが爆発するのを何度か目にしたこともある。僕らはスペインのザラゴザで市が主催する無料野外コンサートに出演することになったけれど、観衆には夜の公園で音楽を楽しむ老婆や子どもも大勢いた。タンゴはどちらかと言うと地味で陰気な音楽であり——ミュージシャンが黒い衣装を着るのもそのため——、コンサートが半ばを迎えるになると、子どもたちは落ち着きを失い、僕らが演奏中なのにもかかわらず公園をうろつき始めた。そのときたまたま、十代の少年たちが、ステージの支柱に使われていた大きな十字架を見つけてしまう。イースターの祭りで使われたものだろう。僕らが陰鬱なスローテンポのタンゴを演奏するなか、少年たちはゴルゴダの丘を登るキリストよろしく十字架を引きずりながら、ステージ前の芝生をよろめくように横切ってゆく。僕は面白くかつ独創的な光景だと思って笑いをこらえるのが大変だったけれど、一方のアストルは怒り狂っていた。なぜこんな侮辱を許したのかと、気の毒な主催者をスペイン語で三十分も怒鳴りつけるほどだ。アストルはのちに、有名なジャズミュージシャンである君にこんなまがい物を見せてしまい恥ずかしいと僕に謝った。彼にとってそれは、パフォーマーとしての自分の名誉だけでなく、タンゴ音楽そのものをも卑しめる行為だったのである。僕は単に面白いと感じたけど、そんなことは言えなかった。

翌週ローマで行なわれたコンサートの際、プロモーターは契約書で指定されたアメリカドルでなく、イタリアの通貨でアストルにギャラを支払おうとした（当時、イタリア通貨を国外に持ち出すことは禁じられていた）。アストルは怒りのあまりその男に命じて飛行機のチケットを買わせ、翌日スイスに同行させる——イタリア通貨をドルに両替させるために。チューリッヒの空港に着いたプロモーターは現金を両替したうえでアストルにドルで支払いを行ない、すぐさまローマ行きの便に乗り込んだのだった。

ツアーが終わって数ヵ月後、モントルーのマスターテープがネスヒから送られてきた。不安で聴けないというほどではなかったけれど、時間を見つけて耳にしてみると、演奏の素晴らしさに鳥肌が立った。それだけでなく、その夜のモントルーの熱狂をも見事に捉えていたのである（ニール・テッサーが後日話したところによると、彼もそのレコーディングを聴いてまったく同じように感じたという）。僕はミキシングと最終バージョンの編曲を心から楽しみ、かくしてアストル・ピアソラとゲイリー・バートンの共同アルバム『ニュー・タンゴ（エル・ヌエボ・タンゴ）』が完成した。それはいまでも僕にとってもっとも大切なレコードの一枚であり、レコーディングから三十年経った現在もなお着実に売れ続けている。そして今日に至るまで、よくも楽屋裏で批判してくれたなと、ニールをからかうネタともなっている（まあ、僕も当時は同じ意見だったけれど）。

《コラム》アストル・ピアソラ

アストル・ピアソラの音楽は極めて複雑であり、本質的にモダンである——いずれも僕がジャズを心から愛する要素だが、タンゴは別の国の国民的音楽であり、そのハードルを乗り越えるにはいくらか時間を要した。それまでは、こうした民族音楽をいささか傲慢な目で見ていたのである。言い方を変えると、フォークミュージックと同じで単純かつ歌うのも簡単だと考えていたのだ（アメリカの〝国民的音楽〟であるジャズは数少ない例外だった）。事実、タンゴにはジャズとよく似た興味深い歴史がある。タンゴとジャズはいずれも二十世紀初頭に産声を上げ、一方はブエノスアイレスの売春宿を、もう一方はニューオーリンズの酒場を発祥の地としている。一九二〇年代から三〇年代にかけてタンゴは舞踏場に進出し、そこでは当時におけるジャズのビッグバンドと同じく、大人数のタンゴオーケストラがダンスナンバーを演奏していた。タンゴオーケストラは四台（！）ものバンドネオンに加えて弦楽器のフルセクションで構成され、ブエノスアイレスに五ヵ所あったという舞踏場で夜ごと演奏した。五〇年代以降、ジャズとタンゴはコンサートの時代を迎え、両者ともより複雑になると同時に一層洗練されてゆく。しかしジャズのほうでは複数の先駆者——デューク・エリントン、チャーリー・パーカー、そしてマイルス・デイヴィスなど——が二十世紀を通じて革命を起こしていたのに対し、それと類似したタンゴの進化は、アストル・ピアソラただ一人によって引き起こされたと言っても過言ではなかった。

僕はピアソラをエリントンやアーロン・コープランドと比較することがある。二人と同様、ピアソラも莫大な数の音楽を作曲しており、その多くは現在のタンゴ界でスタンダードナンバーとなっている。作曲家としての天分に加え、彼はタンゴアンサンブルの中核をなすアルゼンチンの国民的楽器、バンドネオンの並ぶ者なき巨匠でもあった。現代クラシック界で彼と肩を並べる演奏家や作曲家を挙げるのは不可能である（ジャズ界ではチック・コリアとパット・メセニーがそれに当てはまるが）。ピアソラのアウトプットは驚くべきものであって、オペラ、交響曲、演劇音楽、さらにはともにツアーするグループのために書いた無数の曲もそれに含まれる。そのうえ、ピアソラの曲は典型的なジャズの楽曲に比べはるかに複雑である。ジャズの曲は楽譜にすると三十秒から二分で終わるものが大半で、それを即興演奏の土台としている。しかしピアソラの場合、どの演奏も事前にすべて楽譜に書かれており、六分から十二分を要する。加えて、各パートをきっちり練り上げて作曲しているのだ。

また旋律やハーモニーの内容、および感情的な振幅の幅において、タンゴとジャズがとても似通っていることも、僕にとっては驚きである。異なるのは、タンゴでは即興に重点が置かれない、という点だ。

それにタンゴファンの知識や情熱にも畏怖の念を抱かざるを得ない。ツアーのため日本を訪れたとき、百名ほどのピアソラファンが空港に集まり、小さなアルゼンチン国旗を振りながら彼の姿を待つ光景を見て、僕はびっくりした。ピアソラによると日本人はとりわけタンゴ好きであり、バンドネオンを教える学校まであるという——しかも、その楽器の現代版を製作している会社もあるほどだ。奇妙なことに、アメリカの大衆がタンゴに熱狂したことは一度もない。タンゴのダンスグループがツアーを成功させたことはあるけれど、ピアソラ自身はアメリカで多くのファンを獲得することはできなかった。一九八六年のツアーが終わったあと、僕は彼にアメリカで演奏する機会が少ないのはなぜか訊いてみた。すると彼は、ワシントンのアルゼンチン大使館が企画したコンサートのため、六〇年代に一度アメリカを訪れたことがあると答えた。しかし成功したとはとても言えない出来だったので、それから一度も戻っていないという。もう一度チャレンジしてみるべきだと僕が言ったところ、ピアソラは八〇年代後半に東部と中西部の五ヵ所ほどでコンサートを行なった。しかしアメリカ人の観衆と心を通わせることはできなかった。

五〇年代中期にピアソラが〝ヌエボ・タンゴ（新たなタンゴ）〟を世に問うたとき、タンゴ界は頑迷な伝統主義者に支配されており、彼の過激かつ現代的なアプローチは批判の対象になった。ピアソラ本人だけでなく彼のレコードを流したラジオ局にも脅迫状が届いたほどである。今日の僕らが知る国民的象徴となったのは、ピアソラが世を去ったあとのことだった。

ツアーが終わったあとも僕はアストルと連絡をとり続け、アルゼンチンで一緒に演奏できないかと尋ねてみたことがある。タンゴ原理主義者が僕らの音楽をどう評価するかこの目で確かめたかったのだ。

しかしアストルはそれを笑い飛ばし、「アルゼンチンでジャズミュージシャンにタンゴを演奏させてみろ、間違いなく私は殺される」と言った。だからこそ、僕らのレコードがアルゼンチンで好意的な評価を受けたことは彼にとって驚きであり、結果として再びツアーを企画したうえで、僕らのコラボをラテンアメリカに持ち込んでみたいと考えるようになった。と同時に、彼は新たなタンゴオペラの作曲へと乗り出し、それを生涯最後の大作にしようと考えたのである。

残念なことに、それらはいずれも叶わなかった。パリに戻って数ヵ月後、アストルは重度の心臓発作に襲われる。僕はニューヨークに住む彼の義姉から連絡を受け、パリの病院で昏睡状態にあることを知らされた。しかし数週間後にまたしても彼女から連絡があったのだが、その話はオペラにしてもいいくらいの内容だった。

回復の見込みがないと聞かされたアストルの妻ローラは、夫をアルゼンチンに帰国させなければと言い張る。しかしパリの医師たちは、それは不可能だと答えた。救命装置と病院スタッフの献身的努力によってアストルは生き永らえているに過ぎず、彼を飛行機に乗せてアルゼンチンに連れ帰るなど問題外だという。しかしローラは、夫が死ぬなら終焉の地はあくまでアルゼンチンでなければならないと主張した。最終的にアルゼンチンのカルロス・メネム大統領がこの件に乗り出し、アストルをブエノスアイレスへ運ぶべく、それに必要な装置や人員とともに、自身のプライベートジェットをパリに差し向けたのである——そしてこんなこともあるのだろうか、アストルは数日後に意識を取り戻したのだ！　ほとんど昏睡状態に近かったものの、少なくとも部分的に回復するかもしれないと、医師は希望を持ち始める。直後にアルゼンチンを訪れた僕はなんとしても彼と面会したかったけれど、その日は体調が思わしくないとのことで断念した。さらに、僕がそこにいることもわからないはずなので、わざわざ来てもらっても意味はないと告げられた。結局アストルは周囲の人間と会話する能力を取り戻すことができず、一年以上にわたる闘病生活を経て、一九九二年七月四日にようやく安らかな眠りについた。

アストルの死後、僕は自分のなかでタンゴの時代は終わったと結論づけた。しかし九〇年代後半になり、ブエノスアイレスで催されるピアソラ関連のフェスティバルに出演するよう依頼される。チック・コリアとダニーロ・ペレス（パナマ出身の才能豊かなジャズピアニスト）も同じく招かれており、僕は二人のそれぞれと何曲か共演したうえ、アストルの息子でピアニストのダニエルが組織したバンドと一緒にタンゴを二、三曲演奏した（孫の〝ピピ〟もドラムを担当した）。この訪問をきっかけとしてタンゴの思い出を蘇らせていたところ、マルセロ・モラーノ――友人にして以前からアルゼンチンで僕のプロモーターを務めていた人物――から、アストルのバンドに所属していたミュージシャンを集めてレコーディングをしてはどうかと提案される。最初はとても面白いアイデアに思えた。しかしアストルの死後、彼らが一緒に演奏したことはなく、大失敗に終わるのではないかと不安がよぎる。結局、マルセロがメンバー全員を一堂に集め、さらにアストルのパートを演奏する最高のバンドネオン奏者を見つけられたなら、喜んで挑戦しようということになった。

それから一年ほどかかったものの、僕は最終的にブエノスアイレスを訪れ、十年前に知り合ったミュージシャンたちとリハーサルを行なった――それはとても心揺さぶられる体験であり、新バージョンのアストル音楽をリハーサルし、次いでレコーディングしていると、彼にまつわる様々な思い出が蘇ってきた。その途中、ピアソラ・バンドが再結成し、ゲイリー・バートンとコラボレートするという報道がいくつかの新聞でなされる。これがきっかけとなって市長から連絡があり、週末を迎え再び別れ別れになる前に、国立図書館でコンサートを催してもらいたいという提案がなされた。楽しそうな話であり、レコーディングした曲を観衆の前で演奏することにみな興味をそそられた。残された時間はほとんどないものの、運営面での問題はない。図書館には屋外のスペース（千人ほどを収容できる）があって定期的にコンサートが催されているそうなので、僕らもそこで演奏すればいいわけだ。新聞やラジオで告知が行なわれたのは、本番わずか数日前のことだった。運がよければまあまあの入りにはなるだろう。

コンサート当日の夜、僕らは楽屋で待機した――しかしいくら待っても始まらない。あまりに多くの観衆が押し寄せたため、開始が一時間近く遅れていたのだ。図書館には政治家のスピーチや演説で使う大型のプロジェクターとスクリーンがあり、建物に隣接する広大な芝地に溢れ出た観衆のためにスタッフが急いでその準備をしている。ようやく僕らが演奏を始めたとき、会場を埋め尽くす目の前の観衆だけでなく、推計五千名ほどの人間が巨大スクリーンでコンサートの様子を見ていた。そして彼らは自分たちのタンゴを知っていた。ほとんどの曲はとても複雑なものだったけれど、演奏に合わせて静かに歌う人々の声が聞こえたほどである。コンサートの途中、バンドの一人が他のメンバーのほうを向き、「ターノも気の毒に、この場にいないなんて」と言った（〝ターノ〟というニックネームは〝イタリアーノ〟を縮めたものである。アストルがイタリア系だったことを指しているわけだ）。

『アストル・ピアソラ・リユニオン』は一九九七年にリリースされてヒットアルバムとなり、その結果ヨーロッパと南米をツアーしただけでなく、一九九九年に二枚目のアルバム『リベルタンゴ』をレコーディングすることになった。さらに二〇〇九年にも再びツアーを行ない、その模様はテレビで放送されたうえDVDでも発売された。結果として、僕はアルゼンチンにおいて、ジャズだけでなくタンゴ音楽のミュージシャンとしても知られた存在になっている。僕はこれからもずっとタンゴを愛し続けるだろうし、共演したミュージシャンたちにも強い親しみを感じている。またアストルと共演することで得られた様々な体験も心からありがたいと思う。僕はそこから多くのこと——音楽のこと、自身の演奏のこと、タンゴをいかに演奏するかということ、さらにはジャズをどのように演奏するかということ——を学び、同時に彼と個人的に知り合えたことを誇りにしている。

アストル・ピアソラは楽曲やアルバムを通じていまも生き続けている。多くのミュージシャンが彼の音楽を演奏しているのがその証だ。僕は彼の伝説にささやかなりとも貢献できたことを光栄に思う。九〇年代後半にはピアソラの伝記が何冊か出版された——ほとんどはスペイン語だけど英語に翻訳されたものが一冊あって、僕との出会いをキャリアの転機と考えていたことを知り、驚くと同時に嬉しく感じたものである。ピアソラは僕が世に出るずっと前からタンゴ界の国民的英雄でありながら、自分の音楽をより多くの聞き手に届け、かつ自身のキャリアをより高いレベルへと引き上げることになったきっかけとして、僕とのコラボレーションを挙げてくれたのだ。

いずれもそのとおりだったと、僕は信じている。

第二十七章　前進

ミュンヘンでマンフレート・アイヒャーと初めて出会ってからほぼ二十年後の一九八九年、僕はECMレコードを去った。辛い決断だったことは間違いない。マンフレートとは十八枚ものレコードを制作したし、そのなかには僕のキャリアで最高クラスの作品もいくつか含まれる。しかしいま、ECMの型にはまらないアイデア――アストル・ピアソラとのタンゴアルバムがその一例である――が僕の頭に次々と浮かんでいたものの、マンフレートはその枠を超えてまで冒険しようとはしなかった。これらのアイデアを実現するためには、レコード会社を変える必要があったのだ。

どのレーベルにもそれぞれのトレードマークを形作るある種の専門分野が存在する。アトランティックを例にとると、僕がかつてオーケストラを使ったプロジェクトを提案したところ、会社側は自社のスタイルにふさわしくないとしたうえで、それゆえ、協力関係にあるラジオ局を通じた販売活動が十分できないと説明した。その後ECMに移った僕は、現役を退くまでずっとそこに所属し続けるだろうと確信する。もし十ないし二十歳ほど年をとっていれば、きっとそうなっていたはずだ。しかし僕は、新たなことに乗り出すチャンスを摑もうと決断したのである。

そこで、以前に使った戦術を再び採用することにした。まず次のアルバムを自費で制作したうえで、それをECMに売り込むか、あるいは別の会社と交渉するかを決めるのだ。レコーディングにあたっては、サックス奏者のマイケル・ブレッカー、ギタリストのジョン・スコフィールド、ベーシストのマーク・ジョンソン、そしてドラマーのピーター・アースキンに声をかけた――当時のジャズシーンを代表する、真のオールスターチームである。『タイムス・ライク・ジーズ』と銘打たれたこのレコードは、マンフレートにも受け入れられるはずだった。いずれのミュージシャンも過去ECMのレコーディングに参加しているからだ。しかしセッションを終えた時点で、僕は移籍する必要性を感じていた。ECMにそぐわないであろうプロジェクトをいくつも構想していたし、行動すべきときが来たという確信もあった。

チック・コリアはすでにECMを去り、ニューヨークに所在するGRPレコードと契約している。彼がそのレーベルのことを熱心に話すものだから、僕はまずGRPにコンタクトした。そして、ことはそれで済んだ。連絡をとって間もなく七年契約が決まったのである。一九七三年、僕はメジャーレーベルを去って新興のECMに移るリスクを冒し、結果は大成功だった。その後ECMは世界有数のレーベルに成長、僕のキャリアにも利益をもたらす。そしていま、歴史が繰り返されようとしていた。小さなマイナーレーベルだったGRPは僕の在籍中に大きくなり、素晴らしい実績を誇るジャズブランドとなったのである。

GRPに移った僕は望みどおり、新たなことに挑戦した。そこでまず、一九九〇年にパット・メセニーとのコラボレーションで『リユニオン』をリリースする。当時、僕は〝スムースジャズ〟という新ジャンルにも興味を抱いていた。それらレコードの大半はムード作りに長けていると感じられたものの、聴き手の心を動かす力には欠けていた。それでもたまには好感を持てるスムースジャズに出会うこともあり、そのうち自分でも試してみたくなったわけである。そこで長年敬愛するピアニスト兼作曲家のボブ・ジェイムズと組み、僕が面白いと判断した曲をかき集めた。いずれもスムースジャズ特有の落ち着きを感じるものの、それぞれの曲には構成上の特徴がある。さらに、レコードにいつも取り入れている派手なソロ演奏やスピーディーなテンポは、今回に限り使わないことにした。

『クール・ナイツ』のリリースはあくびをもって迎えられた。つまり、大衆の反応を完全に読み違えたのだ（これが最初でも最後でもないのだが）。いつものファンなら興味深い変化と捉えるはずだと思っていたし、その過程で新しいファンも多数獲得できると踏んでいた。しかし以前からの聴き手はこのアルバムをまったく好まず、新しいファン層もほとんど築けなかった。僕が昔から気に入っているレコード批評誌の一つ、『ダウンビート』ではこう評されている。「『クール・ナイツ』は私がこれまで聴いたなかで最高のエレベーター音楽である」この批評家はまあまあと判断したうえで、聴く価値のある瞬間がいくつもあることを渋々認めていた。僕にとって〝最高のエレベーター音楽〟という言葉は、自分がそもそも達成したかったことを的確に表現していたけれど、ジャズファンにはどうでもよかったのだ。ラリー・ローゼン（GRPレコードの〝R〟の人）が僕に語ったところによると、聴き手は僕の名人芸のような即興演奏に慣れてしまい、それを望んでいたのだという。しかし今日もなお、デパートや空港のラウンジを歩いていると――そうそう、エレベーターに乗っているときも――『クール・ナイツ』のトラックを耳にすることがあって、そのたびに「ああ、僕以外にも好きな人間がいるんだ」と考える。僕は失敗を恐れていない。ただ挑戦したいだけだ。それがうまく行かなければ、別の何かを試せばいい。

GRPに所属していた八年間で、僕は七枚のアルバムをレコーディングした。契約期間が終わりに近づくころ、このレーベルは別の会社と合併する。また移籍するのは嫌だったけれど、僕は会社に乗り込んできた人間を誰一人知らない。次にどうすべきかと悩んでいたとき、カリフォルニア州北部に所在するコンコード・レコードのCEOに就任したグレン・バロスから連絡を受ける。グレンは僕そしてテッド・カーランドと面会すべくボストンにやって来たが、会ってみると実に説得力のある人物だった。当時、年長のジャズアーティストのレコーディングで知られていたコンコードは新分野への進出を始めたところであり、グレンは僕に加わるよう求めたのである。僕はコンコードと契約し、その後の十四年間で十四枚のレコードをリリースした。チックも一年後にコンコードへ移り、デュエットアルバムの制作もぐっと簡単になった（二度の短い例外を除き、チックと僕は一九七二年以来ずっと同じレーベルに所属している）。その後二〇一一年にはマック・アヴェニュー・レコードと契約、最新のツアーバンド、ニュー・ゲイリー・バートン・カルテット名義で現在までに二枚のCDをリリースしている。

同じころ、僕はもう一つの重要な決断を下した。今度はバークリーに関するものである。一九九六年、大学は僕を上級副理事長に任命し、日常業務全般を指揮する権限を与えた。最初はとてつもない重荷に感じられた。大組織の運営を学ぶには時間がかかる。僕は組織管理に関する本を読み、必要なときにはコンサルタントを雇い、そして方向性については自分の直感を信じた。幸いなことに、バークリーの学部長および管理者のおよそ三分の二はミュージシャン出身であり、ある種の一体性を育むことができた。

またバークリーの日常業務を維持するのとは別に、千名の教職員と四千名の学生（およびその親）、さらには卒業生や評議員たちに、大学としての目標を理解させ、かつ支援させるというより大きなチャレンジがあった。つまり誰もが認識でき、しかも力を奮える未来像を提示するという責務だ。リー・バークのアドバイスに従い、僕らはまず複数年度の計画を立てるという、組織を運営するうえでよく見られるアプローチから始めた。それぞれの計画のなかで、この共同体によりよい一体感を生じさせるための大規模な取り組みや方法といったものを、僕らチームは二年にわたって検討した。バークリーはこの場所を深く愛する風変わりかつ創造的な人たちの故郷であり、彼らの有り余る独創性のおかげで、バークリーの特色としていまなお残る革新の精神をより一層推し進められたのである。

それと並行して、僕は大学における新たなプログラムの支援も続けた。その一つに、一ヵ月にわたって日本北部に滞在し、二十名ほどの自閉症児およびその母親と過ごした取り組みが挙げられる。僕は日本語を話せないけれど、それは問題にならなかった。と言うのは、子どもたちもまったく話さないから。僕は他のミュージシャン数名とともに教師役や支援者役を務め、子どもたちを熱中させるために音楽を使った。僕らは一日八時間、演奏したり歌をうたったり、拍手をしたりダンスを踊ったり、あるいはあたりを歩き回ったりした——子どもたちの興味をそそる（重度の自閉症児にとってはかなりの困難）ことはなんでもしたのである。週に何度か、僕は地元のミュージシャンとジャズコンサートをしたり、教育関係者と話し合ったりしたけれど、第一の目的は子どもたちと一緒に作業することだった。そして僕らに慣れるに従い、楽器の演奏、歌、そして音楽に合わせて動くことにおいて、みんな素晴らしい進歩を見せた。教師や親たちもこの取り組みを大成功と見たようで、その後数年にわたって続けられた。

帰国してボストンに戻ってみると、偶然バーク理事長も音楽療法についての新聞記事を読んだという。彼はそれに動かされ、バークリーでもそのようなことができないか調査するよう僕に指示した。続く二年間、その分野を調べたうえで音楽療法のセラピストから話を聞いたりしたところ、最終的に素晴らしい望みが得られた。アメリカを代表する音楽療法士の一人、スザンヌ・B・ハンサーが家庭の理由でカリフォルニアからボストンへの移住を考えているというので、僕らはバークリーで音楽療法の講座を始めるよう彼女を説得した——そしていま、スザンヌが始めた講座は我が国最大の音楽療法プログラムとなっており、僕の自慢の一つである。

バークリーにおける最後の数年間、もう一つの大きな野望としてオンライン音楽学校の創設があった。それまで誰も手をつけていない事業である。調べてみると、乗り越えなければならない技術的課題がいくつかあることがわかった。しかし、こうした〝大学のなかの大学〟を組み立てられる能力がバークリーにあることは確信していたので、こうした事業が実現できる（それに実現すべきである）ことを首脳部に納得させるべく、僕はキャンペーンを始めた。手始めとしてまず学部の教職員に、この新たな取り組みが彼らの仕事を奪うものではないと説得する必要があった。それと同時に、費用の支出を認可する評議会にもこの話を売り込まねばならない。ところが評議会の認可はすぐに得られ、かくして二〇〇二年、バークリー・オンライン・ドットコムがスタートした。それから十年、このオンライン音楽学校は教育的にも経営的にも比類なき成功を収めている。

これらの取り組みが成功したのはリー・バークによるところが大きい。彼の経験とリーダーシップは僕にとって強力なモデルとなった。一方の僕も、バークリーで体験した転身——少人数のアンサンブルを指導する役から、熱意ある学生および教職員数千名を率いる役への転身——のおかげで人間について数多くのことを学ぶと同時に、多数の個人が大規模な共同体となったとき何が起きるかを知ることができた。バークリーはジャズからロック、あるいはブルーグラスに至るまで、いくつもの音楽スタイルを追求することで世界中から学生を引きつけるとともに、経験と熱意に満ちた教員を多数擁している。これら多種多様な人々による視野の広さがいかなるものか、想像に難くない。他の何にも増して、こうした多様性から偉大な物事が生まれるということを、僕はバークリーで学んだのだ。

以前は自分の足跡を残そうと、あるいは他人と差をつけようと、あれこれ不安になっていたけれど、バークリーで過ごした年月を振り返り、そのあいだに自分が引き起こした変化を見つめ直すことで、そんなものは消えてしまった。それにもし、バークリーが僕の業績をちゃんと認識しているのかと疑問に感じていたとしても、二〇一〇年の忘れ得ぬ出来事のおかげでそれもなくなった。学生としてバークリーに来てからちょうど五十年、それを祝うべくコンサートを催すというのだ。何度か中断こそすれ（とは言っても短期間だが）、一つの組織と半世紀も付き合うことになろうとは！

このコンサートは〝あなたの人生を振り返りましょう〟式で行なわれ、バークリーを通じて知り合ったミュージシャンや、過去僕のバンドに在籍したメンバーが多数集まることになった。このアイデアに喜びかつ興奮した僕は、それぞれの時代に従い四つのグループにわけることにした。まずはニュー・ゲイリー・バートン・カルテット（第一期）——教員としてバークリーに戻った一九七一年に結成したグループで、ギタリストのミック・グッドリック、ベーシストのエイブ・ラボリエル、そしてドラマーのハリー・ブレイザーがメンバーである。次は僕が率いた各カルテットへのオマージュとして、ギターにジョン・スコフィールドとジョー・ロヴァノ、ベースにスティーヴ・スワロー、そしてドラムにアントニオ・サンチェスを迎える。そのあとはサックス奏者のドニー・マカスリンとジム・オドグレン、トランペッターのタイガー大越、そしてピアニストの小曽根真と多様なメンバーが続く。最後を飾るのは二〇〇〇年代に入って結成したネクスト・ジェネレーションズ・クインテットだ。そしてサプライズとして、バークリーの卒業生ではないけれどボストン出身（それでもいいのだ）のチック・コリアとデュオ演奏になる。こんなに多くの旧友が僕と一つのステージに立つなんて、夢が現実になったようだ。これ以上に素晴らしい里帰りは思いもつかないし、僕の人生の多くを形作った組織との関係を、ここまで見事に凝縮した機会もまたとないだろう。

第二十八章　創造プロセスを理解する

アーティストは衝動に駆られた複雑な人間であり、何をどのように生み出すかをめぐってときに葛藤しつつ、規律と自由のあいだでバランスをとろうと常に苦闘している。ミュージシャンの予測もつかない行動、あるいは狂気に満ちた振る舞いについての話はよく聞くが、それも無理からぬことだ。優秀なパフォーマーになるためには厳しい練習を何時間も繰り返すなど、相当な規律が必要になる。しかし真のアーティストになろうとするなら、開放性と自発性が欠かせない——つまり自身のインスピレーションがどこに向かおうとも、それについてゆく自由である。厳格な練習に息苦しさを感じるようになったら、自由と自発性の感覚を取り戻す行動をとらなければならない。真剣なアーティストにとってそれは、生涯にわたってバランスをとるという行為になり、またパフォーマンス系のアーティストに限って言えば、他の分野では見られない独自の困難が含まれている。

まずはじめに、パフォーマンスの表現形式は時間に左右される。画家や小説家、それに作曲家といった人たちは、何かを創造するのに必要なだけ時間をかけられる。あとでまた戻ったり、考え直したり、変化を加えたりしてもかまわない——食事中であろうと深夜であろうと、インスピレーションが湧き出たときに取りかかればいいのだ。しかしパフォーマーは、自身の創造性をスケジュールに従って発揮しなければならない。僕の場合で言えば、土曜日の午後八時から十時にかけて音楽を生み出せるよう準備する、といった具合に。俳優やダンサーなど他のパフォーマンス系アーティストと同じく、ミュージシャンもカーテンが上がったときに創造性を発揮させる必要がある。インスピレーションが湧き出るのを待ってなどいられないのだ。

実際のところ、〝創造性を発揮させる〟という言葉は正確でない。僕はそれを、誰かの演奏を見る観察者となるべく、心のなかで一歩うしろに下がる行為、と表現する。結局のところ意識下の精神では、メロディーを保ちつつ――そのうえ、容赦なく前進し続ける音楽について行きつつ――、必要な情報（どの音程を出すか、いつそれを出すか、音量はどのくらいにすべきか、などなど）をすべて処理することなどできない。しかし偉大なる働き手である無意識の精神ならば、以上の決断を即座に下せるのみならず、自分がそこに介入しない限り、プロセス全体を継続させることができるのだ。

無意識の精神に導かれている様々な日常活動においては、誰もがこのプロセスをたどっている。なかでも顕著なのが会話だ。誰かと話をするとき、名詞や動詞、あるいは形容詞について考えたりはしない。脳は文法規則を吸収するとともに膨大な量のボキャブラリーを蓄えており、伝えたいことが頭に浮かぶや否や、無意識の精神が即座にふさわしい単語を選び出し、それらを正しい文法構造に並べなおす。その文章が意識下の精神に流れ込むのを認識した瞬間、その言葉が口から出るわけだ――そして文章また文章と、会話はなんの苦労もなく続いてゆくのである。

即興演奏《インプロヴィゼーション》のプロセスもそれとよく似ている。僕らは音楽特有の〝ボキャブラリー〟と〝文法〟を蓄積しており、何か（ある種のコード進行などなんらかの刺激）のきっかけでメロディーを伴ったフレーズを演奏する欲求が生じた瞬間、無意識の精神が音楽的に適切なひとまとまりの音程を組み立てる――それを音楽における〝文章〟と呼んでも差し支えない。そして会話と同様、僕らはそのフレーズを認識した瞬間に演奏する。またパフォーマーの場合、無意識は文章をもたらすだけでなく、楽器を演奏するのに必要な肉体の動きをも司っている。

以上のことはクラシックの音楽家や、台本に書かれた役を演じる俳優にも当てはまる。両者とも毎夜のように動作を繰り返しているだけではない。また、たとえ目の前に音符もしくは単語があったとしても、それらをただ〝音にする〟わけにはいかない。彼らはパフォーマンスに生命を吹き込むべく、作品あるいは会話の流れに自らを没入させなければならないのだ。この事実は、より無意識に依存している点を除けば、僕たちインプロヴァイザーにも当てはまる。たどるべき台本を持たない僕らは、その瞬間が来るまでどの音程を出すかすらわからないのだ。

演奏中いったい何を考えているんですかと訊かれることがよくある。その答えは意外に聞こえるかもしれない。当然、大半の時間は音楽のことを考えている——ただ、特定のことや全体を見渡してのことだけではない。僕は「次にBフラットを出すべきだろうか？　それは八番目に出すべきだろうか？　右手のマレットで叩くべきだろうか？」といったことには重きを置かず、その音楽の全体的影響が思考の大半を占めている。つまりどんなムードを音楽に持たせるかなど、その作品が持つ感情面の性質だ。俳優が演じる人物の感情を把握するのと同様、僕もその音楽の主観的感情と自ら判断したものをしっかり摑もうとしているのである。

ときには意識下の精神が批評家の役を果たすことがある。パフォーマンスが進むなかで僕は自身の〝内なるプレイヤー〟に話しかけ、演奏がどんな具合に進んでいるか自分の意見を伝える（「ああ、せわしないなあ。誰もついていけないよ」とか「繰り返しが多くてつまらない。何か違うことをすればいいのに」）。しかし、ある特定の音程を出すよう自身に告げることは決してしない。それは無意識の仕事だ。さらに、意識下の精神がどこかへさまよい、まったく別の何かをしていることがときどき――いや、頻繁に――ある。明日しなければならないこと、その日乗った飛行機のこと、あるいは二列目に座っていた変な帽子の女性のことなど、頭に浮かんだとりとめのないことを考えたりしているのだ。その仕組みは単純で、自分が即興演奏に直接関わらない限り、意識下の世界ではなんでも自由に考えられるのである。

即興演奏に影響を与えるにあたって、無意識の精神は二つの機能を持つ。まずは巨大なデータベースとしての機能。ボキャブラリーを組み立て文法規則（文章を組み立てるのに必要）を蓄積するのと同じように、それは長年かかって習得した音楽をすべて記憶している。耳にしたレコード、演奏した曲（加えて、少なくとも意識のなかでは忘れてしまった曲）、そして練習あるいは復習したレッスンは、いずれも細切れの状態で記憶のなかに保存されている。それは一種の図書館であり、無意識の精神はそこにアクセスしたうえで望みの音程を引き出し、音楽的に正しい順番へと並び替えている。目にしたか耳にしたかを問わず新しい情報はすべてこのデータベースに格納され、音楽的なコンビネーションの可能性を絶えず広げているのだ。

無意識が持つもう一つの機能はよりしっかりしたものである。再び会話を例にとると、無意識は言葉遣いや構文、そして声の大きさなど、その人の話すスタイルを形作っている。たとえ電話でも、最初の数語を聞いただけで友だちの声だと認識できるのはそのためだ。音楽面の特性もそれと同じように形作られている。僕らはそれぞれ独自のスタイル――フレージングやお気に入りの旋律などを土台としている――を発達させており、それが音楽的個性となる。そして会話と同様、人々はそれを即座に認識することがあるのだ。

こうした個性は（会話のパターン同様）日々変わるものではなく、またいかなる変化も徐々にしか起こらない。なかには個性的なフレージングや音楽の質によって、簡単に特定できるミュージシャンもいる。しかしそうでない者は個性がそれほど強くなく、認識するのに時間がかかる。しかしどんなプレイヤーでも繰り返し聴いていれば、その個性を摑むのが簡単になってゆくものだ。

つまり、僕らはデータベースと、楽器演奏における独自の〝声〟を持っているのであり、それらはいずれも即興演奏を担う内なるプレイヤー――無意識の精神――に不可欠なものである。「凄い音だろう？　黙って聴いてろよ」などと言っているわけだ。しかしこの内なるプレイヤーは手のかかる問題児でもあり、導きの手が欠かせない。放っておけば、技術的に適切な音程やフレーズを記憶のデータバンクから引っ張り出してはくるけれど、スタイルの面ではまだまだ欠陥だらけなのだ。

僕も大半のミュージシャンと同じく、自分の内なるプレイヤーが古臭いリックやつまらないフレーズを選んでしまい、止めに入る間もなくそれらを演奏してしまうという、フラストレーションのたまる期間を何年か過ごしたことがある。そこでようやく、内なるプレイヤーとコミュニケーションを図る必要性に気づいた。自分が好まないものを最後の瞬間に修正しようとするだけでは十分じゃなく、自分がどんな結果を望んでいるか、事前に知らせてやる必要があるのだ。

しかし無意識の精神に指針や方向性を伝えるには、いったいどうすればいいのだろう？　もちろん英語は話せない――いや、その意味ではどんな言葉も話せない。そうではなく、イメージを使ってコミュニケーションするのだ。好ましい結果を得る（無意識の精神が引っ張り出してきた偶然の結果に対処するだけとは限らない）には、奏でたい音楽を視覚化する必要がある。音楽を通じて伝えたいメッセージが無意識の精神に届きさえすれば、どう広めるかはそれが突き止めてくれることを、僕は学んだのだ。

例えば安定していて力強く、かつ心地よい演奏をイメージするかもしれない。それとは対照的に、完全無欠なノリのいいフレーズを想像し、そんな旋律を演奏できたらどんなに素晴らしい気分だろうと思うことだってあるはずだ。いずれにせよ、僕はその曲のために構想した感情的ムードに没頭する。内なるプレイヤーが理解できるのはこうしたコミュニケーションである。ときが経つにつれ、僕はイメージを土台とするこのような言語に慣れていき、いまでは音楽面での願望をかなり効率的に伝えられるようになった。とは言え、熟練したプレイヤーなら誰しもそうなるものであり、見かけほど謎に包まれた現象ではない、と僕は考えている。

内なるプレイヤーとのコミュニケーションに加え、僕は聴き手ともコミュニケーションをとらねばならない。もっと具体的に言えば、僕は二つのことを伝えたいと思っている。つまり曲の構造と特徴だ。

まず構造を理解するため、新築の家を客に見せるときのことを想像してほしい。「これが庭の眺めです」あるいは「ここがキッチンで間接照明なんです」などと言うだろう。音楽も同じで、僕らは聴き手に曲を見せている。「作曲上の諸要素をお見せしましょう。これがテンポ、これがセクションAからセクションBに移行する場所。そうそう、ここにある珍しい半音階の楽節を見ていってください」これらはハイライトであり、僕らはそれを即興演奏で強調する必要がある。

曲の特徴については別のたとえ話で説明しよう。まずそれぞれの曲を演劇における一つの役と想像してもらいたい。俳優は自分の役を学び、性格や雰囲気を考え出す。地味で陰気な人物なのか、あるいはウィットや優雅さが求められているのか？　同じことは音楽にも当てはまる。僕らはまず楽譜に書かれたメロディーを解釈し、次に即興のソロ演奏をするなかで、その曲の感情的特徴を突き止め、それを心のなかでイメージしている——そのあいだずっと、曲のムードを保ち続けているわけだ。

視覚化できる情報が多ければ多いほど、その曲をより深く〝感じる〟ことができ、内なるプレイヤーもその曲がどんなものであるか――そして、自分の解釈をどのように奏でたいか――をよりよく理解できる。無意識の精神に与える情報が多ければ多いほど、演奏された音楽を好きになれる。〝正しい音程〟を演奏してミスを避けるだけでは十分じゃない。その音楽が持つ意味をとらえ、面白い物語にしてソロ演奏で聴かせなければいけないのだ。それを伝えられるのは内なるプレイヤーだけ。つまりは無意識の精神と協調しなければならないということだ。

音楽が一種の言語である一方、音楽を聴く人の大半はその言語を話せない。僕がコンサートで演奏するとき、聴き手のたぶん九十五パーセントはミュージシャンでない人たちだろう。なかには少しくらいなら演奏できる人もいるかもしれないけれど、僕らが飛ばすようなテンポで演奏するなか、その詳細――全体性、メロディー進行、あるいは作曲上の構造など――を認識できるだけの知識や経験は彼らにない。進行中の音楽をリアルタイムで分析できるほど、知識のある人の前で演奏することなど滅多にないわけだ。たとえそうでも、プレイヤーはミュージシャンでない人間ともコミュニケーションをとることができる。そして最終的に、僕らは二種類の聴き手に届かなければならないことになる。つまりすべての音符を理解している同業者と、まったく異なる聴き方をしているミュージシャン以外の人間だ。

幸いなことに、音楽はこの断裂を乗り越えることができ、構造のいろはすら理解していない聴き手にも伝えることができる。ここでも再び、会話のたとえが役に立つ。ホテルのロビーで、近くにいる外国人ビジネスマンの一団が別の言語で会話している様子を想像してほしい。まずはこう考えるだろう。「言葉を一言も理解できないのだから、あの人たちが何を話しているか自分にはわからないだろう」しかし彼らを眺めていると、普遍的な情報が数多くわかりだす。まずは声のトーン。もし笑ったり微笑んだりしていれば、彼らが心地よいひとときを過ごしているとわかるはずだ。なかの一人が本を手に持ち、話しながらそれを指差していれば、その人物は本について話しているのだと推測できる。多分彼こそがグループ全体のリーダーなのだろう。握手してその場を離れれば、会話が終わりさよならの挨拶をしているのだとわかる。ゆえに言葉を一言も理解できなくとも、会話の内容をある程度想像でき、さらには全体的な雰囲気をとらえつつ、議論の内容さえ推理できるかもしれない。

ミュージシャンでない人たちはこれと同じように音楽を認識している。つまり一般的な特徴をとらえ、流れのなかで変化したところに気づいているのだ。大半の人間にとってはこうした特徴こそが、ソロ演奏の語るストーリーを決定づけている。テンポは遅いか早いか？　メロディーは複雑か単純か？　拍子は安定しているか？　曲のムードはどうか——陽気かそれとも悲しげか？　色はどうか——明るいのか暗いのか？　その色はセクションごとに変わっているか？　フレーズの繰り返しはあるのか？　ソロ演奏は力強く組み立てられているか？　これらの特徴こそが、ミュージシャン以外の人間にとっての聴く体験を構成しているのである。そして人間であるという単純な理由により、人々は自分自身へのインプットをこうした経験から形作っている。窓際に座って外の車を眺める猫はこう考えているかもしれない。「何か赤いものが来ているな。今度は青く大きい何かだ。次は黄色の何かだけど、他のものよりゆっくりだ」この猫は車の流れを見てその動きや色を楽しんでいるかもしれないけれど、それが何を意味しているかはまったくわからない。一方、猫の隣にいる人間も同じ動きや色を見ているが、知識と記憶のおかげで過ぎ去ってゆく物体に意味を持たせることができる。トラックの荷台に〝配管工〟と記されていれば、ダウンタウンのどこかで配管が壊れたなどというストーリーを想像するかもしれない——あるいはソファーを運ぶために誰かがそのトラックを借りたのだとも。

以上のことは真実でないかもしれないし、論理的ですらないかもしれない。しかし人間の脳はなんらかの物語を渇望している。猫と違い僕らには説得力に富んだ面白いストーリーが必要であり、それをソロ演奏に見出すことができれば、聴くという体験はますます豊かなものになる。

理論的に言えば、高度な技を持つインプロヴァイザーは、熟練した他のミュージシャンをも魅了するソロ演奏を紡ぎ出す。しかしそれと同時に、ミュージシャン以外の人間が想像のなかでたどれるような、一揃いの見事なストーリーをも生み出している。そして逆説的に聞こえるかもしれないけれど、僕は専門家以上にミュージシャン以外の人たちとの結びつきを大切にするようになっている。それに成功すれば、ミュージシャン以外の人たちとのコミュニケーションはまるで魔法のように働くのだ。

若いミュージシャンは自分の価値を教師や仲間たちに見せつけるべく、同業者向けの演奏に力を入れがちだ。しかし彼らが自信を身につけたところで、一般大衆——ミュージシャンではない聴き手——の心をとらえるほうがはるかに難しいと気づかされるだろう。

個人的なことを言わせてもらうと、僕は自分のソロ演奏で伝えることを聴衆全体に理解してもらいたいと願っている。まあ、田舎の牧師と思ってもらえればいい。これからも自分のメッセージを単に垂れ流すのでなく、聴衆を自分の世界に引きつけようと試みるなかで、それをできる限り情熱的かつ明瞭にし、また心揺さぶるものにしていきたいと考えている。

第二十九章　エンドゲーム

二十一世紀が近づくにつれ、僕の人生も新たな段階に入りつつあった。二〇〇〇年を迎えた時点で、〝早期リタイア〟の六十二歳まであと五年。もちろん引退するつもりはないけれど、チック・コリアやパット・メセニーとのコラボレーションを続けるなど、プレイヤーとしてのキャリアはすでに安定期に入っている。六〇年代や七〇年代のように、向こう見ずな行動でそれを危険に晒すこともない。ここ十年ないし二十年のことを振り返ると、キャリアの初期でそうしたように、自分はいまでも新境地を開拓しているだろうかと疑問に思う。新しい曲や、ともに音楽を作る新たなプレイヤーをいつでも見つけられるはずなのに、最近では快適な安全地帯に閉じこもりがちな気がする。このパターンは成熟したミュージシャンによく見られるので、僕もさほど心配しているわけじゃない。ただ若いプレイヤー――活力とインスピレーションの源――と常に交わり、停滞を防ぐために様々なプロジェクトを模索するのは、僕にとって実に有益なことらしい。

年老いた音楽界の巨匠が全盛期を過ぎてもなお演奏しようと苦闘しているのを見ると、僕はいつだって悲しくなる。経験豊富なインプロヴァイザーであれば、肉体や精神の衰えをある程度はカバーできる。何十年も演奏していれば、ミスをごまかす方法が残らず身につくもので、加齢による容赦ない衰えに対処するのも不可能ではない。それでも例外なく、音楽の質が低下してしまうときがいつかはやって来る。

ライオネル・ハンプトンは人生最後の十年間、数度の心臓発作に襲われ運動機能のほとんどを奪われてしまったが、そんな姿を見るのは心苦しかった。最後にはまったく演奏できなくなり、バンドメンバーに向かって両腕を振ったり、ときどきヴァイブを叩いたりするだけである。とは言え何もせずにマンハッタンの自宅でじっとしていることもできなかったので、曲がりなりにもギグを続けたのだ。

ピアニストのオスカー・ピーターソンは引退直前、僕がシリウス・ラジオ（当時はそのラジオ局で週に一度番組のホストをしていた）の打ち合わせに出かけたのと同じ週にニューヨークのバードランドへ姿を見せた。昔のことを思い出した僕は、なんとしても彼に会いたいと考える。以前のように演奏できないことは知っていた。オスカーもハンプと同じく発作に襲われ、左腕が麻痺していたのである。それでも右手だけで演奏を続けたが、オスカーの場合それで十分だった。彼はデビューからいまに至るまで、驚異的な鍵盤使いで知られていたのだから。

オスカーが身体を支えられてステージに上がり、ピアノの前に座る様子を僕はじっと見つめた。そしてトリオの演奏が始まると、ごく簡単な楽節を弾くのも一苦労なんだとすぐにわかった。ときどき指がもつれるなど、全体的には平均的なピアノ生徒のレベルである。また演奏したことを忘れて同じ曲を二度弾いてしまうなど、集中力が失われたように見えることもあった。それにこのセット自体、史上最短の一つだった。オスカーはわずか三十五分ほど演奏しただけで、再び身体を支えられながらステージを下り、楽屋へと戻ったのである。みな彼の姿を見るために百ドルものチケット代（ドリンク込み）を支払ったのであり、一部の客は当然ながら狼狽していた。

このときベーシストを務めたデイヴ・ヤングとは六〇年代の初め、ともにバークリーで学んだこともあり、僕は挨拶しようとそちらへ行った。それに、どうなっているのか訊きたかったのだ。デイヴの説明によると、オスカーはトロントの自宅でじっとしていることに飽きてしまい、ときおり短いツアーを組むのだが、外出して旧友に会いたいからに過ぎないという。健康を害していようといまいと、動かずにはいられないらしい。僕もそれはわかるような気がする。とは言え、無理に演奏しようとするよりも、ニューヨークで休暇をとったらよかったのにとは思った。

このさき自分の力量を客観的に判定できるよう、僕は自身のことを十分意識しようと心に決めている。年齢や健康状態による変化にはもう気づいているし、引退すべきとはまだ思っていないけれど、やがてそのときが来るのは覚悟している。ただ、しかるべきタイミングで身を引けるよう、頭脳と身体を万全に保っておきたいのだ。

九〇年代の大半を通じ、僕の個人生活もありがたいことに安定期を迎えていた。ボーイフレンドのアールとはますます関係が深まっていたし、彼が当時始めたビジネスも成功しつつある。僕は自分が何者であるかをようやく突き止められたと感じていて、アールをパートナーとしたいま、かつて経験したことのない永続的な友情や交際関係を築き上げていた。にもかかわらず、一九九七年を迎えるころには七年間にわたる僕らの関係にピリオドが打たれ、僕はまた独りになっていた。過去の別れと同じく、パートナーのいない生活は僕を孤独にさせ、僕から方向性を奪い取った。けれど今回は、自分の性的指向にまつわる混乱で苦しむことはない。事実、地元や旅先で知り合った新しい男性と情熱的な交際を始めていたのである。四十代になるまでゲイとしての人生を送れなかったこと、つまり失われた時間を取り戻そうとしていたのだろう。このころ、僕は多種多様な魅力ある男性と出会った（ＣＩＡのエージェントとシカゴでロマンチックな週末を過ごしたこともある）。大胆と言えば大胆に行動した時期であり、いまも後悔はしていない。とは言えそれで満たされることはなく、僕は不完全燃焼を感じていた。確かに、いずれの仕事もうまく行っていたし、支えになる友人も多数いる。それでも僕はこの行方不明のピース――どこかで僕を待っている新しい関係――を追い求めていたし、ときを刻む音が常に耳から離れなかった。完全な存在になったと再び感じられるようになるまで、実に数年を要したのである。

しかしこの世界においては、人の注意を完全に逸らせてしまう状況がときに生じるものだ。僕の場合、それは〝心《ハート》〟に関するもう一つの問題だった。

この文章を執筆している時点で、僕はこれまでに大小合わせて六回の心臓手術を受けており、今後も心臓の状態を監視しなければならない状態にある。最初の出来事が起きたのは一九九五年、小曽根真の短期ツアーで中西部を回っているときのことだった。僕らはジャズ・ショーケースに出演すべくシカゴを訪れており、その日の午後が自由時間だったので、僕はいろんなところを歩き回って通り行く人々を観察していた――街中に出たときよくしている行動である。すると突然、胸と左腕に痛みを感じ、呼吸も短くなった。心臓発作の典型的な症状だ。身体が何かを訴えていることはすぐにわかった。そこで僕はどうしたか？　誰もがまずすることをしたのである。つまり症状から抜け出すよう自分に言い聞かせたのだ。症状が収まるまで数分ほどその場にじっと立ち、ゆっくりした足取りでホテルへ戻りベッドに横たわる。その夜と次の夜はギグにも出演した。ヴィブラフォンを演奏しても胸の痛みはない。とは言え半ブロック以上の距離を歩けばすぐ、症状が再び現われることはわかっていた。

いま振り返ると、これらの症状を無視したのは狂気の沙汰としか思えない。一体何を考えていたんだろう。しかしよその街の知らない病院に行くのは気が進まなかったし、検査に必要なあれこれも嫌だった。それにもちろん、〝ジョー・マスト・ゴー・オン〟という、ショービジネス界で古くからもてはやされているスローガンも頭にある。ギグに出演する義務から逃れることはできない。それにマコトにも、痛みのことは口にしなかった。他のことはどうでもいいからすぐ病院に行ってください、などと言われるのが落ちだ。結局シカゴを離れたあと、僕らはウィスコンシン州マディソンとミネアポリスでステージに立った。そのときはゆっくり歩くこととこまめに休憩を取ることを心がけたのだが、帰途、ミネアポリスの空港はゲートまでの距離が長く、胸の痛みが出ないよう五十フィートごとに立ち止まる有様だった。

このころにはもう、深刻な何かが進行している自覚はあったので、帰宅後すぐ病院に出向いた。検査の結果、動脈がやや塞がれていることがわかり、さらに検査するため翌日また来るよう指示された。しかし早朝の五時三十分、胸部の激痛と呼吸困難で眼が覚める。軽度の心臓発作に襲われたのだ。それから数時間後、僕は血管拡張の手術を受け、動脈の狭窄を解消すべくステントを挿入された。いま考えても自分の馬鹿さ加減には驚くしかない。いつ心臓発作に襲われるかわからないまま、一週間ものあいだツアーとギグに明け暮れていたのだから。

それから四年後に五十七歳の誕生日を迎えるころ、機能不全になった弁を治療するので開胸手術が必要だと医者に告げられる。大手術だったにもかかわらず、すべてスムーズに終わった。その手術では心臓を一時的に止める必要があったそうで、そのあいだ僕は人工心肺で呼吸し、血液を循環させていたという。あとで医者に、機械につながれていたのは二十二分間だったと、やけに具体的な数字を言われたことを憶えている。こうした手術ではごく短い部類に入るらしい。ずっとのちに、僕はその数字が持つ意味を知ることとなる。

入院中に読む本が山ほどありますと心臓医に言ったところ、しばらくは読書どころじゃないですよと冗談っぽく返された。その理由はすぐにわかった。まず数週間にわたって視力がおかしくなったのである。すべてのものがぼやけて見え、ときには二重写しになることもあった。やがて視界が晴れていくものの、それでも集中できない。本を読んでも中身を憶えられず、同じパラグラフを何度も繰り返し読んでしまうのだ。

数ヵ月後、僕はコンサートのスケジュールをこなすだけでなく、バークリーに復帰できるほど十分回復した。ところが精神的な集中力はほとんど取り戻せたのだが、すべて元どおりというわけにはいかなかった。手術前とは何かが違うのである。最初はそれを妄想だと考えたり、完全に回復していないのではないかと疑ったりした。しかしひと月またひと月と経つにつれ、これが〝新しい普通〟になったのだと自覚した。楽譜を読むことや新曲を憶えること、あるいは何かを記憶することも以前に比べて難しい。そのうえ、入院前は普通にこなしていたバークリーでの書類仕事も、以前のようにはいかなくなった。それからしばらく、これらは単に加齢による現象と思い込んでいたけれど、ある日のこと、僕の状態を正確に描写した雑誌の記事と巡り合う。

その記事で引用されている研究結果によると、人工心肺装置につながれたことのある患者のうち四十二パーセントにおいて、認知機能が二十パーセント以上も低下しているという。こうした状態は〝灌流後症候群《かんりゅう》〟というものだが、医者は普通〝ポンプヘッド〟と呼んでいる。そして機械につながれる時間が長ければ長いほど、障害の起きる可能性が高くなるらしい。僕が二十二分間しかつながれていなかったのは、実はラッキーなことだったのだ。

ポンプヘッドの影響は通常極めて軽いため、日常生活でそれに気づくことは滅多にない。僕の場合も、集中力が必要なときに問題となるくらいだった。かつては記憶力や初見演奏の能力、それに複雑な情報を素早く吸収できることが自慢だったけれど、いまやそれほど簡単でなくなった。新曲に取り組むときも、一度に二十分以上は無理だ。そのうち音符がぼやけてしまい、自分がいま何を演奏しているのか、あるいは次に何が来るかといったことすら記憶から飛んでしまう。そのたびに作業を中断してしばらく散歩し、それから部屋に戻ってもう少し練習する、といった具合だ。

こうした状態がなぜ起きるのか、また特定の患者にのみ現われるのはなぜか、医療関係者もまだ突き止められないでいる。だけど僕は、生じる可能性のある結果を事前に医者から説明されていればと、いまでも残念に思う。どんなことがあっても手術を受けていたことは間違いないけれど、それによって生じ得る結果を前もって知っていれば、手術後の症状にまつわる混乱は感じなかったはずなのだ。

二〇一〇年、僕は心拍の問題を解決すべく、ごく簡単な除去手術を受けた。しかし最初の手術では解決せず、一年後に再手術を受けたのだが、そこでひどいミスが起きた。ずっとあとで知ったのだが、執刀医が心臓の外壁を誤って切開してしまい、その瞬間、僕の心臓が止まってしまったという。執刀チームは胸に針を押し込み血液を吸い出すことで、大出血を止めようとした。その血液は点滴を通じて左腕から僕の身体に戻される。しかしそれでも出血には追いつかなかった。

手術を交代すべく、心臓医に緊急の呼び出しがかかる。幸いなことに、その地域で一番と評されている専門医が病院にいて、開胸手術（これが二度目であり、願わくば最後であってほしい）を行なうべくすぐさま準備にかかった。医療報告書によると、その医師は心臓の壁にできた傷口を縫ったうえで、接着剤で埋めたそうだ（接着剤だって？　身体の内側で接着剤を使うなんて誰が想像するだろう？　エルマーズ（アメリカの大手接着剤メーカー）の接着剤じゃないとは思うけれど）。

翌日目を覚ました僕は、まだ数時間しか経っていないものと思い込み、すぐにでも帰宅できると信じていた。簡単な手術だから無事終わったはずだ、と。だからこそ、包帯を巻かれた胸部からあらゆる種類のチューブが伸び、実際には一日以上経っていると聞かされたときのショックを想像してもらいたい。あとで知ったけれど、心臓医が緊急で呼ばれる一方、僕は心臓用の手術室に運ばれ、挙げ句の果てには心拍停止状態に陥ったそうだ。心臓が止まっていた時間は相当長かったという。僕は執刀チームの一人に、どうやって僕を生かし続けたのかと訊いた。結局のところ僕は死んでいたのか？ あるいはなんなんだ？ すると医師が言うには、心肺機能回復法（ＣＰＲ）と人工呼吸器を使うことで僕の身体機能を維持していたという。

また手術の結果として、僕の左腕には血栓が残った（点滴を使って血液を体内に戻そうとした結果である可能性が高い）。さらに、手から心臓に戻る新たな血液の通り道が必要となり、支脈を流すことになった。そのせいで僕の左手はわずかながらずっと腫れていて、曲げようとするとこわばった感じがする。ときには指がヒリヒリしたり痺れたりすることもあり、正確な手の動きを要する人間にとって最良の予後とは言えない。しかしいまではほぼ、演奏中はこうした感覚を無視できるようになった。

入院して最初のころ、僕は怒りと恐怖でとても混乱していた。死の淵に立たされたとあっては、以前と同じじゃいられない。死神に頰を撫でられた経験はいつまでも自分につきまとう。最初の開胸手術のときと同じく、回復は遅くストレスがたまった。それに今度は人工心肺装置を使わなかったのに、演奏に復帰すると新たな症状が現われだした。六歳のときから自分にとって当たり前だった、絶対音感という天からの贈り物が奪われたのである。

いまでは耳だけを頼りに音程を捉えようとしても、完全に間違えていることがある。大部分のミュージシャンと同じ音程認識能力、すなわち〝相対音感〟しかもはや持ち合わせていないのだ。音楽を作るにあたっては音程を――それぞれ比較することで――十分認識できる。絶対音感がなくても演奏はできるけれど、自分が耳にしているものに対する以前の確信が失われたのは、いまでも残念に思う。

手術室のトラウマが絶対音感を失う原因となったのはなぜだろう？　これはおそらく解明されない謎である。確実に言えるのは、音楽に関する（不可欠ではないにしても）大切な天分の一つが失われたということだ。

いくつかの点で、心臓手術とその影響は僕の人見知りを悪化させた——ファンやビジネスパートナーだけでなく、友人に対してもそうである。ひどいときには電話に出られず、人と会うことを避けなければならない日もある。心臓を働かせるため胸に二つの金属片が埋め込まれている事実を、常に意識せざるを得ないのだ。こうした意識の底には身体面の不安が横たわっており、僕の人生に対する見方をすっかり変えてしまった。僕はそれまで、自分が心に決めたことはすべてできると思っていた。しかしいま、僕をここまで追いやるうえで運命がどれほどの役割を果たしたのだろうかと、不思議に感じることがある。幸運もあれば悪運もあり。いままでたくさんの幸運に恵まれたのは間違いない——ただその一方で、いくつかの悪運に見舞われたのもまた確かだ。

第三十章　人生は六十歳から始まる

「人生は四十歳から始まる」という昔の言葉は、誰もが早くに結婚して次の世代を育て、中年に差しかかってようやく、自分の人生を振り返りつつ新たに生きるチャンスを得られるという、いまとは違う時代に生まれたものである。やがてこの言葉が指し示す年齢は徐々に高くなり、いまでは多くの人たちにとって〝六十歳〟が〝新たな四十歳〟になっている——健康と活力を保ちつつ知恵と経験も備わり、自分の時間を最大限活用することができる、というわけだ。もちろんこれは陳腐な決まり文句にすぎないけれど、そこにいくらかでも真実の種が含まれていれば、決まり文句も意味を持ってくる。

かく言う僕も六十歳の誕生日を目前にしていた二〇〇三年、人生の新たな段階に入りたいという欲求の高まりを感じていた。バークリーには講師、管理者、そして副理事長として三十年以上も力を尽くしてきたので、そこでできることはこれ以上ない。ミュージシャンとしても自身に課した目標を数え切れないほど達成している。自身の性もすでに突き止め、自分自身を知るとともに、自分の人生をどう生きたいかもわかっていた。それでも六十歳になると考えるだけで憂鬱だった。どうしても年寄りを連想してしまうのだ。僕の誕生日は一月、寒々とした薄暗い冬がボストンを覆い、人の心を沈ませる時期だ。僕は自分の憂鬱を振り落とそうと、衝動的にフォートローダーデール行きの飛行機に乗って週末をそこで過ごすことにした。

高温多湿のフロリダに到着して最初の夜、僕は未来について考えた。バークリーとの契約は更新時期が迫っており、もう五年大学に関わるかどうかは判断を保留している。すると、ホワイトハウス入りする前の人生で何が一番印象に残っていますかと訊かれたフランクリン・D・ルーズベルトが、「物事を考え抜く時間を失ったのが惜しい」と答えたことを思い出した。三十年以上にわたり二つのキャリアをフルタイムで掛け持ちしてきた僕にとって、この話は自分の抱く気持ちをほぼ言い表していた。そのうえで、フルタイムのミュージシャンとしての人生――ただの一ミュージシャンとしての人生――に戻ることを考え始めたのである。

　なんだか衝動的な行動にふさわしい週末のように思えたので、僕は不動産の広告を見て回ろうと翌日車を走らせることにした。その地域の特徴をつかめればそれでいいと考えたのだ。フォートローダーデールはゲイにとても寛容な土地で、具体的なプランがあるわけではないけれど、少なくとも自分の選択肢を見極める一助になると思った。五軒ほど家を見て回ったあと、興味深い新聞広告が僕の目に飛び込む。「ヴィクトリアパークにエリントン来《きた》る。あなたの人生を加速《ジャズ・アップ》させましょう」僕が知るエリントンのことなのか？　すぐさま車を走らせると、そこでは新しいタウンハウスの建築が始まっていた――そしてデューク・エリントンにちなんで名づけられたのもそのとおりだった。開発業者がジャズファン――販売事務所にはジャズフェスティバルのポスターが所狭しと貼られていた――で、四つの基本デザインの名称をそれぞれルイ・アームストロング、カウント・ベイシー、ジョン・コルトレーン、そしてマイルス・デイヴィスからとったという。僕はパンフレットを手に取り、帰りの飛行機のなかで目を通した。そしてボストンに着いたときには、六十歳を迎えることについてまったく違う感情を抱いていた。

一週間後、僕はルイ・アームストロング・タウンハウスの手付け金を支払った。ジャズのつながりがその決断を後押ししたのは確かだ。そこが慣れ親しんだ場所のように思えたのである。僕のヒーロー、デュークにちなんで名付けられた土地を見つけるなんて、いったいどれだけの確率だろう？

その運命の週末から多くの物事が動きだした。バークリーで仕事を片付けるのに残された時間は一年間、スムーズな引き継ぎは十分可能だ。二十年近くものあいだ一緒に働いたリー・バーク理事長もすでに引退の意向を明らかにしており、後継者探しが全国規模で行なわれるとともに、経営管理面の再構築も進められていた。こうして僕の決断は他の変革のなかに組み込まれたのである。その春、名誉博士号を贈られたビル・コスビーが学位授与のスピーチを行なう場で、リーと僕はバークリーのコミュニティーに別れを告げた。

それから数ヵ月後、新居の購入手続きを済ませるためにフォートローダーデールを再訪したとき、空港の手荷物受取所で自分の荷物を待っていると、アルバム『クール・ナイツ』の曲が耳に入った。これも正しい場所を選んだサインに違いない。二〇〇四年春に前年度が終わるころ、僕はフロリダへの引っ越しを済ませ、次なるキャリアの構築に本気で取り組み始めていた。

バークリーを去った当時、僕は安定して活動するバンドをしばらく組んだことがなく、どう前進すべきかわからないでいた。ただ旅する時間はふんだんにあるので、まったくの新バンドを結成するというアイデアが魅力的に映った――早熟の若きミュージシャンを再び世界に送り出せるとあればなおさらだ。

それより数年前のこと、グラミー賞の授与式をテレビで見ていると、音楽教育の促進活動が紹介された。そこで僕は、他の若者に混じってギターを演奏している、十代になったばかりの少年の姿を目にする。素晴らしい才能の持ち主であることは、十秒ほど演奏を聴くだけでわかった。僕はグラミー賞事務局に連絡して少年の名前――ジュリアン・レイジ――を聞き出し、すぐさま電話でコンタクトをとった。

いろいろな曲、コード進行、そしてお気に入りのレコードなど、その会話は素晴らしいものになった――いずれもミュージシャンがいつも話している内容である。ただ違うのは相手が十二歳の少年だということで、音楽の専門用語をまくしたてる子どもの声を聞くことは、まるで『トワイライトゾーン』を見ているような感覚だ。僕は彼と会いたくてたまらなくなった。

その後ジュリアンの両親と話し合い、一家の住まいにほど近いカリフォルニア州モンテレーで催されるその年のTED（テクノロジー、エンターテイメント、デザイン）カンファレンスで共演する手はずを整えた。ジュリアンの音楽的資質は僕の高い期待すらはるかに超えていた。まず二人で数曲演奏すると、観客席にいたハービー・ハンコックがそこに加わった。その日素晴らしい成功を収めたので、僕はジュリアンとのギグをブッキングし、その第一弾として二〇〇〇年秋にクイーン・エリザベス二世号が行なう大西洋ジャズクルーズに出演することとした。

十五歳を迎えたジュリアンからの新しいデモテープに僕は強い感銘を受けた――しかも曲の大半は自分で書き上げたものだという。ここまで若い人間がプロレベルの演奏をできるのは希であり、そのうえ作曲家としても優秀とあればなおさらだ。僕は二人でレコーディングすべきときが来たと判断した。その後ジュリアンは父親を伴ってボストンに数日間滞在、僕とリハーサルを行ないつつ、彼の自宅に近いカリフォルニア州バークリーで予定しているレコーディングの日程を決めた。また小曽根真率いるトリオも招くことにし、このセッションは二〇〇三年秋に実現した。

それまでは年齢のこともあり、僕らが一緒に演奏するときはいつもジュリアンの父親が同行していた。しかしレコーディングの一週間前、今度のレコーディングは自分一人で行きたいと、ジュリアンから僕に連絡がある――もちろん、両親に応援されてのことだ。それによると、初日に父親が彼を送り、数日後にレコーディングが終わった段階でまた迎えに来るという。僕に異存はなかった。ホテルは近くだし日中はずっとスタジオにいる。それにジュリアンが他のミュージシャンと対等な存在になる絶好の機会でもあった。そして現実もそのとおりになった。十五歳にして聴く者をうならせ、完全なプロとして振る舞ったのである。僕はこのアルバムを『ジェネレーションズ』と命名する。ジュリアンが最年少、僕が最年長という具合に、三世代のミュージシャンがレコーディングに加わっているのが理由だ。僕は彼の才能を高く評価したけれど、もう一つ僕の関心を引く点がジュリアンにはあった。ほぼ同じ年齢で音楽ビジネスの世界に入った僕の若かりしころを思い出させたのだ。

およそ一年後、バークリーでの仕事を片付けていた僕は、ジュリアンを含めた新グループの結成を考え始める。ジュリアンがまだ高校生ということもあって、どれほどのペースで一緒に活動できるかはわからないけれど、二人ともとにかくチャレンジしてみたかった。さらに、ジュリアンの教師も非常に協力的だった。学校の授業についていける限り、彼に行動の自由を与えたのである。ジュリアンはなんとか無事に高校を卒業し、僕らがアメリカ、ヨーロッパ、そして日本と定期的にツアーするなか、二年制大学でもそこそこの成績を収めた。僕はこのバンドに、バークリーを卒業したばかりの若者三名を加えた。ドラマーのジェイムズ・ウィリアムズ、ベーシストのルクス・カーチス、そして並外れて才能豊かなピアニスト兼作曲家のワジム・ネセロフスキー、いずれもバンドにふさわしい若者たちである。ウクライナで生まれ育ったワジムは大学に進むべくはるかボストンへと移り住み、新グループのレパートリー作りに（ジュリアンとともに）大きく貢献した。

二枚目のアルバムタイトルから〝ネクスト・ジェネレーションズ〟と命名したこのバンドと数年活動したあと、チック・コリアおよびパット・メセニーと共演する機会が突如増えだし、バンドのツアー活動を並行して続けることが難しくなった。そのときから〝ネクスト・ジェネレーションズ〟のミュージシャンたちは、いずれも次なる活動の場へと進んでいった。ジュリアンは二十一歳でバークリーを卒業したあと自身のバンドを結成、最初のレコーディングでグラミー賞にノミネートされる。ワジムはニューオーリンズのセロニアス・モンク・ジャズ音楽院で二年間学び、現在はバークリーで教鞭をとるかたわら素晴らしいアルバムをリリースしている。ルクスはニューヨークで複数のバンドと定期的に共演するなど忙しい日々を送り、いまなおボストンを拠点にしているジェイムズも同様である。

僕はフロリダで再び恋に落ちた。アールとの関係が終わって以来ずっと一人の暮らしが続いていたのだが、フォートローダーデールの有名ゲイクラブでジョナサン・チョンと出会ったのである。僕らはすぐに意気投合、お気に入りのレストランに場所を移してお互いのことを語り合う。数週間後にはカップルとなり、何ヵ月かのちには一緒の生活を始めた。どうやら一目惚れが僕のスタイルらしい。

以前のボーイフレンドたちと違い、ジョナサンはミュージシャンでなく、僕と知り合う前はジャズについてもそれほど詳しくなかった。それどころか、二人の趣味は多くの点で正反対である。ジョナサンは天性のアスリートでテニスの腕前もかなりのものだが、僕はといえばソファで本を読んでいることのほうが多い。最初は共通の話題があるかと不安だったけれど、八年経ったいまも僕らは話し続けている。ジョナサンのおかげで僕の人生は完全なものになったようだ。

音楽がある限り、僕は好きなだけ忙しくしていられる（ときには忙しくなりすぎることもあるけれど）。チックとはアルバム『ニュー・クリスタル・サイレンス』で二〇〇八年にグラミー賞を授与された。僕にとって六度目の受賞である。パット・メセニー、スティーヴ・スワロー、そしてドラマーのアントニオ・サンチェスを迎えてレコーディングした僕のアルバム『カルテット・ライヴ』も二〇〇九年のグラミー賞にノミネートされた（その年受賞したのはチックのアルバムだったので、少なくともファミリーでの受賞にはなったわけだ）。また同じ年、チックと僕は『ホット・ハウス』でもう一つのグラミー賞を分け合った。

ジュリアンとのコラボレーションも続いている。二〇一〇年にはアントニオ・サンチェスとベーシストのスコット・コリーを迎えて〝ニュー・ゲイリー・バートン・カルテット〟を結成、三つの大陸をツアーした。またアルバム『コモン・グラウンド』は、ジャズタイムズ誌が投票で選ぶ二〇一一年度ジャズCDベストテンの一枚に選ばれた。その後二〇一三年にツアー活動を再開、二枚目のCD『ガイディド・ツアー』もリリースしている。ジュリアンはいまも成長を続け、彼の才能に対する僕の見立てが正しかったことを証明するのみならず、僕に刺激を与えている。チックやパット、それにマコトと同じように、彼とはこれからも新しい音楽を作っていくだろう。失うにはあまりに惜しいコンビもあるのだ。

バークリーを去ったことで音楽教育からは離れたと思っていたけれど、やがて再び引き込まれる。自身の発案によるオンラインプログラムが大成功したのを見たあと、僕は行動を起こす魅力に抗えず、二〇一二年に自分自身の教育コース『ゲイリー・バートン―ジャズ・インプロヴィゼーション』をスタートさせる。このために僕は九十五編の映像を制作、デモ演奏するとともに即興演奏に関する僕のコンセプトを説明した。またオンラインで出会った学生との相互交流も試みている。さらにはスタンフォード大学向けにジャズ・インプロヴィゼーションのコースを新設することで、オンラインにおける自分の存在感を高めた。大学レベルのコースを無料で提供するウェブサイトがそれで、世界中の数万の学生が現在僕のレッスンを受けている。

少年のころ、僕は両親や兄弟にいつも支えられ、成長してからは自身の家族に助けられた。ステファニーとサムは自慢の子どもで、二人とも若いながらこの世界で自分の道を切り拓いている。そしてステファニーの息子トミーが生まれたことで、僕は最近祖父となった（ジョナサンも僕もトミーの前ではメロメロだ）。またジョナサンの親戚は僕を心の底から歓迎してくれ、過去二十五年間に築き上げた友情から成るゲイとしての家族関係がさらに広がった。こうした関係、そしてそれらが僕にもたらした支えは、音楽の世界から離れた場所で愛おしく暖かな人生を僕に与えてくれた。

少なくとも僕にとって、そうなることは必然だった。持てる時間をすべて〝音楽に捧げる〟アーティストというロマンチックな概念とは対照的に、ジャズは僕の人生の一部分にすぎない。隣人やミュージシャンでない友人のほとんどは、空港から遠くへ旅立つ僕の人生をほとんど知らずにいる――大統領の前で演奏したり、誰かにグラミー賞を授与したり、あるいはカーネギーホールのステージに立ったりする人生を。ときには、本物の僕は脇に立っていて、ジャズミュージシャンであるもう一人のバートンが動き回るさまを、ただ眺めているだけのように感じることもある。

二十五年前、僕はテリー・グロスに、自分はたまたまゲイであるジャズミュージシャンだと言った。しかしその後、自分はたまたまジャズミュージシャンであるゲイの男だと考えが変わる。結局、世界中の人間が僕をどう見るかなど、自分ではコントロールできない。それに自身の性的指向や大学幹部としてのキャリアとは無関係に、あるいはアルバムのなかでどんなソロ演奏をしようとも、ゲイリー・バートンの記憶が大衆の意識から消えた瞬間、こう口にする人間がきっと現われるだろう。「ああ、あれ――四本の棒で演奏していたあの男か」

僕はそれで十分だ。

訳者あとがき

　本書は二〇一三年に出版された『Learning to Listen: The Jazz Journey of Gary Burton』の全訳である。ゲイリー・バートンは一九四三年一月二十三日にインディアナ州アンダーソンで生まれ、幼少のころから音楽の素晴らしい才能を周囲に認められた。ファミリーバンドで活動後、マサチューセッツ州ボストンのバークリー音楽院（現・バークリー音楽大学）に進学、その傍らＲＣＡレコードに所属して音楽活動を続ける。一九六三年、十九歳の若さでジョージ・シアリングのバンドにヴィブラフォン奏者として加入、一年ほどともに活動する。翌年にはスタン・ゲッツ・カルテットに加わり、三年弱にわたって在籍した。脱退後は自らのバンド、ゲイリー・バートン・カルテットを率いるとともに、七一年からは母校バークリーで教鞭をとり、講師、学部長、そして最後は副理事長として、二〇〇四年まで三十年以上にわたり教育活動にも携わった。それと同時に、グラミー賞を七回受賞するなど、トップ・クラスのジャズミュージシャンとして活躍する一方、パット・メセニーらその後のジャズシーンをリードする新人ミュージシャンを何名も見出している。また一九九四年には、テリー・グロスがホストを務める人気ラジオ番組においてゲイであることを公表、同性愛をカミングアウトした数少ないジャズミュージシャンの一人となった。

　以上がゲイリー・バートンのごく簡単な経歴だが、本書には自らが辿った半生に加え、スタン・ゲッツ・カルテットの内幕（ゲイリーのバンド在籍当時、スタン・ゲッツはジョアン・ジルベルトとの共演作〈イパネマの娘〉を大ヒットさせていた）、ラリー・コリエル、パット・メセニー、スティーヴ・スワローなど、ゲイリー・バートン・カルテットに在籍したミュージシャンの横顔、そしてバークリーにおける教育活動といった、ファンにとっては興味深い内容が生き生きとした筆致で記されている。本書を訳出するにあたり意を払ったのが、あたかもゲイリー本人が語りかけているかのような文体に仕上げることである。文章の硬さをどの程度にするかはどの書籍を訳すときも常に気をつけなければならないが、本書では書き言葉として不自然さを感じさせない程度に柔らかくすることを目標とした。一人称に〝僕〟を用いたのもそのためである。この試みが果たして成功したか否か、つまり音楽的才能と優れた知性を兼ね備えたゲイリーのパーソナリティーが文章に反映されたか否か、残念ながら訳者に確信はないが、読者諸賢に受け入れられることを願うものである。

本書のもう一つの魅力として、二〇世紀を彩った数々のジャズミュージシャン（および少数のジャズ以外のミュージシャン）にまつわるエピソードがあり、なかでもゲイリーにとって特に重要な人物はコラムの形で取り上げられている。ここで、本書に登場する主な有名ミュージシャンの略歴を紹介したい（順不同。ただしおおよそ本書の登場順に並べている）。

ライオネル・ハンプトン（一九〇八～二〇〇二）……ケンタッキー州生まれのヴィブラフォン奏者。ドラマーとしてデビュー後、一九三〇年にヴィブラフォンと出会う。その後三六年より四〇年までベニー・グッドマンのバンドで活動、人気スターとなる。代表作に〈Flying Home〉（一九四二）。

デューク・エリントン（一八九九～一九七四）……ワシントンDC生まれの作曲家、ジャズピアニスト、オーケストラリーダー。一九二七年よりニューヨークのコットンクラブで演奏、名声を博す。デューク・エリントン・オーケストラを率いて精力的にツアーを行なう一方、〈Take the 'A' Train〉（一九四一）など多数の名曲を世に送り出した。

ハンク・ガーランド（一九三〇～二〇〇四）……サウスカロライナ州生まれのギタリスト。ナッシュヴィルのスタジオミュージシャンとしてエルヴィス・プレスリーなど多数のアーティストと共演。しかし一九六一年九月、交通事故で一週間ほど昏睡状態に陥り、その後意識を回復するものの以降は第一線を退く。

スティーヴ・マルクス（一九三九～二〇〇五）……ニューヨーク生まれのサックス奏者。スタン・ケントンおよびバディー・リッチのバンドで活動、バディーの死後（一九八七）はバンドの実質的なリーダーとなる。

ジョージ・シアリング（一九一九～二〇一一）……英ロンドン生まれのピアニスト。三歳よりピアノを始め、一九三七年ごろから本格的なプロ活動に乗り出す。四七年にアメリカへ渡り、四九年MGMレコードと契約してクインテットを結成、シアリング・サウンドで名声を博す。五六年アメリカに帰化。代表作に〈Lullaby of Birdland〉（一九五二）。

スタン・ゲッツ（一九二七〜一九九一）……ペンシルヴェニア州生まれのテナー・サックス奏者。十六歳でプロ活動を始めた後、スタン・ケントン（一九四四〜四五）、ベニー・グッドマン（一九四五〜四六）、ウッディ・ハーマン（一九四七〜四九）の各ビッグバンドで活動。四九年よりソロ活動に乗り出すもののこのころから麻薬に手を染め、五四年に強盗未遂で逮捕される。釈放後はスウェーデンに移住、一時期ジャズから離れる。六一年に帰国、当時流行していたボサノヴァを取り入れたアルバム『Jazz Samba』をチャーリー・バードとともに制作し、六三年にはジョアン・ジルベルトらとレコーディングした『Getz/Gilberto』がグラミー賞四部門を独占する大ヒットとなる。その後もフュージョンを取り入れたアルバムを制作するなど精力的な音楽活動を続けた。

ミルト・ジャクソン（一九二三〜一九九九）……ミシガン州デトロイト生まれのヴィブラフォン奏者。デトロイトで演奏中ディジー・ガレスピーに認められ彼のバンドに参加、脱退後はセロニアス・モンク、チャーリー・パーカーらと共演する。一九五一年ミルト・ジャクソン・カルテットを結成、翌年モダン・ジャズ・カルテット（ＭＪＱ）と改名した。

チェット・アトキンス（一九二四〜二〇〇一）……テネシー州生まれのギタリスト。レス・ポール、マール・トラヴィスの演奏を聴いてギターを始め、一九四六年にデビューシングルをリリース、ＲＣＡビクターと契約する。自己名義での活動の他にサイドマンとしても活躍、エルヴィス・プレスリーの大ヒット曲〈ハートブレイク・ホテル〉〈ハウンドドッグ〉のレコーディングにも参加している。またＲ

CAのプロデューサーとして長年に渡り辣腕を振るった。

マイルス・デイヴィス（一九二六〜一九九一）……イリノイ州生まれのトランペット奏者。一九四五年よりプロとしての本格的な音楽活動を始める。四九年に『Birth of the Cool』を発表、ウエストコースト・ジャズに多大な影響を与える。五九年リリースの『Kind of Blue』ではモードジャズの手法を取り入れ、半世紀経った今なおモダンジャズの最高傑作と評されている。その後も革新的なアルバムを多数制作、ジャズ界をリードしたが、健康状態の悪化により七〇年代後半より一時活動を休止する。八〇年に活動再開、死の直前まで意欲的な活動を続けた。その他の代表作としてアルバム『Bitches Brew』（一九六九）、『TUTU』（一九八六）など多数。

サミュエル・バーバー（一九一〇〜一九八一）……ペンシルヴェニア州生まれの作曲家。十四歳でカーティス音楽学校に入学、在学中より作曲活動を行ない注目される。卒業後の一九三五年にピュリッツァー奨学金を得て翌年からローマに留学、当地で〈弦楽四重奏曲第一番ロ短調〉を作曲する。この第二楽章が後に編曲され、〈弦楽のためのアダージョ〉として広く親しまれることとなった。また歌劇作品もいくつかあり、長年にわたる私生活のパートナー、ジアン・カルロ・メノッティが台本を執筆した〈ヴァネッサ〉で五八年にピュリッツァー賞を受賞している。

k. d. ラング（一九六一〜）……カナダ生まれのシンガーソングライター。カントリーに影響を受けたポップが特色であり、これまでにグラミー賞を四回受賞。また一九九二年に同性愛者であることをカミングアウトしている。代表作としてアルバム『Absolute Torch and Twang』（一九八九）など。

ブルース・コックバーン（一九四五〜）……カナダ生まれのシンガーソングライター。四十年以上にわたるキャリアを通じ、カントリーからジャズロックに至るまで、幅広いジャンルの曲を三百以上も書き上げた。また歌詞の中で人権問題、政治、環境問題、精神世界など幅広い分野のトピックを取り上げている。

セロニアス・モンク（一九一七〜一九八二）……ノースカロライナ州生まれのピアニスト。四歳のときニューヨークに移住、幼くしてピアノを始め十七歳でプロデビューを果たす。その後モダンジャズのパイオニアの一人として、五〇年代から六〇年代にかけて活動を続けるも、七〇年代に入り第一線から姿を消す。死後になって音楽性が再評価され、現在ではマイルス・デイヴィス、ジョン・コルトレーンと並ぶ、ジャズ史における最重要人物の一人とされている。

スティーヴ・スワロー（一九四〇〜）……ニュージャージー州生まれのベーシスト。エール大学で作曲を学び、七〇年代以降ゲイリー・バートン、ジョン・スコフィールド、カーラ・ブレイらと精力的に活動する。またエレキベースに切り替えた最初のジャズミュージシャンの一人としても知られる。

レッド・ノーヴォ（一九〇八〜一九九九）……イリノイ州生まれのヴィブラフォン奏者。一九二五年、シカゴでプロとしての第一歩を踏み出す。その後ベニー・グッドマン、ウッディ・ハーマンなどのミュージシャンと活動、フランク・シナトラのレコーディングにも参加している。長きにわたって演奏を続けたが、一九八〇年代中期に心臓発作のため引退を余儀なくされた。

パット・メセニー（一九五四〜）……ミズーリ州生まれのギタリスト。一九七二年、ゲイリー・バートンの楽屋を訪れグループ入りを志願、彼の推薦でバークリー音楽大学の教職に就く。一九七五年、ゲイリー・バートン・カルテットに正式加入、同年最初のリーダー作『Bright Size Life』をリリースする。七七年にゲイリー・バートン・カルテットを離れてパット・メセニー・グループを結成、数々のヒット作を生み出しつつ、二〇一二年には新バンド、ユニティ・バンドの活動を開始している。

チック・コリア（一九四一〜）……マサチューセッツ州生まれのピアニスト。父親はジャズトランペット奏者。四歳のときよりピアノを始め、高校卒業後はジュリアード音楽院に進む。一九六四年ごろからプロとしての活動を始め、六六年にデビューアルバム『Tones for Joan's Bones』をリリースする。一九六八年、ハービー・ハンコックの後任としてマイルス・デイヴィスのグループに加入。七一年には自身のグループ、リターン・トゥ・フォーエヴァーを結成、翌年アルバム『Return to Forever』をリリースする。七八年のリターン・トゥ・フォーエヴァー解散後はジャズの枠に留まらない幅広い活動を展開、二〇〇八年には上原ひろみとのデュエットで武道館公演を行なっている。

アストル・ピアソラ（一九二一〜一九九二）……アルゼンチン生まれの作曲家、バンドネオン奏者。四歳のときにニューヨークへ移住、タンゴの他ジャズやクラシックに親しむ。一九三六年アルゼンチンへ帰国、三九年、当時最先端のトロイロ楽団に加入、バンドネオン奏者として頭角を現わす。四四年の脱退後は自らのバンドを率い、先鋭的なオーケストラ・タンゴを追求する。五四年に渡仏、教育家のナディア・ブーランジェに師事してタンゴ革命の可能性に目覚める。翌年の帰国後、エレキギターを取り入れたブエノスアイレス八重奏団を結成、前衛的な作品を発表するも保守的なタンゴファンから激しく攻撃される。以降は理想的な音楽編成を求め、結成と解散を繰り返した。一九九〇年、パリの自宅で脳溢血に襲われ闘病生活に入り、アルゼンチン大統領専用機で帰国する。翌々年死去。

ビル・エヴァンス（一九二九〜一九八〇）……ニュージャージー州生まれのピアニスト。十代のころよりアマチュアミュージシャンとして活動するも大学卒業後の五一年に徴兵、それをきっかけに生涯の悪習となる麻薬常用が始まったとされる。五四年の兵役終了後、ニューヨークでプロミュージシャンとして活動開始、主にサイドマンとしてレコーディングに参加する。五八年、マイルス・デイヴィスのグループに加入するも、自身がグループ唯一の白人であること、および麻薬の問題により短期間で脱退する。しかし翌年リリースされた『Kind of Blue』のセッションには参加している。同年、ドラマーにポール・モチアン、ベースにスコット・ラファロを迎えてトリオを結成、いわゆる〝リバーサイド四部作〟を世に問う。だが六一年、ラファロが交通事故でこの世を去り、ショックからトリオの活動を停止する。その後六六年にラファロの後継者としてエディー・ゴメスが加入、六九年にはドラマーとしてマーティー・モレルが加わった。このメンバーによるトリオ活動期間が最も長く、エヴァンスの音源はこの時代のものが一番多い。だが薬物中毒のせいで健康状態はすでにひどく損なわれており、八〇年、肝硬変のためこの世を去る。

小曽根真（一九六一〜）……ジャズピアニスト。一九八三年、バークリー音楽大学ジャズ作・編曲科を首席で卒業。同年CBSと日本人初の専属契約を結び、デビューアルバム『OZONE』をリリースする。以降はソロ活動とともに、バークリー時代の恩師ゲイリー・バートンらトップアーティストとの活動を展開、また近年はクラシック音楽など、ジャズの枠にとどまらない活躍を続けている。二〇〇四年には十五人編成のビッグバンド"No Name Horses"を結成。

ジュリアン・レイジ（一九八七〜）……カリフォルニア州生まれのギタリスト。一三歳のときグラミー賞授与式で演奏、それをテレビで見ていたゲイリー・バートンに才能を認められる。その後バートンのグループなどでサイドマンとして活動しつつ、二〇〇九年に初のリーダー作『Sounding Point』をリリースしている。二〇〇八年にバークリー音楽大学を卒業。

ジョージ・ウェイン（一九二五〜）マサチューセッツ州生まれのジャズプロモーター。ボストン郊外でピアニストとして活動後、一九五〇年にジャズクラブを始め、同時にジャズレーベルを設立する。五四年、ロングアイランドのニューポートに住む人物に招かれ、同地でジャズフェスティバルを開催する相談を持ちかけられる。これがアメリカ初の野外ジャズフェスティバルとなり、以降毎年催される伝統行事として定着した。また六〇年代には自身のプロモート会社フェスティバル・プロダクションを設立している。

さて、ここでゲイリーが長年演奏しているヴィブラフォン（ヴァイブ）という楽器について少し触れておこう。音楽ファンにとっては当然の知識だろうが、ヴィブラフォンは鍵盤打楽器の一種、つまり誰もが学校などで一度は演奏した木琴や鉄琴の仲間である。マレット（ばち）で音板を叩いて音を出すという点ではいずれも共通しているが、ヴィブラフォンの音板は鉄琴のそれに比べ低く大きな音が出るようになっている。また各音板の下には共鳴管が並び、その内部にはモーターで回転する羽根が取り付けられている。それによって管の共鳴量が変化し、音の震え、すなわち楽器名の由来となったヴィブラートが発生するわけだ。このヴィブラートは足元のペダルでコントロールでき、また発生させないことも可能なのだが、ゲイリーはノン・ヴィブラート奏法の代表的ミュージシャンとされている（本文にあるとおり、これはジョージ・シアリングのアドバイスが大きいようだ。なおヴィブラート奏法の代表的存在としてはライオネル・ハンプトンやミルト・ジャクソンの名が挙げられる）。マレット楽器そのものははるか昔からあったとされているが、ヴィブラフォンが開発されたのは比較的最近の一九二〇年代で、ジャズミュージックで使われるようになった経緯は本文中で詳しく述べられている。本書の読者にヴィブラフォンの音を知らないという方は少ないはずだが、もしそうであるならば、ぜひともゲイリーをはじめとするヴィブラフォン奏者の演奏を聴いてほしい。ちなみにゲイリー以外の代表的なヴィブラフォン奏者としては、上に記したライオネル・ハンプトンとミルト・ジャクソンの他に、レッド・ノーヴォ、ボビー・ハッチャーソン、そして日本を代表するヴァイブ奏者大井貴司が挙げられる。

本書の原著は平易かつ簡明な文体で書かれているため、その点で訳出の苦労は少なかったが、いかんせん訳者が音楽方面でほぼ素人なため、用語の使用などで不適切な点があるかもしれず、それについては読者の寛恕を請うものである。とは言うものの、本書の翻訳作業は実に楽しく、ジャズにすっかりはまったとは言わないまでも、日常のBGMにするなどすっかり生活の一部分となった気がする。それも本書と出会えたおかげであり、心より感謝したい。また二〇一七年、ゲイリーは長年にわたるミュージシャン生活からの引退を発表したが、本書の日本での出版が最後のツアー（ピアニスト小曽根真氏とのファイナル日本ツアー）にかろうじて間に合ったことも幸甚である。引退は確かに残念だが、ゲイリーも今年で七十四歳、しかも過去に心臓の大手術をしているとあってやむを得ないのかもしれない。末長く幸せに生きられんことを一ファンとして心から願うものである。

二〇一七年四月

訳者記す

不器用なスーパーマン

小曽根　真

ゲイリー・バートンは、演奏家として常に新しい音楽を作り続け、グラミー賞の受賞が七回、バンドリーダーとしてパット・メセニーやジョン・スコフィールドをはじめとする多くの次世代のトップランナー達を育てた。また、バークリー音楽大学では教諭としてだけでなく、学部長として全く新しいカリキュラムのプロデュースをし、その成功を元に副理事長という管理職のポストにつき、当時千五百人だった全校生の数が今では四千人と巨大化した現在のバークリーの基礎を築いた。大学や大学院でビジネスの修士や教育の博士号を取得せず、自らの力でとんでもないレベルの教養と知識を習得して、これだけの偉業を成し遂げるのはやはり、〝スーパーマン〟ではないか。初めて僕がこのとんでもないスーパーマンに出会ったのは、一九八三年、バークリーを卒業する時だった。それから三十四年経った今年、彼は音楽界から完全に引退することを決意した。

「マコト、ゲイリーはなぜ引退するの？　それについて君はどう思う？」

先月アメリカで行った“Gary Burton Final US Tour”で、この質問に答えるのは日課だった。彼のフアイナルツアーのパートナーに選ばれた理由や二人の歴史を考えると当然のように思える……が、僕自身、この引退ニュースを聞いたのは本人からではない。昨年ロチェスター・ジャズ・フェスティバルで、バートングループの元メンバーのトミー・スミスと一緒に演奏した時のこと。突然トミーが「あっ、そう言えば来年のマコトとの日本ツアーを最後に引退するんだってね？」と切り出す。「えっ、誰が？何の話？」と僕。トミーはゲイリーから届いたメールを僕に読ませてくれたのだが、それは自分のリタイヤについて淡々と話すゲイリーの言葉が並んでいた。まるで僕らにとって馴染みのあるあのゲイリーの声が聞こえて来るような文章だった。その文面があまりにも平静なだけに彼がどれだけ本気で、どれだけの時間をこの引退について考えるために費やしたのかすぐにわかった。それはトミーも同じだったと思う。何かを失った感じのショックを心の中に感じたのに、自分の口から出て来たのは「ワオ……」という音だけ。それを聞いたトミーは「だろ……？」と言っただけだった。多くの知り合いやファンの人たちは「七十三歳なんてまだ若い」とか「仕事のペースを落とせば続けられると思う」という激励？の言葉をゲイリーに届けていたけれど、僕は違う。ゲイリー・バートンをよく知る人の殆どは、僕と同じ様に彼の引退を静かに受け止めるのがベストであることを直感していると思う。

ゲイリーが自ら書き上げたこの自伝の中に、僕が直接本人から聞きたかったことがいっぱい盛り込まれている。ゲイリーが「カミングアウト」すると決めて行動を始めた頃、コンサートのために来日した。僕は彼から「話したいことがある」と呼び出されて、彼本人から実は自分はゲイなのだ、と聞いた。「今までの人生は、ずっと嘘をつかなくてはならなくて本当に辛かった。僕は残りの人生を楽しみたい。今まで黙っていて本当に悪かった。僕らはまだ友達でいられるかな？」胸が張り裂けそうだった。彼がゲイだったからではない。その話を聞いた瞬間、ゲイの人達に理由もなく偏見を持っていた無知で稚拙な自分と向き合わなくてはならなかったからだ。そして、そんな愚かな僕に対して黙っていたことを謝りながら、こちらの気持ちを最大にリスペクトして、出来ればずっと今まで通り友人でいたいと誠心誠意伝えようとしているゲイリーの愛情と優しさに何と答えれば良いのか言葉が見つからなかった。恥ずかしい、情けない、申し訳ない、そんな自分の気持ちは後でしっかり向き合う事を約束し、目の前のゲイリーを思いっきりハグして「こちらこそ何も気付くことのできないこんな人間だけど、友達として続けさせて欲しい」と精一杯の気持ちを伝えた。そして初めて僕ら二人は、本当に〝友達〟と呼べる関係になったのだと思う。僕ら二人がデュエットで奏でる音楽の一体感とその温かみが唯一無二のものとなったのは、この瞬間だったような気がする。

このカミングアウトの一件は、彼の素晴らしさの一つに過ぎない。ゲイリーの人に対する深い愛情や謙虚さが、この本に書かれた幾多ものエピソードの全てに描かれている。ゲイリーがジャズという即興の音楽を演奏する時、彼の心の奥深くにある大きな愛情はシャイな人間独特のボキャブラリーを通し、何層もの心のフィルターを通り、それはピュアな音色・音列となってビブラフォンのキーの上に散りばめられる。その音楽を聴いている我々は、それが打楽器だという事を忘れてしまうほど、あの金属のバーが歌うのだ。そして今、その素晴らしい音色と音楽に一度「さよなら」をいう時が来た。あの音色がもう生で聴けないというのは、やはりちょっと寂しいかな。でもその先に、ゲイリーの新しい幸せがあると僕は信じているから悲しくはない。

アメリカ中西部に生まれ落ちた天才は、何をやっても簡単に出来てしまうスーパーマンである反面、時々信じられないほど不器用になり、そのせいで有り得ないほどバランスが悪いことを言ったりしたりする。思い起こせば、ゲイリーと出会ってからの口喧嘩は一度しかない。それは夜中にテイクアウトでバーガーを買いに行った際に、僕が彼のコカコーラを買い忘れた、という一件で（笑）。勿論、彼はそんな自分の不器用な部分はすべて知っているだろう。知っていてもコントロール出来ないゲイリーがそこにいて、僕はゲイリーのその部分がとても愛しい。なぜなら僕にとってゲイリーは永遠の師匠であり、本当の友達だから。

ありがとう、ゲイリー。

Thank you so much for your "Grande Amor," Chief!!

I love you right back. You will live in my heart forever.

二〇一七年三月

The Charity of Night. Bruce Cockburn. Rykodisc, 1997.

Afterglow: Music from the Motion Picture. Mark Isham. Columbia/Sony, 1998.

Treasure. Makoto Ozone. PID, 2003.

サイドマンとして参加した主なアルバム

After the Riot at Newport. The Nashville All-Stars. 1960; Reissued by Master Classics Records, 2000.

Jazz Winds from a New Direction. Hank Garland. 1960; Reissued by Sony Music Special Projects, 1995.

Last Date. Floyd Cramer. RCA/Victor, 1960.

Out of the Woods. George Shearing. Capitol, 1963.

Getz au GoGo. Stan Getz. Verve, 1964; Reissued by Polygram Records, 1990, and by Verve, 2007.

Bob Brookmeyer and Friends. Bob Brookmeyer. Columbia, 1964; Reissued by Sony BMG, 2005.

Getz/Gilberto #2. Stan Getz. Verve, 1965; Reissued 1993.

Reason to Believe. Tim Hardin. MGM, 1967; Reissued by Polygram Records, 1990.

Chick Corea/Gary Burton. Live in Tokyo. Laserdisc 1981; Reissued on VHS by Pacific Arts Video, 1992.

GRP All-Star Big Band. GRP, 1992.

Ingenue. k.d. lang. Sire/London/Rhino, 1992.

GRP All-Star Big Band Live! GRP, 1993.

Nobody Else but Me. Stan Getz. Polygram Records, Recorded 1964, Released 1994.

Symphonic Bossa Nova. Ettore Stratta and the Royal Philharmonic Orchestra. Elektra/WEA, 1996.

Ozone, Danilo Perez, Russell Malone, Christian McBride, John Patitucci, Horacio Hernandez, Lewis Nash, Luis Quintero. Concord Records, 2001. GRAMMY Nomination.

Rarum, Vol. 4: Selected Recordings. Gary Burton. ECM, 2002.

Virtuosi. Gary Burton and Makoto Ozone. Concord Records, 2002. GRAMMY Nomination.

Music Stories. Gary Burton, with Thanos Mikroutsikos and Kamerata Orchestra. Blue Note Records, 2003. European release only.

Generations. Gary Burton, with Julian Lage, Makoto Ozone, James Genus, Clarence Penn. Concord Records, 2003.

Next Generation. Gary Burton, with Julian Lage, Vadim Neselovskyi, Luques Curtis, James Williams. Concord Records, 2005.

The New Crystal Silence. Chick Corea and Gary Burton. Concord Records, 2008. GRAMMY: Best Jazz Instrumental Album.

Quartet Live. Gary Burton, with Pat Metheny, Steve Swallow, Antonio Sanchez. Concord Records, 2009. GRAMMY Nomination.

Crystal Silence: Gary Burton/Chick Corea, The ECM Recordings 1972-79. Compilation. ECM, 2009.

Common Ground. Gary Burton, with Julian Lage, Scott Colley, Antonio Sanchez. Mack Avenue Records, 2012.

Hot House. Gary Burton, with Chick Corea. Concord Records, 2012. GRAMMY: Best Jazz Improvised Solo.

Guided Tour. Gary Burton, with Julian Lage, Scott Colley, Antonio Sanchez. Mack Avenue Records, 2013.

Six Pack. Gary Burton, with B.B. King, John Scofield, Kurt Rosenwinkel, Kevin Eubanks, Ralph Towner, Jim Hall, Jack DeJohnette, Mulgrew Miller, Bob Berg, Will Lee, Paul Shaffer, Larry Goldings, Steve Swallow. GRP, 1992.

Right Place, Right Time. Gary Burton, with Paul Bley. SONOR, 1994.

It's Another Day. Gary Burton, with Rebecca Parris, Chuck Loeb, Alan Pasqua, Peter Erskine, Will Lee. GRP, 1994.

Face to Face. Gary Burton, with Makoto Ozone. GRP, 1995.

Collection. Compilation. GRP, 1997.

Keith Jarrett/Alone at Last. Compilation CD. Atlantic, 1997.

Departure. Gary Burton and Friends, with Peter Erskine, Fred Hersch, John Scofield, John Patitucci. Concord Records, 1997.

Native Sense. Chick Corea and Gary Burton. Concord Records/Stretch, 1997. GRAMMY: Best Solo Performance.

Astor Piazzolla Reunion: A Tango Excursion. Gary Burton, with Makoto Ozone, Pablo Ziegler, Nicholas Ledesma, Daniel Binelli, Marcelo Nisenman, Hector Console, Horacio Malvicino, Fernando Suarez Paz. Concord Records, 1998.

Like Minds. Gary Burton, Chick Corea, Pat Metheny, Roy Haynes, David Holland. Concord Records, 1998. GRAMMY for Best Jazz Instrument Performance.

Libertango: The Music of Astor Piazzolla. Gary Burton, with Pablo Ziegler, Nicholas Ledesma, Marcelo Nisenman, Hector Console, Horacio Malvicino, Fernando Suarez Paz, Concord Records, 2000. GRAMMY Nomination.

For Hamp, Red, Bags,and Cal. Gary Burton, with Mulgrew Miller, Makoto

Ahmad Jamal Trio. Various Labels since 1981, but most recently Jazz World, 2007.

Lyric Suite for Sextet. Gary Burton, with Chick Corea, string quartet. ECM, 1982; Reissued 1992. GRAMMY Nomination.

Slide Show. Gary Burton, with Ralph Towner. ECM, 1985.

Real Life Hits. Gary Burton, with Makoto Ozone, Steve Swallow, Mike Hyman. ECM, 1985.

New Tango. Gary Burton, with Astor Piazzola, Pablo Ziegler, Fernando Suarez Paz, Hector Console, Horacio Malvicino. Warner Brothers/ Atlantic USA, 1986.

Gary Burton & Berklee All-Stars. Gary Burton, with Jeff Stout, Bill Pierce, Orville Wright, Larry Monroe, Tommy Campbell, Bruce Gertz. JVC, 1986.

Works. Compilation. ECM, 1987.

Whiz Kids. Gary Burton, with Tommy Smith, Makoto Ozone, Steve Swallow, Mike Hyman. ECM, 1987.

Times Like These. Gary Burton, with John Scofield, Michael Brecker, Peter Erskine, Marc Johnson. GRP, 1988.

Reunion. Gary Burton, with Pat Metheny, Mitch Forman, Peter Erskine, Will Lee. GRP, 1989.

Artist's Choice. Compilation. RCA/Bluebird Records, 1989.

Cool Nights. Gary Burton, with Bob James, Bob Berg, Wolfgang Muthspiel, Peter Erskine, Will Lee. GRP, 1991.

Benny Rides Again. Gary Burton, with Eddie Daniels, Mulgrew Miller, Peter Erskine, Marc Johnson. GRP, 1992. GRAMMY Nomination.

The New Quartet. Gary Burton, with Mick Goodrick, Harry Blazer, Abe LaBoriel. ECM, 1973.

Seven Songs. Gary Burton, with Mike Gibbs, Mick Goodrick, Steve Swallow, Ted Seibs, and string orchestra. ECM, 1974.

Hotel Hello. Gary Burton, with Steve Swallow. ECM, 1974.

Matchbook. Gary Burton, with Ralph Towner. ECM, 1974.

Ring. Gary Burton, with Mick Goodrick, Steve Swallow, Bob Moses, Eberhard Weber. ECM, 1975.

Turn of the Century. Compilation, double album. Atlantic, 1975.

Dreams So Real. Gary Burton, with Pat Metheny, Mick Goodrick, Bob Moses, Steve Swallow. ECM, 1976; Reissued 2008.

Passengers. Gary Burton, with Pat Metheny, Steve Swallow, Eberhard Weber, Bob Moses. ECM, 1977.

Duet. Gary Burton, with Chick Corea. ECM, 1978. GRAMMY: Best Jazz Instrumental Performance.

Times Square. Gary Burton, with Tiger Okoshi, Steve Swallow, Roy Haynes. ECM, 1978.

Easy As Pie. Gary Burton, with Jim Odgren, Steve Swallow, Mike Hyman. ECM, 1979.

Picture This. Gary Burton, with Jim Odgren, Steve Swallow, Mike Hyman. ECM, 1980.

Zurich Concert. Gary Burton, with Chick Corea. ECM, 1980. GRAMMY: Best Jazz Instrumental Performance.

Live at Cannes. Gary Burton, with Daniel Humair, Pierre Michelot,

Gary Burton Quartet in Concert. Gary Burton, with Larry Coryell, Steve Swallow, Bob Moses. RCA, 1968. GRAMMY Nomination.

A Genuine Tong Funeral. Gary Burton, with Carla Bley, Mike Mantler, Gato Barbieri, Howard Johnson, Steve Swallow, Bob Moses, Larry Coryell, Steve Lacy, Jimmy Knepper. RCA, 1968.

Country Roads and Other Places. Gary Burton, with Jerry Hahn, Roy Haynes, Steve Swallow. RCA, 1969.

Throb. Gary Burton, with Richard Greene, Jerry Hahn, Steve Swallow, Bill Goodwin. Atlantic, 1969.

Live Concert. Gary Burton Quartet. Atlantic(Canada), 1970. Canadian release Only.

Good Vibes. Gary Burton, with Richard "Tee," Jerry Hahn, Eric Gale, Chuck Rainey, Steve Swallow, Bernard Purdie, Bill LaVorgne. Atlantic, 1970.

Gary Burton & Keith Jarrett. Gary Burton, with Keith Jarrett, Sam Brown, Steve Swallow, Bill Goodwin. Atlantic, 1971; Reissued Rhino, 1994. GRAMMY Nomination.

Alone at Last. Gary Burton. Atlantic, 1971. GRAMMY: Best Jazz Solo Performance.

Paris Encounter. Gary Burton, with Stephane Grappelli, Steve Swallow, Bill Goodwin. Atlantic, 1972.

Norwegian Wood. Compilation. RCA, 1972.

In the Public Interest. Gary Burton, with Michael Gibbs, Randy Brecker, Michael Brecker, Steve Swallow, and big band. Polydor, 1972.

Crystal Silence. Gary Burton, with Chick Corea. ECM, 1972; Reissued 1990.

ディスコグラフィー

ゲイリー・バートン名義

New Vibe Man in Town. Gary Burton, with Joe Morello, Gene Cherico. RCA, 1961.

Who Is Gary Burton? Gary Burton, with Chris Swansen, Phil Woods, Bob Brookmeyer, Clark Terry, Joe Morello, John Neves, Tommy Flanagan. RCA, 1962.

Something's Coming. Gary Burton, with Jim Hall, Chuck Israels, Larry Bunker. RCA, 1963; Reissued by RCA France, 1993.

Three in Jazz. Gary Burton, with Jack Sheldon, Monty Budwig, Vernel Fournier. RCA, 1963.

The Groovy Sound of Music. Gary Burton, with Gary MacFarland, Ed Shaunessy, Steve Swallow, Phil Woods, Bob Brookmeyer, Joe Puma, Joe Morello, and string section. RCA, 1964.

The Time Machine. Gary Burton, with Steve Swallow, Larry Bunker. RCA, 1965.

Tennessee Firebird. Gary Burton, with Chet Atkins, Steve Marcus, Roy Haynes, Steve Swallow, Bobby Spicher, Sonny Osborne, Buddy Osborne, Ray Edenton, Buddy Emmons, Henry Strezlecki, Charlie McCoy, Kenneth, Buttrey. RCA, 1966.

Duster. Gary Burton, with Larry Coryell, Steve Swallow, Roy Haynes. RCA, 1967; Reissued Koch Records, 1998. GRAMMY Nomination.

Lofty Fake Anagram. Gary Burton, with Larry Coryell, Steve Swallow, Bob Moses. RCA, 1967.

ワ行

ヤ行

ラ行

マ行

ナ行

ハ行

タ行

サ行

カ行

索　引

〈　〉は曲名を、『　』は特に記載のない限りアルバム名を示す。ローマ数字は写真の掲載ページを示す。

ア行

〔著者略歴〕
ゲイリー・バートン（Gary Burton）
1943年、アメリカ、インディアナ州アンダーソン生まれ。幼少期から独学でヴィブラフォンを学び、17歳で初のレコーディングを行う。バークリー音楽大学在学中も音楽活動を続け、中退後同学で教職に就く。その後学部長に昇格、後に副理事長を務める。現在はフロリダ州に在住。新たなアルバムの製作やツアーを継続しつつ、オンライン上で“即興音楽”の講習もしている。グラミー賞を7回受賞している。

〔訳者〕
熊木信太郎（くまき・しんたろう）
北海道大学経済学部卒業。都市銀行、出版社勤務を経て、現在は翻訳者。出版業にも従事している。

ゲイリー・バートン自伝《じでん》

2017年5月20日　初版第1刷印刷
2017年5月25日　初版第1刷発行

著　者　ゲイリー・バートン
訳　者　熊木信太郎
装　丁　奥定泰之
発行所　論 創 社
〒101-0051　東京都千代田区神田神保町2-23　北井ビル
電話 03-3264-5254　振替口座 00160-1-155266

印刷・製本　中央精版印刷
組版　フレックスアート

ISBN978-4-8460-1625-8